中国工业经济统计年鉴

CHINA INDUSTRY ECONOMY STATISTICAL YEARBOOK

2002

国家统计局工业交通统计司　编

中国统计出版社
China Statistics Press

(京)新登字 041 号

图书在版编目(CIP)数据

中国工业经济统计年鉴. 2002/国家统计局工业交通统计司编.
—北京:中国统计出版社,2002.11
ISBN 7-5037-3952-5

Ⅰ. 中…
Ⅱ. 国…
Ⅲ. 工业经济-统计资料-中国-2002-年鉴
Ⅳ. F42-54

中国版本图书馆 CIP 数据核字(2002)第 085358 号

中国工业经济统计年鉴-2002

作　　者/国家统计局工业交通统计司
责任编辑/陈悟朝
装帧设计/张　冰
出版发行/中国统计出版社
通信地址/北京市西城区月坛南街 75 号　邮政编码/100826
办公地址/北京市丰台区西三环南路甲 6 号
电　　话/(010)63459084,63266600-22500(发行部)
印　　刷/科伦克三莱印务(北京)有限公司
经　　销/新华书店
开　　本/787×1092 毫米　1/16
字　　数/620 千字
印　　张/27
印　　数/1—2000 册
版　　别/2002 年 11 月第 1 版
版　　次/2002 年 11 月北京第 1 次印刷
书　　号/ISBN 7-5037-3952-5/F·1516
定　　价/98.00 元

《中国工业经济统计年鉴—2002》

编委会和编辑人员名单

主　　编　任才方

副 主 编　许剑毅　刘富江

编委委员　任才方　许剑毅　刘富江　邢俊玲　张　昕

编辑人员　（以姓氏笔画为序）

江　源　邢俊玲　张　昕　陈　星　俞肖云

编者说明

一、《中国工业经济统计年鉴—2002》是一部全面反映中华人民共和国工业经济发展情况的资料性图书。本书收录了全国各类工业行业和各省、自治区和直辖市2001年工业经济各个方面大量的统计数据，以及历史重要年份和近20年的全国主要统计数据。

二、全书包括五部分内容，分为综合、中国工业经济的发展、中国工业经济的行业结构、中国工业经济的地区布局和附录。可供各级领导、广大经济工作者、经济理论研究人员、企业管理人员了解和研究我国工业经济发展情况使用和参考。

三、本书中全国性统计数字均未包括台湾省、香港和澳门特别行政区。

目 录

四、中国工业经济的地区布局

五、附录

CONTENTS

Ⅳ. China Industrial Economy by Region

Appendix

一 综合

一影合

1—1 全国工业企业基本情况

指　　标	2001年	2000年	2001年比2000年	
			增长量	增长率
全部国有及规模以上非国有工业企业				
企业单位数(个)	171256	162885	8371	5.14
内资企业	139833	134440	5393	4.01
港澳台商投资企业	18257	16490	1767	10.72
外商投资企业	13166	11955	1211	10.13
工业总产值(亿元)	95448.98	85673.66	9775.32	14.61
内资企业	68228.08	62209.11	6018.97	12.34
港澳台商投资企业	11847.18	10574.30	1272.88	12.93
外商投资企业	15373.72	12890.25	2483.47	24.47
工业增加值(亿元)	28329.37	25394.80	2934.57	11.56
内资企业	21201.26	19304.45	1896.81	9.83
港澳台商投资企业	3181.26	2887.80	293.46	10.16
外商投资企业	3946.85	3202.55	744.30	23.24
资产合计(亿元)	135402.49	126211.24	9191.25	7.28
内资企业	107048.02	100497.18	6550.84	6.52
港澳台商投资企业	12634.50	11864.76	769.74	6.49
外商投资企业	15719.96	13849.30	1870.66	13.51
流动资产(亿元)	57804.97	54338.15	3466.82	6.38
内资企业	43775.22	41488.61	2286.61	5.51
港澳台商投资企业	6238.4	5892.09	346.31	5.88
外商投资企业	7791.36	6957.45	833.91	11.99
固定资产原价(亿元)	86293.1	78646.30	7646.80	9.72
内资企业	69592.80	64327.99	5264.81	8.18
港澳台商投资企业	7661.99	6808.12	853.87	12.54
外商投资企业	9038.31	7510.19	1528.12	20.35
负债合计(亿元)	79843.42	76743.84	3099.58	4.04
内资企业	64284.51	62084.92	2199.59	3.54
港澳台商投资企业	7083.94	6861.56	222.38	3.24
外商投资企业	8474.97	7797.36	677.61	8.69
所有者权益(亿元)	55424.40	49406.88	6017.52	12.18
内资企业	42630.11	38352.52	4277.59	11.15
港澳台商投资企业	5550.56	5003.07	547.49	10.94
外商投资企业	7243.73	6051.29	1192.44	19.71
产品销售收入(亿元)	93733.34	84151.75	9581.59	11.39
内资企业	67711.26	61606.01	6105.25	9.91
港澳台商投资企业	11142.60	10041.96	1100.64	10.96
外商投资企业	14879.48	12503.78	2375.70	19.00
利润总额(亿元)	4733.43	4393.48	339.95	7.74
内资企业	3290.49	3111.00	179.49	5.77
港澳台商投资企业	548.30	534.02	14.28	2.67
外商投资企业	894.65	748.46	146.19	19.53

注：1.规模以上非国有工业企业为年产品销售收入在500万元以上的非国有工业企业。

2.总产值增长率按可比价格计算。

1—2 全国工业企业单位数和工业总产值

指标	2001年		2000年	
	企业单位数(个)	工业总产值(亿元)	企业单位数(个)	工业总产值(亿元)
全国总计	**171256**	**95448.98**	**162885**	**85673.66**
内资企业	139833	68228.08	134440	62209.11
国有企业	34530	17229.19	42426	20156.29
集体企业	31018	10052.49	37841	11907.92
股份合作企业	10864	2994.96	10852	2897.26
联营企业	2234	850.76	2510	900.55
# 国有联营	384	260.78	419	230.33
集体联营	639	193.33	736	245.23
国有与集体联营	829	291.33	954	293.91
有限责任公司	18956	15535.43	13215	10926.38
# 国有独资公司	1372	5142.26	1226	4510.74
股份有限公司	5692	12698.34	5086	10090.29
私营企业	36218	8760.89	22128	5220.36
其他企业	321	106.01	382	110.06
港澳台商投资企业	18257	11847.18	16490	10574.30
外商投资企业	13166	15373.72	11955	12890.25
在总计中：				
国有及国有控股	46767	42408.49	53489	40554.37
按轻重工业分				
轻工业	86705	37636.93	81902	34094.51
以农产品为原料	56526	23604.58	53777	21069.85
以非农产品为原料	30179	14032.35	28125	13024.66
重工业	84551	57812.05	80983	51579.15
采掘工业	6652	5338.69	6937	5398.75
原料工业	25108	23346.74	23724	20889.10
加工工业	52791	29126.63	50322	25291.30
按大中小型分				
特大型工业企业	375	15471.89	336	14114.28
大一型工业企业	2594	16974.39	2308	13987.63
大二型工业企业	5620	12369.71	5339	10201.30
中一型工业企业	5088	5675.49	4687	4791.84
中二型工业企业	9310	6866.92	9054	5897.97
小型工业企业	148269	38090.58	141161	36680.64

注：本表口径为全部国有及年产品销售收入在500万元以上的非国有的工业企业(下表同)。

1—3　全国工业企业增加值和资产合计

指　标	2001年		2000年	
	增加值(亿元)	资产合计(亿元)	增加值(亿元)	资产合计(亿元)
全国总计	**28329.37**	**135402.49**	**25394.80**	**126211.24**
内资企业	21201.26	107048.02	19304.45	100497.18
国有企业	6234.13	41996.18	7212.71	47330.34
集体企业	2615.54	8013.59	3071.58	9631.40
股份合作企业	759.72	2364.16	730.72	2365.02
联营企业	253.29	1136.15	252.81	1205.18
#国有联营	86.89	513.89	87.98	513.87
集体联营	51.49	135.40	62.41	178.77
国有与集体联营	81.73	342.30	68.32	391.44
有限责任公司	4628.84	28941.47	3106.69	21013.51
#国有独资公司	1536.41	13972.99	1318.32	11362.70
股份有限公司	4509.05	18604.70	3584.25	14930.13
私营企业	2174.41	5901.98	1318.48	3873.83
其他企业	26.28	89.79	27.21	147.78
港澳台商投资企业	3181.26	12634.50	2887.80	11864.76
外商投资企业	3946.85	15719.96	3202.55	13849.30
在总计中：				
国有及国有控股	14652.05	87901.54	13777.68	84014.94
按轻重工业分				
轻工业	10516.91	41596.22	9513.81	39433.35
以农产品为原料	6968.39	25703.69	6166.14	23741.54
以非农产品为原料	3548.52	15892.54	3347.67	15691.81
重工业	17812.46	93806.26	15880.99	86777.89
采掘工业	3079.90	10304.64	3148.07	9738.91
原料工业	7171.09	46344.37	6212.59	42112.70
加工工业	7561.47	37157.25	6520.33	34926.28
按大中小型分				
特大型工业企业	5568.80	30716.68	5045.12	27816.60
大一型工业企业	5211.33	29376.47	4445.44	25483.74
大二型工业企业	3706.41	19206.61	3114.95	17769.63
中一型工业企业	1666.95	8274.12	1450.12	7217.42
中二型工业企业	1979.96	9798.33	1691.69	9022.45
小型工业企业	10195.93	38030.27	9647.48	38901.41

1—4 全国工业企业产品销售收入和利润总额

指　　标	2001年		2000年	
	销售收入(亿元)	利润总额(亿元)	销售收入(亿元)	利润总额(亿元)
全国总计	**93733.34**	**4733.43**	**84151.75**	**4393.48**
内资企业	67711.26	3290.49	61606.01	3111.00
国有企业	19109.76	458.36	21765.13	716.64
集体企业	9057.18	387.01	10803.15	451.22
股份合作企业	2736.35	120.44	2632.46	102.36
联营企业	833.18	45.18	863.82	36.99
＃国有联营	271.67	24.86	214.95	13.75
集体联营	174.28	7.02	228.88	9.81
国有与集体联营	289.46	8.32	293.29	7.85
有限责任公司	15471.51	670.17	10831.10	366.23
＃国有独资公司	5704.20	102.25	4848.25	88.00
股份有限公司	12428.19	1292.72	9815.56	1250.10
私营企业	7982.43	312.56	4791.50	189.68
其他企业	92.66	4.05	103.30	—2.22
港澳台商投资企业	11142.60	548.30	10041.96	534.02
外商投资企业	14879.48	894.65	12503.78	748.46
在总计中：				
国有及国有控股	44443.52	2388.56	42203.12	2408.33
按轻重工业分				
轻工业	35346.33	1436.67	32343.29	1313.20
以农产品为原料	22148.71	954.93	19744.16	839.53
以非农产品为原料	13197.62	481.74	12599.13	473.67
重工业	58387.01	3296.76	51808.46	3080.28
采掘工业	5107.91	1072.38	5040.75	1195.96
原料工业	25601.76	889.16	22775.53	782.82
加工工业	27677.33	1335.22	23992.19	1101.50
按大中小型分				
特大型工业企业	17408.72	1402.83	15413.89	1532.67
大一型工业企业	16795.63	968.70	14060.06	837.63
大二型工业企业	12169.95	598.75	10281.21	462.30
中一型工业企业	5568.01	221.03	4710.35	176.51
中二型工业企业	6538.12	249.25	5654.80	174.18
小型工业企业	35252.90	1292.87	34031.45	1210.21

1—5 工业经济主要比例关系

单位：%

指　　标	1978 年	1980 年	1985 年	1990 年	1995 年	1997 年	1998 年	1999 年	2000 年	2001 年
一、工业总产值中各种经济类型工业比例										
国有控股经济	77.60	76.50	64.90	54.60	33.97	31.62	28.24	28.21		
集体经济	22.40	23.50	32.10	35.60	36.59	38.11	38.41	35.37		
个体经济					12.86	17.92	17.11	18.18		
其他经济					16.58	18.45	22.91	26.14		
二、工业总产值中轻重工业比例										
轻工业	43.10	47.20	47.40	49.40	47.10	48.97	49.29	50.33		
重工业	56.90	52.80	52.60	50.60	52.90	51.03	50.71	49.67		
三、工业总产值中轻工业内部比例										
以农产品为原料	68.40	68.50	70.70	70.10	65.40	66.19	63.27	60.53	61.80	62.72
以非农产品为原料	31.60	31.50	29.30	29.90	34.60	33.81	36.73	39.47	38.20	37.28
四、工业总产值中重工业内部比例										
采掘工业	12.00	11.30	12.70	12.20	8.50	12.13	10.46	10.14	10.47	9.24
原料工业	35.50	37.80	36.80	41.00	32.94	38.02	39.12	39.60	40.50	40.38
制造工业	52.50	50.90	50.50	46.80	58.60	49.85	50.42	50.26	49.03	50.38
五、工业总产值中能源、原材料工业比例										
能源工业	12.30	11.30	11.60	11.20	12.10	13.40	13.20	13.97	15.89	14.85
原材料工业	20.30	20.10	19.90	21.40	37.50	21.55	22.32	22.21	24.38	24.46
六、能源生产弹性系数	0.92		0.73	0.49	0.56	−0.06				1.78
七、电力生产弹性系数	1.21	1.03	0.66	1.28	0.99	0.58	0.37	0.89	1.18	1.26
八、运输弹性系数	0.91	0.22	0.30	−0.47	0.44	−0.18	0.21	0.28	0.63	0.43

注：1. 第三、四、五项 1978、1980 年按不变价格工业总产值计算。

2. 1985—1997 年按乡及乡以上工业总产值当年价格计算。

3. 第三、四、五项指标自 1998 年以后年份为全部国有及年产品销售收入在 500 万元以上非国有工业企业口径。

4. 国有控股一栏 1995 年及以前年份为纯国有范围。

5. 运输弹性系数指货运量与国内生产总值之比。

1—6 国内生产总值

年 份	国民生产总值	国内生产总值	第一产业	第二产业			第三产业			人均国内生产总值（元/人）
					工业	建筑业		#交通运输仓储邮电通信业	#批发和零售贸易餐饮业	
1952	679.0	679.0	342.9	141.8	119.8	22.0	194.3	29.0	80.3	119
1953	824.0	824.0	378.0	192.5	163.5	29.0	253.5	35.0	115.5	142
1954	859.0	859.0	392.0	211.7	184.7	27.0	255.3	38.0	120.3	144
1955	910.0	910.0	421.0	222.2	191.2	31.0	266.8	39.0	119.8	150
1956	1028.0	1028.0	443.9	280.7	224.7	56.0	303.4	46.0	131.4	165
1957	1068.0	1068.0	430.0	317.0	271.0	46.0	321.0	49.0	133.0	168
1958	1307.0	1307.0	445.9	483.5	414.5	69.0	377.6	71.0	136.6	200
1959	1439.0	1439.0	383.8	615.5	538.5	77.0	439.7	94.0	145.7	216
1960	1457.0	1457.0	340.7	648.2	568.2	80.0	468.1	104.0	133.1	218
1961	1220.0	1220.0	441.1	388.9	362.1	26.8	390.0	69.2	110.8	185
1962	1149.3	1149.3	453.1	359.3	325.4	33.9	336.9	57.4	80.5	173
1963	1233.3	1233.3	497.5	407.6	365.6	42.0	328.2	55.0	76.1	181
1964	1454.0	1454.0	559.0	513.5	461.1	52.4	381.5	58.4	94.0	208
1965	1716.1	1716.1	651.1	602.2	546.5	55.7	462.8	77.4	118.3	240
1966	1868.0	1868.0	702.2	709.5	648.6	60.9	456.3	85.1	148.1	254
1967	1773.9	1773.9	714.2	602.8	544.9	57.9	456.9	72.3	153.5	235
1968	1723.1	1723.1	726.3	537.3	490.3	47.0	459.5	70.5	138.9	222
1969	1937.9	1937.9	736.2	689.1	626.1	63.0	512.6	84.9	163.6	243
1970	2252.7	2252.7	793.3	912.2	828.1	84.1	547.2	100.2	178.1	275
1971	2426.4	2426.4	826.3	1022.8	926.6	96.2	577.3	108.4	178.3	288
1972	2518.1	2518.1	827.4	1084.2	989.9	94.3	606.5	118.0	194.3	292
1973	2720.9	2720.9	907.5	1173.0	1072.5	100.5	640.4	125.5	211.0	309
1974	2789.9	2789.9	945.2	1192.0	1083.6	108.4	652.7	126.1	206.6	310
1975	2997.3	2997.3	971.1	1370.5	1244.9	125.6	655.7	141.6	175.8	327
1976	2943.7	2943.7	967.0	1337.2	1204.6	132.6	639.5	139.6	147.2	316
1977	3201.9	3201.9	942.1	1509.1	1372.4	136.7	750.7	156.9	213.8	339
1978	3624.1	3624.1	1018.4	1745.2	1607.0	138.2	860.5	172.8	265.5	379
1979	4038.2	4038.2	1258.9	1913.5	1769.7	143.8	865.8	184.2	220.2	417
1980	4517.8	4517.8	1359.4	2192.0	1996.5	195.5	966.4	205.0	213.6	460
1981	4860.3	4862.4	1545.6	2255.5	2048.4	207.1	1061.3	211.1	255.7	489
1982	5301.8	5294.7	1761.6	2383.0	2162.3	220.7	1150.1	236.7	198.6	526
1983	5957.4	5934.5	1960.8	2646.2	2375.6	270.6	1327.5	264.9	231.4	582
1984	7206.7	7171.0	2295.5	3105.7	2789.0	316.7	1769.8	327.1	412.4	695
1985	8989.1	8964.4	2541.6	3866.6	3448.7	417.9	2556.2	406.9	878.4	855
1986	10201.4	10202.2	2763.9	4492.7	3967.0	525.7	2945.6	475.6	943.2	956
1987	11954.5	11962.5	3204.3	5251.6	4585.8	665.8	3506.6	544.9	1159.3	1103
1988	14922.3	14928.3	3831.0	6587.2	5777.2	810.0	4510.1	661.0	1618.0	1355
1989	16917.8	16909.2	4228.0	7278.0	6484.0	794.0	5403.2	786.0	1687.0	1512
1990	18598.4	18547.9	5017.0	7717.4	6858.0	859.4	5813.5	1147.5	1419.7	1634
1991	21662.5	21617.8	5288.6	9102.2	8087.1	1015.1	7227.0	1409.7	2087.0	1879
1992	26651.9	26638.1	5800.0	11699.5	10284.5	1415.0	9138.6	1681.8	2735.0	2287
1993	34560.5	34634.4	6882.1	16428.5	14143.8	2284.7	11323.8	2123.2	3090.7	2939
1994	46670.0	46759.4	9457.2	22372.2	19359.6	3012.6	14930.0	2685.9	4050.4	3923
1995	57494.9	58478.1	11993.0	28537.9	24718.3	3819.6	17947.2	3054.7	4932.3	4854
1996	66850.5	67884.6	13844.2	33612.9	29082.6	4530.5	20427.5	3494.0	5560.3	5576
1997	73142.7	74462.6	14211.2	37222.7	32412.1	4810.6	23028.7	3797.2	6159.9	6054
1998	76967.2	78345.2	14552.4	38619.3	33387.9	5231.4	25173.5	4121.3	6579.1	6307
1999	80579.4	82067.5	14472.0	40557.8	35087.2	5470.6	27037.7	4460.3	6910.3	6547
2000	88228.1	89442.2	14628.2	44935.3	39047.3	5888.0	29878.7	5408.6	7316.0	7084
2001	94346.4	95933.3	14609.9	49069.1	42607.1	6462.0	32254.3	5222.1	7823.5	7543

注：1980 年以后一、二、三产业之和与国民生产总值的差额为国外净要素收入。
本表按当年价格计算。

1—7 国内生产总值构成

单位:%

年　份	国内生产总值	第一产业	第二产业			第三产业		
				工业	建筑业		#交通运输仓储邮电通信业	#批发和零售贸易餐饮业
1952	100.0	50.5	20.9	17.6	3.2	28.6	4.3	11.8
1953	100.0	45.9	23.4	19.8	3.5	30.8	4.2	14.0
1954	100.0	45.6	24.6	21.5	3.1	29.7	4.4	14.0
1955	100.0	46.3	24.4	21.0	3.4	29.3	4.3	13.2
1956	100.0	43.2	27.3	21.9	5.4	29.5	4.5	12.8
1957	100.0	40.3	29.7	25.4	4.3	30.1	4.6	12.5
1958	100.0	34.1	37.0	31.7	5.3	28.9	5.4	10.5
1959	100.0	26.7	42.8	37.4	5.4	30.6	6.5	10.1
1960	100.0	23.4	44.5	39.0	5.5	32.1	7.1	9.1
1961	100.0	36.2	31.9	29.7	2.2	32.0	5.7	9.1
1962	100.0	39.4	31.3	28.3	2.9	29.3	5.0	7.0
1963	100.0	40.3	33.0	29.6	3.4	26.6	4.5	6.2
1964	100.0	38.4	35.3	31.7	3.6	26.2	4.0	6.5
1965	100.0	37.9	35.1	31.8	3.2	27.0	4.5	6.9
1966	100.0	37.6	38.0	34.7	3.3	24.4	4.6	7.9
1967	100.0	40.3	34.0	30.7	3.3	25.8	4.1	8.7
1968	100.0	42.2	31.2	28.5	2.7	26.7	4.1	8.1
1969	100.0	38.0	35.6	32.3	3.3	26.5	4.4	8.4
1970	100.0	35.2	40.5	36.8	3.7	24.3	4.4	7.9
1971	100.0	34.1	42.2	38.2	4.0	23.8	4.5	7.3
1972	100.0	32.9	43.1	39.3	3.7	24.1	4.7	7.7
1973	100.0	33.4	43.1	39.4	3.7	23.5	4.6	7.8
1974	100.0	33.9	42.7	38.8	3.9	23.4	4.5	7.4
1975	100.0	32.4	45.7	41.5	4.2	21.9	4.7	5.9
1976	100.0	32.8	45.4	40.9	4.5	21.7	4.7	5.0
1977	100.0	29.4	47.1	42.9	4.3	23.4	4.9	6.7
1978	100.0	28.1	48.2	44.3	3.8	23.7	4.8	7.3
1979	100.0	31.2	47.4	43.8	3.6	21.4	4.6	5.5
1980	100.0	30.1	48.5	44.2	4.3	21.4	4.5	4.7
1981	100.0	31.8	46.4	42.1	4.3	21.8	4.3	5.3
1982	100.0	33.3	45.0	40.8	4.2	21.7	4.5	3.8
1983	100.0	33.0	44.6	40.0	4.6	22.4	4.5	3.9
1984	100.0	32.0	43.3	38.9	4.4	24.7	4.6	5.8
1985	100.0	28.4	43.1	38.5	4.7	28.5	4.5	9.8
1986	100.0	27.1	44.0	38.9	5.2	28.9	4.7	9.2
1987	100.0	26.8	43.9	38.3	5.6	29.3	4.6	9.7
1988	100.0	25.7	44.1	38.7	5.4	30.2	4.4	10.8
1989	100.0	25.0	43.0	38.3	4.7	32.0	4.6	10.0
1990	100.0	27.1	41.6	37.0	4.6	31.3	6.2	7.7
1991	100.0	24.5	42.1	37.4	4.7	33.4	6.5	9.7
1992	100.0	21.8	43.9	38.6	5.3	34.3	6.3	10.3
1993	100.0	19.9	47.4	40.8	6.6	32.7	6.1	8.9
1994	100.0	20.2	47.9	41.4	6.4	31.9	5.7	8.7
1995	100.0	20.5	48.8	42.3	6.5	30.7	5.2	8.4
1996	100.0	20.4	49.5	42.8	6.7	30.1	5.1	8.2
1997	100.0	19.1	50.0	43.5	6.5	30.9	5.1	8.3
1998	100.0	18.6	49.3	42.6	6.7	32.1	5.3	8.4
1999	100.0	17.6	49.4	42.7	6.7	33.0	5.4	8.4
2000	100.0	16.4	50.2	43.7	6.6	33.4	6.0	8.2
2001	100.0	15.2	51.1	44.4	6.7	33.6	5.4	8.2

本表按当年价格计算。

1—8 国内生产总值指数

（上年＝100）

年份	国民生产总值	国内生产总值	第一产业	第二产业	工业	建筑业	第三产业	#交通运输仓储邮电通信业	#批发和零售贸易餐饮业	人均国内生产总值（元/人）
1953	115.6	115.6	101.9	135.8	135.7	136.4	127.3	124.1	138.0	113.1
1954	104.2	104.2	101.7	115.7	119.3	96.7	99.4	110.8	101.8	101.8
1955	106.8	106.8	107.9	107.6	106.6	113.8	104.6	102.5	99.9	104.5
1956	115.0	115.0	104.7	134.5	128.6	170.0	114.1	121.8	108.5	112.7
1957	105.1	105.1	103.1	108.0	111.4	92.9	104.8	107.2	98.9	102.4
1958	121.3	121.3	100.4	152.9	153.4	150.0	117.9	146.7	103.6	118.3
1959	108.8	108.8	84.1	125.8	129.1	105.7	115.2	131.0	105.9	106.7
1960	99.7	99.7	83.6	105.6	106.1	101.4	104.8	110.4	91.2	99.5
1961	72.7	72.7	101.4	57.9	61.0	34.6	74.3	65.0	73.0	73.4
1962	94.4	94.4	104.5	89.2	86.7	123.8	90.8	81.1	96.0	93.6
1963	110.2	110.2	111.3	114.5	113.3	125.9	104.4	98.4	108.2	107.5
1964	118.3	118.3	112.9	125.6	125.6	125.6	115.5	105.4	113.2	115.5
1965	117.0	117.0	109.7	124.2	125.8	110.6	115.8	134.5	99.5	114.3
1966	110.7	110.7	107.2	122.4	123.8	109.4	98.2	110.3	120.4	107.7
1967	94.3	94.3	101.9	85.7	84.9	95.0	100.5	86.0	104.1	91.9
1968	95.9	95.9	98.4	90.8	91.8	81.1	100.6	97.7	90.7	93.4
1969	116.9	116.9	100.8	133.1	133.0	134.5	113.3	122.7	119.2	113.7
1970	119.4	119.4	107.7	134.8	135.2	130.4	107.1	116.8	109.4	116.1
1971	107.0	107.0	101.9	112.3	112.3	112.1	105.8	108.3	99.9	104.1
1972	103.8	103.8	99.1	106.7	107.6	97.9	105.0	109.6	108.8	101.2
1973	107.9	107.9	109.0	108.3	108.8	103.4	105.5	106.3	109.0	105.4
1974	102.3	102.3	104.1	101.4	101.0	106.2	101.6	100.3	98.0	100.2
1975	108.7	108.7	102.0	115.8	116.0	113.8	104.9	111.4	99.9	106.8
1976	98.4	98.4	98.2	97.5	96.9	104.3	100.4	98.4	96.3	96.9
1977	107.6	107.6	97.8	113.3	114.4	101.7	109.5	112.6	113.4	106.2
1978	111.7	111.7	104.1	115.0	116.4	99.4	113.7	108.9	123.1	110.2
1979	107.6	107.6	106.1	108.2	108.7	102.0	107.8	107.7	108.8	106.1
1980	107.8	107.8	98.5	113.6	112.7	126.7	105.9	105.7	98.7	106.5
1981	105.2	105.2	107.0	101.9	101.7	103.2	110.4	101.9	130.0	103.9
1982	109.3	109.1	111.5	105.6	105.8	103.4	113.0	111.7	103.9	107.5
1983	111.1	110.9	108.3	110.4	109.7	117.1	115.2	110.0	121.9	109.3
1984	115.3	115.2	112.9	114.5	114.9	110.9	119.4	115.0	121.5	113.7
1985	113.2	113.5	101.8	118.6	118.2	122.2	118.3	113.5	128.9	111.9
1986	108.5	108.8	103.3	110.2	109.6	115.9	112.1	112.8	110.6	107.2
1987	111.5	111.6	104.7	113.7	113.2	117.9	114.4	110.0	113.5	109.8
1988	111.3	111.3	102.5	114.5	115.3	108.0	113.2	113.3	114.3	109.5
1989	104.2	104.1	103.1	103.8	105.1	91.6	105.4	104.7	91.7	102.5
1990	104.2	103.8	107.3	103.2	103.4	101.2	102.3	108.6	95.2	102.3
1991	109.1	109.2	102.4	113.9	114.4	109.6	108.8	111.2	104.5	107.7
1992	114.1	114.2	104.7	121.2	121.2	121.0	112.4	110.5	113.1	112.8
1993	113.1	113.5	104.7	119.9	120.1	118.0	110.7	112.4	106.6	112.2
1994	112.6	112.6	104.0	118.4	118.9	113.7	109.6	109.5	107.7	111.4
1995	109.0	110.5	105.0	113.9	114.0	112.4	108.4	112.0	105.9	109.3
1996	109.8	109.6	105.1	112.1	112.5	108.5	107.9	111.4	105.4	108.4
1997	108.6	108.8	103.5	110.5	111.3	102.6	109.1	110.8	108.5	107.7
1998	107.8	107.8	103.5	108.9	108.9	109.0	108.3	110.6	107.7	106.8
1999	107.2	107.1	102.8	108.1	108.5	104.3	107.7	111.3	107.2	106.2
2000	108.4	108.0	102.4	109.4	109.8	105.7	108.1	111.5	108.2	107.1
2001	107.0	107.3	102.8	108.7	108.9	107.4	107.4	106.5	107.9	106.5

本表按可比价格计算。

1—9 国内生产总值指数

(1978年=100)

年　份	国民生产总值	国内生产总值	第一产业	第二产业	工业	建筑业	第三产业	#交通运输仓储邮电通信业	#批发和零售贸易餐饮业	人均国内生产总值(元/人)
1978	100.0	100.0	100.0	100.0	100.0	100.0	100.0	100.0	100.0	100.0
1979	107.6	107.6	106.1	108.2	108.7	102.0	107.8	107.7	108.8	106.1
1980	116.0	116.0	104.6	122.9	122.4	129.2	114.2	113.8	107.4	113.0
1981	122.0	122.1	111.9	125.2	124.5	133.3	126.2	116.0	139.6	117.5
1982	133.3	133.1	124.8	132.1	131.7	137.9	142.6	129.5	145.1	126.2
1983	148.2	147.6	135.1	145.8	144.5	161.4	164.3	142.5	176.8	137.9
1984	170.9	170.0	152.6	166.9	166.0	179.0	196.1	163.8	214.8	156.8
1985	193.5	192.9	155.4	197.9	196.2	218.7	231.9	185.9	276.8	175.5
1986	209.9	210.0	160.5	218.2	215.2	253.4	260.0	209.7	306.1	188.2
1987	234.1	234.3	168.1	248.1	243.6	298.7	297.4	230.7	347.3	206.6
1988	260.5	260.7	172.3	284.1	280.8	322.5	336.7	261.5	396.9	226.3
1989	271.5	271.3	177.6	294.8	295.0	295.3	354.8	273.8	363.8	231.9
1990	283.0	281.7	190.7	304.1	304.9	298.8	363.0	297.2	346.5	237.3
1991	308.8	307.6	195.2	346.3	348.8	327.4	395.0	330.5	362.1	255.6
1992	352.2	351.4	204.4	419.5	422.6	396.2	444.0	365.2	409.4	288.4
1993	398.4	398.8	214.0	502.8	507.5	467.5	491.3	410.5	436.4	323.6
1994	448.7	449.3	222.6	595.2	603.5	531.5	538.3	449.5	469.9	360.4
1995	489.1	496.5	233.7	677.7	688.2	597.4	583.4	503.4	497.6	394.0
1996	536.8	544.1	245.6	759.8	774.3	648.2	629.4	561.1	524.3	427.1
1997	582.9	592.2	254.2	839.4	861.9	665.2	687.1	621.4	568.8	460.3
1998	628.4	638.5	263.1	914.2	938.6	725.2	744.1	687.5	612.7	491.5
1999	673.5	684.1	270.5	988.6	1018.6	756.2	801.6	765.0	656.9	521.8
2000	730.1	738.5	277.0	1081.8	1118.3	799.1	866.9	853.1	710.9	559.2
2001	781.2	792.4	284.8	1175.9	1217.8	858.2	931.0	908.6	767.1	595.6

1—10 各地区国

年份	国内生产总值	第一产业	第二产业	工业	建筑业	第三产业	农林牧渔服务业	地质勘查业水利管理业
北京	2845.65	93.08	1030.60	816.24	214.36	1721.97	2.49	5.31
天津	1840.10	78.55	904.64	821.18	83.46	856.91	1.70	9.82
河北	5577.78	913.90	2767.41	2439.56	327.85	1896.47	8.16	22.04
山西	1779.97	171.09	917.98	779.78	138.20	690.90	8.51	14.40
内蒙古	1545.79	358.89	626.47	506.69	119.78	560.43	4.97	7.01
辽宁	5033.08	544.44	2440.55	2190.12	250.43	2048.09	16.02	8.43
吉林	2032.48	409.10	880.84	724.73	156.11	742.54	3.76	4.52
黑龙江	3561.00	409.30	1998.74	1767.79	230.95	1152.96	10.68	14.46
上海	4950.84	85.50	2355.53	2121.19	234.34	2509.81	4.83	9.36
江苏	9511.91	1082.43	4907.46	4270.90	636.56	3522.02	42.05	27.06
浙江	6748.15	695.15	3459.75	3106.29	353.46	2593.25	7.11	7.84
安徽	3290.13	750.07	1415.32	1191.62	223.70	1124.74	10.70	12.46
福建	4253.68	651.11	1904.21	1645.34	258.87	1698.36	6.84	6.79
江西	2175.68	506.00	788.12	595.55	192.57	881.56	8.51	8.41
山东	9438.31	1359.49	4654.51	4092.24	562.27	3424.31	23.18	23.21
河南	5640.11	1234.34	2659.04	2279.89	379.15	1746.73	6.70	31.60
湖北	4662.28	692.17	2313.66	2066.47	247.19	1656.45	6.38	9.73
湖南	3983.00	825.73	1573.00	1309.50	263.50	1584.27	9.30	15.23
广东	10647.71	1004.35	5341.61	4732.41	609.20	4301.75	21.89	27.76
广西	2231.19	562.52	791.85	648.19	143.66	876.82	5.66	4.88
海南	545.96	201.79	111.25	71.59	39.66	232.92	1.07	2.92
重庆	1749.77	293.03	727.66	576.58	151.08	729.08	5.70	2.83
四川	4421.76	981.68	1756.86	1407.81	349.05	1683.22	18.05	14.11
贵州	1084.90	274.17	419.74	335.00	84.74	390.99	4.32	2.71
云南	2074.71	450.54	881.49	723.98	157.51	742.68	10.79	6.04
西藏	138.73	37.47	32.18	10.84	21.34	69.08	2.18	2.33
陕西	1844.27	287.24	816.34	606.12	210.22	740.69	6.93	12.90
甘肃	1072.51	207.05	481.07	356.51	124.56	384.39	5.59	10.91
青海	300.95	42.79	132.18	89.20	42.98	125.98	1.95	4.39
宁夏	298.38	49.57	134.37	102.23	32.14	114.44	1.80	2.77
新疆	1485.48	288.12	630.37	450.00	180.37	566.99	7.67	15.12

内生产总值

单位:亿元

交通运输仓储及邮电通信业	批发零售贸易及餐饮业	金融、保险业	房地产业	社会服务业	卫生体育和社会福利业	教育、文化艺术及广播电影电视业	科学研究和综合技术服务事业
218.53	237.83	441.22	111.03	220.20	51.50	191.60	147.71
203.98	178.25	63.38	85.61	119.64	32.46	76.43	28.11
498.81	501.66	171.62	106.80	130.79	53.87	129.95	21.92
157.20	146.00	110.00	31.00	48.16	19.25	52.47	8.17
162.79	148.18	25.40	21.02	49.58	19.79	46.20	6.88
394.50	696.51	131.32	114.96	277.66	88.40	131.85	45.86
129.06	267.37	24.17	49.62	55.57	29.45	63.78	34.28
239.10	350.20	33.74	108.16	118.12	47.90	86.70	18.51
344.85	550.35	619.99	316.85	272.06	71.86	164.03	65.71
644.87	955.07	450.64	393.75	308.83	104.13	249.94	37.53
503.68	908.83	243.94	146.31	277.35	109.03	198.20	21.95
195.30	340.80	106.50	126.44	110.72	41.08	86.00	9.70
468.49	411.51	201.52	128.52	179.57	47.07	114.84	13.27
216.10	192.06	92.70	114.84	54.45	22.33	63.10	6.74
668.49	891.34	465.38	376.26	218.14	133.64	249.32	34.50
442.07	422.14	128.13	171.71	128.98	71.84	135.88	18.20
282.45	473.35	232.78	106.46	175.43	79.08	117.44	30.11
294.90	382.40	143.16	108.00	91.98	85.60	170.20	17.90
1073.81	1044.40	369.20	559.66	616.07	118.69	198.23	37.97
187.66	295.15	25.76	60.83	66.75	38.99	82.52	7.96
50.76	72.58	34.12	10.12	25.49	5.54	16.10	1.66
109.48	167.84	73.36	60.47	114.62	27.91	62.46	31.61
313.78	474.79	186.34	131.55	150.18	64.79	147.97	28.32
75.37	84.08	34.53	33.19	28.96	23.39	46.58	4.14
139.01	202.22	72.45	79.57	44.28	40.14	74.60	11.40
4.79	16.59	3.22	2.55	4.28	4.67	9.22	0.92
188.91	124.73	31.15	41.48	71.06	27.42	83.92	17.88
56.55	123.04	57.53	27.44	17.08	13.09	25.60	10.50
23.11	23.06	15.27	4.34	7.79	5.03	14.56	1.77
22.95	23.45	14.72	7.65	6.70	4.81	12.65	1.66
118.60	128.16	48.88	19.19	53.28	21.58	59.46	5.45

1—11　各地区国内生产总值和指数

地　区	国内生产总值　(亿元)				指　　数(上年=100)			
	1998	1999	2000	2001	1998	1999	2000	2001
北　京	2011.31	2174.46	2478.76	2845.65	109.8	110.2	111.0	111.2
天　津	1336.38	1450.06	1639.36	1840.10	109.3	110.0	110.8	112.0
河　北	4256.01	4569.19	5088.96	5577.78	110.7	109.1	109.5	108.7
山　西	1486.08	1506.78	1643.81	1779.97	109.0	105.1	107.8	108.4
内蒙古	1192.29	1268.20	1401.01	1545.79	109.6	107.8	109.7	109.6
辽　宁	3881.73	4171.69	4669.06	5033.08	108.3	108.2	108.9	109.0
吉　林	1557.78	1660.91	1821.19	2032.48	109.0	108.1	109.2	109.3
黑龙江	2798.89	2897.41	3253.00	3561.00	108.3	107.5	108.2	109.3
上　海	3688.20	4034.96	4551.15	4950.84	110.1	110.2	110.8	110.2
江　苏	7199.95	7697.82	8582.73	9511.91	111.0	110.1	110.6	110.2
浙　江	4987.50	5364.89	6036.34	6748.15	110.1	110.0	111.0	110.5
安　徽	2805.45	2908.58	3038.24	3290.13	108.5	108.1	108.3	108.6
福　建	3286.56	3550.24	3920.07	4253.68	111.4	110.0	109.5	109.0
江　西	1851.98	1853.65	2003.07	2175.68	108.2	107.8	108.0	108.8
山　东	7162.20	7662.10	8542.44	9438.31	110.8	110.1	110.5	110.1
河　南	4356.60	4576.10	5137.66	5640.11	108.7	108.0	109.4	109.1
湖　北	3704.21	3857.99	4276.32	4662.28	110.3	108.3	109.3	109.1
湖　南	3118.09	3326.75	3691.88	3983.00	109.1	108.3	109.0	109.0
广　东	7919.12	8464.31	9662.23	10647.71	110.2	109.5	110.8	109.6
广　西	1903.04	1953.27	2050.14	2231.19	109.1	107.7	107.3	108.2
海　南	438.92	471.23	518.48	545.96	108.3	108.6	108.8	108.9
重　庆	1429.26	1479.71	1589.34	1749.77	108.4	107.6	108.5	109.0
四　川	3580.26	3711.61	4010.25	4421.76	109.1	105.6	109.0	109.2
贵　州	841.88	911.86	993.53	1084.90	108.5	108.3	108.7	108.8
云　南	1793.90	1855.74	1955.09	2074.71	108.0	107.2	107.1	106.5
西　藏	91.18	105.61	117.46	138.73	110.2	109.6	109.4	112.8
陕　西	1381.53	1487.61	1660.92	1844.27	109.1	108.4	109.0	109.1
甘　肃	869.75	931.98	983.36	1072.51	109.2	108.3	108.7	109.4
青　海	220.16	238.39	263.59	300.95	109.0	108.2	109.0	112.0
宁　夏	227.46	241.49	265.57	298.38	108.5	108.7	109.8	110.1
新　疆	1116.67	1168.55	1364.36	1485.48	107.3	107.1	108.2	108.1

本表绝对数按当年价格计算，指数按可比价格计算。

1—12　国家财政收入占国内生产总值的比重

年　　份	财政收入 (亿元)	国内生产总值 (亿元)	财政收入占国内 生产总值的比重(%)
1950	62.17		
1957	303.20	1068.0	28.4
1960	572.29	1457.0	39.3
1965	473.32	1716.1	27.6
1970	662.90	2252.7	29.4
1975	815.61	2997.3	27.2
1976	776.58	2943.7	26.4
1977	874.46	3201.9	27.3
1978	1132.26	3624.1	31.2
1979	1146.38	4038.2	28.4
1980	1159.93	4517.8	25.7
1981	1175.79	4862.4	24.2
1982	1212.33	5294.7	22.9
1983	1366.95	5934.5	23.0
1984	1642.86	7171.0	22.9
1985	2004.82	8964.4	22.4
1986	2122.01	10202.2	20.8
1987	2199.35	11962.5	18.4
1988	2357.24	14928.3	15.8
1989	2664.90	16909.2	15.8
1990	2937.10	18547.9	15.8
1991	3149.48	21617.8	14.6
1992	3483.37	26638.1	13.1
1993	4348.95	34634.4	12.6
1994	5218.10	46759.4	11.2
1995	6242.20	58478.1	10.7
1996	7407.99	67884.6	10.9
1997	8651.14	74462.6	11.6
1998	9875.95	79395.7	12.4
1999	11444.10	81910.9	14.0
2000	13395.23	89403.5	15.0
2001	16386.04	95933.3	17.1

注:国家财政收入中不包括国内外债务收入。

1—13 各项税收收入

年　份	合计	＃工商税收	＃关税	＃农业各税	＃国有企业所得税	＃集体企业所得税
1950	48.98	26.32	3.56	19.10		
1957	154.89	119.43	5.79	29.67		
1960	203.65	169.61	6.00	28.04		
1965	204.30	172.82	5.70	25.78		
1970	281.20	242.22	7.00	31.98		
1975	402.77	358.32	15.00	29.45		
1976	407.96	363.82	15.00	29.14		
1977	468.27	412.71	26.23	29.33		
1978	519.28	462.12	28.76	28.40		
1979	537.82	482.31	26.00	29.51		
1980	571.70	510.50	33.53	27.67		
1981	629.89	547.50	54.04	28.35		
1982	700.02	623.18	47.46	29.38		
1983	775.59	688.75	53.88	32.96		
1984	947.35	809.44	103.07	34.84		
1985	2040.79	1097.47	205.21	42.05	595.84	100.22
1986	2090.73	1202.19	151.62	44.52	595.40	97.00
1987	2140.36	1282.47	142.37	50.81	563.20	101.51
1988	2390.47	1485.72	155.02	73.69	570.93	105.11
1989	2727.40	1760.49	181.54	84.94	583.59	116.84
1990	2821.86	1858.99	159.01	87.86	604.12	111.88
1991	2990.17	1981.11	187.28	90.65	627.59	103.54
1992	3296.91	2244.21	212.75	119.17	624.77	96.01
1993	4255.30	3194.49	256.47	125.74	582.91	95.69
1994	5126.88	3914.22	272.68	231.49	609.75	98.74
1995	6038.04	4589.68	291.83	278.09	759.38	119.06
1996	6909.82	5270.04	301.84	369.46	822.33	146.15
1997	8234.04	6553.89	319.49	397.48	794.43	168.75
1998	9262.80	7625.42	313.04	398.80	743.93	181.61
1999	10682.58	8885.44	562.23	423.50	639.00	172.41
2000	12581.51	10366.09	750.48	465.31	827.41	172.22
2001	15301.36		840.52	481.7		

注：1. 农业各税中包括耕地占用税、农林特产税（1994 年为农业特产税）、农业税、牧业税和契税。

2. 国有企业所得税中 1985—1993 年包括国有企业调节税，1994 年以后包括地方金融企业所得税。

1—14 按人口平均的工业总产值和主要产品产量

年份	工业总产值（元）	轻工业总产值	重工业重产值	布（米）	糖（公斤）	原煤（吨）	原油（公斤）	发电量（千瓦小时）	钢（公斤）
1952	61	39	22	6.7	0.8	0.11	0.8	12.7	2.3
1957	109	60	49	7.8	1.3	0.20	2.3	29.9	8.3
1958	164	76	88	9.8	1.4	0.41	3.4	41.7	12.1
1959	221	92	129	11.3	1.6	0.55	5.6	62.9	20.6
1960	247	83	165	8.2	10.7	0.60	7.9	89.7	28.2
1961	161	68	93	4.7	0.6	0.42	8.1	72.9	13.2
1962	137	64	72	3.8	0.5	0.33	8.5	68.1	9.9
1963	144	64	79	4.8	0.6	0.31	9.4	70.8	11.0
1964	165	73	92	6.7	1.5	0.30	12.0	79.4	13.7
1965	193	100	94	8.7	2.0	0.32	15.6	93.2	16.9
1966	218	107	111	9.8	2.1	0.34	19.5	110.7	20.6
1967	181	96	85	8.6	1.9	0.27	18.2	101.4	13.5
1968	164	88	76	8.2	1.9	0.28	20.4	91.2	11.5
1969	206	104	103	10.2	1.5	0.33	26.9	116.5	16.5
1970	251	116	135	11.0	1.6	0.43	36.9	139.7	21.4
1971	283	122	162	9.9	1.7	0.46	46.2	162.4	25.0
1972	294	126	168	9.6	1.8	0.47	52.4	174.8	26.8
1973	313	136	177	9.8	2.1	0.47	60.1	187.0	28.3
1974	307	137	171	8.9	2.0	0.45	71.4	185.8	23.2
1975	347	153	194	10.2	1.9	0.52	83.4	211.9	25.9
1976	350	155	195	9.4	1.8	0.52	93.0	216.7	21.8
1977	392	172	220	10.7	1.9	0.58	98.6	235.2	25.0
1978	440	190	250	11.5	2.4	0.64	108.1	266.6	33.0
1979	480	210	270	12.5	2.6	0.65	108.8	289.1	35.3
1980	522	246	276	13.6	2.6	0.63	107.3	304.5	37.6
1981	540	278	262	14.3	3.2	0.62	101.1	309.1	35.6
1982	572	287	285	15.1	3.3	0.67	100.5	322.6	36.6
1983	629	305	324	14.5	3.7	0.70	103.2	341.9	38.9
1984	733	347	386	13.2	3.7	0.76	110.3	362.9	41.8
1985	925	439	486	14.0	4.3	0.83	118.9	391.0	44.5
1986	1051	500	550	15.5	4.9	0.84	122.7	422.0	49.0
1987	1278	616	662	16.0	4.7	0.86	124.1	460.2	52.1
1988	1663	819	843	17.1	4.2	0.89	125.0	497.4	54.2
1989	1980	968	1012	17.0	4.5	0.95	123.8	525.9	55.4
1990	2092	1023	1059	16.5	5.1	0.94	121.0	543.3	58.0
1991	2439	1192	1247	15.7	5.5	0.94	121.7	585.0	61.3
1992	3163	1493	1671	16.3	7.1	0.96	121.3	643.5	69.1
1993	4446	1956	2490	17.3	6.5	0.98	122.5	708.3	75.6
1994	6453	3038	3415	17.7	5.0	1.04	122.6	778.7	77.7
1995	6795	3212	3583	21.6	4.6	1.13	124.5	835.8	79.2
1996	8138	3917	4221	17.2	5.2	1.15	129.2	888.1	83.2
1997	9200	4506	4694	20.1	5.7	1.11	130.0	918.5	88.1
1998	9538	4701	4837	19.3	6.6	1.00	129.0	935.0	95.1
1999	10016	4928	5088	13.5	6.8	0.83	127.3	951.9	99.6
2000	6767	2693	4074	21.9	5.5	0.79	128.8	1070.8	101.5
2001	7478	2949	4530	22.7	5.1	0.91	128.5	1160.2	118.8

注：1. 本表人口按全国年末总人口计算；

2. 2000 年、2001 年工业总产值口径为全部国有及年产品销售收入在 500 万元以上非国有工业企业；

3. 工业总产值按当年价格计算。

1—15 工业职工平均

指 标	计算单位	1952 年	1978 年	1980 年	1985 年	1990 年
工业总产值	亿元	1.00	11.60	14.10	26.60	65.50
工业增加值	亿元	0.32	4.40	5.47	9.45	18.79
利润和税金	亿元		2.50	2.90	4.60	5.30
纱	万吨	0.18	0.65	0.80	0.97	1.27
布	亿米	0.10	0.03	0.37	0.40	0.52
毛线	吨	5.00	104.0	157.0	345.0	652.0
呢绒	万米	1.16	24.34	27.66	59.77	80.84
丝织品	万米	17.80	167.4	207.9	397.0	469.1
机制纸及纸板	万吨	0.10	1.20	1.47	2.50	3.76
缝纫机	万架	0.02	1.33	2.10	2.72	2.08
自行车	万辆	0.02	2.34	3.57	8.84	8.61
原盐	万吨	1.36	5.35	4.73	4.05	5.54
糖	万吨	0.12	0.62	0.70	1.24	1.59
卷烟	万箱	0.73	3.24	4.16	6.49	9.03
罐头	万吨		0.13	0.16	0.39	0.43
收音机	万台		3.20	8.23	4.38	5.76
电视机	万台		0.14	0.68	4.57	7.36
家用电冰箱	台		76.70	134.2	3967	12687
家用洗衣机	台		1.10	672.1	24307	18156
电风扇	万台		0.38	1.98	8.70	15.89
原煤	万吨	18.0	169.0	170.0	239.0	296.0
原油	万吨	0.12	28.51	29.03	34.22	37.89
天然气	亿立方米		0.38	0.39	0.35	0.42
发电量	亿千瓦小时	0.20	7.03	8.24	11.25	17.02
生铁	万吨	0.53	9.53	10.42	12.01	17.09
钢	万吨	0.37	8.71	10.17	12.82	18.18
成品钢材	万吨	0.29	6.05	7.44	10.12	14.12
水泥	万吨	0.78	17.87	21.88	39.99	57.45
平板玻璃	万重量箱	0.54	4.89	6.76	13.54	22.10
木材	万立方米	3.38	14.14	14.68	17.32	15.26
硫酸	万吨	0.05	1.81	2.09	1.85	3.28
纯碱	万吨	0.05	0.36	0.44	0.55	1.04
烧碱	万吨	0.02	0.45	0.53	0.64	0.92
农用化肥	万吨	0.01	2.38	3.38	3.62	5.15
金属切削机床	台	38	502	366	458	368
汽车	辆		408	609	1198	1408
大中型拖拉机	台		311	268	123	108
小型拖拉机	台		888	597	2253	3018

注:工业总产值、工业增加值按当年价格计算;利润和税金 1998 年以前为乡及以上独立核算工业企业的数字,1998 年

每天创造的财富

1995年	1997年	1998年	1999年	2000年	2001年
251.80	311.60	185.58	199.20	234.72	261.50
67.72	86.99	53.21	59.08	69.57	77.61
13.80	15.73	15.13	18.36	26.06	28.23
1.49	1.53	1.48	1.55	1.8	2.08
0.71	0.68	0.66	0.47	0.62	0.79
1408.0	1337.0	841.1	997.5	1159.5	1266
179.20	106.27	73.36	74.84	76.25	93.98
1825.0	1786.9	1027.1	1062.7	1025.5	1282.5
7.70	7.49	5.82	5.92	6.81	10.34
2.66	1.93	1.56	1.32	1.39	1.5
12.25	8.22	6.34	6.57	7.96	7.95
8.16	8.45	6.14	7.70	8.57	9.34
1.53	1.92	2.26	2.33	1.92	1.74
9.55	9.25	9.24	9.04	9.31	9.32
0.85	0.70	0.43	0.46	0.49	0.79
22.48	12.67	7.79	7.55	8.09	8.52
9.58	9.70	11.73	12.29	12.33	12.63
22068	28615	29041	32859	35041	37021
25984	34369	33077	36772	39534	36756
35.53	22.39	18.42	16.87	20.99	26.34
373.0	376.1	342.5	287.1	273.4	318
41.11	44.04	44.11	43.90	44.66	44.92
0.49	0.62	0.64	0.69	0.75	0.83
27.59	31.11	31.97	32.84	37.14	40.56
28.85	31.54	32.50	34.35	35.89	42.61
26.13	29.85	31.67	33.96	35.21	41.54
24.60	27.33	29.42	32.68	36.01	44.02
130.30	140.20	140.44	149.09	163.56	181.1
43.10	45.56	47.11	45.99	50.28	57.43
18.54	17.52	16.35	9.08	12.94	12.47
4.96	5.58	5.95	6.16	6.65	7.38
1.64	1.98	2.04	2.10	2.28	2.5
1.46	1.57	1.48	1.59	1.83	2.15
6.98	7.73	8.25	8.74	8.73	9.26
557	511	326	390	484	700.8
3980	4336	4466	5354	5671	6415.6
173	226	186	173	112	104.69
5652	5524	5134	5631	5299	5272.6

以后为全部国有及年产品销售收入在500万元以上非国有工业企业口径。

二 中国工业经济的发展

2—1 各种经济类型工业企业和生产单位数

单位:万个

年　份	企业单位数	# 大中型企业	1. 国有经济	2. 集体经济	3. 其他经济
1957	16.95		4.96	11.90	
1958	26.30		11.90	14.40	
1959	31.84		9.88	21.96	
1960	25.40		9.60	15.80	
1961	21.71		7.06	14.65	
1962	19.74		5.30	14.44	
1963	17.02		4.73	12.29	
1964	16.11		4.51	11.60	
1965	15.77		4.59	11.18	
1970	19.51	0.40	5.74	13.77	
1971	21.04	0.45	6.42	14.62	
1972	21.96	0.47	6.80	15.16	
1973	23.08	0.50	6.94	16.14	
1974	24.11	0.53	7.16	16.95	
1975	26.29	0.57	7.50	18.79	
1976	29.36	0.60	7.83	21.63	
1977	32.27	0.66	8.21	24.06	
1978	34.84	0.44	8.37	26.47	
1979	35.50	0.45	8.38	27.12	
1980	37.73	0.47	8.34	29.35	0.04
1981	38.15	0.50	8.42	29.68	0.05
1982	38.86	0.54	8.60	30.19	0.07
1983	39.25	0.59	8.71	30.46	0.08
1984	43.72	0.63	8.41	35.21	0.10
1985	46.32	0.79	9.37	36.78	0.17
1986	49.93	0.88	9.68	40.04	0.21
1987	49.36	0.99	9.76	39.21	0.39
1988	50.00	1.08	9.91	39.54	0.55
1989	50.54	1.23	10.23	39.59	0.72
1990	50.44	1.35	10.44	39.11	0.88
1991	50.48	1.45	10.48	38.92	1.08
1992	50.21	1.70	10.33	38.45	1.42
1993	52.01	1.88	10.47	38.33	3.21
1994	53.18	2.04	10.22	38.51	4.45
1995	59.21	2.30	11.80	41.36	6.05
1996	57.88	2.39	11.38	39.48	7.02
1997	53.44	2.40	9.86	35.79	7.79
1998	16.51	2.34	6.47	4.77	5.27
1999	16.20	2.22	5.07	4.26	6.87
2000	16.29	2.17	5.35	3.78	7.16
2001	17.13	2.30	4.68	3.10	9.35

注:1998 年及以后年份工业企业口径范围为全部国有及年产品销售收入在 500 万元以上工业企业。(下表同)

2—2 各种经济类型工业企业和生产单位数所占比重

单位:%

年　份	企业单位数	# 大中型企业	1. 国有经济	2. 集体经济	3. 其他经济
1957	100.0		29.3	70.7	
1958	100.0		45.2	54.8	
1959	100.0		31.0	69.0	
1960	100.0		37.8	62.2	
1961	100.0		32.5	67.5	
1962	100.0		26.8	73.2	
1963	100.0		27.8	72.2	
1964	100.0		28.0	72.0	
1965	100.0		29.1	70.9	
1970	100.0	2.1	29.4	70.6	
1971	100.0	2.1	30.5	69.5	
1972	100.0	2.1	31.0	69.0	
1973	100.0	2.2	30.1	69.9	
1974	100.0	2.2	29.7	70.3	
1975	100.0	2.2	28.5	71.5	
1976	100.0	2.0	26.7	73.3	
1977	100.0	2.0	25.4	74.6	
1978	100.0	1.3	24.0	76.0	
1979	100.0	1.3	23.6	76.4	
1980	100.0	1.2	22.1	77.8	0.1
1981	100.0	1.3	22.1	77.8	0.1
1982	100.0	1.4	22.1	77.7	0.2
1983	100.0	1.5	22.2	77.6	0.2
1984	100.0	1.5	19.2	80.6	0.2
1985	100.0	1.7	20.2	79.4	0.4
1986	100.0	1.8	19.4	80.1	0.5
1987	100.0	2.0	19.8	79.4	0.8
1988	100.0	2.2	19.8	79.1	1.1
1989	100.0	2.4	20.2	78.3	1.4
1990	100.0	2.7	20.7	77.5	1.7
1991	100.0	2.9	20.8	77.1	2.1
1992	100.0	3.4	20.6	76.6	2.8
1993	100.0	3.6	20.2	73.7	6.2
1994	100.0	3.8	19.2	72.4	8.4
1995	100.0	3.9	19.9	69.9	10.2
1996	100.0	4.1	19.7	68.2	12.1
1997	100.0	4.5	18.4	67.0	14.6
1998	100.0	14.2	39.2	28.9	31.9
1999	100.0	13.7	37.8	26.3	35.9
2000	100.0	13.3	32.8	23.2	44.0
2001	100.0	13.4	27.3	18.1	54.6

2—3 各种经济类型的工业总产值

单位:亿元

年　份	国有控股	集体经济	城乡个体经济	其他经济
1952	144.97	11.38	71.79	120.86
1957	378.54	133.97	5.84	185.65
1963	887.05	105.95		
1964	1042.25	121.75		
1965	1262.78	139.22		
1966	1461.52	159.48		
1967	1222.52	159.48		
1968	1136.20	148.80		
1969	1477.02	187.98		
1970	1854.70	262.30		
1971	2073.87	340.14		
1972	2177.17	387.83		
1973	2347.52	446.48		
1974	2300.89	491.11		
1975	2600.56	606.44		
1976	2567.66	710.34		
1977	2869.37	855.63		
1978	3289.18	947.82		
1979	3673.60	1007.70		
1980	3915.60	1231.36	0.81	24.49
1981	4037.10	1329.38	1.90	31.40
1982	4326.00	1442.42	3.40	39.40
1983	4739.40	1663.14	7.50	50.40
1984	5262.70	2263.09	14.80	76.70
1985	6302.12	3117.19	179.75	117.41
1986	6971.12	3751.54	308.54	163.06
1987	8250.09	4781.74	502.39	278.77
1988	10351.28	6587.49	790.49	495.32
1989	12342.91	7858.05	1057.66	758.44
1990	13063.75	8522.73	1290.30	1047.56
1991	14954.58	8783.00	1287.00	1599.58
1992	17824.15	12135.00	2006.00	2633.57
1993	22724.67	16464.00	3861.00	5352.06
1994	26200.84	26473.00	7082.00	10421.35
1995	31220.00	33623.00	11821.00	15231.00
1996	36173.00	39232.20	15419.80	16582.30
1997	35968.00	43347.18	20376.13	20982.01
1998	33621.00	45730.00	20372.00	27270.00
1999	35571.00	44607.00	22928.00	32962.00
2000	40554.37	11907.92		53609.45
2001	42408.49	10052.49		68207.30

注:1.本表按当年价格计算。1949——1957年其他经济类型工业为公私合营工业和私营工业的数字(下表同)。2.2000年及以后年份数据口径为全部国有及年产品销售收入在500万元以上非国有工业企业,故与以前年份不完全可比。(下表同)

2—4 各种经济类型工业总产值所占比重

单位:%

年　份	国有控股	集体经济	城乡个体经济	其他经济
1952	41.54	3.26	20.57	34.63
1957	53.77	19.03	0.83	26.37
1963	89.33	10.67		
1964	89.54	10.46		
1965	90.07	9.93		
1966	90.18	9.82		
1967	88.46	11.54		
1968	88.42	11.58		
1969	88.71	11.29		
1970	87.61	12.39		
1971	85.91	14.09		
1972	84.88	15.12		
1973	84.02	15.98		
1974	82.41	17.59		
1975	81.09	18.91		
1976	78.33	21.67		
1977	77.03	22.97		
1978	77.63	22.37		
1979	78.47	21.53		
1980	75.97	23.54	0.02	0.47
1981	74.76	24.62	0.04	0.58
1982	74.44	24.82	0.06	0.68
1983	73.36	25.74	0.12	0.78
1984	69.09	29.71	0.19	1.01
1985	64.86	32.08	1.85	1.21
1986	62.27	33.51	2.76	1.46
1987	59.73	34.62	3.64	2.02
1988	56.80	36.15	4.34	2.72
1989	54.06	35.69	4.80	3.44
1990	54.60	35.62	5.39	4.38
1991	56.16	33.00	4.83	6.01
1992	51.52	35.07	5.80	7.61
1993	46.95	34.02	7.98	11.05
1994	37.34	37.72	10.09	14.85
1995	33.97	36.59	12.86	16.58
1996	36.32	39.39	15.48	16.65
1997	31.62	38.11	17.92	18.45
1998	28.24	38.41	17.11	22.91
1999	28.21	35.37	18.18	26.14
2000	47.33	13.90		64.07
2001	44.41	10.53		71.46

注:本表按当年价格计算。

2—5 各种经济类型的工业总产值指数

（以上年为 100）

年 份	国有控股	集体经济	城乡个体经济	其他经济
1952	157.05	329.41	117.47	108.88
1957	109.82	124.23	78.31	107.99
1963	110.33	94.89		
1964	119.94	117.28		
1965	127.10	119.93		
1966	121.11	119.65		
1967	84.56	101.33		
1968	94.93	95.23		
1969	134.72	130.91		
1970	130.96	145.55		
1971	114.02	119.32		
1972	105.59	114.70		
1973	108.38	115.67		
1974	98.68	110.77		
1975	113.71	123.87		
1976	98.89	117.68		
1977	112.70	121.48		
1978	114.44	110.58		
1979	108.88	108.57		
1980	105.61	119.24		
1981	102.53	109.01	234.57	131.60
1982	107.05	109.54	178.95	127.73
1983	109.39	115.53	220.59	133.90
1984	108.92	134.85	197.33	156.81
1985	112.94	132.69	190.41	139.54
1986	106.18	117.97	167.57	134.16
1987	111.30	123.24	156.59	166.39
1988	112.61	128.16	147.34	161.53
1989	103.86	110.48	123.77	142.68
1990	102.96	109.02	121.11	139.33
1991	108.62	118.40	125.29	150.11
1992	112.40	133.30	147.00	164.80
1993	105.70	135.00	166.20	192.50
1994	106.50	124.90	156.30	174.30
1995	108.20	115.20	151.50	137.20
1996	105.13	120.88	120.00	123.77
1997	101.03	110.21	115.38	130.18
1998	100.10	108.10	114.70	125.29
1999	108.80	106.00	114.35	127.60
2000	109.63	96.08		135.74
2001	107.85	83.82		128.84

注：本表按可比价格计算。

2—6 全国工业总产值、指数及构成

年份	绝对数(亿元)			构成(%)		指数(以上年为100)		
	全部工业总产值	轻工业	重工业	轻工业	重工业	全部工业总产值	轻工业	重工业
1952	349	225	124	64.5	35.5	129.9	123.5	143.5
1957	704	387	317	55.0	45.0	111.5	105.7	118.4
1963	993	445	548	44.8	55.2	108.5	102.3	113.8
1964	1164	516	648	44.3	55.7	119.6	117.8	121.0
1965	1402	723	679	51.6	48.4	126.4	147.7	110.2
1966	1624	796	828	49.0	51.0	120.9	114.5	127.5
1967	1382	733	649	53.0	47.0	86.2	92.9	80.0
1968	1285	690	595	53.7	46.3	95.0	95.2	94.9
1969	1665	837	828	50.3	49.7	134.3	125.0	144.1
1970	2117	976	1141	46.2	53.8	132.6	119.9	144.3
1971	2414	1037	1377	43.0	57.0	114.7	106.4	121.1
1972	2565	1100	1465	42.9	57.1	106.9	106.5	107.1
1973	2794	1212	1582	43.4	56.6	109.5	110.5	108.7
1974	2792	1241	1551	44.4	55.6	100.6	103.1	98.8
1975	3207	1413	1794	44.1	55.9	115.5	113.2	117.2
1976	3278	1448	1830	44.2	55.8	102.4	103.6	101.6
1977	3725	1638	2087	44.0	56.0	114.6	114.5	114.7
1978	4237	1826	2411	43.1	56.9	113.5	110.9	115.6
1979	4681	2045	2636	43.7	56.3	108.8	110.0	108.0
1980	5154	2430	2724	47.2	52.8	109.3	118.9	101.9
1981	5400	2781	2619	51.5	48.5	104.3	114.3	95.5
1982	5811	2919	2892	50.2	49.8	107.8	105.8	109.9
1983	6461	3135	3326	48.5	51.5	111.2	109.3	113.1
1984	7617	3608	4009	47.4	52.6	116.3	116.1	116.5
1985	9716	4575	5141	47.4	52.6	121.4	122.7	120.2
1986	11194	5330	5864	47.6	52.4	111.7	113.1	110.2
1987	13813	6656	7157	48.2	51.8	117.7	118.6	116.7
1988	18224	8979	9245	49.3	50.7	120.8	122.1	119.4
1989	22017	10761	11256	48.9	51.1	108.5	108.2	108.9
1990	23924	11813	12111	49.4	50.6	107.8	109.2	106.2
1991	26625	12887	13738	48.4	51.6	114.8	115.0	114.5
1992	34599	16123	18476	46.6	53.4	124.7	120.0	129.0
1993	48402	22507	25895	46.5	53.5	127.3	127.0	127.5
1994	70176	32491	37685	46.3	53.7	124.2	123.6	124.6
1995	91894	43466	48428	47.3	52.7	120.3	122.9	118.0
1996	99595	47932	51663	48.1	51.9	116.6	124.0	112.7
1997	113733	55701	58032	49.0	51.0	113.1	114.5	111.7
1998	119048	58673	60375	49.3	50.7	110.75	111.8	109.7
1999	126110	62051	64060	49.2	50.8	111.58	110.9	112.3
2000	85674	34095	51579	39.8	60.2	116.88	113	120.1
2001	95449	37637	57812	39.4	60.6	114.61	112.4	116.3

注：本表2000、2001年为规模以上工业企业范围；1999年及以前年份为全部工业企业；工业总产值按当年价格计算；发展速度按可比价格计算。

2—7 全国工业企业主要财务指标

单位:亿元

年份	固定资产原价	固定资产净值	亏损企业亏损总额	利润总额	利润和税金总额
1952	149.2				
1957	339.6				
1963	908.1				
1964	971.4				
1965	1064.1				
1966	1148.2				
1967	1204.6				
1968	1258.2				
1969	1329.6				
1970	1507.5				
1971	1673.2				
1972	1900.4				
1973	2143.2				
1974	2325.3				
1975	2577.5	1828.5	56.8	428.7	
1976	2825.0			387.1	
1977	3114.2	2173.1	63.0	470.9	752.3
1978	3477.6	2423.7	45.1	599.3	916.0
1979	3803.8	2629.7	40.2	654.3	994.1
1980	4134.0	2830.2	38.8	692.3	1060.8
1981	4506.7	3063.6	53.5	682.4	1081.0
1982	4926.7	3322.0	55.8	704.2	1141.6
1983	5399.4	3623.7	37.6	772.1	1236.0
1984	5916.0	3935.6	34.2	852.4	1386.3
1985	6685.9	4664.3	40.5	944.1	1664.0
1986	7921.4	5416.8	72.4	877.6	1665.1
1987	9158.2	6346.8	84.7	1005.0	1893.4
1988	10641.1	7420.3	106.6	1189.9	2288.8
1989	12474.0	8751.6	234.1	1000.3	2275.5
1990	14390.0	10138.9	453.7	559.8	1945.9
1991	17156.3	12019.7	475.5	642.8	2233.3
1992	19963.1	14118.3	469.1	972.4	2800.0
1993	25818.3	18427.9	638.9	1602.5	3923.7
1994	33441.5	23627.0	772.5	1796.8	4935.3
1995	44988.8	32287.1	1198.6	1634.9	5050.3
1996	52026.6	37033.9	1431.3	1489.7	5147.2
1997	59569.7	41787.5	1586.9	1703.5	5740.5
1998	64832.1	43833.2	1736.9	1458.1	5521.9
1999	71847.1	49367.4	1463.6	2288.2	6701.8
2000	78646.3	52798.4	1136.1	4393.5	9512.9
2001	86293.1	56626.3	1211.0	4733.4	10305.4

注:本表 1952—1957 年资料中包括公私合营和私营企业。

2-8 国有工业企业主要财务指标

单位:亿元

年 份	固定资产原价	固定资产净值	亏损企业亏损总额	利润总额	利润税金总额
1952	148.8	100.8		28.2	37.3
1957	334.6	239.8		78.8	114.4
1963	889.6	670.7		121.0	185.0
1964	951.7	709.7		166.1	243.8
1965	1040.0	777.2		217.0	309.2
1966	1120.0	828.9		271.0	386.4
1967	1176.0	854.1		165.0	263.8
1968	1229.0	884.4		129.0	223.6
1969	1294.0	919.1		219.0	345.0
1970	1462.0	1033.3		311.0	472.1
1971	1610.0	1156.9		336.1	522.4
1972	1906.9	1301.1	32.3	355.1	546.2
1973	2033.6	1459.0	39.9	369.2	566.8
1974	2196.1	1561.2	61.8	316.3	512.7
1975	2428.3	1716.3	55.1	363.4	582.7
1976	2621.8	1846.4	76.9	317.1	535.5
1977	2882.2	2011.3	60.7	384.5	633.9
1978	3193.4	2225.7	42.1	508.8	790.7
1979	3466.7	2378.6	36.4	562.8	864.4
1980	3730.1	2528.0	34.3	585.4	907.1
1981	4032.3	2709.3	46.0	579.7	923.3
1982	4375.0	2914.0	47.6	597.7	972.3
1983	4767.8	3161.0	32.1	640.9	1032.8
1984	5170.0	3395.5	26.6	706.2	1152.8
1985	5956.2	3980.8	32.4	738.2	1334.1
1986	6744.8	4543.8	54.5	689.9	1341.4
1987	7677.9	5242.4	61.0	787.0	1514.1
1988	8795.2	6040.4	81.9	891.0	1774.9
1989	10160.8	7033.2	180.2	743.0	1773.1
1990	11610.3	8088.3	348.8	388.1	1503.1
1991	13556.8	9507.2	367.0	402.2	1661.2
1992	15699.8	10982.7	369.3	535.1	1944.1
1993	19066.4	13304.4	452.6	817.3	2454.7
1994	23101.9	15677.5	482.6	829.0	2876.3
1995	30935.7	21363.9	639.6	665.6	2874.2
1996	34765.0	23860.7	790.7	412.6	2737.1
1997	38351.0	25883.0	831.0	805.0	2907.2
1998	47913.3	31429.8	1150.7	525.1	3371.0
1999	53146.3	35735.1	966.7	997.9	4079.0
2000	57295.0	37638.8	704.3	2408.3	5879.0
2001	61782.5	39588.2	752.2	2388.6	6047.7

注:本表口径 1998 年及以后年份包括国有控股工业企业。

2—9 主要工业产品产量

年份	原煤（亿吨）	炼焦用洗精煤（万吨）	原油（万吨）	天然气（亿立方米）	铁矿石原矿量（万吨）	硫铁矿生产量（万吨）	磷矿石生产量（万吨）
1952	0.66	277	44	0.08	429	21	3
1957	1.31	916	146	0.70	1937	149	31
1958	2.70	1465	226	1.10	7500	239	208
1959	3.69	2613	373	2.90	9659	272	156
1960	3.97	4127	520	10.40	11279	309	142
1961	2.78	2403	531	14.70	5159	118	19
1962	2.20	1571	575	12.10	2578	144	11
1963	2.17	1456	648	10.20	2422	213	23
1964	2.15	1471	848	10.60	2674	245	74
1965	2.32	1847	1131	11.00	3149	336	158
1966	2.52	2041	1455	13.40	3929	315	352
1967	2.06	1648	1388	14.60	2962	276	256
1968	2.20	1574	1599	14.00	2679	220	101
1969	2.66	2147	2174	19.60	4333	206	198
1970	3.54	2957	3065	28.70	6422	346	394
1971	3.92	3743	3941	37.40	8146	392	563
1972	4.10	3981	4567	48.40	8460	460	551
1973	4.17	4016	5361	59.80	9164	431	530
1974	4.13	3599	6485	75.30	8681	458	694
1975	4.82	4438	7706	88.50	9693	519	1018
1976	4.83	4073	8716	101.00	8970	588	866
1977	5.50	4444	9364	121.20	9384	659	1117
1978	6.18	5397	10405	137.30	11779	687	1138
1979	6.35	5489	10615	145.10	11876	634	852
1980	6.20	5382	10595	142.70	11259	589	1081
1981	6.22	5159	10122	127.40	10459	588	1087
1982	6.66	5301	10212	119.30	10732	620	1169
1983	7.15	5629	10607	122.10	11339	742	1160
1984	7.89	6017	11461	124.30	12670	203	1345
1985	8.72	6145	12490	129.30	13819	692	681
1986	8.94	6329	13069	137.60	14751	783	962
1987	9.28	7230	13414	138.90	16143	1087	1517
1988	9.80	7433	13705	142.60	16854	1119	1824
1989	10.54	8037	13764	150.50	17145	1269	1983
1990	10.80	8408	13831	153.00	17941	1275	2155
1991	10.87	8525	14099	160.70	19016	1413	2140
1992	11.16	8932	14210	157.90	21022	1585	2320
1993	11.51	9340	14524	167.70	22599	1490	2116
1994	12.42	10548	14608	175.60	25056	1724	2482
1995	13.61	12518	15005	179.50	26210	2680	3120
1996	13.97	12559	15733	201.10	25228	2545	3104
1997	13.73	13070	16074	227.00	26699	2583	3476
1998	12.50	13640	16100	232.79	24689	1284	2703
1999	10.45	12523	16000	251.98	23723	1194	2510
2000	9.98	10832	16300	272.00	22256	964	1937
2001	11.61	12066	16396	303.29	21701	884	2101

注：硫铁矿、磷矿石 1995 年及以后年份为实物量。

2—9续表1

年　　份	石棉（万吨）	原盐（万吨）	木材（万立方米）	#原木	竹材（万根）	自来水（供应量）（亿吨）	食用植物油（万吨）	糖（万吨）
1952	0.5	495	1233	1233	1214		98	45
1957	2.9	828	2787	2787	9346		110	86
1963	1.9	1056	3250	2613	6337		84	44
1964	2.4	501	3800	3005	7085		113	107
1965	3.3	1147	3978	3302	7517		139	146
1966	4.3	998	4192	3454	6898		149	159
1967	4.1	1043	3250		7224		145	148
1968	3.4	1325	2791		6003		120	151
1969	4.4	966	3283		6019		100	121
1970	7.0	1109	3782	3259	7020		103	135
1971	9.0	1235	4067		7542		124	141
1972	11.2	1386	4253		7629		132	155
1973	9.5	1076	4467	3889	11493		136	191
1974	9.3	1456	4607	3978	9954		166	184
1975	10.3	1481	4703	4034	9073		156	174
1976	12.0	1401	4573	4044	10613		148	165
1977	13.9	1710	4967	4287	10799		154	182
1978	14.3	1953	5162	4416	11205		177	227
1979	14.1	1477	5439	4685	10506		214	250
1980	13.2	1728	5359	4670	9618		222	257
1981	10.6	1832	4942	4249	8656		292	317
1982	11.3	1638	5041	4336	10183		345	338
1983	13.2	1613	5232	4480	9601		360	377
1984	15.7	1642	6385	5231	9117		382	380
			(5800)	(4841)				
1985	17.6	1479	6323	5314	5641		401	451
1986	15.1	1766	6502	5419	7116		441	525
1987	14.5	1764	6408	5386			478	506
1988	15.8	2264	6218	5193	26211	184.27	480	461
1989	18.2	2829	5802	5037	15238	199.64	494	501
1990	19.2	2023	5571	5109	18714	218.84	544	582
1991	21.3	2410	5807	5289	29173	243.32	644	640
1992	23.0	2838	6174	5627	40430	272.67	661	831
1993	29.0	2943	6390	5861	43356	315.07	965	771
1994	27.0	2996	6615	6010	50430	154.16	724	592
1995	44.7	2978	6767	6247	44792	371.62	1144	559
1996	44.1	2904	6710	6073	42175	289.43	947	640
1997	43.7	3083	6395	5935	44921	308.26	894	703
1998	29.8	2242	5966		69253		603	826
1999	29.2	2812	5236		53921		734	861
2000	27.6	3128	4724		56183		835	700
2001	25.2	3411	4552		58146		1383	653

注：木材1961年以前为原木数；1984年木材统计范围扩大，括号内数据为与以前各年可比数。

2—9 续表 2

年份	乳制品(万吨)	罐头(万吨)	饮料酒(万吨)	#啤酒	卷烟(万箱)	纱(万吨)	#纯棉纱
1952		1.3	23		265	65.6	
1957	1.27	6.2	67	5	446	84.4	
1963	1.33	7.3	90	9	323	67.8	359.3
1964	1.76	10.1	97	8	413	97.0	512.9
1965	2.12	12.2	89	9	478	130.0	681.8
1966	2.35	14.1	94	9	540	156.5	807.0
1967	2.31	12.2	87	11	490	135.2	607.8
1968	2.31	13.1	96	12	521	137.7	685.3
1969	2.62	15.2	105	15	677	180.5	856.0
1970	2.96	19.3	121	16	783	205.2	974.2
1971	3.03	20.0	133	18	701	190.0	960.9
1972	3.40	24.1	152	20	745	188.6	953.4
1973	3.45	28.4	163	23	846	196.7	965.2
1974	3.53	32.2	185	23	872	180.3	878.8
1975	3.66	35.1	212	27	992	210.8	1030.9
1976	3.67	35.3	212	30	982	196.0	944.6
1977	3.92	44.2	238	35	1211	223.0	1063.3
1978	4.65	48.8	247	40	1182	238.2	1059.7
1979	5.36	50.1	310	52	1303	263.5	194.9
1980	6.32	57.2	368	69	1520	292.6	213.3
1981	7.91	68.4	447	91	1704	317.0	220.3
1982	9.97	78.5	493	117	1885	335.4	251.8
1983	11.22	84.5	604	163	1938	327.0	229.9
1984	13.02	109.0	711	224	2132	321.9	209.8
1985	16.37	142.5	851	310	2370	353.5	230.8
1986	22.58	164.1	985	413	2596	397.8	275.6
1987	27.22	161.5	1195	540	2881	436.8	311.7
1988	29.53	220.9	1357	656	3096	465.7	343.1
1989	26.68	232.5	1285	643	3195	476.7	338.1
1990	31.37	157.1	1386	692	3298	462.6	308.3
1991	37.66	193.0	1539	838	3226	460.8	312.2
1992	41.29	224.3	1753	1021	3285	501.8	337.8
1993	41.73	230.3	1971	1192	3376	501.5	331.3
1994	42.46	247.3	2233	1414	3432	489.5	290.8
1995	52.57	310.6	2560	1569	3485	542.3	315.9
1996	50.41	282.6	2651	1682	3402	512.2	276.3
1997	56.48	254.6	2834	1889	3377	559.8	284.0
1998	54.03	156.5		1988	3374	542.0	
1999	69.10	169.1	2706	2099	3340	561.0	
2000	82.92	178.2	2846	2231	3397	657.0	
2001	74.29	290.4		2289	3402	760.7	

注：纯棉纱 1961——1978 年为万件数字，1979 年及以后各年为万吨数字。

2—9 续表 3

年　份	布（亿米）	#纯棉布	印染布（亿米）	针棉织品（折合用纱量）（万吨）	毛线（万吨）
1952	38.3		19.2	30.4	0.20
1957	50.5		29.4	71.7	0.57
1963	33.4	30.70	23.4	44.3	0.80
1964	47.1	43.80	29.8	65.2	0.93
1965	62.8	57.40	35.9	98.1	1.10
1966	73.1	64.80	40.4	122.2	1.25
1967	65.6	58.10	35.1	113.5	1.11
1968	64.4	56.00	37.1	109.6	1.21
1969	82.1	71.00	48.8	152.0	1.70
1970	91.5	78.00	53.0	185.5	2.17
1971	84.2	71.00	47.6	180.4	2.35
1972	83.5	70.00	46.5	171.5	2.21
1973	87.1	72.20	51.6	178.7	2.32
1974	80.8	66.50	51.3	170.2	2.36
1975	94.0	77.70	58.9	189.1	2.66
1976	88.4	71.70	53.6	185.4	2.78
1977	101.5	81.60	59.8	210.4	3.11
1978	110.3	81.50	65.0	226.5(40.7)	3.78
1979	121.5	82.20	71.8	43.9	4.44
1980	134.7	87.10	80.7	50.2	5.73
1981	142.7	85.10	82.9	56.0	7.65
1982	153.5	101.30	80.8	63.5	9.25
1983	148.8	90.40	73.3	61.4	10.21
1984	137.0	70.10	68.1	59.1	11.00
1985	146.7	82.10	75.3	68.5	12.59
1986	164.7	100.60	79.5	76.8	14.91
1987	173.1	107.65	83.1	87.8	20.47
1988	187.9	118.74	95.1	100.6	22.50
1989	189.2	117.95	94.9	99.7	25.00
1990	188.8	108.25	91.6	96.0	23.80
1991	181.8	108.58	99.5	94.8	28.30
1992	190.7	111.88	125.7	102.2	35.06
1993	203.0	122.07	137.6	162.5	34.35
1994	212.2	115.73	137.0	78.1	43.94
1995	260.2	131.84	136.5	89.4	51.38
1996	209.1	105.23	120.6	75.3	48.25
1997	248.8	118.85	141.4	80.3	48.80
1998	241.0	114.27	146.5	51.6	30.70
1999	250.0	118.46	159.1	56.9	38.56
2000	277.0	139.22	158.2	62.5	
2001	290.0	153.98	178.3	117.2	

注：针棉织品 1949—1978 年为万件数字，1978 年括号内数据、1979 年及以后各年为万吨数据。

2—9 续表 4

年份	呢绒（万米）	麻袋（混合数）（亿条）	丝（万吨）	丝织品（亿米）	服装（亿件）	布鞋（亿双）
1952	423	0.67	0.56	0.65		
1957	1817	0.83	0.99	1.45		
1963	4369	0.50	0.47	2.46	2.56	0.72
1964	4809	0.86	0.71	2.77	3.07	0.78
1965	4240	1.25	0.91	3.42	3.85	0.76
1966	4383	1.46	1.18	3.79	4.41	0.82
1967	3577	1.24	1.13	3.24	4.08	0.76
1968	3976	1.08	0.93	2.86	3.25	0.71
1969	4975	1.48	1.30	3.55	3.54	0.77
1970	5776	1.84	1.67	4.32	3.66	1.21
1971	6153	1.81	1.93	4.48	4.14	1.14
1972	6046	1.32	1.95	4.48	4.86	1.11
1973	6211	1.69	2.11	4.60	5.47	1.17
1974	6357	1.68	1.82	4.22	5.68	1.17
1975	6943	1.91	2.31	4.54	6.73	1.38
1976	7072	1.88	2.28	4.60	7.18	1.49
1977	7840	2.45	2.69	5.29	7.17	1.75
1978	8885	2.90	2.97	6.11	6.73	1.85
1979	9017	3.44	2.97	6.63	7.44	2.03
1980	10095	4.10	3.54	7.59	9.45	2.82
1981	11308	4.29	3.74	8.35	10.08	3.55
1982	12669	5.00	3.71	9.14	9.85	3.47
1983	14291	5.51	3.69	9.99	10.04	3.81
1984	18049	5.48	3.76	11.78	11.06	4.42
1985	21816	6.27	4.22	14.49	12.67	4.99
1986	25187	7.30	4.72	14.99	27.00	5.34
1987	26537	8.59	5.19	16.02	23.00	
1988	28609	9.31	5.10	16.87	29.11	7.08
1989	27962	7.84	5.22	16.28	30.04	7.50
1990	29505	7.41	5.66	17.12	31.75	7.65
1991	31141	6.51	6.07	24.06	36.30	7.93
1992	33792	6.16	7.42	25.41	42.66	8.42
1993	35382	6.40	9.40	28.22	63.68	10.85
1994	41900	5.59	10.65	31.28	79.37	11.89
1995	65392	7.17	11.34	65.91	179.96	25.20
1996	45954	3.39	9.49	49.45	126.64	16.05
1997	38791	4.35	8.25	65.22	136.74	16.44
1998	26777	3.41	6.77	37.49	150.29	5.28
1999	27317	1.78	7.02	38.79	160.90	5.27
2000	27832	0.88	7.33	37.43	209.34	5.17
2001	34303	0.51	8.73	46.81	228.44	5.47

2—9 续表 5

年份	皮鞋（万双）	锯材（万立方米）	胶合板（万立方米）	家具（万件）	机制纸及纸板（万吨）	#新闻纸	#凸版纸
1952	1200	470.0	2.8		37	6.1	
1957	2529	824.0	7.0		91	12.2	14.6
1963	2635	226.0	10.4		128	17.7	8.9
1964	2114	1064.0	12.0		145	19.4	9.8
1965	1808	1160.0	13.9		173	20.8	11.6
1966	1970	1118.0	15.0		209	23.5	19.1
1967	2023	1157.0	12.2		196	20.7	27.1
1968	2204	909.0	10.6		177	19.2	27.6
1969	2283	1005.0	14.7		217	23.5	37.1
1970	4729	1100.0	17.1		241	23.7	20.5
1971	4710	1105.0	17.2		263	24.0	18.8
1972	4647	1154.0	18.2		282	25.9	27.1
1973	5468	993.0	18.8		313	28.9	29.1
1974	5794	1009.0	17.6		299	28.4	30.2
1975	6646	1069.0	19.2		341	29.0	33.8
1976	7382	1001.0	18.4		341	30.6	33.1
1977	9119	1133.0	20.9		377	32.7	36.3
1978	10053	1106.0	25.2		439	33.9	44.4
1979	11608	1271.0	29.2		493	35.7	50.8
1980	15745	1369.0	33.0		535	37.6	55.8
1981	20239	1301.0	35.1		540	35.5	60.6
1982	18661	1364.0	39.5		589	37.6	63.3
1983	18361	1394.0	45.5		661	39.6	64.8
1984	19676	1509.0	49.0		756	41.3	79.4
1985	23162	1591.0	23.9	11641.0	911	42.5	98.7
1986	26440	1505.0	28.6	12008.6	998	41.4	75.6
1987	30910	1471.9	77.6	14484.5	1141	36.6	75.4
1988	34720	1468.4	82.7	16583.5	1270	34.2	76.5
1989	35433	1393.3	72.8	16660.2	1333	38.7	74.2
1990	43770	1284.9	75.9	16372.4	1732	40.0	59.5
1991	53592	1141.5	105.4	21437.9	1479	43.8	69.1
1992	77068	1118.7	156.5	21650.7	1725	48.9	68.6
1993	115059	1401.3	212.5	30867.4	1914	73.6	61.1
1994	154284	1294.3	260.6	50514.5	2138	73.3	68.8
1995	320207	4183.8	759.3	61865.0	2812	78.3	58.8
1996	237528	2442.3	490.3	50164.2	2638	90.1	58.1
1997	247343	2012.4	758.4	43894.3	2733	73.0	52.4
1998	120562	1787.6	446.5	10038.1	2126	95.6	62.9
1999	101375	1585.9	727.6	9968.7	2159	112.9	71.5
2000	146838	634.4	992.5		2487	145.5	66.6
2001	133586	763.8	904.5		3777	173.0	72.8

2—9 续表 6

年份	自来水笔（万支）	铅笔（亿支）	篮、排、足球（万个）	漆器工艺品（万元）	抽纱工艺品（亿元）	地毯（万平方米）
1952	3975	2.00	36.7			15.2
1957	5204	4.90	98.4			26.0
1963	3524	10.08	41.2	547	0.71	42.3
1964	3580	11.27	64.0	527	0.84	35.9
1965	5064	13.36	143.1	672	1.48	34.7
1966	6988	16.93	204.5	918	1.43	38.2
1967	7478	14.46	220.0	382	1.06	36.0
1968	7947	11.56	200.0	494	1.46	35.0
1969	10737	16.69	150.0	589	1.72	43.0
1970	12036	15.31	158.9	644	1.84	40.0
1971	11015	13.70	195.8	674	1.93	41.3
1972	10327	15.14	242.8	1204	2.04	51.3
1973	10938	17.52	355.6	1647	3.25	76.0
1974	11060	16.91	398.0	1844	2.88	97.2
1975	12157	21.10	443.0	2242	3.23	128.8
1976	12351	19.81	382.4	2074	3.19	139.5
1977	12989	21.87	392.5	2524	3.85	164.5
1978	13445	23.84	433.9	2935	6.11	179.9
1979	14921	27.13	370.9	3718	7.95	195.1
1980	17035	29.44	423.6	4728	11.05	229.0
1981	18192	32.24	352.3	4995	12.21	276.3
1982	15230	34.60	317.1	4475	11.06	322.6
1983	12871	36.32	314.3	4253	6.87	335.8
1984	14678	36.22	293.0	4142	6.97	375.1
1985	15892	34.20	369.0	5177	5.42	578.8
1986	18270	35.87	453.8	6056	8.31	576.5
1987	21657	36.76	474.3	9026	11.23	1327.5
1988	24578	38.18	469.0	11367	15.25	1807.2
1989	25713	40.08	421.6	12782	12.04	4953.0
1990	21439	44.57	523.0	10516	17.53	5872.9
1991	20884	47.22	872.2	12164		4855.1
1992	20220	53.43	1100.3	11415		5609.2
1993	19272	55.59	2472.7	10161	47.31	7076.0
1994	20236	65.13	1327.6			8213.2
1995	33567	85.53	1031.1	103767	60.79	10623.3
1996	20432	71.26	1499.9	63103	47.33	9129.6
1997	27945	70.83	1597.0	51730	38.90	9464.9
1998	8901	66.72				
1999	7404	60.30				
2000	5701	67.45				
2001	5575	64.71				

2—9 续表 7

年　份	发电量（亿千瓦小时）	#水电	火电	原油加工量（万吨）	汽油（万吨）	煤油（万吨）	柴油（万吨）
1952	73	13	60				
1957	193	48	145				
1963	490	87	403				
1964	560	106	454				
1965	576	104	572				
1966	825	126	699				
1967	774	131	643				
1968	716	115	601				
1969	940	160	780				
1970	1159	205	954				
1971	1384	251	1133				
1972	1524	288	1236				
1973	1668	389	1279		574	240.5	1040.0
1974	1688	414	1274		663	260.7	1179.4
1975	1958	476	1482		737	289.7	1323.6
1976	2031	456	1575		816	294.2	1489.1
1977	2234	476	1758		867	316.5	1616.4
1978	2566	446	2120	7069	991	356.0	1825.7
1979	2820	501	2319	7146	1070	409.3	1872.8
1980	3006	582	2424	7869	1049	398.5	1827.8
1981	3093	655	2438	7376	1112	367.2	1777.9
1982	3277	744	2533	7434	1114	384.1	1746.3
1983	3514	864	2650	8041	1264	410.2	1903.5
1984	3770	868	2902	8251	1350	408.0	1946.5
1985	4107	924	3183	8452	1438	402.8	1989.2
1986	4495	945	3550	9158	1647	414.0	2199.3
1987	4973	1000	3973	9718	1712	415.5	2338.2
1988	5452	1092	4361	10161	1885	385.2	2455.3
1989	5848	1183	4664	10528	2065	394.9	2581.5
1990	6212	1267	4945	10723	2157	389.6	2609.4
1991	6775	1247	5525	11363	2404	406.2	2853.3
1992	7539	1307	6215	12114	2726	394.5	3170.9
1993	8395	1518	6839	13162	3160	382.5	3542.8
1994	9281	1674	7464	13302	2854	407.3	3480.4
1995	10070	1906	8024	14055	3052	445.8	3972.6
1996	10813	1880	8777	16992	3281	536.0	4419.3
1997	11356	1960	9241	16697	3518	577.0	4924.5
1998	11670	1989	9267	16570	3465	574.9	4884.1
1999	12393	1966	9868	18357	3741	719.0	6303.0
2000	13556	2224	10885	21062	4135	872.3	7079.6
2001	14808	2774	11768	21061	4155	789.4	7485.7

2—9 续表 8

年份	焦炭（万吨）	#机焦	硫酸（折纯）（万吨）	浓硝酸（折纯）（万吨）	盐酸（万吨）	纯碱（万吨）	烧碱（万吨）	合成氨（万吨）
1952	289	222	19.0	1.06	1.4	19.2	7.9	3.8
1957	830	555	63.2	3.87	8.2	50.6	19.8	15.3
1963	1106	955	130.6	5.59	19.3	66.4	33.8	64.4
1964	1113	980	170.4	7.61	21.8	69.5	41.1	93.1
1965	1333	1203	234.0	11.56	29.0	88.0	55.6	148.4
1966	1634	1419	290.9	16.45	32.9	106.6	69.3	212.4
1967	1102	1019	198.3	11.25	29.8	91.5	57.8	152.1
1968	1098	1005	141.5	10.57	26.7	70.1	49.6	103.4
1969	1676	1450	234.3	17.95	37.8	89.4	70.4	160.3
1970	2330	1916	291.4	22.72	47.1	107.7	89.2	244.5
1971	3023	2312	357.9	28.49	52.8	115.5	105.5	310.0
1972	3437	2536	400.5	28.84	59.6	119.7	111.5	395.6
1973	3451	2651	468.1	29.36	63.1	120.4	121.0	474.4
1974	3104	2376	442.7	25.38	63.1	110.6	112.6	452.5
1975	3680	2739	484.7	30.23	78.0	124.3	128.9	607.7
1976	3570	2586	450.8	28.96	83.7	111.7	121.5	618.5
1977	3929	2683	537.5	32.88	96.2	107.7	138.6	870.3
1978	4690	3269	661.0	33.76	111.5	132.9	164.0	1183.5
1979	4583	3354	699.8	28.19	107.8	148.6	182.6	1348.2
1980	4343	3405	764.3	22.77	117.7	161.3	192.3	1497.4
1981	3895	3172	780.7	19.26	129.2	165.2	192.3	1483.4
1982	4019	3311	817.5	24.61	148.3	173.5	207.3	1546.3
1983	4220	3451	869.6	25.60	158.3	179.3	212.3	1677.1
1984	4557	3615	817.2	25.78	170.4	188.0	222.2	1837.4
1985	4802	3836	676.4	27.40	185.6	201.1	235.3	1718.8
1986	5276	4093	763.1	27.53	206.0	214.6	251.8	1672.9
1987	5795	4375	983.3	29.02	227.0	236.3	273.9	1940.6
1988	6108	4542	1111.3	30.33	246.2	260.9	300.5	1986.3
1989	6624	4675	1153.3	32.82	257.9	304.2	321.1	2068.1
1990	7328	5130	1196.9	31.80	262.3	379.5	335.4	2129.0
1991	7352	5396	1332.9	34.34	285.2	393.6	354.1	2201.6
1992	7984	5600	1408.7	44.41	302.8	455.0	379.5	2298.1
1993	9320	6011	1336.5	56.13	323.9	534.9	395.4	2192.5
1994	11477	6474	1536.5	49.31	336.2	581.4	429.6	2436.8
1995	13510	6743	1811.0	56.01	370.6	597.7	531.8	2765.9
1996	13643	6951	1883.6	64.17	403.9	669.3	573.8	3094.2
1997	13731	7144	2036.9	66.96	409.2	725.8	574.4	3000.3
1998	12805	12214	2171.6	75.50	371.6	744.0	539.4	3134.2
1999	12074	7845	2356.0	75.05	408.0	766.0	580.1	3431.7
2000	12184	8752	2427.0	82.48	442.1	834.0	667.9	3363.7
2001	13131	9390	2696.3	87.97	470.6	914.4	788.0	3427.3

2—9 续表 9

年　份	农用氮、磷、钾化肥(万吨)	氮肥	磷肥	钾肥	化学农药(万吨)	纯苯(万吨)	电石(万吨)
1952	3.9	3.9			0.2	0.8	1.1
1957	15.1	12.9	2.1		6.5	5.0	4.9
1963	64.8	45.8	18.9	0.1	10.8	6.7	25.4
1964	100.8	67.5	33.2	0.1	12.9	8.3	32.5
1965	172.6	103.7	68.8	0.1	19.3	11.8	44.0
1966	240.9	146.1	94.6	0.2	26.2	15.1	56.1
1967	164.1	101.5	62.2	0.4	22.4	10.2	4.2
1968	110.9	68.4	42.2	0.3	17.1	8.2	36.0
1969	174.9	102.3	72.3	0.3	26.2	12.9	55.9
1970	243.5	152.3	90.7	0.5	32.1	16.7	69.6
1971	299.4	190.4	107.8	1.2	38.7	19.2	78.0
1972	370.1	244.4	124.9	0.8	40.2	20.5	81.3
1973	459.2	299.6	158.9	0.7	45.6	21.0	89.6
1974	422.2	282.7	139.0	0.5	37.1	18.8	91.3
1975	524.7	370.9	153.1	0.7	42.2	21.3	98.3
1976	524.4	381.5	141.8	1.1	39.1	21.1	96.3
1977	723.8	550.9	170.8	2.1	45.7	22.5	98.9
1978	869.3	763.9	103.3	2.1	53.3	32.0	123.8
1979	1065.4	882.1	181.7	1.6	53.7	33.9	140.7
1980	1232.1	999.3	230.8	2.0	53.7	36.0	152.0
1981	1239.0	985.7	250.8	2.5	48.4	35.2	151.3
1982	1278.1	1021.9	253.7	2.5	45.7	39.3	167.5
1983	1378.9	1109.4	266.6	2.9	33.1	42.5	180.8
1984	1460.2	1221.0	236.0	3.2	29.9	41.6	184.6
1985	1322.2	1143.8	176.0	2.4	21.1	39.0	195.3
1986	1395.7	1159.2	234.0	2.5	20.3	42.6	215.0
1987	1672.2	1342.3	325.9	4.0	16.1	49.4	241.2
1988	1740.2	1365.6	369.2	5.4	17.9	57.1	225.6
1989	1802.5	1424.1	372.8	5.7	20.8	59.8	246.1
1990	1879.7	1463.1	411.4	4.6	22.8	65.4	228.0
1991	1979.5	1510.1	459.7	9.9	25.5	77.5	235.8
1992	2047.9	1570.5	462.2	15.3	28.1	81.9	242.5
1993	1956.3	1525.6	419.0	11.7	25.7	81.7	264.2
1994	2272.8	1736.3	504.4	32.7	29.0	89.4	292.0
1995	2548.1	1859.2	662.6	26.3	41.7	102.3	345.7
1996	2809.0	2136.0	651.2	21.8	44.8	113.5	309.2
1997	2821.0	2075.0	714.6	31.5	52.7	135.8	344.7
1998	3010.0	2225.7	666.8	62.5	55.9	143.1	281.3
1999	3251.0	2472.0	636.1	77.9	62.5	165.7	273.1
2000	3186.0	2398.1	663.0	86.0	60.7	184.7	340.4
2001	3383.0	2527.4	752.6	100.5	78.7	198.8	346.3

注:农用化肥按 100%有效成分计算。

2—9 续表 10

年　份	乙烯（万吨）	塑料（万吨）	合成橡胶（万吨）	松香（万吨）	冰醋酸（万吨）	油漆（万吨）	染料（万吨）
1952		0.2		4.20		2.70	1.64
1957		1.3		11.70	0.24	6.34	3.42
1963	0.18	4.8	0.69	9.80	0.98	7.16	4.27
1964	0.20	6.4	0.94	16.30	1.18	11.46	5.45
1965	0.30	9.7	1.59	16.70	2.08	16.12	6.76
1966	0.54	13.9	3.06	17.90	3.22	20.23	7.83
1967	0.36	11.0	1.90	16.60	2.33	17.13	5.39
1968	0.37	10.6	1.47	18.20	2.36	13.96	4.51
1969	0.51	15.1	1.85	20.40	3.66	18.28	7.26
1970	1.51	17.6	2.54	18.90	3.54	18.38	8.79
1971	3.19	21.6	3.54	20.00	4.41	19.15	9.48
1972	4.44	24.8	3.57	24.00	4.96	21.02	9.73
1973	5.10	29.5	4.09	26.10	5.09	23.52	9.33
1974	6.10	30.4	4.73	28.90	5.22	24.10	6.89
1975	6.47	33.0	5.67	26.60	6.69	26.97	7.32
1976	13.35	34.5	5.99	23.80	6.66	26.14	5.89
1977	30.27	52.4	7.75	25.90	8.79	28.48	6.75
1978	38.03	67.9	10.19	28.20	10.46	34.36	8.29
1979	43.49	79.3	12.06	29.70	11.55	42.64	7.17
1980	48.99	89.8	12.30	32.70	12.46	48.01	6.50
1981	50.48	91.6	12.49	40.70	13.85	47.76	7.66
1982	56.49	100.3	13.60	40.20	15.54	52.97	8.56
1983	65.37	112.1	16.89	24.70	18.94	61.17	7.49
1984	64.80	118.0	17.41	30.80	17.79	72.57	7.48
1985	65.21	123.4	18.11	25.60	18.68	78.18	9.15
1986	69.52	132.1	18.84	29.40	20.82	75.52	10.74
1987	93.72	152.6	21.87	39.57	23.44	82.85	11.59
1988	123.21	190.4	25.76	41.44	28.16	87.11	12.96
1989	139.57	200.8	29.22	42.16	26.15	78.95	12.71
1990	157.21	227.0	31.76	34.40	35.85	85.90	13.63
1991	176.11	283.0	33.64	34.33	40.15	95.91	14.18
1992	200.34	330.8	37.26	41.95	44.37	109.63	16.04
1993	202.70	309.9	39.26	50.37	43.44	117.78	20.98
1994	212.94	401.4	44.35	43.73	43.65	124.47	25.56
1995	240.05	516.9	58.56	48.13	51.83	210.58	35.41
1996	303.96	576.9	59.97	50.12	51.65	158.85	33.54
1997	358.62	685.8	64.23	67.58	59.82	170.40	44.45
1998	377.30	692.6	58.90	41.60	59.87	121.82	40.06
1999	435.00	871.1	73.28	43.45	73.66	119.67	45.14
2000	470.00	1087.5	86.52	38.68	86.51	127.62	51.38
2001	480.55	1288.7	121.98	37.78	86.14	122.76	55.10

注：松香 1988 年及以后年份为松香类产品。

2—9 续表 11

年 份	电影胶片（万米）	#彩色胶片	合成洗涤剂（万吨）	肥皂（万吨）	火柴（万件）	化学原料药（万吨）
1952				9.7	911	0.01
1957				26.3	1036	0.22
1963			2.2	27.9	1397	0.77
1964	244		2.3	29.2	1322	0.85
1965	3063		3.0	31.5	1207	1.05
1966	6057	370	4.2	35.4	1291	1.45
1967	1214	1025	3.7	32.4	1085	1.30
1968	260	16	4.2	36.0	1016	1.18
1969	977	118	6.2	43.9	1183	1.67
1970	7850	1952	9.3	47.7	1458	2.15
1971	5673	2618	10.9	48.3	1483	2.56
1972	10240	2681	15.2	51.8	1482	2.75
1973	11176	3510	17.9	58.3	1491	2.90
1974	13959	5683	19.3	58.0	1412	2.51
1975	17965	9771	22.3	61.1	1637	(2.73)3.05
1976	17093	10690	21.7	55.3	1579	3.12
1977	18326	10035	25.7	55.1	1787	3.52
1978	22383	10960	32.4	59.6	1887	4.07
1979	25631	11850	39.7	75.3	1892	4.17
1980	21310	15329	39.3	85.2	1960	4.01
1981	19438	15797	47.8	93.3	2198	3.73
1982	19408	17145	56.9	85.2	2508	4.22
1983	18844	17023	67.7	86.5	2795	4.80
1984	16405	13675	81.0	84.3	3132	5.35
1985	17047	13864	100.5	99.6	3163	15.77
1986	18340	16285	117.5	109.6	2821	15.14
1987	19686	18198	119.2	111.8	2644	18.05
1988	20759	19627	131.9	119.5	2970	20.72
1989	14458	13689	146.6	111.1	3323	20.83
1990	12878	11965	151.4	106.7	3511	22.10
1991	13792	13393	146.2	90.5	3716	24.25
1992	15592	14917	166.6	84.0	3803	28.06
1993	6599	6236	188.3	84.5	3353	35.08
1994	7216	4329	217.5	79.9	2556	33.09
1995	4933	4630	299.8	82.7	3181	48.68
1996	3511	3055	262.2	73.3	2581	42.90
1997	3213	2509	279.9	64.3	2157	44.28
1998	1380		280.3	51.4	1852	41.55
1999	2168		286.5	56.1	1443	43.63
2000	330		297.5	60.8	1287	52.57
2001	200		330.4	56.3	1205	76.22

注：化学原料药 1975 年以前和括号内数字为七大类药品，1975 年括号外数字及以后各年为十二大类药品。

2—9 续表 12

年份	化学纤维（万吨）	粘胶纤维	合成纤维	塑料制品（万吨）	轮胎外胎（万条）	胶鞋（万双）	水泥（万吨）	平板玻璃（万重量箱）
1952				0.2	42	6169	286	198
1957	0.02	0.02		1.4	88	13016	686	430
1963	1.89	1.80	0.09	6.1	167	21000	806	497
1964	3.21	3.20	0.19	9.2	202	23220	1209	539
1965	5.01	4.49	0.52	13.0	232	24862	1634	599
1966	7.58	5.81	1.77	17.6	262	24827	2015	719
1967	5.22	3.68	1.54	17.8	238	19265	1462	578
1968	3.60	2.63	0.97	17.1	247	17840	1262	573
1969	6.66	4.55	2.11	24.6	310	26751	1829	807
1970	10.09	6.47	3.62	32.8	425	32260	2575	928
1971	11.99	7.60	4.39	32.5	474	32905	3258	1051
1972	13.73	8.70	5.03	39.3	525	32669	3547	1048
1973	14.88	9.22	5.66	50.7	578	34955	3731	1042
1974	14.26	8.53	5.73	52.1	553	32871	3709	1024
1975	15.48	8.91	6.57	60.7	700	35907	4626	1262
1976	14.61	6.77	7.84	64.2	676	34525	4670	1261
1977	18.98	8.41	10.57	76.8	770	35822	5565	1481
1978	28.46	11.52	16.94	92.3	936	38157	6524	1784
1979	32.63	11.27	21.36	94.9	1169	35982	7390	2083
1980	45.03	13.62	31.41	114.4	1146	40874	7986	2466
1981	52.73	14.26	38.47	138.4	729	43053	8290	2701
1982	51.70	14.16	37.53	166.1	864	43171	9520	3154
1983	54.07	13.87	40.20	191.8	1271	46153	10825	3647
1984	73.49	15.91	57.58	215.3	1569	57201	12302	4190
1985	94.78	17.72	77.06	248.0	1926	68702	14595	4942
1986	101.73	18.66	83.07	274.5	1924	80977	16606	5202
1987	117.50	19.30	98.20	297.1	2333	77999	18625	5803
1988	130.12	17.66	112.47	334.6	2991	74954	21014	7293
1989	148.09	19.89	128.20	352.5	3226	77674	21029	8442
1990	165.42	21.99	143.43	366.8	3209	89759	20971	8067
1991	191.03	24.01	167.03	443.5	3940	92996	25261	8712
1992	213.04	24.87	188.17	536.8	5183	90417	30822	9359
1993	237.37	28.39	208.86	669.0	6391	110343	36788	11080
1994	280.33	33.61	246.72	843.0	9302	72485	42118	11925
1995	341.17	43.96	308.87		7945	183245	47561	15732
1996	375.45	38.40	337.05	1574.1	8806	152192	49119	16069
1997	471.62	43.15	428.46	1534.2	9599	124709	51174	16631
1998	510.00	48.61	441.64	843.3	9513	83287	53600	17194
1999	600.40	47.21	548.75	937.6	10970	78143	57300	17420
2000	694.00	56.42	629.52	1035.8	12158	82956	59700	18352
2001	841.38	60.59	759.68	1184.3	13573	80773	66104	20964

2—9 续表 13

年份	日用陶瓷（亿件）	生铁（万吨）	钢（万吨）	#平炉钢	#电炉钢	#转炉钢	#氧气顶吹	合金钢（万吨）
1952		193	135	110.4	14.2	9.7		2.5
1957	20.2	594	535	380.9	74.1	79.7		21.0
1963	19.2	741	762	490.7	168.1	97.1	1.1	72.0
1964	20.3	902	964	600.4	193.6	164.2	10.6	66.8
1965	19.7	1077	1223	728.3	240.5	245.6	31.3	81.7
1966	18.3	1334	1532	892.0	290.1	350.2	68.7	105.6
1967	15.0	663	1029	525.0	227.1	276.6	69.9	73.4
1968	13.5	857	904	471.2	183.5	249.5	59.8	49.7
1969	16.0	1280	1333	728.0	284.4	314.9	90.0	90.7
1970	19.3	1706	1779	924.8	394.4	456.7	159.2	143.7
1971	22.2	2100	2132	1011.9	478.7	636.5	285.5	177.3
1972	23.9	2355	2338	1046.9	522.2	764.0	436.6	167.1
1973	25.7	2490	2522	1044.4	581.6	891.2	536.5	177.8
1974	25.6	2062	2112	833.5	541.2	734.0	478.5	158.8
1975	29.2	2449	2390	889.2	610.1	886.4	600.1	183.6
1976	29.8	2233	2046	792.2	520.9	729.8	510.5	157.6
1977	33.3	2505	2374	880.4	555.9	934.1	677.3	180.0
1978	34.7	3479	3178	1127.1	681.3	1364.0	1061.7	238.1
1979	32.1	3673	3448	1134.8	730.6	1580.3	1293.0	249.6
1980	34.8	3802	3712	1189.0	710.8	1809.8	1508.6	183.7
1981	36.0	3417	3560	1118.9	656.5	1783.1	1529.3	149.7
1982	38.6	3551	3716	1164.8	686.7	1861.2	1665.7	206.6
1983	37.8	3738	4002	1190.7	812.3	1994.5	1853.6	278.8
1984	36.2	4001	4347	1214.5	903.3	2225.4	2074.9	301.0
1985	36.4	4384	4679	1230.1	1008.4	2436.6	2302.3	291.2
1986	43.0	5064	5220	1235.8	1056.8	2922.4	2819.3	337.8
1987	47.3	5503	5628	1277.8	1147.6	3195.6	3085.5	375.9
1988	53.2	5704	5943	1304.4	1206.6	3424.4	3336.4	388.4
1989	50.8	5820	6159	1313.0	1275.4	3561.6	3467.9	395.4
1990	52.7	6238	6635	1315.7	1401.5	3908.5	3822.8	414.8
1991	59.0	6765	7100	1309.2	1500.4	4097.5	3597.8	454.3
1992	62.7	7589	8094	1399.2	1762.6	4916.0	3845.3	450.6
1993	67.9	8739	8956	1453.1	2074.2	5324.5		501.3
1994	83.6	9741	9261	1384.8	1953.8	5889.9		564.9
1995	95.3	10529	9536	1308.4	1811.0	6358.0	4900.6	525.3
1996	100.0	10722	10124	1261.4	1891.3	6947.4	5142.5	530.5
1997	115.6	11511	10894	969.8	1911.2	7986.9	6458.0	546.9
1998	75.0	11864	11559					501.0
1999	71.4	12539	12426					565.2
2000	67.6	13101	12850					671.8
2001	131.5	15554	15163					871.1

2—9 续表 14

年 份	成品钢材（万吨）	#重轨	#轻轨	#普通大型钢材	#普通中型钢材	#普通小型钢材	#优质型材
1952	106	6.2	3.3	0.7	21.2	42.9	7.8
1957	415	41.1	8.9	32.7	60.2	107.2	34.5
1963	533	28.2	12.9	9.9	36.1	101.3	86.5
1964	688	43.6	10.5	18.1	53.8	160.6	90.9
1965	881	53.5	13.8	21.5	94.5	194.4	109.6
1966	1035	49.9	16.7	30.4	116.1	210.6	132.3
1967	718	24.0	11.3	35.7	76.1	156.1	99.7
1968	666	21.7	14.9	14.6	65.0	155.4	84.2
1969	926	32.2	13.9	29.6	96.5	188.8	140.2
1970	1188	61.9	16.6	41.3	116.4	244.6	165.7
1971	1389	66.7	24.8	50.1	144.3	284.2	183.8
1972	1561	82.1	22.5	52.2	169.2	305.7	222.5
1973	1684	77.9	26.4	53.3	179.8	318.2	247.9
1974	1466	41.5	19.7	38.7	165.8	294.5	241.4
1975	1622	49.5	14.9	64.7	166.8	328.4	253.4
1976	1466	49.0	15.5	49.4	158.6	284.2	225.1
1977	1633	66.1	19.7	54.6	169.4	336.4	226.1
1978	2208	81.8	26.3	88.6	204.9	464.1	289.1
1979	2497	81.3	21.6	83.0	245.1	589.7	329.0
1980	2716	67.3	22.0	69.4	258.8	745.7	259.7
1981	2670	55.6	26.0	73.0	261.4	627.6	210.4
1982	2902	63.5	26.7	89.1	295.2	690.6	249.6
1983	3072	78.4	27.5	64.7	269.6	743.2	294.7
1984	3372	85.2	28.9	61.5	266.4	835.1	322.8
1985	3693	86.8	25.3	84.7	272.9	939.8	350.9
1986	4058	88.1	22.0	79.1	320.5	1021.8	405.2
1987	4386	95.7	24.3	86.9	323.2	1078.5	448.3
1988	4689	98.8	25.1	87.0	280.2	1119.0	485.9
1989	4859	100.5	25.1	90.6	263.6	1138.3	480.0
1990	5153	92.2	34.4	105.1	255.6	1218.6	456.8
1991	5638	93.3	29.9	68.4	296.2	1370.6	492.7
1992	6697	92.5	21.7	87.1	359.7	1762.2	529.5
1993	7716	125.6	14.1	129.3	481.9	1925.3	642.0
1994	8428	137.4	30.5	103.4	379.1	2339.1	661.1
1995	8980	101.7	23.8	118.1	287.4	2471.0	638.8
1996	9338	73.2	34.2	115.3	395.2	2427.5	600.1
1997	9979	96.4	22.4	130.6	422.8	2530.5	585.9
1998	10737	114.7	13.7	102.9	467.8	2763.8	638.4
1999	12110	111.9	11.3	115.4	513.0	3141.7	668.6
2000	13146	116.9	13.0	161.5	518.1	3336.5	756.8
2001	16068	126.4	16.8	226.2	663.1	4389.7	928.6

2—9 续表 15

年份	#线材	#中厚钢板	#薄钢板	#硅钢片	#钢带	#无缝钢管	#焊接钢管
1952	14.7	7.3	1.7		1.1		3.7
1957	55.6	34.7	16.3	1.9	5.8	7.8	8.2
1963	92.4	51.3	54.3	4.7	12.2	18.4	13.7
1964	103.0	69.1	64.3	4.4	11.9	22.8	21.8
1965	107.4	100.6	80.2	7.1	18.9	29.0	30.3
1966	139.2	125.7	100.4	9.7	19.2	34.2	35.9
1967	98.1	93.0	58.2	6.7	24.3	22.7	25.0
1968	94.9	78.8	65.3	4.4	27.6	22.7	27.2
1969	118.5	115.0	85.1	8.0	38.7	34.2	37.5
1970	150.3	152.0	80.7	16.0	45.6	38.8	44.3
1971	170.1	176.2	87.6	23.8	31.4	45.2	50.3
1972	186.6	197.5	96.5	27.8	36.1	49.4	55.4
1973	218.9	232.1	115.3	25.9	35.7	53.8	66.2
1974	189.2	182.1	100.2	22.0	35.3	47.8	67.1
1975	216.8	216.0	100.7	21.9	36.9	56.2	65.2
1976	195.2	199.2	84.1	18.6	37.2	49.4	69.2
1977	215.2	219.3	96.8	18.1	41.7	62.6	65.4
1978	290.9	340.6	132.7	24.5	46.5	81.5	86.7
1979	360.9	314.3	168.9	30.1	47.2	91.0	89.1
1980	443.2	185.9	242.2	20.7	51.0	96.1	120.7
1981	462.9	308.2	303.2	24.9	62.1	91.9	129.6
1982	414.1	362.3	308.4	35.7	79.7	101.2	149.8
1983	445.4	388.4	316.7	43.9	81.3	115.1	159.7
1984	509.8	428.0	351.7	49.9	79.3	127.7	172.1
1985	598.3	436.7	375.1	48.8	91.2	139.2	181.8
1986	632.2	493.0	390.5	55.7	97.4	146.2	229.2
1987	691.7	568.0	393.8	67.9	121.1	162.9	244.8
1988	798.2	589.7	515.7	60.3	138.8	178.3	223.8
1989	882.1	640.9	524.4	64.2	150.8	194.1	214.2
1990	999.0	674.0	552.4	67.3	168.9	211.1	220.9
1991	1099.9	704.5	640.3	60.6	183.0	231.4	261.6
1992	1257.1	820.1	750.0	68.8	244.8	265.6	315.4
1993	1389.5	965.9	874.7	76.2	178.0	283.1	298.7
1994	1571.4	991.9	909.4	81.2	331.3	303.9	413.8
1995	1687.2	962.6	1146.2	74.5	477.4	327.0	497.1
1996	1834.0	1073.7	1245.2	76.6	480.7	334.0	430.1
1997	1953.8	1195.9	1308.1	84.4	520.5	360.5	566.5
1998	2203.1	1264.2	1468.3	82.9	570.0	346.9	463.9
1999	2594.9	1377.0	1730.2	88.8	603.1	345.8	425.2
2000	2635.37	1636.8	1903.8	130.0	794.6	414.8	518.9
2001	3109.71	2008.8	1922.1	177.0	1045.9	535.7	602.4

2—9 续表 16

年 份	铁合金（万吨）	电炉铁合金	高炉铁合金	搪瓷制品（万吨）	日用精铝制品（万吨）
1952	1.7	1.0	0.7	0.9	
1957	10.5	8.0	2.5	1.8	0.28
1963	22.5	17.3	5.2	4.9	1.35
1964	26.2	20.7	5.5	5.0	1.21
1965	33.9	25.8	8.1	5.0	1.14
1966	48.7	35.7	13.0	4.8	1.04
1967	42.5	31.1	11.4	3.5	0.86
1968	28.8	19.2	9.6	3.2	1.09
1969	46.6	34.1	12.5	5.5	1.55
1970	59.5	42.0	17.5	6.9	1.91
1971	67.0	48.8	18.2	6.3	2.03
1972	75.7	54.6	21.1	6.7	2.22
1973	85.0	62.3	22.7	7.5	2.64
1974	69.1	50.5	18.6	7.8	3.23
1975	76.9	53.2	23.7	9.5	3.98
1976	65.9	44.4	21.5	9.8	4.10
1977	73.2	49.4	23.8	11.5	5.24
1978	93.9	66.6	27.3	12.9	5.65
1979	117.3	82.3	35.0	14.4	5.49
1980	99.4	71.2	28.2	15.1	5.80
1981	79.9	57.4	22.5	14.0	5.68
1982	88.9	64.0	24.9	13.4	6.01
1983	108.8	83.1	25.7	14.1	6.78
1984	127.5	96.0	31.3	14.7	7.34
1985	149.4	121.3	32.7	15.5	7.26
1986	159.7	116.7	36.7	16.5	8.79
1987	184.6	143.8	39.4	17.3	10.58
1988	208.4	164.7	40.6	17.1	8.99
1989	238.2	192.1	43.2	17.8	8.22
1990	244.2	198.6	43.8	16.5	7.85
1991	246.0	198.9	45.2	17.4	8.68
1992	265.0	213.2	49.0	16.0	8.21
1993	299.9	234.1	39.2	19.4	9.92
1994	336.1	288.1	40.7	16.9	10.73
1995	431.9			41.5	29.40
1996	418.0			22.0	15.90
1997	404.4			19.4	15.80
1998	354.1				6.50
1999	381.4			13.6	6.54
2000	402.9			14.2	8.11
2001	450.8			13.8	9.90

2—9 续表 17

年　份	内燃机 （万千瓦）	金属切削机床 （万台）	#大型机床 （台）	#高精度机床 （台）	锻压机械 （万台）	泵 （万台）
1952	2.94	13.70	19		0.11	1.4
1957	50.78	2.80	700	1	0.29	5.1
1963	94.94	2.22	1016	274	0.42	8.5
1964	131.01	2.81	1158	345	0.61	11.1
1965	205.34	3.96	1490	526	0.75	15.1
1966	283.36	5.49	2052	762	0.85	29.7
1967	198.72	4.07	1233	626	0.59	24.7
1968	204.61	4.64	1095	877	0.65	22.3
1969	299.55	8.56	1856	974	0.89	28.9
1970	539.49	13.89	2869	1465	2.17	58.2
1971	796.35	14.57	5540	1990	2.98	76.4
1972	978.14	16.22	6097	2010	3.34	83.2
1973	1218.08	18.33	6434	1932	4.35	110.0
1974	1340.99	16.45	6058	1876	3.92	112.8
1975	1728.13	17.49	6617	1942	4.47	118.8
1976	1715.62	15.70	6064	1942	3.74	109.3
1977	2017.38	19.87	6697	2068	4.91	121.4
1978	2074.05	18.32	6502	2214	3.75	133.1
1979	2140.29	13.96	7161	2064	3.60	125.6
1980	1868.70	13.36	5143	1741	4.84	109.6
1981	1474.94	10.26	2135	853	5.16	115.6
1982	1689.86	9.98	2506	852	4.62	156.5
1983	2133.66	12.10	3189	1123	4.38	185.1
1984	2996.99	13.35	3907	1621	4.81	220.2
1985	4082.59	16.72	4479	1721	6.69	210.9
1986	3625.54	16.37	4682	1618	6.50	261.9
1987	4335.84	17.22	4649	1304	7.56	332.0
1988	5932.08	19.17	4860	1475	9.10	411.5
1989	5905.23	17.87	3866	1117	6.75	420.9
1990	5402.32	13.45	2295	1121	4.63	366.4
1991	6690.23	16.39	3000	1218	6.55	399.2
1992	9252.53	22.87	4047	1266	9.15	515.0
1993	10080.53	26.20	4851	1537	10.53	663.2
1994	12181.52	20.65	3313	2062	10.85	645.3
1995	15819.00	20.34	1926	898	17.23	1060.6
1996	22152.79	17.74	1475	877	9.03	887.5
1997	20641.85	18.65	1532	633	7.38	1016.6
1998	16034.30	11.91	942	508		674.6
1999	17801.62	14.22	853	491		736.8
2000	18857.30	17.66	1538	662	22.43	1045.6
2001	20531.17	25.58	2033	943	26.05	1539.3

2—9续表18

年　份	风机(万台)	气体压缩机(万台)	矿山设备(万吨)	纺织机械(万吨)
1952	0.8	0.09	0.18	1.99
1957	5.4	0.63	5.29	4.33
1963	1.6	0.53	2.20	2.47
1964	4.2	0.85	2.82	4.78
1965	5.8	1.23	4.00	8.63
1966	5.3	1.32	5.19	10.68
1967	3.9	0.52	3.77	5.72
1968	3.5	0.35	2.93	6.28
1969	4.9	0.90	6.16	8.70
1970	6.4	0.92	9.63	11.47
1971	7.5	1.05	17.23	12.01
1972	8.2	1.52	19.53	11.13
1973	10.2	1.95	20.15	11.27
1974	11.3	2.11	18.99	11.18
1975	13.8	2.54	19.61	11.92
1976	12.7	2.10	16.15	10.53
1977	12.7	2.10	18.45	12.08
1978	20.1	2.63	24.29	19.25
1979	23.7	2.13	26.37	18.72
1980	20.4	1.85	16.25	24.04
1981	19.9	1.14	11.49	27.34
1982	20.0	1.65	15.82	31.64
1983	22.1	1.77	20.16	32.70
1984	30.2	2.69	25.81	28.65
1985	38.3	7.59	31.43	34.24
1986	40.1	5.32	30.06	38.12
1987	44.6	4.46	29.72	46.56
1988	54.8	6.77	38.36	68.60
1989	48.1	7.68	32.56	58.60
1990	34.1	5.47	31.38	41.85
1991	42.9	6.22	33.39	44.26
1992	61.9	8.83	37.27	50.61
1993	58.5	9.88	51.15	55.67
1994	138.4	10.48	48.19	67.32
1995	223.8	86.90	86.94	
1996	183.5	62.80	49.62	88.96
1997	121.6	40.10	53.22	37.93
1998	94.6	47.91	35.55	
1999	53.4	53.16	30.14	
2000	66.9	25.20	30.50	
2001	65.8	38.77	64.19	

2—9 续表 19

年　份	冶金设备（万吨）	石油设备（万吨）	化工设备（万吨）	拖拉机(14.7千瓦及以上)（万台）	小型拖拉机（万台）
1952	0.02		0.10		
1957	1.38	0.59	0.72		
1963	1.22	0.86	2.15	0.87	0.02
1964	0.88	1.80	2.69	0.98	0.09
1965	1.74	1.29	3.42	0.96	0.36
1966	3.49	2.14	4.75	1.18	1.16
1967	1.71	1.23	1.81	0.85	0.97
1968	1.33	1.50	2.30	0.89	1.11
1969	2.40	1.74	4.10	1.34	1.94
1970	7.25	3.23	5.90	3.19	5.14
1971	11.12	4.60	6.03	4.45	8.09
1972	10.47	5.16	7.20	4.93	8.95
1973	9.65	5.82	6.57	5.79	11.93
1974	7.78	5.96	6.51	6.27	13.80
1975	8.21	6.32	7.59	7.84	20.94
1976	6.15	6.87	6.05	7.37	24.00
1977	4.85	7.26	6.52	9.93	32.05
1978	6.82	8.29	6.75	11.35	32.42
1979	7.29	9.30	6.64	12.56	31.75
1980	4.10	5.71	6.98	9.77	21.79
1981	3.51	9.77	5.46	5.28	19.89
1982	3.82	9.23	6.32	4.03	29.83
1983	3.88	10.07	6.96	3.70	49.77
1984	4.97	12.23	9.30	3.97	68.86
1985	5.12	16.69	11.39	4.50	82.25
1986	4.82	18.11	11.54	2.86	77.45
1987	8.79	20.72	13.30	3.71	110.60
1988	11.93	20.76	18.11	4.72	133.57
1989	11.02	19.73	17.33	3.98	111.81
1990	9.02	20.35	20.46	3.94	110.14
1991	8.15	20.12	19.70	5.27	134.78
1992	11.68	19.40	23.66	5.70	139.07
1993	15.08	15.55	23.45	3.77	96.14
1994	10.31	14.09	29.16	4.68	135.54
1995	21.15	40.43	41.34	6.33	206.30
1996	16.19	20.54	29.14	8.37	209.66
1997	17.31	21.48	30.51	8.24	201.64
1998	9.73	15.00	16.97	6.78	187.40
1999	9.90	11.27	17.63	6.54	205.52
2000	9.95	14.70	17.52	4.10	193.43
2001	12.99	19.56	27.46	3.82	192.45

2—9续表20

年份	缝纫机(万架)	自行车(万辆)	表(万只)	#手表	照相机(万架)
1952	6.6	8.0			
1957	27.8	80.6	0.4	0.4	0.01
1963	93.1	148.9	91.8	81.4	1.22
1964	102.3	170.5	101.5	93.5	1.08
1965	123.8	183.8	108.3	100.8	1.72
1966	142.4	205.3	137.4	128.9	2.79
1967	126.3	177.1	145.0	134.5	4.40
1968	139.2	201.1	183.8	168.0	4.45
1969	192.2	292.1	268.6	246.1	4.98
1970	235.2	368.8	358.1	347.6	4.04
1971	249.9	412.6	429.2	422.8	4.48
1972	263.2	440.4	491.7	483.8	5.80
1973	293.6	496.8	573.2	562.2	7.69
1974	318.9	519.6	673.5	656.4	11.10
1975	356.7	623.2	809.0	782.2	18.49
1976	363.8	668.1	949.6	911.4	22.50
1977	424.2	742.7	1152.8	1104.3	24.66
1978	486.5	854.0	1410.8	1351.1	17.89
1979	586.8	1009.5	1750.4	1707.0	23.81
1980	767.8	1302.4	2267.5	2215.5	37.28
1981	1039.1	1745.3	2906.6	2872.4	62.30
1982	1286.0	2420.0	3313.2	3301.0	74.23
1983	1087.2	2758.2	3478.1	3469.0	92.56
1984	934.9	2861.4	3807.1	3798.2	126.18
1985	991.2	3227.7	5447.1	5431.1	178.96
1986	989.4	3568.3	7332.0	7317.4	202.54
1987	970.0	4116.7	6159.4	6142.4	256.70
1988	983.2	4140.1	6788.9	6661.6	312.26
1989	956.3	3676.8	7559.6	7275.6	245.18
1990	761.0	3141.6	8671.3	8352.6	213.22
1991	763.8	3676.8	7824.9	7595.5	478.18
1992	833.2	4083.6	8658.8	8610.5	526.48
1993	840.6	4149.6	19290.8	15183.0	1136.49
1994	861.2	4364.9	47776.8	45393.7	2830.02
1995	970.6	4472.2	48191.3	24480.0	3326.15
1996	683.7	3361.2	47975.6	29628.6	4120.77
1997	702.6	2999.3	29504.6	25482.7	4686.89
1998	569.6	2312.5	23642.2		5521.87
1999	483.0	2397.6	24051.5		4832.29
2000	507.2	2906.8	21430.7		5514.52
2001	547.9	2902.3	18431.6		5962.09

2—9 续表 21

年 份	机车 (台)	铁路客车 (辆)	货车 (万辆)	汽车 (万辆)	#载货汽车
1952	20	6	0.58		
1957	167	454	0.73	0.79	0.62
1963	20	341	0.14	2.06	1.67
1964	59	321	0.24	2.81	2.08
1965	146	160	0.29	4.05	2.65
1966	353	114	0.50	5.59	3.41
1967	269	87	0.56	2.04	1.09
1968	280	117	0.64	2.51	1.20
1969	397	284	0.99	5.31	3.04
1970	573	576	1.38	8.72	4.71
1971	598	674	1.44	11.10	5.81
1972	595	672	1.35	10.82	6.05
1973	665	829	1.87	11.62	6.44
1974	573	635	1.65	10.48	5.69
1975	526	804	1.57	13.98	7.76
1976	327	556	0.80	13.52	7.45
1977	293	538	0.64	12.54	7.59
1978	521	784	1.70	14.91	9.61
1979	573	856	1.60	18.57	11.67
1980	512	1002	1.06	22.23	13.55
1981	398	1159	0.88	17.56	10.83
1982	486	1153	1.06	19.63	12.18
1983	589	1230	1.58	23.98	13.71
1984	658	1200	1.81	31.64	18.18
1985	746	1447	1.93	43.72	26.90
1986	818	1522	2.06	36.98	22.91
1987	909	1791	1.16	47.18	29.84
1988	844	1980	2.33	64.47	40.33
1989	680	2000	2.41	58.35	36.34
1990	655	1866	1.86	51.40	28.97
1991	706	1674	1.85	71.42	38.25
1992	798	1652	2.16	106.67	47.67
1993	922	1847	2.90	129.85	59.79
1994	992	1837	3.76	136.69	66.30
1995	974	2395	3.73	145.27	59.60
1996	1050	2616	3.28	147.52	62.51
1997	1069	2535	3.12	158.25	57.36
1998	278(万千瓦)	1576	2.35	163.00	73.56
1999	300(万千瓦)	1778	1.86	183.20	83.96
2000	243(万千瓦)	3244	2.73	207.00	86.29
2001	303(万千瓦)	3273	3.07	234.17	89.01

注:1970 年机车数字中包括燃汽轮机车 1 台。

2—9 续表 22

年份	民用钢质船舶（万综合吨）	发电设备（万千瓦）	#水轮发电机组	交流电动机（万千瓦）	变压器（万千伏安）	家用电冰箱（万台）	家用洗衣机（万台）	电风扇（万台）
1952		0.6	0.60	64	117			
1957		19.8	7.20	146	420	0.16		
1963		40.4	27.80	313	437	0.14		
1964		44.0	32.50	308	572	0.17		
1965		68.3	28.00	405	818	0.30		
1966		132.3	38.20	615	1303	0.54		
1967		61.9	5.20	496	999	0.59		
1968		137.5	30.20	460	650	0.67		
1969		203.1	69.80	810	1490	0.66		
1970		291.8	90.20	1456	2741	0.52		
1971		353.3	151.40	1831	3011	0.61		
1972		432.5	177.50	2195	3173	0.76		
1973	62.04	501.8	157.50	2717	3490	1.00		
1974	68.10	461.6	131.60	2626	3989	1.34		
1975		496.5	113.60	2799	4097	1.80		
1976	81.55	400.2	57.40	2609	3656	2.12		
1977	82.36	318.1	62.60	2696	3581	2.46		
1978	86.07	483.8	144.60	3195	4862	2.80	0.04	137.8
1979	80.93	621.2	171.70	3563	5823	3.18	1.81	233.1
1980	81.78	419.3	123.80	2570	4461	4.90	24.53	723.7
1981	91.63	139.5	63.20	2126	2734	5.56	128.08	1049.9
1982	102.45	164.5	57.50	2420	3143	9.99	253.26	918.6
1983	129.37	274.0	66.90	2868	4228	18.85	365.86	1045.7
1984	165.42	467.4	85.80	3051	5030	54.74	578.06	1770.7
1985	221.94	563.6	140.20	3484	8045	144.81	887.20	3174.6
1986	175.67	722.4	188.40	3967	7729	225.02	893.40	3528.7
1987	178.00	941.1	177.70	4172	9297	401.34	990.20	3660.7
1988	160.00	1109.3	198.40	4511	10039	757.63	1046.80	4495.5
1989	142.00	1174.0	203.50	4096	9931	670.79	825.40	4991.9
1990	141.00	1225.4	210.10	3528	7443	463.06	662.70	5799.3
1991	172.00	1164.2	354.00	3825	7748	469.94	678.20	6219.1
1992	238.00	1297.0	411.00	5243	9949	485.76	707.90	6837.0
1993	259.96	1472.8	247.30	5450	14332	596.66	895.90	7387.3
1994	385.05	1674.1	609.00	5946	39398	768.12	1094.20	8613.0
1995		1667.9	297.00	6011	16449	918.54	948.40	12966.7
1996		2353.5	333.80	5313	15104	979.65	1074.70	10291.7
1997		2405.1	326.90	5127	16134	1044.43	1254.50	8171.4
1998	314.14	1608.0		4310	14910	1060.00	1207.31	6724.49
1999	303.05	1369.0		4602	17719	1210.00	1342.17	6158.14
2000	346.26	1249.0		5134	21670	1279.00	1442.98	7661.61
2001	475.74	1340.1		6263	25137	1351.26	1341.61	9616.10

注：家用电冰箱 1979 年以前为主要电冰箱厂的电冰箱数字，1979 年及以后各年为全国家用电冰箱数字。

2—9 续表 23

年 份	房间空调器（万台）	吸尘器（万台）	电熨斗（万只）	灯泡（亿只）	电子管（商品量）（万只）	#显像管	半导体器件（亿只）
1952				0.26	7		
1957				0.69	621		
1963				2.22	787		0.02
1964				2.02	603		0.04
1965				1.92	392	0.6	0.12
1966				2.37	847	0.2	0.28
1967				1.65	694	0.5	0.34
1968				1.65	586	0.1	0.37
1969				2.55	943	0.3	0.66
1970				3.86	1386	2.6	1.55
1971				4.36	1516	5.1	2.32
1972				4.72	1571	4.4	1.94
1973				5.03	1635	6.5	1.77
1974				4.38	1506	6.1	2.27
1975				5.20	1576	14.9	3.15
1976				5.03	1711	24.4	3.75
1977				6.17	1837	41.0	4.52
1978	0.02	0.41	91.11	7.59	2728	55.0	4.42
1979	0.86	0.57	243.98	8.50	2465	54.0	4.01
1980	1.32	1.48	501.32	9.46	2772	67.0	6.96
1981	1.40	1.73	407.11	9.66	3157	131.0	9.96
1982	2.44	2.23	460.60	10.73	2158	251.0	6.75
1983	3.45	4.43	706.31	12.49	1647	415.0	8.22
1984	6.12	9.10	1039.29	14.12	1622	582.0	11.76
1985	12.35	8.82	1191.00	15.33	1985	823.0	14.79
1986	9.65	8.40	1143.90	16.09	2904	978.0	10.99
1987	13.22	35.34	1223.97	16.83	2138	1115.0	15.14
1988	25.91	182.93	2186.60	18.27	4870	1395.0	19.77
1989	37.47	218.98	1420.01	20.80	3639	1744.0	24.80
1990	24.07	71.67	1405.56	24.54	4247	2078.0	33.38
1991	63.03	68.61	1449.39	28.00	3677	2103.0	54.69
1992	158.03	112.92	1722.25	33.00	3607	2416.0	67.19
1993	346.41	149.00	2229.16	39.32	4404	2365.0	95.06
1994	393.42	321.81	1904.72	40.65	5203	2990.0	167.02
1995	682.56	805.50	3532.16	107.80	8041	3421.0	
1996	786.21	879.74	1985.98	60.88	6336	2523.0	187.67
1997	974.01	976.40	1701.41	60.34	9757	2699.0	313.37
1998	1156.87	519.18		44.93			223.83
1999	1337.64	574.99		44.44			278.76
2000	1826.67	1010.30		49.98			511.98
2001	2333.64	1141.17		54.71			476.91

注：1. 电子管从 1995 年及以后年份为电子束管。

2. 半导体器件从 1995 年及以后年份为半导体分立器件。

2—9 续表 24

年 份	集成电路（万块）	收音机（万台）	电视机（万台）	#彩色	录音机（万台）
1952		1.7			
1957		35.2			0.11
1963		80.9	0.26		0.01
1964		78.3	0.21		0.12
1965		81.5	0.44		0.46
1966		83.7	0.51		0.66
1967	2	91.3	0.51		0.86
1968	8	117.6	0.20		0.88
1969	78	257.0	0.10		1.02
1970	423	323.1	1.05		1.37
1971	406	240.3	1.78	0.02	1.54
1972	264	273.9	3.23	0.01	1.58
1973	186	502.8	7.58	0.07	1.74
1974	388	723.0	10.18	0.24	2.37
1975	579	935.6	17.78	0.29	3.17
1976		969.1	18.45	0.28	4.07
1977		1049.4	28.46	0.25	4.99
1978	3041	1167.7	51.73	0.38	4.73
1979		1380.7	132.85	0.95	16.49
1980	1684	3003.8	249.20	3.21	74.34
1981	1279	4057.2	539.41	15.21	154.59
1982	1352	1723.9	592.01	28.81	347.09
1983	2604	1998.9	684.01	53.11	497.66
1984	4148	2220.3	1003.81	133.95	776.42
1985	6385	1600.3	1667.66	435.28	1393.10
1986	5720	1589.5	1459.40	414.60	1756.80
1987	9544	1763.8	1934.37	672.72	1978.00
1988	13160	1548.9	2505.07	1037.66	2540.40
1989	13156	1834.1	2766.54	940.02	2349.01
1990	10838	2103.0	2684.70	1033.04	3023.51
1991	17049	1969.1	2691.41	1205.06	2873.70
1992	16099	1648.9	2867.82	1333.08	3231.78
1993	20101	1754.2	3032.97	1435.76	3647.91
1994	48462	4132.3	3283.26	1689.15	8395.60
1995	551686		3496.23	2057.74	8581.36
1996	388987	5650.7	3541.81	2537.60	8632.82
1997	255455	4624.2	3637.24	2711.33	8273.86
1998	262577	2842.7	4280.90	3497.00	4751.04
1999	415000	2755.2	4911.33	4262.00	3962.10
2000	588000	2953.7	4501.22	3936.00	5638.40
2001	636288	3113.3	4610.99	4093.70	4655.50

2—9 续表 25

年份	改装汽车（万辆）	摩托车（万辆）	排油烟机（万台）	微波炉（万台）	电饭锅*（万个）	电话单机（万部）
1985	11.26	91.70			511.85	274.10
1986	8.61	65.57			711.41	471.68
1987	10.90	73.77			1078.74	451.96
1988	14.91	117.18			849.02	721.64
1989	11.97	104.83			918.42	880.00
1990	11.05	97.85			711.88	880.00
1991	14.99	134.10			1183.35	1482.00
1992	22.67	204.61				1982.27
1993	26.87	355.63				2663.59
1994	22.42	535.39				5722.92
1995	27.26	825.41	522.50	99.79	2149.83	9956.36
1996	24.19	916.75	309.18	302.26	1697.55	7960.82
1997	22.13	1033.42	287.59	432.40	1642.09	8653.71
1998	21.17	829.09	258.15		1057.99	6520.48
1999	25.26	978.20	351.41	824.28	871.65	7139.93
2000	28.52	960.19	366.15	1257.16	1355.46	9597.99
2001	31.42	1041.45	456.28	1817.70	1442.47	10302.74

注:电饭锅 1991 年以前包括电热蒸煮器具。

2—9 续表 26

年份	传真机（万部）	电子计算机（部）	微型电子计算机（万部）	移动通信设备（万部(信道)）	摄录机及应用电视（万部）	复印机械（万台）
1985		1160				2.37
1986		263	4.21			1.80
1987		203	5.12			1.81
1988		500	11.61		8.19	
1989		628	7.54		11.17	
1990		483	8.21		6.77	
1991		562	16.25		22.45	
1992		1444	12.62		62.57	4.38
1993		2528	14.66		120.57	6.06
1994		293	24.57		209.32	4.10
1995	136.12	1416	83.57	1213.13	212.99	21.75
1996	137.87	1331	138.83	1142.39	287.56	63.87
1997	162.51	2443	206.55	1441.28	387.00	107.75
1998	128.69	2767	291.40	2215.20	355.16	117.93
1999	159.99	8199	405.00	3203.00	585.69	210.29
2000	196.29	8625	672.00	6752.88	806.50	156.63
2001	318.19	15040	877.65	2473.91	1148.53	144.12

注:1.移动通信设备包括移动电话机。2001 年未包括移动电话。

2.摄录机及应用电视包括摄像机及应用电视和录相机。

三　中国工业经济的行业结构

3—1 按注册类型分组的工业企业

行业名称	企业单位数（个）	#亏损企业	工业总产值（1990年不变价格）	工业总产值（当年价格）
总　　计	**171256**	**39346**	**86772.70**	**95448.98**
按登记注册类型分组：				
内资企业	139833	30677	58109.18	68228.08
国有企业	34530	13470	12572.27	17229.19
中央企业	2890	1009	4806.27	7758.89
地方企业	31640	12461	7766.00	9470.30
集体企业	31018	4971	9226.69	10052.49
股份合作企业	10864	1625	2776.67	2994.96
联营企业	2234	478	751.07	850.76
国有联营企业	384	126	201.02	260.78
集体联营企业	639	103	180.68	193.33
国有与集体联营企业	829	189	281.23	291.33
其他联营企业	382	60	88.14	105.32
有限责任公司	18956	4234	14353.12	15535.43
国有独资公司	1372	413	4789.14	5142.26
其他有限责任公司	17584	3821	9563.98	10393.17
股份有限公司	5692	1176	10039.85	12698.34
私营企业	36218	4655	8281.03	8760.89
私营独资企业	13986	1448	2601.33	2816.09
私营合作企业	2803	308	494.27	533.20
私营有限责任公司	17695	2591	4683.29	4870.23
私营股份有限公司	1734	308	502.14	541.37
其他企业	321	68	108.47	106.01
港、澳、台商投资企业	18257	5150	11657.83	11847.18
合资经营企业（港或澳、台资）	8604	2318	5659.63	5477.27
合作经营企业（港或澳、台资）	2188	633	992.46	1184.28
港澳台商独资经营企业	7258	2149	4457.46	4576.06
港澳台商投资股份有限公司	207	50	548.28	609.57
外商投资企业	13166	3519	17005.69	15373.72
中外合资经营企业	7474	1812	10816.08	9148.65
中外合作经营企业	933	234	693.85	719.93
外资企业	4614	1439	5169.76	5100.58
外商投资股份有限公司	145	34	326.00	404.56
在总计中：亏损企业	39346	39346	12226.34	13764.32
在总计中：国有控股企业	46767	16858	34466.50	42408.49
在总计中：农村工业	30734	3700	9637.59	10903.60
在总计中：轻工业	86705	20116	37205.50	37636.93
以农产品为原料	56526	13219	20637.87	23604.58
以非农产品为原料	30179	6897	16567.62	14032.35
重工业	84551	19230	49567.20	57812.05
采掘工业	6652	1306	2371.42	5338.69
原料工业	25108	6371	15385.04	23346.74
加工工业	52791	11553	31810.74	29126.63
在总计中：特大型企业	375	78	12033.96	15471.89
大一型企业	2594	645	16152.33	16974.39
大二型企业	5620	1659	12099.60	12369.71
中一型企业	5088	1488	5222.89	5675.49
中二型企业	9310	2847	6493.30	6866.92
小型企业	148269	32629	34770.62	38090.58

注：本表统计口径为全部国有及年产品销售收入在500万元以上非国有工业企业。（下表同）

主要经济指标(2001 年)

单位:亿元

#新产品产值	工业销售产值(当年价格)	#出口交货值	工业增加值(当年价格)	资产合计	流动资产	应收账款净额
9297.70	**93182.87**	**16245.09**	**28329.37**	**135402.49**	**57804.97**	**14831.40**
5588.46	66605.73	5932.38	21201.26	107048.02	43775.22	10479.47
1110.09	16946.64	845.69	6234.13	41996.18	15553.20	3565.72
503.36	7679.88	254.39	3132.90	18756.56	6397.46	1404.19
606.73	9266.76	591.29	3101.23	23239.62	9155.74	2161.53
635.84	9722.18	1063.47	2615.54	8013.59	4280.87	1087.52
125.77	2870.94	407.14	759.72	2364.16	1301.07	416.69
38.35	838.41	62.60	253.29	1136.15	480.03	127.81
14.53	266.26	17.56	86.89	513.89	177.95	44.25
5.67	186.36	14.33	51.49	135.40	70.08	20.46
12.49	284.26	25.63	81.73	342.30	176.22	50.90
5.65	101.54	5.08	33.18	144.55	55.78	12.20
1790.14	15173.71	1393.82	4628.84	28941.47	11641.28	2838.04
816.01	5089.32	433.72	1536.41	13972.99	5473.95	1298.07
974.13	10084.39	960.10	3092.43	14968.48	6167.33	1539.97
1626.86	12548.11	952.13	4509.05	18604.70	7335.31	1556.84
261.16	8403.82	1194.98	2174.41	5901.98	3130.73	875.59
49.22	2697.61	331.93	712.55	1572.16	829.92	240.04
8.81	511.86	48.16	139.01	284.73	147.99	44.26
184.13	4675.80	759.80	1181.62	3632.26	1936.44	537.81
19.00	518.55	55.09	141.22	412.83	216.37	53.48
0.26	101.91	12.54	26.28	89.79	52.72	11.26
894.33	11506.68	4667.26	3181.26	12634.50	6238.40	1853.99
425.70	5297.34	1505.03	1496.02	6206.62	3060.23	832.08
15.75	1159.56	524.39	328.74	1336.87	588.00	168.01
387.28	4445.80	2491.29	1190.02	4186.38	2207.28	750.23
65.59	603.97	146.55	166.48	904.63	382.90	103.67
2814.91	15070.46	5645.45	3946.85	15719.96	7791.36	2497.95
2230.41	8950.84	2377.79	2332.40	9333.77	4788.67	1516.40
29.33	691.76	238.82	219.83	980.97	400.15	113.37
505.34	5026.47	2971.76	1258.04	4606.63	2340.28	810.62
49.83	401.39	57.09	136.58	798.59	262.26	57.55
930.76	13406.39	2044.08	3092.16	30515.04	11930.24	3144.47
5209.99	41835.58	2977.12	14652.05	87901.54	33239.63	7788.77
372.29	10512.71	1629.92	2790.83	7710.82	4139.08	1155.04
3083.59	36491.74	9232.16	10516.91	41596.22	20691.93	4875.22
863.80	22850.60	5090.08	6968.39	25703.69	12655.63	2664.83
2219.79	13641.14	4142.08	3548.52	15892.54	8036.29	2210.39
6214.10	56691.13	7012.93	17812.46	93806.26	37113.04	9956.19
20.32	5287.78	306.18	3079.90	10304.64	3032.06	700.34
763.68	23026.43	1054.27	7171.09	46344.37	13869.44	3290.65
5430.11	28376.92	5652.47	7561.47	37157.25	20211.54	5965.21
2405.48	15391.16	1424.54	5568.80	30716.68	9646.86	2086.58
3150.73	16773.47	2552.36	5211.33	29376.47	12439.25	3113.51
1457.85	12102.39	2253.78	3706.41	19206.61	8715.79	2167.03
466.72	5527.31	938.86	1666.95	8274.12	3727.44	939.92
565.31	6675.40	1229.39	1979.96	9798.33	4573.34	1192.80
1251.61	36713.15	7846.15	10195.93	38030.27	18702.30	5331.56

3—1续表1

行业名称	产成品	流动资产年平均余额	长期投资	固定资产小计
总　　计	**6635.00**	**56486.77**	**6590.78**	**63463.98**
按登记注册类型分组:				
内资企业	5096.98	42735.80	6132.82	51549.77
国有企业	1398.11	15257.67	2832.65	21513.64
中央企业	373.76	6315.22	1727.32	9937.48
地方企业	1024.36	8942.45	1105.34	11576.16
集体企业	727.20	4193.72	335.37	2955.86
股份合作企业	217.86	1270.84	80.26	838.56
联营企业	66.28	470.88	57.73	524.32
国有联营企业	18.07	175.65	32.53	265.72
集体联营企业	11.79	67.80	3.60	52.77
国有与集体联营企业	29.47	174.80	17.30	127.20
其他联营企业	6.95	52.63	4.30	78.62
有限责任公司	1304.11	11322.90	1711.44	13932.42
国有独资公司	471.63	5341.64	1031.46	6809.34
其他有限责任公司	832.48	5981.26	679.98	7123.09
股份有限公司	848.94	7175.22	965.78	9521.96
私营企业	528.15	2992.85	147.10	2236.08
私营独资企业	151.84	813.83	24.21	629.51
私营合作企业	25.63	145.62	5.38	114.89
私营有限责任公司	313.58	1829.08	109.20	1333.42
私营股份有限公司	37.10	204.31	8.31	158.26
其他企业	6.32	51.72	2.47	26.94
港、澳、台商投资企业	771.66	6201.60	272.00	5255.69
合资经营企业(港或澳、台资)	412.14	3025.25	121.28	2633.08
合作经营企业(港或澳、台资)	76.26	591.93	10.54	636.75
港澳台商独资经营企业	255.17	2178.86	26.77	1625.85
港澳台商投资股份有限公司	28.09	405.57	113.42	360.00
外商投资企业	766.37	7549.36	185.96	6658.52
中外合资经营企业	492.51	4669.60	88.39	3820.83
中外合作经营企业	44.92	385.36	2.59	493.70
外资企业	206.16	2219.13	16.19	1930.13
外商投资股份有限公司	22.77	275.27	78.80	413.85
在总计中:亏损企业	1697.34	11891.81	1465.85	14904.25
在总计中:国有控股企业	3132.86	32575.86	5293.71	45007.64
在总计中:农村工业	670.98	4008.84	209.72	2969.09
在总计中:轻工业	2975.92	20039.48	1950.52	16302.26
以农产品为原料	1840.38	12203.76	1181.44	10240.66
以非农产品为原料	1135.54	7835.72	769.08	6061.60
重工业	3659.08	36447.28	4640.26	47161.72
采掘工业	211.28	2986.09	278.47	6577.08
原料工业	1005.08	13877.74	2446.77	27752.53
加工工业	2442.72	19583.46	1915.02	12832.12
在总计中:特大型企业	615.26	9544.37	2128.86	17723.48
大一型企业	1181.82	12259.70	1761.48	13689.64
大二型企业	1013.43	8484.02	1017.34	8422.45
中一型企业	490.72	3573.13	317.55	3741.65
中二型企业	640.67	4464.57	371.18	4259.84
小型企业	2693.10	18160.97	994.36	15626.92

单位：亿元

固定资产原价		累计折旧		固定资产净值	固定资产净值年平均余额
	#生产经营用		#本年折旧		
86293.10	**74084.67**	**29666.83**	**4509.37**	**56626.27**	**55437.43**
69592.80	59443.90	24248.91	3450.68	45343.89	44325.85
28286.53	23149.12	9789.31	1248.49	18497.22	18208.35
13419.79	11111.95	4715.72	658.61	8704.07	8401.11
14866.74	12037.17	5073.59	589.88	9793.15	9807.24
3934.08	3303.02	1282.67	200.08	2651.41	2640.90
1135.81	956.51	372.42	62.65	763.39	757.31
739.87	601.64	258.46	42.94	481.41	489.69
391.19	299.97	148.12	24.61	243.07	249.75
70.12	59.98	22.22	4.64	47.90	47.25
180.16	148.65	61.88	9.08	118.28	119.18
98.39	93.05	26.23	4.61	72.16	73.51
18375.15	15769.68	6069.35	873.54	12305.80	11911.22
8757.44	7377.31	2871.35	362.43	5886.09	5621.60
9617.71	8392.37	3198.00	511.11	6419.71	6289.62
14348.88	13263.82	5792.70	868.96	8556.18	8256.35
2741.06	2374.91	674.51	152.66	2066.54	2039.37
772.82	665.02	188.26	39.89	584.57	594.82
144.60	122.99	38.07	7.65	106.53	108.48
1636.64	1424.71	404.63	95.18	1232.01	1191.13
186.99	162.20	43.55	9.93	143.43	144.94
31.43	25.21	9.50	1.37	21.93	22.65
7661.99	6688.65	2705.94	478.39	4956.05	4987.71
3856.52	3428.88	1388.60	226.74	2467.93	2508.84
1013.64	895.95	399.38	80.94	614.26	644.24
2259.49	1902.81	680.43	142.23	1579.06	1535.25
532.33	461.01	237.53	28.48	294.80	299.37
9038.31	7952.12	2711.98	580.30	6326.33	6123.87
5270.23	4615.59	1631.05	333.47	3639.18	3594.19
657.73	589.90	173.00	38.78	484.72	430.39
2592.67	2254.81	737.65	176.47	1855.02	1745.78
517.68	491.81	170.27	31.58	347.41	353.51
19755.91	16060.33	6281.72	895.54	13474.19	13266.67
61782.45	52981.32	22193.96	3057.67	39588.49	38638.22
3906.61	3314.16	1177.64	218.26	2728.97	2714.43
21379.99	18089.81	6688.41	1112.97	14691.58	14448.87
13366.64	11230.32	4133.50	689.25	9233.14	9093.32
8013.35	6859.49	2554.91	423.72	5458.44	5355.55
64913.11	55994.86	22978.42	3396.40	41934.69	40988.56
10410.19	9061.44	4337.93	641.10	6072.25	5835.10
37155.41	32444.67	12605.95	1834.25	24549.46	23926.21
17347.51	14488.76	6034.53	921.05	11312.97	11227.26
25835.01	23109.57	9977.42	1451.99	15857.59	15269.21
18439.53	15787.09	6418.84	939.27	12020.69	11832.55
11168.80	9378.49	3730.76	541.25	7438.03	7304.25
5020.79	4269.73	1744.79	250.79	3276.00	3242.48
5681.58	4746.16	1871.45	281.23	3810.13	3745.39
20147.38	16793.63	5923.55	1044.84	14223.83	14043.55

3—1 续表 2

行业名称	负债合计	# 流动负债小计	长期负债小计	所有者权益合计
总　　计	**79843.42**	**56138.72**	**22807.25**	**55424.40**
按登记注册类型分组:				
内资企业	64284.51	43672.30	19871.50	42630.11
国有企业	26333.03	16609.46	9443.38	15619.95
中央企业	10684.73	5819.47	4707.72	8029.01
地方企业	15648.31	10789.98	4735.66	7590.94
集体企业	5148.24	4242.91	820.52	2865.35
股份合作企业	1486.43	1253.35	217.15	877.74
联营企业	669.76	448.47	216.09	466.39
国有联营企业	286.37	159.85	126.36	227.52
集体联营企业	81.73	65.79	13.68	53.67
国有与集体联营企业	213.07	179.92	31.99	129.23
其他联营企业	88.59	42.91	44.06	55.96
有限责任公司	17820.06	11858.91	5893.45	11031.71
国有独资公司	8535.76	5435.40	3081.26	5355.33
其他有限责任公司	9284.30	6423.51	2812.19	5676.38
股份有限公司	9249.90	6179.05	2838.64	9354.30
私营企业	3527.40	3037.27	435.87	2374.59
私营独资企业	926.40	790.92	112.63	645.76
私营合作企业	169.83	141.31	25.78	114.90
私营有限责任公司	2182.78	1896.00	263.70	1449.48
私营股份有限公司	248.38	209.04	33.77	164.45
其他企业	49.70	42.87	6.41	40.09
港、澳、台商投资企业	7083.94	5681.73	1298.42	5550.56
合资经营企业(港或澳、台资)	3680.46	2889.12	747.41	2526.16
合作经营企业(港或澳、台资)	804.20	565.03	226.27	532.67
港澳台商独资经营企业	2163.52	1881.60	235.21	2022.86
港澳台商投资股份有限公司	435.76	345.97	89.53	468.87
外商投资企业	8474.97	6784.70	1637.32	7243.73
中外合资经营企业	5107.03	4133.55	945.52	4226.74
中外合作经营企业	538.17	348.61	184.52	442.80
外资企业	2504.11	2084.38	399.98	2102.53
外商投资股份有限公司	325.66	218.16	107.29	471.65
在总计中:亏损企业	22067.67	15344.44	6417.86	8399.49
在总计中:国有控股企业	52025.60	33144.47	18322.40	35741.27
在总计中:农村工业	4489.04	3785.14	648.67	3221.78
在总计中:轻工业	24732.32	20071.46	4361.65	16860.48
以农产品为原料	15711.20	12772.44	2764.20	9992.49
以非农产品为原料	9021.12	7299.02	1597.44	6867.99
重工业	55111.10	36067.26	18445.60	38563.92
采掘工业	5268.24	3138.13	2039.73	5025.05
原料工业	27095.28	14499.69	12297.13	19158.55
加工工业	22747.57	18429.44	4108.74	14380.33
在总计中:特大型企业	15834.05	9015.60	6638.06	14767.32
大一型企业	16956.12	11516.06	5255.83	12402.97
大二型企业	11750.83	8387.84	3287.67	7453.93
中一型企业	5347.33	3888.03	1424.85	2926.56
中二型企业	6450.32	4795.29	1576.63	3348.14
小型企业	23504.77	18535.90	4624.21	14525.49

单位:亿元

实收资本	#国家资本	港澳台资本	外商资本	产品销售收入	产品销售成本	产品销售费用
36217.11	**14206.30**	**3188.47**	**4489.57**	**93733.34**	**77259.89**	**3502.77**
25960.33	13194.87	227.01	294.59	67711.26	55582.15	2267.23
9447.36	6929.12	16.86	86.65	19109.76	15612.03	462.67
4405.15	2727.28	0.19	41.81	9199.71	7403.13	147.84
5042.21	4201.84	16.67	44.83	9910.05	8208.90	314.83
1855.45	44.31	37.76	32.24	9057.18	7771.64	333.10
563.74	39.36	6.66	12.24	2736.35	2338.43	98.33
313.06	99.28	1.10	1.42	833.18	685.82	27.22
139.18	65.05	0.03	0.00	271.67	205.30	9.12
38.01	0.59	0.23	0.07	174.28	148.24	7.30
102.84	22.61	0.62	0.56	289.46	252.88	6.67
33.02	11.03	0.23	0.78	97.77	79.40	4.14
7323.73	3654.99	50.58	92.82	15471.51	12587.64	595.17
3337.06	2266.74	27.14	37.41	5704.20	4679.21	217.38
3986.67	1388.24	23.44	55.42	9767.31	7908.43	377.79
4856.25	2416.27	96.32	54.82	12428.19	9557.91	469.81
1572.91	9.67	17.03	13.14	7982.43	6947.43	277.92
447.10	1.72	6.74	3.75	2544.43	2229.73	82.87
82.02	1.36	1.03	0.29	482.27	421.78	17.18
929.06	5.09	8.83	8.93	4465.93	3877.89	155.52
114.74	1.51	0.42	0.17	489.80	418.02	22.34
27.85	1.88	0.72	1.27	92.66	81.26	3.01
4357.29	436.94	2723.86	285.49	11142.60	9475.05	458.75
1991.15	319.00	912.65	90.03	5098.93	4285.83	220.35
478.07	34.00	294.05	20.50	1129.20	959.02	33.32
1632.46	2.96	1431.33	163.84	4348.40	3749.16	185.45
255.61	80.98	85.82	11.12	566.06	481.03	19.63
5899.49	574.49	237.59	3909.49	14879.48	12202.69	776.79
3490.65	488.23	115.86	1895.33	8877.74	7207.18	475.51
397.90	53.30	19.62	256.03	685.84	533.26	49.67
1800.97	2.20	88.63	1685.23	4958.93	4190.85	228.98
209.97	30.76	13.49	72.91	356.96	271.39	22.63
9105.59	4017.55	852.55	1460.86	13137.31	11876.43	562.61
21780.70	13696.98	493.87	766.26	44443.52	35522.47	1360.09
2194.39	28.12	253.99	233.79	9929.81	8563.33	352.49
11277.71	2885.05	1768.91	2004.45	35346.33	28878.10	1863.02
6672.75	1736.46	973.83	1138.28	22148.71	17904.53	1091.85
4604.96	1148.59	795.07	866.17	13197.62	10973.57	771.17
24939.40	11321.25	1419.56	2485.13	58387.01	48381.79	1639.76
3624.93	2919.82	101.93	7.42	5107.91	3112.95	203.31
11611.59	5855.10	480.70	629.02	25601.76	22199.88	413.80
9702.88	2546.34	836.92	1848.68	27677.33	23068.96	1022.64
8040.54	5121.38	190.69	437.75	17408.72	14059.02	409.47
7430.78	3155.15	507.65	1053.68	16795.63	13306.12	728.66
4849.30	1987.49	350.60	711.22	12169.95	9720.56	539.25
2069.73	787.86	200.30	316.64	5568.01	4614.79	237.52
2451.52	816.95	218.30	354.64	6538.12	5333.16	287.63
11375.25	2337.47	1720.94	1615.65	35252.90	30226.24	1300.25

3—1 续表 3

行业名称	产品销售税金及附加	产品销售利润	管理费用	财务费用
总　计	**1553.82**	**11406.13**	**5854.50**	**1904.60**
按登记注册类型分组:				
内资企业	1419.04	8436.05	4491.08	1526.20
国有企业	796.14	2233.10	1674.72	529.25
中央企业	639.55	1003.62	662.76	213.54
地方企业	156.59	1229.48	1011.96	315.72
集体企业	75.69	876.49	397.77	152.75
股份合作企业	20.31	279.20	139.38	40.93
联营企业	11.19	108.93	55.76	19.68
国有联营企业	6.94	50.32	21.03	9.54
集体联营企业	1.77	16.97	7.81	2.34
国有与集体联营企业	1.37	28.53	20.95	4.38
其他联营企业	1.12	13.11	5.97	3.42
有限责任公司	205.92	2082.63	1198.43	443.52
国有独资公司	92.71	714.90	533.74	186.83
其他有限责任公司	113.21	1367.73	664.68	256.69
股份有限公司	240.64	2159.67	720.17	235.89
私营企业	68.46	688.32	300.44	103.73
私营独资企业	24.14	207.69	80.08	31.33
私营合作企业	4.75	38.55	15.53	5.67
私营有限责任公司	35.71	396.51	183.83	59.72
私营股份有限公司	3.86	45.58	21.00	7.01
其他企业	0.70	7.70	4.41	0.45
港、澳、台商投资企业	47.99	1158.99	532.07	177.85
合资经营企业(港或澳、台资)	19.54	572.53	244.62	96.13
合作经营企业(港或澳、台资)	4.16	131.73	64.43	28.59
港澳台商独资经营企业	17.22	396.41	190.60	41.37
港澳台商投资股份有限公司	7.07	58.33	32.43	11.76
外商投资企业	86.79	1811.09	831.35	200.55
中外合资经营企业	72.90	1120.16	506.30	136.10
中外合作经营企业	2.00	100.91	41.00	15.98
外资企业	10.44	528.53	255.59	36.87
外商投资股份有限公司	1.45	61.49	28.46	11.60
在总计中:亏损企业	231.58	464.54	1290.22	526.75
在总计中:国有控股企业	1250.18	6303.81	3482.19	1170.06
在总计中:农村工业	71.06	942.64	359.46	147.49
在总计中:轻工业	936.89	3666.25	1963.27	577.86
以农产品为原料	851.48	2299.29	1162.63	379.69
以非农产品为原料	85.41	1366.96	800.64	198.17
重工业	616.93	7739.88	3891.23	1326.74
采掘工业	113.62	1678.02	523.36	97.81
原料工业	331.77	2649.73	1321.42	741.41
加工工业	171.54	3412.14	2046.45	487.52
在总计中:特大型企业	288.79	2648.64	1040.03	370.24
大一型企业	487.95	2268.91	1155.96	423.16
大二型企业	335.89	1573.30	890.42	268.79
中一型企业	75.53	639.72	366.57	121.72
中二型企业	106.49	810.69	495.01	158.23
小型企业	259.17	3464.88	1906.51	562.46

单位：亿元

#利息支出	利润总额	税金总额	亏损企业亏损总额	本年应交增值税	全部从业人员年平均人数（万人）
1757.89	**4733.43**	**5571.92**	**1211.02**	**4018.09**	**5441.43**
1425.93	3290.49	4560.76	852.96	3141.72	4502.44
517.72	458.36	1859.54	424.18	1063.40	1536.64
224.06	324.64	1178.32	151.58	538.77	386.51
293.66	133.72	681.22	272.60	524.63	1150.13
125.06	387.01	363.51	58.86	287.82	672.10
34.70	120.44	120.10	13.01	99.80	194.61
16.37	45.18	46.63	8.66	35.44	47.65
7.33	24.86	23.73	3.46	16.80	11.74
2.02	7.02	7.47	1.08	5.70	10.36
3.73	8.32	10.88	3.15	9.51	19.77
3.29	4.98	4.54	0.97	3.43	5.79
415.39	670.17	988.41	192.49	782.50	1068.08
178.59	102.25	399.25	85.36	306.53	436.69
236.80	567.91	589.17	107.13	475.96	631.39
229.34	1292.72	868.08	121.57	627.44	436.53
87.05	312.56	311.01	33.45	242.55	541.52
24.82	100.81	98.34	9.42	74.19	174.80
4.58	17.58	18.21	1.78	13.46	37.37
52.10	174.57	174.78	19.09	139.06	294.52
5.55	19.59	19.69	3.16	15.83	34.84
0.29	4.05	3.47	0.74	2.78	5.31
150.65	548.30	398.07	132.34	350.07	537.93
87.65	278.36	203.68	61.76	184.14	225.96
26.19	38.27	39.05	21.04	34.89	58.81
25.41	203.85	121.14	47.15	103.91	239.71
11.40	27.82	34.20	2.38	27.13	13.44
181.31	894.65	613.08	225.72	526.29	401.05
121.10	541.32	407.21	129.98	334.31	213.43
13.74	49.87	32.18	11.05	30.18	24.34
34.90	278.05	148.59	72.94	138.14	152.03
11.57	25.40	25.11	11.74	23.66	11.26
479.22	—1211.02	738.73	1211.02	507.15	1330.17
1138.15	2388.56	3659.15	752.15	2408.97	2675.11
117.56	488.37	365.75	37.57	294.69	597.02
503.41	1436.67	2288.46	455.30	1351.57	2285.41
340.12	954.93	1762.97	279.47	911.49	1512.96
163.29	481.74	525.49	175.83	440.08	772.46
1254.48	3296.76	3283.45	755.72	2666.52	3156.01
96.46	1072.38	512.61	34.78	398.99	607.47
711.33	889.16	1647.31	349.29	1315.53	1006.08
446.70	1335.22	1123.53	371.65	951.99	1542.45
379.21	1402.83	1201.06	153.93	912.27	502.94
400.98	968.70	1317.19	220.74	829.24	733.74
249.47	598.75	886.65	181.41	550.76	714.35
111.08	221.03	334.00	95.47	258.47	349.55
143.85	249.25	399.30	116.03	292.81	482.15
473.30	1292.87	1433.73	443.44	1174.55	2658.70

3—1 续表 4

行业名称	工业增加值率（%）	总资产贡献率（%）	资产负债率（%）
总　　计	**29.68**	**8.91**	**58.97**
按登记注册类型分组：			
内资企业	31.07	8.67	60.05
国有企业	36.18	6.75	62.70
中央企业	40.38	9.21	56.97
地方企业	32.75	4.77	67.33
集体企业	26.02	10.93	64.24
股份合作企业	25.37	11.64	62.87
联营企业	29.77	9.52	58.95
国有联营企业	33.32	10.88	55.73
集体联营企业	26.63	12.19	60.36
国有与集体联营企业	28.05	6.70	62.25
其他联营企业	31.50	8.87	61.29
有限责任公司	29.80	7.17	61.57
国有独资公司	29.88	4.87	61.09
其他有限责任公司	29.75	9.31	62.03
股份有限公司	35.51	12.85	49.72
私营企业	24.82	12.04	59.77
私营独资企业	25.30	14.25	58.93
私营合作企业	26.07	14.18	59.65
私营有限责任公司	24.26	11.05	60.09
私营股份有限公司	26.09	10.86	60.17
其他企业	24.79	8.71	55.35
港、澳、台商投资企业	26.85	8.68	56.07
合资经营企业(港或澳、台资)	27.31	9.18	59.30
合作经营企业(港或澳、台资)	27.76	7.74	60.16
港澳台商独资经营企业	26.01	8.37	51.68
港澳台商投资股份有限公司	27.31	8.12	48.17
外商投资企业	25.67	10.74	53.91
中外合资经营企业	25.49	11.46	54.72
中外合作经营企业	30.53	9.76	54.86
外资企业	24.66	10.02	54.36
外商投资股份有限公司	33.76	7.77	40.78
在总计中：亏损企业	22.47	0.02	72.32
在总计中：国有控股企业	34.55	8.17	59.19
在总计中：农村工业	25.60	12.60	58.22
在总计中：轻工业	27.94	10.17	59.46
以农产品为原料	29.52	11.90	61.12
以非农产品为原料	25.29	7.37	56.76
重工业	30.81	8.35	58.75
采掘工业	57.69	16.32	51.12
原料工业	30.72	7.01	58.47
加工工业	25.96	7.82	61.22
在总计中：特大型企业	35.99	9.71	51.55
大一型企业	30.70	9.15	57.72
大二型企业	29.96	9.03	61.18
中一型企业	29.37	8.05	64.63
中二型企业	28.83	8.09	65.83
小型企业	26.77	8.41	61.81

流动资产周转率（次/年）	成本费用利润率（%）	全员劳动生产率（元/人·年）	产品销售率（%）
1.66	**5.35**	**52062**	**97.63**
1.58	5.15	47088	97.62
1.25	2.51	40570	98.36
1.46	3.85	81056	98.98
1.11	1.36	26964	97.85
2.16	4.47	38916	96.71
2.15	4.60	39038	95.86
1.77	5.73	53156	98.55
1.55	10.15	74012	102.10
2.57	4.24	49701	96.39
1.66	2.92	41340	97.57
1.86	5.36	57306	96.41
1.37	4.52	43338	97.67
1.07	1.82	35183	98.97
1.63	6.17	48978	97.03
1.73	11.77	103293	98.82
2.67	4.10	40154	95.92
3.13	4.16	40764	95.79
3.31	3.82	37198	96.00
2.44	4.08	40120	96.01
2.40	4.18	40534	95.78
1.79	4.54	49492	96.13
1.80	5.15	59139	97.13
1.69	5.74	66207	96.71
1.91	3.53	55899	97.91
2.00	4.89	49644	97.15
1.40	5.11	123869	99.08
1.97	6.39	98413	98.03
1.90	6.50	109282	97.84
1.78	7.79	90316	96.09
2.23	5.90	82749	98.55
1.30	7.60	121297	99.22
1.10	−8.49	23246	97.40
1.36	5.75	54772	98.65
2.48	5.18	46746	96.42
1.76	4.32	46018	96.96
1.81	4.65	46058	96.81
1.68	3.78	45938	97.21
1.60	5.97	56440	98.06
1.71	27.24	50700	99.05
1.84	3.60	71278	98.63
1.41	5.01	49022	97.43
1.82	8.83	110725	99.48
1.37	6.20	71024	98.82
1.43	5.24	51885	97.84
1.56	4.14	47688	97.39
1.46	3.97	41065	97.21
1.94	3.80	38349	96.38

3—2 按行业分组的全部国有及规模以上

行业名称	企业单位数（个）	# 亏损企业	工业总产值（1990年不变价格）	工业总产值（当年价格）
总　　计	**171256**	**39346**	**86772.7**	**95448.98**
煤炭采选业	2603	556	823.4	1531.28
石油和天然气开采业	90	7	702.25	2780.05
黑色金属矿采选业	646	94	141.72	191.03
有色金属矿采选业	1310	245	342.35	419.15
非金属矿采选业	1749	253	336.01	373.52
木材及竹材采运业	431	195	90.68	112.12
食品加工业	10381	2686	3401.71	4097.88
食品制造业	4563	1211	1457.53	1627.7
饮料制造业	3307	1001	1460.34	1824.34
烟草加工业	320	93	958.45	1694.72
纺织业	12065	2839	5309.73	5621.56
服装及其他纤维制品制造业	8037	1561	2371.67	2596.26
皮革、毛皮、羽绒及其制品业	3539	626	1415.06	1572.63
木材加工及竹、藤、棕、草制品业	2808	526	703.87	741.22
家具制造业	1625	305	401.07	434.85
造纸及纸制品业	5027	1064	1603.29	1804.28
印刷业、记录媒介的复制	3691	1044	694.75	726.03
文教体育用品制造业	2024	415	626.45	680.72
石油加工及炼焦业	1027	229	2007.81	4587.76
化学原料及化学制品制造业	12031	2646	6156.48	6303.66
医药制造业	3488	829	2646.3	2040.86
化学纤维制造业	885	260	1263.06	1022.49
橡胶制品业	1777	395	950.5	893.82
塑料制品业	6884	1408	2114.37	2136.6
非金属矿物制造业	14707	3501	3614.92	4026.02
黑色金属冶炼及压延加工业	3176	813	4196.71	5707.31
有色金属冶炼及压延加工业	2823	719	2120.56	2369.17
金属制品业	9274	1742	2699.06	2852.27
普通机械制造业	10027	2084	3422.73	3505.33
专用设备制造业	6391	1676	2258.33	2352.25
交通运输设备制造业	7114	1722	6730.56	6474.95
电气机械及器材制造业	8675	1733	6088.41	5481.07
电子及通信设备制造业	4824	1230	13169.1	8990.25
仪器仪表及文化办公用机械制造业	2018	519	1040.21	937.67
电力、蒸汽、热水的生产和供应业	4873	1279	1975.56	5087.7
煤气生产和供应业	320	155	119.86	184.87
自来水的生产和供应业	2398	924	111.64	344.48

非国有工业企业主要经济指标(2001 年)

单位:亿元

#新产品产值	工业销售产值（当年价格）	#出口交货值	工业增加值（当年价格）	资产合计	流动资产	应收账款净额
9297.70	**93182.87**	**16245.09**	**28329.37**	**135402.49**	**57804.97**	**14831.40**
6.86	1522.59	114.73	698.65	4274.69	1509.99	453.68
9.14	2769.52	145.93	2018.79	4240.20	878.22	94.93
0.97	186.12	0.33	72.28	341.17	119.46	38.40
1.40	405.19	17.09	141.78	555.07	199.42	37.76
2.34	359.49	26.89	125.42	698.84	247.10	84.95
0.05	109.79	0.80	55.41	403.56	162.79	27.68
42.03	3975.52	449.99	944.70	3128.85	1481.65	276.33
45.58	1579.35	143.26	451.87	1798.91	809.02	177.80
100.25	1778.11	54.13	642.56	2852.59	1297.49	222.65
58.22	1684.65	14.55	1093.07	2450.41	1428.96	216.36
274.59	5400.99	1588.88	1387.52	6196.26	2955.98	561.87
53.21	2515.50	1355.36	688.12	1905.82	1126.39	263.25
31.23	1526.29	889.60	391.76	1005.98	618.56	165.71
32.21	717.24	110.24	192.91	758.00	326.43	63.61
6.43	421.95	159.36	117.58	397.74	212.82	50.46
66.15	1760.13	126.50	474.87	2709.75	1076.11	316.60
35.44	696.50	59.14	243.98	1114.45	495.50	136.00
27.44	661.24	433.01	179.87	551.57	325.40	103.10
100.60	4549.59	174.06	883.30	3941.22	1259.80	208.61
305.77	6130.17	594.54	1601.27	9039.36	3615.41	907.77
310.68	1922.87	183.38	722.43	3281.05	1723.59	483.72
104.93	985.40	70.29	222.10	1531.20	504.77	77.92
90.16	866.68	189.45	248.29	1160.95	565.32	176.48
123.94	2055.46	501.49	545.02	2265.90	1115.43	341.25
134.64	3872.48	375.80	1211.88	6298.80	2543.47	714.89
328.82	5650.71	226.75	1530.15	9796.23	3404.00	624.48
114.27	2305.54	235.43	591.18	3170.47	1389.45	267.60
106.11	2761.58	691.47	713.28	2745.78	1518.05	444.82
457.99	3386.30	520.57	971.63	5027.40	2858.12	890.68
365.16	2253.07	225.17	636.88	3321.38	1905.90	503.92
1730.42	6371.06	583.43	1633.69	8858.58	4758.98	1089.43
1095.92	5314.18	1102.80	1378.44	5763.78	3401.69	1080.09
2884.57	8903.77	3792.93	2035.03	8469.67	5330.45	1859.75
119.60	924.66	459.07	237.90	1076.78	659.35	203.77
13.59	5061.02	56.17	2696.30	20485.27	4642.66	1372.50
0.42	186.52	0.39	46.14	621.55	191.98	38.53
0.44	333.95	0.74	161.96	1662.09	389.31	70.65

3—2 续表 1

行业名称	产成品	流动资产年平均余额	长期投资	固定资产小计
总　　计	**6635.00**	**56486.77**	**6590.78**	**63463.98**
煤炭采选业	95.40	1449.97	106.28	2412.40
石油和天然气开采业	43.24	905.59	30.94	3286.75
黑色金属矿采选业	13.19	120.73	78.47	131.19
有色金属矿采选业	25.06	190.18	24.79	291.51
非金属矿采选业	33.21	244.03	37.75	362.87
木材及竹材采运业	12.59	160.22	16.46	189.75
食品加工业	244.64	1438.17	95.67	1321.12
食品制造业	109.03	802.63	76.41	779.09
饮料制造业	151.75	1261.90	132.73	1201.19
烟草加工业	58.73	1231.15	271.60	720.98
纺织业	616.55	2901.29	227.17	2622.40
服装及其他纤维制品制造业	180.77	1110.26	75.16	582.42
皮革、毛皮、羽绒及其制品业	104.03	601.28	20.20	304.36
木材加工及竹、藤、棕、草制品业	57.35	318.06	19.26	369.83
家具制造业	33.23	200.69	13.94	139.49
造纸及纸制品业	151.26	1074.15	99.25	1374.47
印刷业、记录媒介的复制	46.17	488.21	47.94	522.18
文教体育用品制造业	40.58	325.83	22.02	172.60
石油加工及炼焦业	154.67	1362.99	127.20	2424.08
化学原料及化学制品制造业	452.72	3589.02	359.56	4478.44
医药制造业	207.88	1639.92	251.47	1030.34
化学纤维制造业	70.19	509.32	65.94	858.66
橡胶制品业	109.80	552.31	39.44	480.91
塑料制品业	144.63	1101.03	82.62	929.45
非金属矿物制造业	407.64	2475.74	234.69	3068.05
黑色金属冶炼及压延加工业	308.42	3384.32	888.72	4989.79
有色金属冶炼及压延加工业	163.96	1362.95	126.08	1501.22
金属制品业	238.71	1487.27	64.57	985.68
普通机械制造业	420.63	2767.40	224.14	1631.46
专用设备制造业	298.09	1846.62	148.83	1059.52
交通运输设备制造业	468.27	4582.82	595.07	2988.56
电气机械及器材制造业	511.17	3361.69	318.75	1650.44
电子及通信设备制造业	462.63	5073.21	489.02	2237.37
仪器仪表及文化办公用机械制造业	74.56	638.87	55.30	301.27
电力、蒸汽、热水的生产和供应业	12.43	4635.02	962.57	13966.69
煤气生产和供应业	5.03	186.13	29.08	380.18
自来水的生产和供应业	2.19	377.85	56.35	1138.29

单位:亿元

固定资产原价	#生产经营用	累计折旧	#本年折旧	固定资产净值	固定资产净值年平均余额
86293.10	**74084.67**	**29666.83**	**4509.37**	**56626.27**	**55437.43**
3315.96	2575.61	1111.60	130.26	2204.36	2072.13
5974.45	5718.32	2886.70	466.88	3087.75	2978.75
172.88	130.00	62.45	6.80	110.43	111.04
392.67	307.96	135.32	18.71	257.35	253.73
449.89	303.29	121.09	15.40	328.81	331.67
237.12	129.56	66.01	8.51	171.11	176.79
1703.67	1391.17	487.59	75.45	1216.08	1200.87
998.38	816.78	308.05	51.52	690.33	692.07
1526.57	1266.81	446.30	80.20	1080.27	1072.66
972.76	813.11	359.25	62.27	613.50	623.23
3632.04	3090.40	1212.35	179.31	2419.70	2394.28
788.05	655.00	251.21	44.61	536.83	527.51
418.15	351.59	131.98	21.62	286.17	280.90
450.14	354.90	105.98	19.14	344.16	337.80
181.03	152.64	51.93	10.10	129.10	125.76
1617.79	1407.90	382.63	76.46	1235.17	1179.21
716.31	612.38	262.31	45.49	454.00	428.46
240.59	207.64	77.57	15.37	163.02	158.58
3605.28	3229.63	1422.57	194.19	2182.70	2158.36
6027.42	5286.27	2083.53	297.07	3943.89	3886.10
1218.84	1041.14	356.89	63.88	861.94	842.61
1152.07	1042.51	380.61	55.30	771.46	750.00
623.78	555.38	195.46	31.96	428.32	443.00
1247.18	1047.21	395.36	71.47	851.82	854.04
4020.93	3351.56	1274.70	191.36	2746.23	2757.65
6993.08	5861.88	2689.89	329.46	4303.18	4058.95
1942.40	1538.23	650.56	87.46	1291.85	1270.87
1331.07	1104.32	420.20	68.71	910.87	905.33
2305.71	1889.72	850.37	111.52	1455.34	1447.54
1523.63	1187.92	576.38	63.04	947.25	945.55
3908.15	3248.32	1383.68	209.20	2524.47	2529.44
2279.27	1964.63	789.67	129.11	1489.60	1475.10
3084.24	2628.45	1030.89	218.94	2053.36	1964.10
435.13	359.22	163.62	21.14	271.51	269.38
18189.36	16253.85	5777.96	924.44	12411.39	12141.14
446.48	390.82	120.24	21.12	326.24	307.20
1422.77	1221.38	405.74	61.47	1017.03	986.76

3—2 续表 2

行业名称	负债合计	#流动负债小计	长期负债小计	所有者权益合计
总　　计	**79843.42**	**56138.72**	**22807.25**	**55424.40**
煤炭采选业	2711.09	1547.33	1156.62	1552.79
石油和天然气开采业	1546.47	852.18	616.62	2693.26
黑色金属矿采选业	158.54	135.58	22.21	182.63
有色金属矿采选业	353.72	232.60	120.23	201.29
非金属矿采选业	358.98	261.51	94.76	339.87
木材及竹材采运业	265.25	208.74	54.72	138.31
食品加工业	2133.42	1766.03	328.26	995.42
食品制造业	1082.06	880.80	183.78	716.84
饮料制造业	1624.78	1325.54	280.56	1227.80
烟草加工业	1241.61	1117.86	121.67	1208.81
纺织业	4181.95	3309.54	834.16	2014.30
服装及其他纤维制品制造业	1087.63	979.57	91.39	818.20
皮革、毛皮、羽绒及其制品业	644.87	582.36	54.13	361.11
木材加工及竹、藤、棕、草制品业	468.49	345.93	118.09	289.51
家具制造业	221.06	187.35	25.47	176.68
造纸及纸制品业	1733.11	1177.61	545.02	976.64
印刷业、记录媒介的复制	620.25	512.55	100.69	494.20
文教体育用品制造业	293.58	263.07	23.02	257.99
石油加工及炼焦业	2219.28	1450.05	634.45	1717.40
化学原料及化学制品制造业	5501.46	3743.63	1695.14	3490.91
医药制造业	1799.57	1447.74	331.31	1478.43
化学纤维制造业	917.77	563.78	345.06	613.43
橡胶制品业	751.54	592.23	155.23	409.41
塑料制品业	1277.41	1032.10	220.86	988.49
非金属矿物制造业	3970.22	2850.61	1057.25	2319.09
黑色金属冶炼及压延加工业	4973.78	3524.63	1436.86	4788.28
有色金属冶炼及压延加工业	2022.80	1437.84	573.62	1147.18
金属制品业	1685.24	1438.88	226.81	1060.54
普通机械制造业	3165.13	2640.16	506.68	1862.26
专用设备制造业	2122.02	1803.77	295.18	1194.44
交通运输设备制造业	5416.21	4451.07	940.35	3423.55
电气机械及器材制造业	3452.81	3007.75	406.92	2310.89
电子及通信设备制造业	4872.61	4188.55	637.52	3596.66
仪器仪表及文化办公用机械制造业	648.18	544.97	99.63	428.59
电力、蒸汽、热水的生产和供应业	12409.00	4423.10	7889.45	8076.27
煤气生产和供应业	277.60	179.66	96.45	343.95
自来水的生产和供应业	682.37	352.88	326.30	979.34

单位:亿元

实收资本	#国家资本	港澳台资本	外商资本	产品销售收入	产品销售成本	产品销售费用
36217.11	**14206.30**	**3188.47**	**4489.57**	**93733.34**	**77259.89**	**3502.77**
1223.77	987.76	0.90	3.51	1503.15	1054.20	131.32
1857.73	1543.71	94.50	0.17	2658.32	1336.74	27.66
134.96	105.59	0.38	0.05	178.54	138.18	9.36
140.39	77.53	0.60	0.70	390.48	299.69	13.63
220.28	153.50	5.63	2.98	344.18	262.26	26.42
97.40	91.40	0.00	0.01	94.57	59.07	2.30
798.88	231.79	75.87	120.04	3823.51	3423.85	125.87
595.96	92.77	89.64	194.35	1519.02	1197.35	150.17
772.59	226.74	107.42	182.14	1727.21	1155.54	217.98
341.96	320.61	1.15	2.31	1756.97	742.79	64.68
1565.23	370.78	252.10	174.64	5209.10	4672.27	95.55
561.53	41.10	133.08	107.12	2415.97	2086.31	85.81
292.86	18.88	87.87	54.41	1427.91	1277.46	35.79
246.14	47.45	40.50	40.03	676.72	595.09	23.25
129.84	9.36	28.74	21.45	409.62	346.51	19.61
717.00	193.55	95.28	165.22	1685.40	1428.47	62.79
347.98	124.32	63.29	31.35	679.25	539.80	19.00
183.27	10.96	76.76	35.31	644.25	555.02	19.16
1001.11	370.54	38.86	35.97	4629.34	4186.30	57.94
2434.64	833.54	113.05	361.76	6033.80	5040.14	296.43
808.30	200.15	48.47	94.86	1924.39	1229.84	307.10
438.05	112.12	73.95	46.72	957.29	861.58	14.42
312.39	86.37	41.41	80.72	806.02	665.68	36.16
747.79	86.10	205.45	137.43	2040.59	1757.48	61.32
1837.42	477.58	183.60	234.30	3671.10	3020.10	172.04
2678.11	1881.03	74.99	54.03	5600.65	4855.22	93.61
822.63	362.98	41.33	42.14	2260.62	1988.32	39.53
861.29	101.83	183.75	161.86	2635.49	2260.54	99.60
1307.10	363.94	66.87	272.01	3222.11	2622.70	135.84
871.72	313.72	35.17	98.04	2158.28	1771.23	89.63
2330.34	688.18	113.06	362.85	6220.46	5138.30	174.46
1480.49	242.14	170.73	347.67	5099.90	4167.72	318.96
1984.41	335.25	327.85	679.72	8899.51	7713.42	334.56
308.13	67.43	39.20	78.88	933.23	768.09	39.26
4487.69	2272.04	189.44	201.48	7712.33	6526.90	35.37
287.55	246.89	5.11	13.33	252.31	239.95	10.71
572.72	470.90	5.37	4.14	324.09	243.52	13.49

3—2续表3

行业名称	产品销售税金及附加	产品销售利润	管理费用	财务费用
总　　计	**1553.82**	**11406.13**	**5854.50**	**1904.60**
煤炭采选业	22.34	295.28	246.11	47.26
石油和天然气开采业	72.73	1221.19	175.03	27.42
黑色金属矿采选业	4.64	26.36	16.01	4.29
有色金属矿采选业	4.12	73.04	41.78	9.98
非金属矿采选业	7.73	47.75	33.18	7.54
木材及竹材采运业	5.77	27.43	22.39	4.07
食品加工业	17.52	255.92	131.59	57.62
食品制造业	6.93	164.36	87.05	25.66
饮料制造业	116.67	237.21	121.73	31.96
烟草加工业	645.16	304.34	105.27	31.28
纺织业	24.29	416.94	242.43	101.66
服装及其他纤维制品制造业	9.96	233.88	120.59	25.00
皮革、毛皮、羽绒及其制品业	5.59	108.10	54.84	14.89
木材加工及竹、藤、棕、草制品业	4.41	53.97	28.79	13.47
家具制造业	2.52	40.98	20.90	5.86
造纸及纸制品业	8.25	185.84	90.77	49.24
印刷业、记录媒介的复制	3.61	116.82	64.62	11.88
文教体育用品制造业	2.37	67.63	39.84	6.17
石油加工及炼焦业	195.07	190.02	184.53	55.71
化学原料及化学制品制造业	48.63	648.48	439.41	135.89
医药制造业	12.01	375.42	196.83	44.45
化学纤维制造业	3.71	77.58	40.81	23.79
橡胶制品业	14.05	90.13	51.11	21.58
塑料制品业	9.11	212.53	103.43	32.50
非金属矿物制造业	30.74	447.92	267.35	100.69
黑色金属冶炼及压延加工业	33.08	618.65	346.53	109.51
有色金属冶炼及压延加工业	9.62	223.14	122.88	56.49
金属制品业	14.51	260.82	140.16	42.19
普通机械制造业	16.58	446.84	293.53	71.66
专用设备制造业	11.64	285.77	203.18	42.54
交通运输设备制造业	95.95	811.25	528.74	102.89
电气机械及器材制造业	19.14	593.97	325.32	85.42
电子及通信设备制造业	12.27	838.12	436.20	77.87
仪器仪表及文化办公用机械制造业	3.11	122.73	80.38	10.81
电力、蒸汽、热水的生产和供应业	46.80	1096.83	282.81	379.06
煤气生产和供应业	1.08	0.56	22.24	2.86
自来水的生产和供应业	3.58	63.40	58.70	12.42

单位:亿元

#利息支出	利润总额	税金总额	亏损企业亏损总额	本年应交增值税	全部从业人员年平均人数（万人）
1757.89	**4733.43**	**5571.92**	**1211.02**	**4018.09**	**5441.43**
44.68	41.83	145.08	17.67	122.74	375.31
29.14	978.15	315.58	4.14	242.86	59.89
3.95	9.00	13.11	1.44	8.47	24.37
9.22	29.72	16.24	5.42	12.12	45.13
7.99	13.75	24.90	4.70	17.17	51.64
3.95	2.06	7.85	2.71	2.09	65.75
51.22	96.60	92.42	41.01	74.89	166.91
21.52	66.18	78.23	29.14	71.31	90.05
29.53	103.11	225.48	35.14	108.81	94.98
30.59	176.80	822.18	16.83	177.02	24.74
92.97	131.95	188.62	64.00	164.33	477.51
19.13	100.68	76.44	16.51	66.47	237.07
11.57	41.20	41.75	12.08	36.17	127.04
11.65	20.09	26.21	9.78	21.80	51.29
4.33	17.72	14.13	3.59	11.61	29.83
46.06	62.04	79.99	27.79	71.74	113.81
10.55	53.44	40.19	10.19	36.58	54.67
4.47	25.67	18.25	5.82	15.87	66.91
58.21	−12.05	345.46	64.07	150.39	59.20
122.63	159.78	287.44	130.99	238.81	318.57
39.89	168.05	144.73	21.11	132.72	102.99
23.08	20.54	34.54	20.15	30.83	40.27
19.33	26.25	44.89	13.06	30.84	61.60
26.29	91.62	69.57	20.36	60.46	117.14
91.62	125.76	209.35	70.87	178.61	392.61
106.25	201.72	304.19	32.28	271.11	249.34
51.45	68.81	92.04	23.70	82.42	109.29
33.95	97.06	95.93	27.53	81.43	165.16
67.01	123.62	150.56	56.64	133.99	271.99
40.74	77.08	92.32	46.55	80.68	185.61
92.20	298.41	331.65	80.96	235.70	296.22
70.79	235.32	191.96	61.54	172.82	225.55
69.69	462.15	230.20	82.39	217.94	205.00
9.86	48.33	29.59	10.14	26.49	55.45
370.80	529.97	615.59	103.02	568.80	229.51
2.30	−0.76	9.31	8.09	8.23	14.71
10.82	9.09	22.72	11.99	19.15	45.16

3—2续表4

行业名称	工业增加值率（%）	总资产贡献率（%）	资产负债率（%）
总　　计	**29.68**	**8.91**	**58.97**
煤炭采选业	45.63	5.42	63.42
石油和天然气开采业	72.62	31.20	36.47
黑色金属矿采选业	37.84	7.64	46.47
有色金属矿采选业	33.83	9.94	63.73
非金属矿采选业	33.58	6.67	51.37
木材及竹材采运业	49.42	3.44	65.73
食品加工业	23.05	7.68	68.19
食品制造业	27.76	9.22	60.15
饮料制造业	35.22	12.55	56.96
烟草加工业	64.50	42.02	50.67
纺织业	24.68	6.67	67.49
服装及其他纤维制品制造业	26.50	10.30	57.07
皮革、毛皮、羽绒及其制品业	24.91	9.40	64.10
木材加工及竹、藤、棕、草制品业	26.03	7.65	61.81
家具制造业	27.04	9.10	55.58
造纸及纸制品业	26.32	6.94	63.96
印刷业、记录媒介的复制	33.60	9.35	55.66
文教体育用品制造业	26.42	8.77	53.23
石油加工及炼焦业	19.25	9.94	56.31
化学原料及化学制品制造业	25.40	6.30	60.86
医药制造业	35.40	10.75	54.85
化学纤维制造业	21.72	5.10	59.94
橡胶制品业	27.78	7.79	64.73
塑料制品业	25.51	8.27	56.38
非金属矿物制造业	30.10	6.77	63.03
黑色金属冶炼及压延加工业	26.81	6.25	50.77
有色金属冶炼及压延加工业	24.95	6.70	63.80
金属制品业	25.01	8.27	61.38
普通机械制造业	27.72	6.79	62.96
专用设备制造业	27.08	6.33	63.89
交通运输设备制造业	25.23	8.15	61.14
电气机械及器材制造业	25.15	8.64	59.91
电子及通信设备制造业	22.64	9.00	57.53
仪器仪表及文化办公用机械制造业	27.23	11.09	55.86
电力、蒸汽、热水的生产和供应业	53.00	7.40	60.58
煤气生产和供应业	24.96	1.75	44.66
自来水的生产和供应业	47.02	2.57	41.05

流动资产周转率（次/年）	成本费用利润率（%）	全员劳动生产率（元/人·年）	产品销售率（%）
1.66	**5.35**	**52062**	**97.63**
1.04	2.83	18615	99.43
2.94	62.43	337069	99.62
1.48	5.36	29654	97.43
2.05	8.14	31413	96.67
1.41	4.17	24285	96.24
0.59	2.35	8427	97.92
2.66	2.58	56598	97.01
1.89	4.53	50180	97.03
1.37	6.75	67651	97.47
1.43	18.73	441913	99.41
1.80	2.58	29058	96.08
2.18	4.34	29026	96.89
2.37	2.98	30838	97.05
2.13	3.04	37612	96.76
2.04	4.51	39420	97.03
1.57	3.80	41724	97.55
1.39	8.41	44631	95.93
1.98	4.14	26882	97.14
3.40	−0.27	149217	99.17
1.68	2.70	50264	97.25
1.17	9.45	70144	94.22
1.88	2.18	55159	96.37
1.46	3.39	40304	96.96
1.85	4.69	46526	96.20
1.48	3.53	30867	96.19
1.65	3.73	61367	99.01
1.66	3.12	54092	97.31
1.77	3.82	43189	96.82
1.16	3.96	35723	96.60
1.17	3.66	34313	95.78
1.36	5.02	55152	98.40
1.52	4.80	61114	96.96
1.75	5.40	99271	99.04
2.11	4.39	29528	96.23
1.66	7.34	117481	99.48
1.36	−0.28	31360	100.89
0.86	2.77	35860	96.94

3—3 按行业分组的国有及国有控股

行业名称	企业单位数（个）	#亏损企业	工业总产值（1990年不变价格）	工业总产值（当年价格）
总　　计	**46767**	**16858**	**34466.50**	**42408.49**
煤炭采选业	1204	359	642.27	1283.12
石油和天然气开采业	70	5	656.91	2552.30
黑色金属矿采选业	163	42	45.89	72.60
有色金属矿采选业	517	149	147.74	184.78
非金属矿采选业	548	167	120.20	131.13
木材及竹材采运业	419	191	88.32	109.32
食品加工业	4016	1551	901.47	1176.83
食品制造业	1624	586	385.73	438.41
饮料制造业	1376	516	624.65	855.92
烟草加工业	276	84	939.62	1673.84
纺织业	2157	879	1363.79	1481.08
服装及其他纤维制品制造业	546	181	132.93	144.58
皮革、毛皮、羽绒及其制品业	267	124	79.91	88.33
木材加工及竹、藤、棕、草制品业	502	191	112.33	110.60
家具制造业	204	80	25.57	22.80
造纸及纸制品业	846	281	391.42	454.35
印刷业、记录媒介的复制	1890	722	258.88	273.08
文教体育用品制造业	213	65	29.84	37.61
石油加工及炼焦业	279	83	1676.94	4130.07
化学原料及化学制品制造业	3261	1065	2893.06	2971.67
医药制造业	1341	398	1370.89	913.54
化学纤维制造业	203	85	532.92	432.66
橡胶制品业	341	125	348.07	304.33
塑料制品业	821	305	274.17	242.74
非金属矿物制造业	3635	1246	891.12	1055.08
黑色金属冶炼及压延加工业	622	225	2913.66	4127.79
有色金属冶炼及压延加工业	614	199	973.77	1158.62
金属制品业	1239	465	319.88	331.13
普通机械制造业	2475	1032	1288.37	1275.77
专用设备制造业	2239	988	850.06	863.35
交通运输设备制造业	2478	963	4587.56	4312.16
电气机械及器材制造业	1474	529	1101.14	936.31
电子及通信设备制造业	1182	386	5189.82	2942.37
仪器仪表及文化办公用机械制造业	675	269	202.62	185.95
电力、蒸汽、热水的生产和供应业	4116	1098	1661.13	4409.03
煤气生产和供应业	252	127	75.12	134.24
自来水的生产和供应业	2205	896	84.29	298.78

工业企业主要经济指标(2001 年)

单位:亿元

#新产品产值	工业销售产值(当年价)	#出口交货值	工业增加值(当年价)	资产合计	流动资产	应收账款净额
5209.99	**41835.58**	**2977.12**	**14652.05**	**87901.54**	**33239.63**	**7788.77**
6.52	1276.88	113.85	602.65	3980.49	1368.72	412.70
9.08	2544.29	73.58	1905.08	4106.51	852.13	92.55
0.16	70.58	0.16	32.65	257.98	80.27	26.31
0.88	177.58	11.68	70.01	401.83	133.10	24.09
1.37	127.46	10.10	53.21	539.25	166.44	58.21
0.05	107.07	0.80	53.50	396.77	160.61	27.51
11.78	1150.95	59.78	271.04	1385.23	609.80	117.73
8.69	422.42	36.90	123.08	678.94	293.31	66.45
67.18	838.46	20.81	340.77	1660.22	788.95	131.62
58.22	1663.71	14.28	1086.86	2425.76	1415.07	211.42
150.57	1413.15	421.07	403.90	2523.40	1142.53	196.25
3.94	144.12	50.98	42.51	202.59	113.97	28.97
6.32	84.87	28.70	23.57	108.80	62.27	10.63
2.79	104.96	5.42	33.74	274.94	88.95	17.30
0.86	22.08	5.27	7.32	52.46	23.90	5.36
33.33	445.40	8.73	131.04	1182.98	427.77	110.15
28.06	259.96	1.67	102.60	520.51	221.23	47.11
5.61	36.99	12.02	12.85	84.36	43.85	12.24
96.97	4110.60	162.20	771.57	3527.10	1061.17	170.44
168.52	2938.57	164.66	734.76	6041.78	2084.57	455.45
144.37	868.52	83.11	326.60	1858.46	959.98	269.13
65.81	427.79	18.22	96.24	968.46	309.58	46.06
33.33	298.75	57.07	84.52	550.28	263.97	81.53
46.58	236.41	12.13	65.60	499.49	217.30	49.52
59.32	1021.76	45.96	334.22	2814.16	1086.10	302.11
289.87	4119.03	166.85	1179.94	8602.30	2799.83	498.43
59.34	1141.73	130.86	332.42	2230.79	892.00	148.26
20.47	319.23	47.28	90.22	643.40	344.13	96.03
300.72	1238.29	114.66	361.50	2878.30	1620.67	487.34
162.26	834.55	42.85	241.70	1931.32	1069.51	266.97
1531.45	4271.40	263.26	1109.81	6847.34	3625.84	749.94
263.27	909.14	91.60	251.19	1915.97	1093.35	350.49
1447.72	2924.70	588.45	672.17	3921.27	2480.44	733.77
43.91	181.99	25.14	61.95	504.53	283.98	74.10
13.43	4388.38	55.94	2392.64	18536.45	4210.93	1247.83
0.01	135.22	0.36	39.25	587.40	178.94	35.82
0.31	289.46		143.86	1496.37	349.08	62.56

3—3 续表 1

行业名称	产成品	流动资产年平均余额	长期投资	固定资产小计
总　　计	**3132.86**	**32575.86**	**5293.71**	**45007.64**
煤炭采选业	77.90	1313.67	98.45	2281.83
石油和天然气开采业	42.03	878.86	30.73	3201.18
黑色金属矿采选业	7.09	78.59	75.44	97.70
有色金属矿采选业	16.54	125.25	18.45	217.84
非金属矿采选业	21.98	165.77	33.73	302.50
木材及竹材采运业	12.37	156.51	16.41	186.31
食品加工业	86.94	604.57	45.64	629.84
食品制造业	35.71	291.58	51.55	286.82
饮料制造业	89.39	750.18	103.97	648.24
烟草加工业	57.80	1217.94	270.28	712.06
纺织业	255.72	1131.34	131.73	1062.61
服装及其他纤维制品制造业	19.18	109.42	14.88	61.86
皮革、毛皮、羽绒及其制品业	20.12	62.65	3.39	36.54
木材加工及竹、藤、棕、草制品业	16.39	85.04	10.52	157.88
家具制造业	4.09	24.22	5.92	17.34
造纸及纸制品业	60.59	418.38	78.04	604.62
印刷业、记录媒介的复制	20.93	219.45	34.73	243.27
文教体育用品制造业	4.87	44.17	13.36	22.98
石油加工及炼焦业	123.80	1166.34	117.77	2250.09
化学原料及化学制品制造业	219.41	2091.61	296.48	3310.92
医药制造业	112.39	928.01	193.04	576.47
化学纤维制造业	32.63	316.79	44.46	543.97
橡胶制品业	51.75	258.31	30.35	220.26
塑料制品业	28.96	211.48	27.80	226.53
非金属矿物制造业	153.68	1065.34	151.92	1383.06
黑色金属冶炼及压延加工业	198.44	2795.01	851.10	4499.85
有色金属冶炼及压延加工业	83.99	884.10	101.75	1135.81
金属制品业	53.36	335.06	29.02	223.85
普通机械制造业	224.78	1578.03	155.41	936.46
专用设备制造业	170.48	1049.18	104.82	656.56
交通运输设备制造业	330.69	3513.35	507.58	2338.11
电气机械及器材制造业	157.16	1063.36	156.45	553.08
电子及通信设备制造业	248.59	2349.00	381.55	885.27
仪器仪表及文化办公用机械制造业	37.94	272.49	40.18	156.64
电力、蒸汽、热水的生产和供应业	10.56	4212.29	931.23	12576.21
煤气生产和供应业	4.76	169.22	28.38	363.73
自来水的生产和供应业	1.83	339.91	50.23	1049.87

单位:亿元

固定资产原价	#生产经营用	累计折旧	#本年折旧	固定资产净值	固定资产净值年平均余额
61782.45	**52981.32**	**22193.96**	**3057.67**	**39588.49**	**38638.22**
3148.21	2443.23	1062.09	122.43	2086.12	1956.33
5880.13	5635.96	2876.28	464.47	3003.86	2901.32
130.21	93.15	50.57	4.93	79.64	80.55
297.15	229.01	108.37	13.60	188.78	187.65
368.90	237.70	95.96	10.87	272.95	273.73
231.65	124.47	63.81	8.41	167.85	173.76
816.93	642.28	247.14	29.10	569.80	559.68
344.10	281.68	103.21	15.29	240.89	235.54
796.84	661.64	225.19	36.82	571.65	560.43
960.01	801.97	355.09	61.51	604.92	614.55
1503.91	1228.18	542.11	61.96	961.80	947.50
86.52	63.71	29.54	3.72	56.98	56.91
51.45	40.67	16.96	1.37	34.49	34.42
188.82	130.24	43.20	5.75	145.62	140.46
23.59	18.97	7.58	0.76	16.01	16.59
660.55	543.21	161.14	25.95	499.41	478.66
349.81	284.09	132.23	20.93	217.58	220.33
29.19	24.78	9.89	1.38	19.30	18.32
3389.29	3045.64	1364.74	180.76	2024.54	2002.22
4486.55	3945.80	1622.87	202.68	2863.69	2819.53
678.23	588.73	214.32	34.01	463.91	453.08
732.63	655.50	255.58	31.43	477.05	471.80
286.67	247.98	101.09	12.27	185.58	205.53
281.07	227.01	85.59	12.03	195.48	190.66
1781.56	1436.33	580.68	67.20	1200.88	1213.70
6390.46	5328.53	2523.58	296.49	3866.88	3628.97
1482.52	1158.54	522.48	62.59	960.04	947.72
304.70	233.52	111.53	12.21	193.17	190.00
1330.97	1061.33	521.86	53.06	809.12	811.81
970.16	732.38	387.57	30.92	582.59	580.11
3062.71	2542.77	1128.17	159.20	1934.54	1947.64
773.15	651.61	298.20	35.04	474.95	482.68
1255.39	1068.36	467.95	79.41	787.44	753.12
222.56	176.39	85.91	7.76	136.65	137.54
16306.25	14565.67	5156.82	802.33	11149.42	10856.63
426.77	373.54	116.48	20.31	310.29	292.64
1307.25	1116.73	371.66	55.10	935.59	907.52

3—3 续表 2

行业名称	负债合计	#流动负债小计	长期负债小计	所有者权益合计
总　计	**52025.60**	**33144.50**	**18322.40**	**35741.30**
煤炭采选业	2528.40	1399.00	1124.20	1441.30
石油和天然气开采业	1531.00	837.80	615.50	2575.00
黑色金属矿采选业	107.40	92.40	14.80	150.60
有色金属矿采选业	265.70	167.60	97.60	136.00
非金属矿采选业	274.70	191.80	81.50	264.60
木材及竹材采运业	263.60	207.50	54.40	133.20
食品加工业	1046.90	840.90	185.20	338.40
食品制造业	434.00	353.40	77.30	244.90
饮料制造业	935.50	759.80	165.70	724.70
烟草加工业	1226.90	1104.60	120.30	1198.90
纺织业	1845.70	1357.70	479.90	677.70
服装及其他纤维制品制造业	141.40	121.60	18.90	61.20
皮革、毛皮、羽绒及其制品业	92.50	79.00	13.10	16.30
木材加工及竹、藤、棕、草制品业	187.60	116.40	69.90	87.30
家具制造业	36.00	28.90	6.40	16.40
造纸及纸制品业	764.90	476.30	283.40	418.10
印刷业、记录媒介的复制	285.70	219.30	61.60	234.80
文教体育用品制造业	46.90	40.10	6.70	37.50
石油加工及炼焦业	1968.80	1245.90	590.40	1553.70
化学原料及化学制品制造业	3776.60	2336.20	1401.70	2218.20
医药制造业	1054.20	825.80	212.20	801.20
化学纤维制造业	590.90	324.90	260.70	377.60
橡胶制品业	379.20	290.50	86.70	171.10
塑料制品业	303.40	217.90	83.40	196.10
非金属矿物制造业	1840.70	1256.30	553.90	964.00
黑色金属冶炼及压延加工业	4232.90	2898.40	1327.50	4335.20
有色金属冶炼及压延加工业	1428.40	946.20	474.60	801.90
金属制品业	457.10	369.40	85.70	186.30
普通机械制造业	1949.30	1578.80	363.40	929.00
专用设备制造业	1319.00	1094.10	209.30	607.40
交通运输设备制造业	4215.70	3420.60	782.20	2612.80
电气机械及器材制造业	1228.10	1007.50	208.60	687.80
电子及通信设备制造业	2233.60	1823.30	384.80	1687.30
仪器仪表及文化办公用机械制造业	354.20	281.00	72.50	150.40
电力、蒸汽、热水的生产和供应业	11268.30	3955.20	7226.10	7268.10
煤气生产和供应业	260.40	165.10	93.80	327.00
自来水的生产和供应业	598.50	299.20	296.90	897.50

单位:亿元

实收资本	#国家资本	港澳台资本	外商资本	产品销售收入	产品销售成本	产品销售费用
21780.70	**13697.00**	**493.90**	**766.30**	**44443.50**	**35522.50**	**1360.10**
1142.50	981.10	0.20	2.50	1271.40	872.80	118.40
1785.30	1543.50	31.90	0.00	2537.20	1280.30	26.80
110.30	104.60	0.00	0.00	71.10	51.80	3.60
96.00	75.60	0.00	0.20	172.50	126.10	4.20
172.20	152.00	0.60	0.70	127.30	88.30	12.60
92.60	86.70	0.00	0.00	91.50	57.20	2.20
305.10	207.60	7.80	12.10	1120.80	998.50	37.00
158.90	81.00	9.10	14.20	400.60	319.30	35.10
342.00	199.50	18.30	36.90	831.30	522.80	99.60
335.30	320.50	1.10	1.80	1737.00	726.60	64.20
542.40	350.50	16.10	14.80	1410.00	1261.70	25.90
52.90	30.40	1.80	6.30	141.70	123.60	4.80
25.60	16.20	0.70	1.40	70.30	59.10	3.00
75.90	42.40	5.20	5.00	97.40	82.60	4.60
15.20	8.70	0.70	0.30	22.90	18.80	1.60
256.30	183.90	11.90	6.40	427.20	352.70	16.00
169.70	117.60	7.30	4.20	252.50	191.70	5.40
20.90	9.30	3.20	0.20	38.50	30.30	1.40
889.90	366.00	33.60	13.10	4196.00	3808.60	37.50
1500.30	807.00	17.00	34.50	2907.80	2504.30	85.40
397.60	184.60	16.10	16.60	922.40	606.50	126.00
251.50	108.30	20.60	6.70	414.80	367.20	6.70
118.10	75.10	6.70	2.80	271.90	223.90	10.60
130.80	75.50	7.60	3.60	248.10	205.30	8.20
710.40	434.30	17.60	25.00	991.20	780.60	57.50
2350.30	1867.80	38.00	22.80	4122.20	3524.40	59.00
564.20	353.40	12.20	9.20	1139.80	967.80	18.80
163.00	88.70	8.40	10.10	312.30	254.70	17.70
651.90	342.90	7.10	71.00	1206.10	961.50	52.80
469.90	299.20	4.90	12.30	819.90	670.80	31.80
1759.40	669.00	35.40	234.90	4206.30	3425.30	118.10
428.80	213.70	15.10	39.50	904.80	717.20	56.70
766.40	293.70	32.50	87.70	2915.80	2499.20	135.00
121.80	59.90	3.30	5.80	189.70	140.20	12.20
3819.00	2190.60	96.90	59.10	7094.50	6061.70	30.90
266.30	245.10	1.80	2.10	200.20	190.30	9.90
542.80	469.30	2.20	1.70	281.30	216.20	12.30

3—2 续表 3

行业名称	产品销售税金及附加	产品销售利润	管理费用	财务费用
总　　计	1250.18	6303.81	3482.19	1170.06
煤炭采选业	17.42	262.77	229.87	42.25
石油和天然气开采业	65.81	1164.24	171.18	25.53
黑色金属矿采选业	2.57	13.05	10.87	2.34
有色金属矿采选业	1.39	40.77	32.33	6.99
非金属矿采选业	4.14	22.22	21.97	4.49
木材及竹材采运业	5.64	26.38	22.13	4.03
食品加工业	5.42	79.81	56.56	22.99
食品制造业	1.81	44.39	29.27	9.00
饮料制造业	73.37	135.48	64.75	16.57
烟草加工业	644.65	301.50	103.50	31.02
纺织业	5.38	117.01	104.42	39.22
服装及其他纤维制品制造业	0.49	12.78	11.48	2.62
皮革、毛皮、羽绒及其制品业	0.38	7.86	5.56	1.71
木材加工及竹、藤、棕、草制品业	0.94	9.36	9.28	3.91
家具制造业	0.15	2.39	2.45	0.85
造纸及纸制品业	2.15	56.28	34.93	17.21
印刷业、记录媒介的复制	1.69	53.67	38.67	5.02
文教体育用品制造业	0.19	6.64	5.45	1.50
石油加工及炼焦业	189.05	160.76	167.05	49.16
化学原料及化学制品制造业	27.72	290.23	261.01	88.76
医药制造业	5.80	184.06	110.18	24.00
化学纤维制造业	1.71	39.14	27.01	13.71
橡胶制品业	7.35	30.10	23.40	10.18
塑料制品业	0.83	33.83	20.12	7.65
非金属矿物制造业	7.50	145.49	119.76	38.35
黑色金属冶炼及压延加工业	25.34	513.47	303.54	87.44
有色金属冶炼及压延加工业	5.13	148.09	88.84	37.72
金属制品业	1.44	38.49	32.97	8.86
普通机械制造业	5.08	186.71	160.74	41.43
专用设备制造业	4.11	113.17	114.26	25.53
交通运输设备制造业	76.20	586.69	416.28	77.36
电气机械及器材制造业	3.39	127.52	102.13	28.48
电子及通信设备制造业	5.44	276.14	173.69	40.29
仪器仪表及文化办公用机械制造业	1.05	36.20	36.59	7.13
电力、蒸汽、热水的生产和供应业	44.50	950.93	251.50	322.86
煤气生产和供应业	1.00	—1.02	20.80	2.54
自来水的生产和供应业	3.03	49.67	52.47	9.47

单位:亿元

#利息支出	利润总额	税金总额	亏损企业亏损总额	本年应交增值税	全部从业人员年平均人数(万人)
1138.15	**2388.56**	**3659.15**	**752.15**	**2408.97**	**2675.11**
40.52	29.43	126.96	15.43	109.53	324.33
27.96	927.54	301.40	4.13	235.59	59.25
2.30	2.13	7.31	0.90	4.74	13.08
6.73	9.43	8.60	4.13	7.21	29.53
5.76	1.92	13.28	4.08	9.14	30.49
3.92	1.24	7.65	2.69	2.01	64.98
21.07	13.73	35.17	20.79	29.75	65.91
8.39	14.39	21.94	8.40	20.14	30.46
15.52	65.66	132.38	14.27	59.01	52.56
30.34	176.00	820.50	16.44	175.85	23.44
37.16	2.76	63.59	37.88	58.20	193.18
2.25	−0.36	3.81	4.40	3.33	19.75
1.42	0.30	1.88	4.02	1.50	8.07
3.67	1.44	5.93	3.45	4.99	10.63
0.59	0.14	1.05	0.90	0.89	2.95
15.47	12.57	26.99	14.43	24.83	37.19
4.57	18.97	18.44	6.57	16.75	28.16
1.32	2.04	2.34	0.64	2.15	4.35
52.83	−20.37	323.61	54.83	134.56	43.71
81.80	11.73	144.86	87.78	117.14	190.04
23.39	73.89	69.83	9.76	64.03	55.87
13.88	3.17	19.80	12.44	18.08	22.06
9.61	0.99	19.44	6.53	12.08	23.20
6.92	10.39	10.06	6.02	9.24	15.42
36.39	5.61	69.05	37.43	61.55	140.32
88.06	153.84	257.69	22.15	232.35	187.56
35.18	40.24	58.38	13.48	53.25	69.49
7.56	5.67	15.26	9.85	13.82	28.85
41.65	11.40	61.65	40.72	56.57	132.51
25.54	−0.26	37.21	35.71	33.10	102.86
71.57	196.18	248.81	62.72	172.62	195.87
26.98	21.22	41.59	26.84	38.20	64.65
38.06	131.41	85.17	38.57	79.73	67.39
6.87	4.66	10.18	6.92	9.13	24.62
321.62	465.05	553.15	85.54	508.64	211.59
2.00	−1.43	8.61	7.40	7.62	14.12
8.32	3.59	20.02	11.52	16.99	43.24

3—2 续表 4

行业名称	工业增加值率 (%)	总资产贡献率 (%)	资产负债率 (%)
总　　计	34.55	8.17	59.19
煤炭采选业	46.97	4.95	63.52
石油和天然气开采业	74.64	30.61	37.28
黑色金属矿采选业	44.97	4.55	41.63
有色金属矿采选业	37.89	6.16	66.13
非金属矿采选业	40.58	3.89	50.94
木材及竹材采运业	48.94	3.23	66.43
食品加工业	23.03	5.05	75.57
食品制造业	28.07	6.59	63.93
饮料制造业	39.81	12.86	56.35
烟草加工业	64.93	42.33	50.58
纺织业	27.27	4.10	73.14
服装及其他纤维制品制造业	29.40	2.82	69.81
皮革、毛皮、羽绒及其制品业	26.68	3.31	84.99
木材加工及竹、藤、棕、草制品业	30.51	4.02	68.24
家具制造业	32.11	3.37	68.68
造纸及纸制品业	28.84	4.65	64.66
印刷业、记录媒介的复制	37.57	8.07	54.88
文教体育用品制造业	34.17	6.76	55.54
石油加工及炼焦业	18.68	10.10	55.82
化学原料及化学制品制造业	24.73	3.95	62.51
医药制造业	35.75	8.99	56.72
化学纤维制造业	22.24	3.80	61.01
橡胶制品业	27.77	5.46	68.91
塑料制品业	27.02	5.48	60.74
非金属矿物制造业	31.68	3.95	65.41
黑色金属冶炼及压延加工业	28.59	5.81	49.21
有色金属冶炼及压延加工业	28.69	6.00	64.03
金属制品业	27.25	4.43	71.04
普通机械制造业	28.34	3.98	67.72
专用设备制造业	28.00	3.24	68.30
交通运输设备制造业	25.74	7.54	61.57
电气机械及器材制造业	26.83	4.69	64.10
电子及通信设备制造业	22.84	6.49	56.96
仪器仪表及文化办公用机械制造业	33.32	4.30	70.20
电力、蒸汽、热水的生产和供应业	54.27	7.23	60.79
煤气生产和供应业	29.24	1.56	44.33
自来水的生产和供应业	48.15	2.13	40.00

流动资产周转率（次/年）	成本费用利润率（%）	全员劳动生产率（元/人·年）	产品销售率（%）
1.36	**5.75**	**54772**	**98.65**
0.97	2.33	18581	99.51
2.89	61.68	321532	99.69
0.90	3.10	24962	97.22
1.38	5.56	23708	96.10
0.77	1.51	17452	97.20
0.58	1.45	8233	97.94
1.85	1.23	41123	97.80
1.37	3.66	40407	96.35
1.11	9.33	64834	97.96
1.43	19.02	463677	99.39
1.25	0.19	20908	95.41
1.30	—0.25	21524	99.68
1.12	0.43	29207	96.08
1.15	1.44	31740	94.90
0.95	0.59	24814	96.84
1.02	2.99	35235	98.03
1.15	7.88	36435	95.20
0.87	5.28	29540	98.35
3.60	—0.50	176520	99.53
1.39	0.40	38663	98.89
0.99	8.53	58457	95.07
1.31	0.76	43626	98.87
1.05	0.37	36431	98.17
1.17	4.31	42542	97.39
0.93	0.56	23818	96.84
1.47	3.87	62910	99.79
1.29	3.62	47837	98.54
0.93	1.80	31272	96.41
0.76	0.94	27281	97.06
0.78	—0.03	23498	96.66
1.20	4.86	56661	99.05
0.85	2.35	38854	97.10
1.24	4.61	99743	99.40
0.70	2.38	25162	97.87
1.68	6.98	113079	99.53
1.18	—0.64	27797	100.73
0.83	1.24	33270	96.88

3—4 按行业分组的集体工业

行业名称	企业单位数（个）	#亏损企业	工业总产值（1990年不变价格）	工业总产值（当年价格）
总　　计	**31018**	**4971**	**9226.69**	**10052.49**
煤炭采选业	911	101	117.65	158.00
石油和天然气开采业	4	0	1.07	1.18
黑色金属矿采选业	252	24	51.76	61.72
有色金属矿采选业	484	33	140.47	170.98
非金属矿采选业	650	29	122.37	138.18
木材及竹材采运业	5	0	0.37	0.49
食品加工业	1454	145	553.23	654.90
食品制造业	605	75	169.52	190.10
饮料制造业	362	66	112.58	127.18
烟草加工业	33	6	13.72	19.02
纺织业	2361	478	908.40	964.19
服装及其他纤维制品制造业	1114	197	308.09	336.84
皮革、毛皮、羽绒及其制品业	495	60	135.84	149.12
木材加工及竹、藤、棕、草制品业	433	34	92.09	100.44
家具制造业	264	33	54.40	62.17
造纸及纸制品业	1431	227	288.29	330.77
印刷业、记录媒介的复制	440	69	78.48	79.50
文教体育用品制造业	245	33	61.85	67.19
石油加工及炼焦业	246	44	92.28	117.15
化学原料及化学制品制造业	2375	388	595.18	652.92
医药制造业	374	61	187.63	171.45
化学纤维制造业	132	32	127.65	103.15
橡胶制品业	383	82	110.17	120.02
塑料制品业	1233	216	293.44	313.80
非金属矿物制造业	3853	719	782.88	888.00
黑色金属冶炼及压延加工业	831	190	403.20	503.31
有色金属冶炼及压延加工业	667	141	338.04	369.10
金属制品业	2102	293	512.89	557.93
普通机械制造业	1938	264	447.48	489.66
专用设备制造业	1024	179	249.90	277.37
交通运输设备制造业	1152	204	433.14	457.72
电气机械及器材制造业	1567	279	991.84	906.77
电子及通信设备制造业	277	48	131.27	130.40
仪器仪表及文化办公用机械制造业	217	42	58.90	57.53
电力、蒸汽、热水的生产和供应业	207	44	28.75	60.63
煤气生产和供应业	11	3	1.53	1.81
自来水的生产和供应业	132	17	16.50	27.47

企业主要经济指标(2001 年)

计算单位:亿元

#新产品产值	工业销售产值（当年价格）	#出口交货值	工业增加值（当年价格）	资产合计	流动资产	应收账款净额
635.84	**9722.18**	**1063.47**	**2615.54**	**8013.59**	**4280.87**	**1087.52**
0.00	156.39	0.12	60.18	177.34	87.76	26.32
0.00	1.08	0.00	0.47	2.94	1.06	0.52
0.60	59.55	0.00	19.38	38.92	19.76	5.64
0.27	165.78	1.22	49.09	86.08	36.62	6.35
0.57	132.60	6.21	40.90	68.96	35.45	12.92
0.00	0.47	0.00	0.23	0.23	0.07	0.03
2.47	634.16	68.41	161.77	320.40	156.28	29.34
2.11	184.22	8.57	50.94	143.70	66.98	14.25
2.75	124.49	3.88	34.91	104.71	50.84	8.76
0.01	19.31	0.00	8.31	37.55	22.52	3.75
34.84	934.02	149.85	229.67	925.62	506.84	81.56
9.74	322.74	142.01	92.09	225.93	132.23	24.97
2.65	144.56	55.32	37.89	86.38	53.81	12.12
1.51	96.48	7.26	25.61	65.83	35.16	7.11
0.65	60.32	8.48	16.04	39.48	20.75	4.24
2.58	318.09	9.55	90.16	270.19	135.43	44.47
1.82	75.49	0.62	24.76	76.66	41.18	14.45
1.47	65.15	32.53	15.63	39.07	22.70	6.43
0.98	113.64	0.91	30.39	103.03	54.06	10.82
15.94	629.73	51.28	167.12	456.88	257.35	79.42
17.90	162.63	14.81	52.15	163.39	87.10	22.30
3.93	100.09	3.49	18.94	84.36	28.51	4.82
1.95	117.41	6.79	29.69	92.09	52.49	14.34
22.50	303.61	36.66	79.32	256.82	136.44	39.27
21.13	851.55	40.05	258.97	836.60	355.92	102.15
12.88	490.22	10.21	114.22	371.68	197.22	37.11
20.87	356.42	26.30	85.14	278.67	154.78	34.35
16.21	536.37	70.31	138.63	383.74	228.95	63.42
26.62	470.29	40.54	136.11	399.72	242.17	75.59
23.18	265.23	17.25	77.07	213.96	133.01	36.68
15.01	443.22	35.25	110.13	432.99	233.39	65.58
329.04	887.89	75.87	218.37	702.32	430.72	125.27
32.40	126.92	40.83	33.35	122.35	71.12	24.52
3.79	54.61	13.51	15.34	46.83	29.60	8.34
0.00	62.33	0.02	20.32	106.34	39.99	14.33
0.00	1.80	0.00	0.50	1.40	0.53	0.09
0.03	26.54	0.52	11.12	97.39	26.31	3.94

3—4 续表 1

行业名称	产成品	流动资产年平均余额	长期投资	固定资产小计
总 计	**727.20**	**4193.72**	**335.37**	**2955.86**
煤炭采选业	10.70	86.23	4.48	77.37
石油和天然气开采业	0.04	0.98	0.10	1.48
黑色金属矿采选业	2.90	22.57	0.95	16.45
有色金属矿采选业	4.16	35.95	2.52	43.57
非金属矿采选业	4.79	32.89	1.62	23.88
木材及竹材采运业	0.00	0.08	0.01	0.10
食品加工业	30.04	146.47	10.81	126.45
食品制造业	10.40	64.82	5.21	61.58
饮料制造业	8.03	48.94	2.21	44.50
烟草加工业	0.97	22.74	1.26	13.20
纺织业	112.43	490.17	26.27	349.93
服装及其他纤维制品制造业	21.41	136.74	11.33	68.02
皮革、毛皮、羽绒及其制品业	11.61	53.64	2.46	25.20
木材加工及竹、藤、棕、草制品业	4.34	35.80	0.52	27.26
家具制造业	4.24	20.73	1.27	14.84
造纸及纸制品业	21.62	131.72	6.17	117.38
印刷业、记录媒介的复制	4.96	40.48	1.95	30.00
文教体育用品制造业	3.12	24.22	1.88	13.10
石油加工及炼焦业	7.45	54.49	3.79	36.75
化学原料及化学制品制造业	41.65	253.72	14.69	164.39
医药制造业	13.44	80.10	6.71	59.17
化学纤维制造业	4.65	28.85	4.88	47.25
橡胶制品业	10.52	51.42	2.94	32.17
塑料制品业	22.92	139.43	11.49	96.12
非金属矿物制造业	62.24	356.08	22.44	396.15
黑色金属冶炼及压延加工业	35.95	191.41	12.15	148.38
有色金属冶炼及压延加工业	31.54	149.76	10.60	100.98
金属制品业	44.99	226.05	11.53	123.14
普通机械制造业	45.09	228.69	13.62	123.55
专用设备制造业	25.03	128.04	4.37	64.98
交通运输设备制造业	28.07	225.94	49.36	132.76
电气机械及器材制造业	65.76	428.09	55.42	177.62
电子及通信设备制造业	8.02	68.18	9.75	36.07
仪器仪表及文化办公用机械制造业	5.32	30.32	1.75	12.90
电力、蒸汽、热水的生产和供应业	0.46	39.76	8.05	52.56
煤气生产和供应业	0.05	0.58	0.10	0.71
自来水的生产和供应业	0.31	24.00	5.25	53.42

单位:亿元

固定资产原价	#生产经营用	累计折旧	#本年折旧	固定资产净值	固定资产净值年平均余额
3934.08	**3303.02**	**1282.67**	**200.08**	**2651.41**	**2640.90**
97.99	76.39	28.68	4.18	69.32	68.95
1.43	1.06	0.65	0.07	0.78	0.69
22.14	19.11	6.91	1.00	15.23	15.71
56.23	46.14	14.83	2.67	41.40	40.70
32.37	26.72	10.27	1.65	22.10	23.13
0.13	0.09	0.04	0.00	0.10	0.10
161.64	123.42	47.06	6.97	114.58	105.66
78.28	66.14	35.91	3.68	42.37	55.09
57.46	49.47	15.86	2.81	41.60	42.55
20.06	18.54	7.23	0.74	12.83	13.37
454.97	395.85	137.61	21.56	317.36	312.47
89.42	74.49	26.80	3.94	62.62	61.29
33.11	26.41	9.80	1.50	23.30	23.78
33.59	28.48	7.89	1.17	25.70	25.25
18.92	15.65	5.76	0.90	13.16	13.29
157.76	133.22	49.09	7.54	108.67	108.79
43.35	36.07	14.94	2.60	28.41	27.71
17.36	15.46	5.31	0.77	12.06	12.28
48.27	41.02	15.38	2.54	32.88	31.42
221.05	185.96	73.65	12.41	147.40	147.04
70.70	61.27	21.63	3.79	49.07	48.89
63.98	59.56	18.96	4.00	45.02	42.15
43.37	36.98	13.89	2.44	29.48	30.30
131.41	107.14	46.65	6.21	84.77	85.99
539.50	455.17	173.22	25.39	366.28	373.25
185.35	160.47	54.77	10.31	130.58	123.54
140.38	114.50	48.27	7.50	92.12	88.80
170.15	139.66	56.77	8.59	113.38	115.22
173.13	142.28	62.85	10.17	110.27	110.78
91.86	73.15	34.04	4.98	57.82	58.26
167.75	136.46	57.63	9.70	110.12	106.49
234.25	203.12	79.20	14.14	155.06	154.25
46.29	37.73	13.48	2.19	32.81	32.83
17.08	12.94	5.90	0.63	11.18	10.93
82.65	69.67	35.87	4.06	46.78	44.04
0.81	0.76	0.17	0.02	0.64	0.63
73.19	65.14	24.43	4.29	48.77	47.29

3—4 续表 2

行业名称	负债合计	#流动负债小计	长期负债小计	所有者权益合计
总　　计	**5148.24**	**4242.91**	**820.52**	**2865.35**
煤炭采选业	111.97	91.60	19.02	65.37
石油和天然气开采业	1.19	1.13	0.06	1.75
黑色金属矿采选业	25.96	21.88	3.64	12.96
有色金属矿采选业	49.72	35.86	13.62	36.36
非金属矿采选业	31.84	25.55	5.54	37.12
木材及竹材采运业	0.08	0.05	0.02	0.15
食品加工业	195.42	154.26	30.91	124.97
食品制造业	88.16	65.18	22.06	55.54
饮料制造业	71.79	57.52	10.18	32.92
烟草加工业	32.06	30.63	1.40	5.49
纺织业	672.63	557.16	100.94	252.99
服装及其他纤维制品制造业	157.02	139.58	16.01	68.91
皮革、毛皮、羽绒及其制品业	58.22	49.99	7.16	28.16
木材加工及竹、藤、棕、草制品业	41.39	33.19	7.90	24.44
家具制造业	23.18	19.92	3.02	16.29
造纸及纸制品业	166.25	127.02	37.86	103.94
印刷业、记录媒介的复制	42.21	35.92	5.48	34.45
文教体育用品制造业	21.28	18.52	2.67	17.80
石油加工及炼焦业	64.24	54.32	8.64	38.79
化学原料及化学制品制造业	293.05	249.15	40.21	163.82
医药制造业	90.81	78.03	12.22	72.58
化学纤维制造业	53.53	38.88	14.61	30.83
橡胶制品业	60.58	51.27	8.50	31.51
塑料制品业	167.88	135.37	30.58	88.94
非金属矿物制造业	573.64	418.31	140.12	262.96
黑色金属冶炼及压延加工业	239.17	203.43	34.30	132.51
有色金属冶炼及压延加工业	186.46	153.42	32.08	92.21
金属制品业	245.42	215.15	27.93	138.31
普通机械制造业	248.19	214.19	31.10	151.54
专用设备制造业	138.66	122.57	14.43	75.30
交通运输设备制造业	264.73	223.26	39.36	168.26
电气机械及器材制造业	422.80	372.19	43.91	279.53
电子及通信设备制造业	75.37	59.86	14.21	46.97
仪器仪表及文化办公用机械制造业	29.28	25.92	2.53	17.55
电力、蒸汽、热水的生产和供应业	61.20	46.17	13.81	45.15
煤气生产和供应业	0.61	0.54	0.07	0.79
自来水的生产和供应业	45.83	32.49	12.81	51.57

单位:亿元

实收资本				产品销售收入	产品销售成本	产品销售费用
	#国家资本	港澳台资本	外商资本			
1855.45	**44.31**	**37.76**	**32.24**	**9057.18**	**7771.64**	**333.10**
46.96	3.90	0.03	0.11	146.78	116.35	6.95
0.90	0.03	0.00	0.00	1.36	1.19	0.03
11.34	0.28	0.00	0.00	55.70	46.00	2.26
24.71	0.65	0.14	0.13	155.86	124.16	6.67
18.56	0.35	1.62	0.03	121.42	100.00	5.71
0.13	0.06	0.00	0.00	0.40	0.29	0.04
72.53	1.16	0.32	1.55	577.44	513.31	14.10
39.39	0.56	0.45	2.10	169.47	144.66	6.46
23.28	1.48	0.00	1.04	111.81	92.07	5.79
4.75	1.98	0.01	0.00	19.27	13.58	0.57
177.14	2.44	3.92	1.97	877.00	788.64	15.60
49.70	0.41	1.73	1.82	296.44	260.29	8.79
20.39	0.09	0.87	0.53	134.22	118.15	3.86
19.24	1.43	0.33	0.53	83.22	72.08	3.04
12.55	0.32	0.54	0.38	57.09	48.97	2.37
70.75	1.45	1.55	0.35	298.09	256.74	8.86
21.25	1.66	0.95	0.68	70.61	57.74	3.08
10.50	0.36	0.99	0.11	61.58	54.02	1.37
26.13	0.57	0.06	1.21	112.36	98.63	4.02
106.12	2.69	1.03	2.13	603.13	516.20	21.30
39.80	0.40	0.12	0.61	148.78	100.62	23.65
25.23	0.10	0.31	0.78	97.23	89.61	1.02
20.10	0.10	0.07	0.33	103.57	89.33	3.54
61.34	1.91	1.72	1.11	291.82	253.98	8.31
215.14	5.50	0.35	1.75	797.83	677.05	31.95
97.84	1.49	4.30	0.15	473.09	427.98	7.14
56.80	1.30	0.89	1.56	341.40	311.29	6.00
94.77	1.19	2.16	1.67	492.53	425.48	15.90
94.14	2.41	1.21	0.39	429.89	354.29	18.37
49.91	0.92	0.20	0.28	245.39	208.90	8.26
102.84	1.67	0.47	1.46	416.47	358.54	10.17
121.90	0.96	2.69	3.53	812.01	665.58	62.53
26.46	0.63	5.56	0.53	117.26	99.13	4.75
11.84	0.04	0.59	1.76	49.67	42.03	1.56
30.71	1.69	1.97	0.00	62.20	53.33	1.25
0.26	0.01	0.00	0.00	1.80	1.57	0.05
13.60	1.10	0.00	0.00	26.79	18.62	1.13

3—4 续表 3

行业名称	产品销售税金及附加	产品销售利润	管理费用	财务费用
总　计	**75.69**	**876.49**	**397.77**	**152.75**
煤炭采选业	3.20	20.28	9.71	3.18
石油和天然气开采业	0.03	0.12	0.10	0.01
黑色金属矿采选业	0.87	6.56	2.49	0.89
有色金属矿采选业	2.01	23.02	5.22	1.85
非金属矿采选业	1.95	13.74	4.93	1.36
木材及竹材采运业	0.02	0.06	0.01	0.00
食品加工业	3.45	46.59	11.84	8.38
食品制造业	1.01	17.35	5.80	3.37
饮料制造业	4.38	9.57	3.85	2.15
烟草加工业	2.87	2.26	2.07	1.32
纺织业	4.98	67.78	27.70	15.09
服装及其他纤维制品制造业	1.78	25.58	12.88	4.24
皮革、毛皮、羽绒及其制品业	0.99	11.23	4.30	1.82
木材加工及竹、藤、棕、草制品业	0.96	7.15	2.72	1.43
家具制造业	0.57	5.18	2.71	0.74
造纸及纸制品业	2.21	30.27	11.47	6.24
印刷业、记录媒介的复制	0.46	9.33	4.28	1.07
文教体育用品制造业	0.32	5.87	2.87	0.55
石油加工及炼焦业	1.29	8.41	5.20	1.61
化学原料及化学制品制造业	4.58	61.05	29.20	8.87
医药制造业	0.94	23.57	9.23	2.82
化学纤维制造业	0.40	6.19	2.23	1.94
橡胶制品业	0.87	9.84	4.24	2.10
塑料制品业	1.88	27.53	14.55	4.52
非金属矿物制造业	8.49	80.34	33.96	19.16
黑色金属冶炼及压延加工业	3.19	34.79	16.51	6.96
有色金属冶炼及压延加工业	1.74	22.37	10.57	6.38
金属制品业	3.46	47.68	21.91	8.72
普通机械制造业	3.22	53.98	25.27	7.55
专用设备制造业	1.92	26.30	13.44	3.59
交通运输设备制造业	2.96	44.70	25.35	6.38
电气机械及器材制造业	3.88	80.02	43.34	10.37
电子及通信设备制造业	0.70	12.68	8.43	1.96
仪器仪表及文化办公用机械制造业	0.33	5.75	3.72	0.55
电力、蒸汽、热水的生产和供应业	0.63	6.98	3.44	1.44
煤气生产和供应业	0.01	0.17	0.09	0.02
自来水的生产和供应业	0.42	6.62	4.02	1.65

单位:亿元

#利息支出	利润总额	税金总额	亏损企业亏损总额	本年应交增值税	全部从业人员年平均人数（万人）
125.06	**387.01**	**363.51**	**58.86**	**287.82**	**672.10**
2.56	8.11	11.46	1.43	8.26	34.00
0.01	0.03	0.08	0.00	0.05	0.20
0.73	3.36	2.83	0.22	1.96	6.35
1.52	16.18	4.55	0.53	2.53	9.58
0.99	7.42	5.82	0.10	3.86	12.14
0.00	0.05	0.05	0.00	0.03	0.05
6.39	28.68	13.41	1.65	9.96	22.63
2.85	7.89	6.03		0.615.02	11.92
1.82	4.21	8.11	0.87	3.73	6.48
1.32	0.48	4.60	0.09	1.73	1.23
13.57	30.98	28.04	4.36	23.06	69.80
3.61	8.21	9.75	2.23	7.96	32.43
1.42	5.69	4.56	0.43	3.57	11.13
1.20	3.24	3.36	0.60	2.40	7.79
0.61	2.75	1.83	0.19	1.26	4.22
5.40	13.93	12.76	2.10	10.54	25.49
0.86	5.00	3.45	0.47	2.99	5.87
0.38	2.39	2.34	0.22	2.02	7.80
1.42	2.62	6.43	1.12	5.13	6.45
7.22	27.24	25.41	4.05	20.82	34.27
2.17	11.42	8.51	0.74	7.57	7.98
1.74	2.41	2.40	0.80	2.00	3.69
1.57	4.35	3.84	1.14	2.97	8.70
3.85	9.94	10.15	2.30	8.26	19.45
15.55	32.75	39.94	7.75	31.46	85.88
6.08	15.28	15.26	2.84	12.07	26.70
5.45	8.40	11.81	3.41	10.08	14.96
6.86	19.21	18.70	2.89	15.24	36.73
5.49	24.74	19.22	2.10	16.00	36.71
2.92	10.40	10.18	1.97	8.26	20.03
3.84	18.33	17.06	3.68	14.10	28.36
8.87	34.88	30.58	3.05	26.70	31.11
1.58	3.20	3.91	1.75	3.21	11.28
0.49	1.77	2.12	0.24	1.79	4.56
1.24	3.09	4.47	1.42	3.84	3.58
0.02	0.09	0.03	0.00	0.02	0.07
1.36	1.79	1.52	0.33	1.09	1.29

3—4 续表 4

行业名称	工业增加值率 (%)	总资产贡献率 (%)	资产负债率 (%)
总　　计	**26.02**	**10.93**	**64.24**
煤炭采选业	38.09	12.48	63.14
石油和天然气开采业	39.83	4.08	40.48
黑色金属矿采选业	31.40	17.78	66.70
有色金属矿采选业	28.71	25.84	57.76
非金属矿采选业	29.60	20.62	46.17
木材及竹材采运业	46.94	43.48	34.78
食品加工业	24.70	15.13	60.99
食品制造业	26.80	11.67	61.35
饮料制造业	27.45	13.50	68.56
烟草加工业	43.69	17.04	85.38
纺织业	23.82	7.84	72.67
服装及其他纤维制品制造业	27.34	9.54	69.50
皮革、毛皮、羽绒及其制品业	25.41	13.51	67.40
木材加工及竹、藤、棕、草制品业	25.50	11.85	62.87
家具制造业	25.80	13.15	58.71
造纸及纸制品业	27.26	11.87	61.53
印刷业、记录媒介的复制	31.14	12.14	55.06
文教体育用品制造业	23.26	13.08	54.47
石油加工及炼焦业	25.94	10.15	62.35
化学原料及化学制品制造业	25.60	13.10	64.14
医药制造业	30.42	13.53	55.58
化学纤维制造业	18.36	7.76	63.45
橡胶制品业	24.74	10.60	65.78
塑料制品业	25.28	9.32	65.37
非金属矿物制造业	29.16	10.55	68.57
黑色金属冶炼及压延加工业	22.69	9.85	64.35
有色金属冶炼及压延加工业	23.07	9.21	66.91
金属制品业	24.85	11.67	63.95
普通机械制造业	27.80	12.37	62.09
专用设备制造业	27.79	10.98	64.81
交通运输设备制造业	24.06	9.06	61.14
电气机械及器材制造业	24.08	10.58	60.20
电子及通信设备制造业	25.58	7.10	61.60
仪器仪表及文化办公用机械制造业	26.66	9.35	62.52
电力、蒸汽、热水的生产和供应业	33.51	8.28	57.55
煤气生产和供应业	27.62	10.00	43.57
自来水的生产和供应业	40.48	4.78	47.06

流动资产周转率（次/年）	成本费用利润率（%）	全员劳动生产率（元/人·年）	产品销售率（%）
2.16	**4.47**	**38916**	**96.71**
1.70	5.95	17700	98.98
1.39	2.26	23500	91.53
2.47	6.51	30520	96.48
4.34	11.73	51242	96.96
3.69	6.63	33690	95.96
5.00	14.71	46000	95.92
3.94	5.24	71485	96.83
2.61	4.92	42735	96.91
2.28	4.05	53873	97.88
0.85	2.74	67561	101.52
1.79	3.66	32904	96.87
2.17	2.87	28397	95.81
2.50	4.44	34043	96.94
2.32	4.09	32875	96.06
2.75	5.02	38009	97.02
2.26	4.92	35371	96.17
1.74	7.56	42181	94.96
2.54	4.06	20038	96.96
2.06	2.39	47116	97.00
2.38	4.73	48766	96.45
1.86	8.38	65351	94.86
3.37	2.54	51328	97.03
2.01	4.38	34126	97.83
2.09	3.53	40781	96.75
2.24	4.30	30155	95.90
2.47	3.33	42779	97.40
2.28	2.51	56912	96.56
2.18	4.07	37743	96.14
1.88	6.10	37077	96.04
1.92	4.44	38477	95.62
1.84	4.58	38833	96.83
1.90	4.46	70193	97.92
1.72	2.80	29566	97.33
1.64	3.70	33640	94.92
1.56	5.20	56760	102.80
3.10	5.20	71429	99.45
1.12	7.04	86202	96.61

3—5 按行业分组的外商投资和港澳台

行业名称	企业单位数（个）	#亏损企业	工业总产值（1990年不变价格）	工业总产值（当年价格）
总　　计	**31423**	**8669**	**28663.52**	**27220.91**
煤炭采选业	16	0	5.45	14.57
石油和天然气开采业	3	0	39.28	209.67
黑色金属矿采选业	9	2	1.42	1.66
有色金属矿采选业	17	5	4.35	4.75
非金属矿采选业	73	22	14.68	15.94
木材及竹材采运业	0	0	0.00	0.00
食品加工业	1244	384	871.52	976.72
食品制造业	922	311	583.20	655.73
饮料制造业	441	168	481.68	545.80
烟草加工业	6	1	9.07	11.70
纺织业	2301	624	1129.72	1230.82
服装及其他纤维制品制造业	3348	851	1089.41	1194.50
皮革、毛皮、羽绒及其制品业	1406	341	758.67	856.85
木材加工及竹、藤、棕、草制品业	591	186	199.55	213.19
家具制造业	480	150	181.06	198.80
造纸及纸制品业	740	230	502.56	569.42
印刷业、记录媒介的复制	509	140	242.20	243.23
文教体育用品制造业	919	239	374.28	408.17
石油加工及炼焦业	106	33	220.58	418.47
化学原料及化学制品制造业	1694	441	1404.38	1372.47
医药制造业	568	136	486.28	453.25
化学纤维制造业	205	72	274.40	226.28
橡胶制品业	357	105	342.08	310.89
塑料制品业	2092	614	911.09	934.59
非金属矿物制造业	1553	476	708.20	768.11
黑色金属冶炼及压延加工业	215	66	347.81	464.15
有色金属冶炼及压延加工业	300	118	271.10	286.13
金属制品业	1902	525	982.28	1017.45
普通机械制造业	1191	280	777.18	771.91
专用设备制造业	759	170	400.73	416.98
交通运输设备制造业	998	260	2192.21	2001.84
电气机械及器材制造业	1872	491	2124.15	1830.64
电子及通信设备制造业	2311	684	9330.23	6631.27
仪器仪表及文化办公用机械制造业	570	142	626.97	546.51
电力、蒸汽、热水的生产和供应业	286	81	297.29	900.10
煤气生产和供应业	40	21	40.39	43.47
自来水的生产和供应业	15	3	5.12	7.32

投资工业企业主要经济指标(2001 年)

计算单位:亿元

#新产品产值	工业销售产值（当年价格）	#出口交货值	工业增加值（当年价格）	资产合计	流动资产	应收账款净额
3709.23	**26577.14**	**10312.71**	**7128.11**	**28354.46**	**14029.75**	**4351.93**
0.29	15.74	0.45	4.42	24.16	11.36	2.43
0.00	208.85	72.29	104.00	101.64	21.54	1.01
0.00	1.55	0.00	0.51	1.36	0.77	0.08
0.00	4.73	0.69	2.33	5.21	3.61	1.18
0.09	15.32	5.04	4.43	18.56	7.84	1.99
0.00	0.00	0.00	0.00	0.00	0.00	0.00
14.01	940.09	228.53	217.07	732.66	376.32	68.67
14.39	636.51	76.47	188.16	692.57	319.46	76.67
25.35	533.59	22.36	181.02	777.18	302.26	52.86
0.00	11.84	0.53	6.42	17.71	9.85	2.55
33.34	1174.65	622.43	308.21	1343.18	659.77	161.66
17.22	1160.48	792.06	319.45	836.96	518.06	132.97
9.88	835.58	640.98	209.91	530.67	338.18	105.42
5.92	208.86	63.43	52.23	273.74	125.04	23.27
2.86	193.91	126.02	53.98	191.23	111.19	29.76
23.22	565.57	91.13	147.51	961.65	361.01	106.12
12.22	235.74	55.41	80.37	387.87	173.31	52.06
10.13	398.23	313.84	111.22	338.10	205.65	70.47
0.96	416.05	42.87	94.19	407.86	114.92	19.25
80.04	1311.28	258.41	375.60	1551.51	737.34	215.20
79.81	424.94	38.24	172.10	580.27	318.92	97.73
9.66	209.90	29.62	58.69	332.78	101.69	18.31
55.72	303.02	120.62	91.93	439.33	200.01	65.81
26.78	897.69	389.92	248.12	1045.05	522.28	169.73
20.70	738.27	221.71	234.73	1292.47	496.08	144.44
45.23	460.75	32.92	96.37	505.06	205.32	42.87
9.72	277.01	52.32	53.78	308.04	147.04	37.27
29.51	997.71	450.25	251.23	1116.39	593.17	178.48
95.66	757.84	234.58	232.44	1033.50	577.99	188.74
59.31	402.81	119.33	110.88	459.79	292.32	80.87
772.96	1982.13	260.02	536.19	2138.49	1124.01	289.81
283.16	1777.74	746.78	457.28	1759.77	995.70	315.34
1899.65	6540.27	3445.98	1403.08	4800.35	3094.54	1308.26
40.48	546.06	401.23	119.80	374.31	254.87	90.95
1.36	894.77	54.15	458.82	2529.80	467.92	133.69
0.17	44.50	0.04	5.29	40.66	15.03	2.97
0.27	6.12	0.00	3.30	42.10	8.68	2.60

3—5 续表 1

行业名称	产成品	流动资产年平均余额	长期投资	固定资产小计
总　　计	**1538.02**	**13750.96**	**457.96**	**11914.20**
煤炭采选业	0.74	10.78	0.67	10.72
石油和天然气开采业	1.05	20.56	0.00	60.82
黑色金属矿采选业	0.03	0.73	0.00	0.42
有色金属矿采选业	0.19	3.46	0.25	1.00
非金属矿采选业	1.20	7.73	0.62	7.67
木材及竹材采运业	0.00	0.00	0.00	0.00
食品加工业	62.30	365.06	15.25	291.37
食品制造业	36.35	320.19	11.27	308.98
饮料制造业	27.71	314.04	11.20	401.27
烟草加工业	0.90	9.63	0.00	7.36
纺织业	123.73	661.10	27.81	568.40
服装及其他纤维制品制造业	71.83	508.00	12.69	249.17
皮革、毛皮、羽绒及其制品业	41.34	329.17	4.24	157.52
木材加工及竹、藤、棕、草制品业	21.98	122.85	3.50	128.26
家具制造业	13.75	102.38	1.78	63.34
造纸及纸制品业	42.21	384.51	9.38	538.12
印刷业、记录媒介的复制	13.11	174.12	4.11	192.93
文教体育用品制造业	23.76	203.62	5.07	107.32
石油加工及炼焦业	11.57	133.51	27.75	240.98
化学原料及化学制品制造业	95.42	735.88	17.75	655.94
医药制造业	42.80	303.96	13.46	192.22
化学纤维制造业	20.49	99.51	8.58	197.64
橡胶制品业	34.74	195.73	9.33	196.88
塑料制品业	60.94	518.74	21.20	436.11
非金属矿物制造业	87.20	481.64	19.82	666.75
黑色金属冶炼及压延加工业	30.35	201.80	4.73	269.89
有色金属冶炼及压延加工业	18.02	138.24	3.89	134.18
金属制品业	78.64	576.77	7.42	438.12
普通机械制造业	60.00	559.42	23.62	357.08
专用设备制造业	35.01	277.31	8.73	126.65
交通运输设备制造业	96.16	1055.83	29.59	801.95
电气机械及器材制造业	132.24	1000.07	46.04	590.35
电子及通信设备制造业	204.75	2993.03	73.66	1405.77
仪器仪表及文化办公用机械制造业	19.91	245.54	3.51	95.27
电力、蒸汽、热水的生产和供应业	0.53	454.56	24.90	1862.24
煤气生产和供应业	0.27	19.91	0.84	20.39
自来水的生产和供应业	0.01	7.90	0.00	14.01

单位:亿元

固定资产原价	#生产经营用	累计折旧	#本年折旧	固定资产净值	固定资产净值年平均余额
16700.30	**14640.77**	**5417.91**	**1058.69**	**11282.38**	**11111.58**
13.22	11.86	2.56	0.63	10.66	10.22
60.88	60.88	0.06	0.00	60.82	57.59
0.57	0.47	0.27	0.03	0.31	0.33
1.43	1.31	0.58	0.07	0.85	0.83
10.29	8.51	3.19	0.56	7.10	7.11
0.00	0.00	0.00	0.00	0.00	0.00
408.63	342.91	129.05	25.50	279.58	276.46
437.08	345.05	141.91	26.67	295.17	293.12
547.32	444.64	173.79	35.77	373.53	376.81
13.10	12.46	5.80	0.85	7.30	7.68
839.26	736.30	293.79	48.05	545.46	540.59
375.40	310.36	136.27	24.15	239.13	238.53
233.21	199.66	81.02	13.89	152.20	146.80
163.17	133.32	42.65	8.42	120.52	120.95
85.49	71.99	25.68	5.81	59.81	56.17
636.28	597.76	126.39	34.81	509.89	486.87
258.74	232.69	98.50	18.66	160.24	133.34
156.86	134.12	52.63	10.85	104.23	100.21
332.24	297.69	137.15	18.25	195.08	187.69
901.89	802.20	270.22	58.13	631.67	622.44
249.17	206.56	71.69	13.75	177.48	174.00
264.49	238.01	73.46	13.88	191.04	178.68
262.64	245.99	77.43	16.19	185.22	199.81
622.46	530.51	207.87	41.91	414.59	419.23
877.26	752.26	270.12	51.81	607.15	599.57
342.75	321.22	90.14	14.97	252.62	252.20
175.15	154.67	47.79	9.16	127.36	124.14
609.13	517.45	187.12	35.46	422.01	417.99
504.98	442.51	165.24	32.91	339.75	334.92
187.39	154.48	68.39	11.94	119.00	118.25
1104.57	993.64	340.69	73.29	763.88	752.94
863.29	760.60	297.36	55.92	565.93	556.64
1993.33	1754.86	662.04	158.77	1331.29	1286.50
153.92	135.84	61.49	10.35	92.43	90.74
2814.89	2518.54	1017.58	174.68	1797.31	1798.61
22.65	19.28	4.84	1.87	17.81	24.11
17.17	15.06	3.21	0.83	13.95	11.80

3—5 续表 2

行业名称	负债合计	# 流动负债小计	长期负债小计	所有者权益合计
总　计	**15558.91**	**12466.43**	**2935.75**	**12794.29**
煤炭采选业	12.17	10.77	1.40	11.99
石油和天然气开采业	5.17	5.16	0.01	96.47
黑色金属矿采选业	0.55	0.49	0.00	0.81
有色金属矿采选业	3.68	3.15	0.50	1.52
非金属矿采选业	9.47	7.16	2.29	9.10
木材及竹材采运业	0.00	0.00	0.00	0.00
食品加工业	458.50	404.32	48.12	274.15
食品制造业	381.93	318.37	53.99	310.64
饮料制造业	406.81	331.36	72.55	370.37
烟草加工业	5.18	4.74	0.44	12.53
纺织业	753.89	636.89	107.20	589.29
服装及其他纤维制品制造业	456.31	419.88	26.65	380.65
皮革、毛皮、羽绒及其制品业	334.04	312.60	16.63	196.63
木材加工及竹、藤、棕、草制品业	163.23	125.49	36.11	110.51
家具制造业	108.65	96.21	6.32	82.58
造纸及纸制品业	595.43	385.10	208.97	366.22
印刷业、记录媒介的复制	204.29	184.04	19.32	183.58
文教体育用品制造业	172.85	157.43	8.23	165.25
石油加工及炼焦业	206.43	149.08	57.01	201.42
化学原料及化学制品制造业	799.27	633.72	154.10	752.24
医药制造业	305.62	257.54	46.22	274.65
化学纤维制造业	185.22	122.10	59.86	147.56
橡胶制品业	269.08	211.69	56.94	170.25
塑料制品业	535.85	446.33	73.63	509.21
非金属矿物制造业	699.06	484.40	202.65	593.40
黑色金属冶炼及压延加工业	298.42	229.79	68.48	206.64
有色金属冶炼及压延加工业	190.11	149.72	39.34	117.93
金属制品业	623.05	542.16	74.45	493.34
普通机械制造业	489.96	430.88	56.38	543.54
专用设备制造业	239.50	215.91	21.47	220.29
交通运输设备制造业	1061.53	871.11	184.69	1075.70
电气机械及器材制造业	947.88	864.00	73.67	811.88
电子及通信设备制造业	2837.46	2573.35	249.52	1962.89
仪器仪表及文化办公用机械制造业	186.39	171.89	13.75	187.93
电力、蒸汽、热水的生产和供应业	1390.37	516.20	869.40	1139.44
煤气生产和供应业	22.52	17.50	5.00	18.15
自来水的生产和供应业	23.35	9.80	13.54	18.76

单位:亿元

实收资本	#国家资本	港澳台资本	外商资本	产品销售收入	产品销售成本	产品销售费用
10256.78	**1011.43**	**2961.45**	**4194.98**	**26022.08**	**21677.74**	**1235.54**
6.53	2.52	0.73	2.37	16.71	6.72	8.06
62.57	0.00	62.57	0.00	104.51	48.25	0.11
0.75	0.25	0.38	0.03	1.64	1.34	0.07
1.46	0.07	0.40	0.44	4.76	3.84	0.18
8.86	1.16	3.58	2.67	14.97	10.96	2.10
0.00	0.00	0.00	0.00	0.00	0.00	0.00
265.75	28.36	73.42	115.80	940.49	846.20	34.06
336.68	16.72	87.61	191.45	635.48	467.36	89.93
368.16	46.23	100.06	163.12	527.79	340.39	99.65
10.21	1.90	1.14	2.15	12.19	7.55	0.25
539.04	38.04	235.68	156.92	1135.40	1018.76	25.42
301.40	15.55	125.30	102.13	1129.98	975.63	41.54
171.05	3.96	84.68	52.09	777.08	704.35	18.10
106.87	8.81	38.00	38.91	200.28	175.34	8.74
65.07	1.25	27.76	20.85	190.82	162.45	8.98
320.27	27.02	92.13	160.97	555.87	458.36	28.68
140.04	13.57	61.89	29.86	234.77	187.69	6.60
130.66	3.81	75.34	35.05	388.63	339.98	9.99
120.87	44.76	31.22	24.51	417.95	374.83	11.13
623.28	51.32	108.29	349.61	1308.95	983.83	141.45
198.16	20.80	37.20	86.19	422.55	239.88	97.02
137.11	16.14	57.39	43.75	201.20	176.34	4.05
160.07	20.23	40.53	78.81	291.83	235.64	15.97
437.25	18.42	201.71	132.56	897.57	767.00	29.82
563.66	43.18	174.39	224.17	709.39	578.11	36.76
172.45	26.82	43.15	44.57	444.67	400.57	7.56
124.15	20.69	36.94	38.91	267.05	242.81	5.09
451.77	20.25	179.02	156.41	971.16	824.02	45.86
446.06	42.44	62.04	248.20	727.56	577.36	34.05
177.23	17.99	32.98	91.08	407.25	322.42	21.20
736.43	117.40	104.98	292.14	1961.61	1515.80	54.98
666.41	44.12	161.94	319.03	1723.44	1409.72	100.63
1269.84	78.34	313.33	662.64	6565.10	5831.10	203.86
138.87	11.78	38.06	75.13	556.54	479.44	19.92
815.90	196.62	181.65	191.42	788.09	545.39	3.63
23.89	2.45	5.11	13.33	47.93	45.56	1.08
14.46	4.82	4.94	4.10	7.64	3.84	0.05

3—5 续表 3

行业名称	产品销售税金及附加	产品销售利润	管理费用	财务费用
总　计	**134.78**	**2970.08**	**1363.42**	**378.40**
煤炭采选业	0.13	1.80	0.79	0.40
石油和天然气开采业	5.88	50.28	2.66	1.42
黑色金属矿采选业	0.01	0.21	0.08	0.01
有色金属矿采选业	0.01	0.73	0.21	0.13
非金属矿采选业	0.14	1.77	1.16	0.27
木材及竹材采运业	0.00	0.00	0.00	0.00
食品加工业	0.98	59.19	32.56	12.45
食品制造业	1.51	76.48	39.57	7.48
饮料制造业	21.13	66.80	38.81	6.83
烟草加工业	1.63	2.76	1.14	0.07
纺织业	2.22	88.95	48.29	19.11
服装及其他纤维制品制造业	2.40	110.40	60.25	9.91
皮革、毛皮、羽绒及其制品业	1.37	52.30	30.74	6.75
木材加工及竹、藤、棕、草制品业	0.68	15.52	10.01	4.95
家具制造业	0.48	18.91	9.62	2.14
造纸及纸制品业	0.61	68.18	29.64	19.26
印刷业、记录媒介的复制	0.20	40.28	14.68	3.55
文教体育用品制造业	0.49	38.10	22.93	2.86
石油加工及炼焦业	9.59	22.40	15.20	6.65
化学原料及化学制品制造业	9.09	174.47	92.55	21.02
医药制造业	1.25	84.40	41.38	8.16
化学纤维制造业	0.20	20.62	7.69	5.56
橡胶制品业	5.35	34.86	17.37	8.69
塑料制品业	2.19	98.52	45.83	12.49
非金属矿物制造业	2.15	92.11	48.04	17.82
黑色金属冶炼及压延加工业	0.26	36.27	13.76	8.48
有色金属冶炼及压延加工业	0.26	18.90	10.02	6.12
金属制品业	2.49	98.77	50.71	14.94
普通机械制造业	0.91	115.13	61.60	10.11
专用设备制造业	0.96	62.67	31.25	3.42
交通运输设备制造业	51.07	339.50	149.54	23.80
电气机械及器材制造业	2.81	210.29	103.25	23.64
电子及通信设备制造业	3.65	525.35	230.83	36.31
仪器仪表及文化办公用机械制造业	0.54	56.65	29.80	1.30
电力、蒸汽、热水的生产和供应业	0.70	237.57	47.11	67.68
煤气生产和供应业	0.06	1.23	1.43	0.43
自来水的生产和供应业	0.00	3.75	1.42	0.80

单位:亿元

#利息支出	利润总额	税金总额	亏损企业亏损总额	本年应交增值税	全部从业人员年平均人数(万人)
331.96	**1442.95**	**1011.15**	**358.06**	**876.37**	**938.98**
0.28	0.65	1.15	0.00	1.02	0.35
0.76	45.89	11.99	0.00	6.11	0.15
0.01	0.10	0.09	0.00	0.07	0.07
0.08	0.41	0.14	0.06	0.13	0.17
0.15	0.38	0.66	0.38	0.51	0.95
0.00	0.00	0.00	0.00	0.00	0.00
11.63	19.75	16.30	14.87	15.32	29.83
5.26	33.48	37.26	17.24	35.74	22.09
6.16	25.58	57.79	17.09	36.66	16.26
0.07	1.59	2.85	0.25	1.22	0.28
16.61	33.29	30.05	17.33	27.83	68.82
6.36	43.70	30.36	9.09	27.97	111.29
5.01	15.67	18.57	7.09	17.21	77.91
4.25	3.25	7.41	5.11	6.73	11.73
1.49	7.59	5.52	2.44	5.04	12.22
19.30	24.29	23.83	8.60	23.22	17.62
3.24	24.27	11.99	2.80	11.79	10.35
1.78	13.52	6.91	4.63	6.41	41.30
6.12	1.34	27.60	6.60	18.01	1.67
18.72	63.72	71.68	34.95	62.59	25.77
5.98	38.79	35.77	7.97	34.53	12.40
5.74	8.18	7.72	5.96	7.53	5.88
7.73	12.67	16.91	5.01	11.55	15.51
8.81	44.76	27.12	11.21	24.92	44.39
16.68	30.05	31.71	17.99	29.55	38.28
7.47	14.75	15.40	3.55	15.14	8.33
5.36	3.98	5.86	5.34	5.60	6.06
11.66	41.61	28.75	12.66	26.25	40.94
9.47	48.58	29.59	11.01	28.68	28.29
3.53	33.66	15.19	4.83	14.23	13.99
20.72	186.85	143.87	20.09	92.80	33.35
17.74	105.48	56.41	20.95	53.61	63.12
31.99	328.29	132.57	59.07	128.92	112.12
0.93	30.75	10.61	2.73	10.07	16.67
67.26	132.57	77.23	16.77	76.53	10.64
0.32	0.80	0.56	0.75	0.50	0.44
0.68	1.94	0.43	0.05	0.43	0.24

3—5 续表 4

行业名称	工业增加值率(%)	总资产贡献率(%)	资产负债率(%)
总　　计	**26.19**	**9.83**	**54.87**
煤炭采选业	30.34	8.61	50.37
石油和天然气开采业	49.60	57.69	5.09
黑色金属矿采选业	30.72	13.97	40.44
有色金属矿采选业	49.05	12.09	70.63
非金属矿采选业	27.79	6.36	51.02
木材及竹材采运业	0.00	0.00	0.00
食品加工业	22.22	6.51	62.58
食品制造业	28.69	10.97	55.15
饮料制造业	33.17	11.52	52.34
烟草加工业	54.87	25.47	29.25
纺织业	25.04	5.95	56.13
服装及其他纤维制品制造业	26.74	9.61	54.52
皮革、毛皮、羽绒及其制品业	24.50	7.40	62.95
木材加工及竹、藤、棕、草制品业	24.50	5.45	59.63
家具制造业	27.15	7.63	56.82
造纸及纸制品业	25.91	7.01	61.92
印刷业、记录媒介的复制	33.04	10.18	52.67
文教体育用品制造业	27.25	6.57	51.12
石油加工及炼焦业	22.51	8.60	50.61
化学原料及化学制品制造业	27.37	9.93	51.52
医药制造业	37.97	13.88	52.67
化学纤维制造业	25.94	6.51	55.66
橡胶制品业	29.57	8.49	61.25
塑料制品业	26.55	7.72	51.28
非金属矿物制造业	30.56	6.07	54.09
黑色金属冶炼及压延加工业	20.76	7.45	59.09
有色金属冶炼及压延加工业	18.80	4.93	61.72
金属制品业	24.69	7.35	55.81
普通机械制造业	30.11	8.48	47.41
专用设备制造业	26.59	11.39	52.09
交通运输设备制造业	26.78	16.43	49.64
电气机械及器材制造业	24.98	10.21	53.86
电子及通信设备制造业	21.16	10.27	59.11
仪器仪表及文化办公用机械制造业	21.92	11.30	49.80
电力、蒸汽、热水的生产和供应业	50.97	10.95	54.96
煤气生产和供应业	12.17	4.13	55.39
自来水的生产和供应业	45.08	7.24	55.46

流动资产周转率（次/年）	成本费用利润率（%）	全员劳动生产率（元/人·年）	产品销售率（%）
1.89	**5.85**	**75913**	**97.64**
1.55	4.07	126286	108.03
5.08	87.51	6933333	99.61
2.25	6.67	72857	93.37
1.38	9.40	137059	99.58
1.94	2.62	46632	96.11
0.00	0.00	0	0.00
2.58	2.13	72769	96.25
1.98	5.54	85179	97.07
1.68	5.27	111328	97.76
1.27	17.65	229286	101.20
1.72	2.99	44785	95.44
2.22	4.02	28704	97.15
2.36	2.06	26943	97.52
1.63	1.63	44527	97.97
1.86	4.14	44173	97.54
1.45	4.53	83717	99.32
1.35	11.42	77652	96.92
1.91	3.60	26930	97.56
3.13	0.33	564012	99.42
1.78	5.14	145751	95.54
1.39	10.04	138790	93.75
2.02	4.22	99813	92.76
1.49	4.56	59271	97.47
1.73	5.23	55895	96.05
1.47	4.41	61319	96.12
2.20	3.43	115690	99.27
1.93	1.51	88746	96.81
1.68	4.45	61365	98.06
1.30	7.11	82163	98.18
1.47	8.90	79257	96.60
1.86	10.71	160777	99.02
1.72	6.44	72446	97.11
2.19	5.21	125141	98.63
2.27	5.80	71866	99.92
1.73	19.97	431222	99.41
2.41	1.65	120227	102.37
0.97	31.75	137500	83.61

3—6 按行业分组的大中型

行业名称	企业单位数（个）	#亏损企业	工业总产值（1990年不变价格）	工业总产值（当年价格）
总　　计	**22987**	**6717**	**52002.08**	**57358.40**
煤炭采选业	276	77	560.89	1152.99
石油和天然气开采业	39	1	688.17	2717.77
黑色金属矿采选业	42	11	38.72	61.96
有色金属矿采选业	164	50	128.13	158.71
非金属矿采选业	175	39	108.03	116.49
木材及竹材采运业	94	35	71.59	88.70
食品加工业	1136	363	1407.10	1703.30
食品制造业	560	184	736.96	812.25
饮料制造业	770	233	993.14	1292.59
烟草加工业	143	43	873.94	1572.21
纺织业	1851	575	2464.13	2579.62
服装及其他纤维制品制造业	460	105	599.38	656.24
皮革、毛皮、羽绒及其制品业	226	58	346.72	408.51
木材加工及竹、藤、棕、草制品业	169	64	195.55	201.44
家具制造业	86	19	70.20	72.14
造纸及纸制品业	630	194	784.36	885.08
印刷业、记录媒介的复制	439	107	315.58	311.06
文教体育用品制造业	136	33	157.19	169.05
石油加工及炼焦业	133	54	1644.67	3984.19
化学原料及化学制品制造业	1831	485	3703.25	3773.49
医药制造业	833	166	1838.32	1300.66
化学纤维制造业	237	89	970.35	768.52
橡胶制品业	264	89	596.13	531.49
塑料制品业	658	200	724.95	691.57
非金属矿物制造业	1772	558	1375.57	1558.40
黑色金属冶炼及压延加工业	383	100	3206.28	4501.74
有色金属冶炼及压延加工业	398	108	1259.72	1462.41
金属制品业	684	214	791.76	813.77
普通机械制造业	1472	510	1795.92	1780.45
专用设备制造业	1093	396	1211.29	1236.25
交通运输设备制造业	1370	410	5285.13	4982.51
电气机械及器材制造业	1213	323	3733.17	3088.08
电子及通信设备制造业	1114	303	10676.48	6722.51
仪器仪表及文化办公用机械制造业	362	112	617.66	506.64
电力、蒸汽、热水的生产和供应业	1124	173	1457.71	3906.31
煤气生产和供应业	102	57	77.48	124.24
自来水的生产和供应业	229	72	57.64	213.33

工业企业主要经济指标(2001 年)

计算单位:亿元

#新产品产值	工业销售产值(当年价格)	#出口交货值	工业增加值(当年价格)	资产合计	流动资产	应收账款净额
8046.08	**56469.72**	**8398.94**	**18133.44**	**97372.22**	**39102.67**	**9499.85**
6.43	1145.34	113.01	548.80	3587.78	1258.77	381.93
9.08	2708.41	145.93	1990.77	4060.70	835.35	87.60
0.00	60.53	0.16	27.30	219.09	64.54	21.30
0.35	151.79	14.42	60.39	331.23	110.98	19.25
1.38	113.07	11.35	46.18	487.71	154.57	54.54
0.00	86.55	0.78	46.31	320.28	134.65	20.70
24.59	1659.18	187.82	382.85	1602.56	736.72	121.47
33.76	790.75	59.69	228.04	992.55	425.95	96.72
90.60	1271.70	30.12	484.10	2136.72	978.79	154.54
56.64	1561.86	12.55	1040.06	2259.93	1313.31	184.02
218.49	2485.65	824.58	657.31	3534.35	1580.00	279.64
28.25	640.58	321.74	178.97	687.56	388.18	79.06
17.12	399.78	271.59	104.90	351.15	214.20	61.35
10.40	196.25	26.99	52.02	326.32	116.89	23.41
3.28	71.21	32.57	22.77	117.00	59.13	15.12
55.43	873.37	50.70	242.04	1880.16	664.06	171.03
32.18	296.73	14.25	118.96	537.56	232.61	57.20
11.76	166.09	104.12	43.40	170.16	91.54	26.85
87.85	3968.81	158.66	747.60	3317.95	978.13	148.28
220.46	3701.29	325.41	949.93	6596.67	2387.83	530.17
237.95	1246.38	123.25	468.29	2299.38	1207.07	337.77
95.33	743.58	40.63	167.66	1302.49	413.92	60.40
77.45	516.86	116.20	150.89	793.59	371.14	115.07
93.56	664.59	151.22	183.95	969.88	445.19	114.34
96.59	1510.94	186.50	481.84	3465.47	1353.58	363.68
312.57	4480.09	191.78	1246.62	8781.46	2894.54	505.84
87.34	1434.32	174.85	396.18	2425.72	1006.70	174.59
50.64	795.37	232.88	206.71	1091.61	559.84	155.51
399.04	1732.83	268.49	504.32	3357.88	1890.09	585.89
280.32	1196.24	123.51	321.84	2107.34	1187.80	309.15
1648.98	4928.84	435.44	1258.12	7416.46	3939.93	833.80
952.94	3009.63	555.08	786.75	3682.56	2112.72	833.80
2615.36	6695.23	2632.16	1473.63	6613.48	4109.34	631.60
79.56	503.28	292.93	116.47	659.81	386.27	116.52
11.34	3888.09	54.40	2155.68	16391.02	3694.28	1080.20
0.17	126.86	0.23	31.14	489.48	153.32	31.08
0.27	208.48	0.52	104.96	1104.59	254.67	44.94

3—6 续表 1

行业名称	产成品	流动资产年平均余额	长期投资	固定资产小计
总　　计	**3941.90**	**38325.79**	**5596.42**	**47837.06**
煤炭采选业	65.90	1207.17	92.04	2023.31
石油和天然气开采业	42.97	862.44	29.31	3153.59
黑色金属矿采选业	5.03	66.32	73.59	78.20
有色金属矿采选业	13.76	101.19	17.39	178.39
非金属矿采选业	20.56	152.47	28.29	272.16
木材及竹材采运业	11.76	131.95	10.17	163.99
食品加工业	126.53	714.26	70.85	682.77
食品制造业	50.50	431.40	60.82	435.86
饮料制造业	99.60	952.00	115.26	889.45
烟草加工业	32.26	1113.75	268.46	655.10
纺织业	329.29	1560.50	179.10	1545.55
服装及其他纤维制品制造业	68.39	377.81	45.43	213.16
皮革、毛皮、羽绒及其制品业	42.47	201.97	9.45	104.73
木材加工及竹、藤、棕、草制品业	21.19	117.51	12.01	179.90
家具制造业	8.35	54.82	7.04	43.00
造纸及纸制品业	92.52	675.23	83.42	1026.40
印刷业、记录媒介的复制	19.29	231.26	37.63	246.19
文教体育用品制造业	11.44	96.13	15.57	53.70
石油加工及炼焦业	109.85	1083.27	107.40	2136.15
化学原料及化学制品制造业	259.95	2391.47	284.37	3525.39
医药制造业	131.94	1164.48	218.01	728.87
化学纤维制造业	52.53	417.90	61.26	739.17
橡胶制品业	72.14	362.00	32.60	338.78
塑料制品业	55.94	442.15	45.87	424.70
非金属矿物制造业	186.80	1318.73	176.21	1703.73
黑色金属冶炼及压延加工业	222.32	2891.97	863.40	4565.91
有色金属冶炼及压延加工业	110.32	990.69	98.25	1209.82
金属制品业	91.98	553.51	35.21	422.98
普通机械制造业	255.06	1845.44	167.29	1091.99
专用设备制造业	186.30	1159.19	118.29	693.71
交通运输设备制造业	364.88	3808.33	555.70	2511.06
电气机械及器材制造业	332.37	2103.59	257.72	1059.40
电子及通信设备制造业	340.86	3909.47	444.31	1765.56
仪器仪表及文化办公用机械制造业	43.27	382.67	42.95	197.69
电力、蒸汽、热水的生产和供应业	8.99	3678.28	801.29	11306.49
煤气生产和供应业	3.66	147.06	24.59	300.35
自来水的生产和供应业	1.63	247.89	45.83	773.16

单位：亿元

固定资产原价	#生产经营用	累计折旧	#本年折旧	固定资产净值	固定资产净值年平均余额
66145.71	**57291.04**	**23743.28**	**3464.53**	**42402.44**	**41393.89**
2844.59	2183.26	994.42	114.66	1850.17	1728.33
5792.23	5555.43	2820.34	454.79	2971.89	2877.86
107.19	73.67	43.70	4.12	63.49	64.84
245.68	192.81	90.62	10.70	155.06	154.16
335.63	212.61	86.60	10.57	249.04	251.17
205.22	111.88	57.15	7.87	148.07	153.39
905.17	765.98	280.16	45.52	625.00	619.72
571.87	459.32	184.07	30.12	387.80	376.33
1146.63	952.28	356.04	62.98	790.59	779.85
890.36	746.47	337.11	57.74	553.25	561.64
2192.25	1848.17	773.30	102.75	1418.96	1385.97
282.90	230.11	93.35	15.61	189.55	181.43
151.40	126.89	52.57	7.46	98.83	95.08
221.98	169.88	53.48	8.48	168.50	161.42
57.39	48.80	18.04	3.30	39.35	38.48
1164.16	1024.00	252.81	51.55	911.35	860.45
359.25	307.95	138.23	23.17	221.02	221.89
76.16	67.23	26.76	4.49	49.40	47.10
3233.35	2914.22	1299.16	173.55	1934.20	1909.20
4787.58	4249.82	1712.95	231.23	3074.63	3024.97
870.87	759.94	269.24	46.64	601.62	588.01
992.11	898.75	334.51	45.24	657.60	640.17
440.81	395.63	141.71	21.93	299.11	315.42
566.70	475.42	182.11	29.20	384.60	383.19
2243.15	1869.30	743.23	104.34	1499.92	1511.08
6462.47	5405.26	2550.02	306.61	3912.45	3666.03
1588.45	1253.59	563.91	70.74	1024.54	1005.27
574.71	484.07	187.66	25.12	387.06	384.72
1563.07	1271.13	600.03	71.10	963.05	957.73
1021.93	795.53	405.11	37.65	616.82	616.00
3298.99	2754.78	1200.37	175.02	2098.61	2108.94
1500.64	1307.52	553.78	81.21	946.86	940.82
2446.61	2091.25	836.10	175.42	1610.51	1537.47
290.87	243.89	112.73	13.26	178.14	177.81
14851.10	13450.55	4830.14	761.59	10020.95	9825.05
354.71	318.61	99.08	17.69	255.62	238.00
996.21	874.34	296.25	43.19	699.96	671.74

3—6 续表 2

行业名称	负债合计	#流动负债小计	长期负债小计	所有者权益合计
总　　计	**56338.65**	**37602.83**	**18183.04**	**40898.91**
煤炭采选业	2232.08	1250.33	979.96	1344.89
石油和天然气开采业	1488.61	801.50	609.54	2571.61
黑色金属矿采选业	81.84	72.85	8.95	137.25
有色金属矿采选业	205.99	132.86	73.08	125.17
非金属矿采选业	244.23	173.95	69.58	243.49
木材及竹材采运业	222.12	177.64	42.85	98.16
食品加工业	1063.01	882.45	171.22	539.55
食品制造业	577.33	458.27	109.15	415.22
饮料制造业	1130.17	933.57	185.08	1006.55
烟草加工业	1092.94	984.13	108.02	1166.99
纺织业	2347.16	1772.07	561.73	1187.19
服装及其他纤维制品制造业	380.51	335.57	40.87	307.05
皮革、毛皮、羽绒及其制品业	235.15	210.94	23.90	116.00
木材加工及竹、藤、棕、草制品业	210.52	141.24	68.86	115.80
家具制造业	63.72	52.33	10.38	53.28
造纸及纸制品业	1218.65	756.26	457.49	661.51
印刷业、记录媒介的复制	275.28	214.23	57.83	262.28
文教体育用品制造业	82.59	71.12	9.86	87.56
石油加工及炼焦业	1897.66	1192.62	577.82	1415.75
化学原料及化学制品制造业	4005.64	2534.83	1430.06	2544.04
医药制造业	1250.08	1000.68	242.40	1046.25
化学纤维制造业	766.32	452.45	307.65	536.17
橡胶制品业	524.87	403.37	120.86	268.72
塑料制品业	566.54	416.85	136.33	403.34
非金属矿物制造业	2144.44	1477.36	632.79	1311.54
黑色金属冶炼及压延加工业	4317.87	2987.85	1324.33	4429.42
有色金属冶炼及压延加工业	1539.16	1042.87	491.44	886.07
金属制品业	680.33	558.41	117.53	411.27
普通机械制造业	2132.48	1747.55	377.19	1225.41
专用设备制造业	1380.54	1153.09	212.25	721.88
交通运输设备制造业	4505.13	3670.32	818.76	2892.50
电气机械及器材制造业	2203.95	1900.34	293.74	1478.53
电子及通信设备制造业	3762.36	3177.07	555.20	2850.72
仪器仪表及文化办公用机械制造业	403.74	331.54	71.03	256.07
电力、蒸汽、热水的生产和供应业	9898.38	3321.74	6497.99	6492.64
煤气生产和供应业	192.93	131.24	60.55	296.54
自来水的生产和供应业	395.89	207.20	188.66	708.32

单位:亿元

实收资本				产品销售收入	产品销售成本	产品销售费用
	#国家资本	港澳台资本	外商资本			
24841.86	**11868.83**	**1467.53**	**2873.93**	**58480.45**	**47033.65**	**2202.52**
1062.40	902.57	0.10	2.41	1144.27	779.03	109.32
1807.40	1527.84	94.50	0.17	2578.92	1276.42	26.97
100.87	94.27	0.00	0.00	66.39	48.54	4.08
79.98	57.70	0.23	0.12	153.03	111.48	5.07
151.37	129.38	1.17	0.42	115.00	78.13	12.18
78.47	73.28	0.00	0.01	76.16	46.97	1.56
386.15	136.23	38.13	67.54	1675.15	1482.53	58.10
338.04	56.27	45.41	134.88	762.92	579.86	91.28
549.68	180.16	79.28	146.67	1261.02	793.95	175.87
303.01	290.75	0.65	1.66	1648.57	662.68	60.62
823.52	293.75	87.01	75.62	2462.08	2194.00	44.94
173.87	20.37	25.06	31.18	620.87	514.84	25.84
88.94	9.79	23.04	23.87	353.77	314.23	8.72
94.80	25.95	10.43	14.95	185.41	163.68	5.94
36.44	5.47	6.63	3.94	73.22	57.73	4.60
469.22	169.67	47.64	136.31	840.86	691.31	36.12
176.99	89.63	19.80	10.95	295.25	221.38	7.35
53.74	7.37	21.18	7.56	164.29	139.31	4.76
754.17	242.75	34.46	17.90	4048.10	3681.95	33.42
1685.76	699.09	44.45	222.11	3702.15	3076.70	189.01
515.39	156.99	32.16	65.91	1303.76	814.24	218.09
365.54	102.02	48.19	38.89	730.37	654.58	10.43
197.66	77.46	25.93	43.60	475.52	390.38	21.72
273.17	58.66	56.78	55.53	684.45	575.96	21.15
986.21	328.25	106.32	145.27	1480.46	1169.96	81.73
2379.73	1827.90	59.43	31.42	4471.53	3833.09	62.94
610.33	330.63	27.64	26.05	1427.34	1223.82	24.00
330.67	65.94	61.30	67.25	766.62	633.20	39.64
826.81	291.10	20.80	190.57	1677.11	1332.82	76.93
497.52	239.61	13.60	40.63	1162.21	961.84	45.77
1899.87	609.14	62.30	298.25	4838.52	3961.44	133.09
886.68	192.58	61.16	239.55	2891.65	2309.41	225.35
1443.26	297.62	145.74	524.39	6706.67	5785.97	270.21
176.06	50.29	14.47	44.91	521.55	430.05	20.31
3401.56	1669.40	131.67	141.27	6308.19	5355.79	16.58
234.42	215.87	0.84	4.76	185.16	178.93	7.92
381.19	309.40	1.56	1.67	201.44	157.04	9.05

3—6 续表 3

行业名称	产品销售税金及附加	产品销售利润	管理费用	财务费用
总　　计	**1294.65**	**7941.25**	**3947.99**	**1342.14**
煤炭采选业	14.91	241.00	211.90	35.31
石油和天然气开采业	70.91	1204.62	170.52	25.32
黑色金属矿采选业	2.57	11.20	9.13	1.73
有色金属矿采选业	1.06	35.42	26.49	5.79
非金属矿采选业	3.72	20.97	18.75	4.42
木材及竹材采运业	4.11	23.52	17.60	3.66
食品加工业	7.28	127.20	62.12	30.36
食品制造业	2.82	88.96	47.56	14.21
饮料制造业	95.88	195.50	93.59	20.94
烟草加工业	633.92	291.36	96.36	26.69
纺织业	9.76	213.38	136.29	60.55
服装及其他纤维制品制造业	2.27	77.92	34.31	8.91
皮革、毛皮、羽绒及其制品业	0.69	29.17	17.25	5.54
木材加工及竹、藤、棕、草制品业	0.84	14.95	9.79	6.24
家具制造业	0.29	10.61	5.36	1.62
造纸及纸制品业	2.88	110.55	53.45	35.71
印刷业、记录媒介的复制	1.45	65.07	34.82	5.51
文教体育用品制造业	0.65	19.58	11.38	2.24
石油加工及炼焦业	182.81	149.93	156.51	48.30
化学原料及化学制品制造业	33.65	402.67	301.42	98.13
医药制造业	7.51	263.92	139.39	30.97
化学纤维制造业	2.58	62.78	32.96	19.79
橡胶制品业	11.09	52.34	31.75	15.08
塑料制品业	2.71	84.63	38.49	16.76
非金属矿物制造业	9.52	219.03	139.87	52.91
黑色金属冶炼及压延加工业	26.54	548.97	311.56	92.44
有色金属冶炼及压延加工业	5.71	173.81	94.75	43.29
金属制品业	2.94	90.84	47.66	18.29
普通机械制造业	6.83	260.49	188.30	47.88
专用设备制造业	4.92	149.67	119.90	29.14
交通运输设备制造业	83.06	660.88	438.92	85.75
电气机械及器材制造业	8.39	348.38	195.64	55.47
电子及通信设备制造业	7.83	641.52	324.52	64.34
仪器仪表及文化办公用机械制造业	1.06	70.08	46.32	7.23
电力、蒸汽、热水的生产和供应业	37.34	892.77	182.75	301.58
煤气生产和供应业	0.78	—2.46	16.57	1.65
自来水的生产和供应业	1.74	33.51	33.35	4.84

单位:亿元

#利息支出	利润总额	税金总额	亏损企业亏损总额	本年应交增值税	全部从业人员年平均人数(万人)
1284.59	**3440.56**	**4138.19**	**767.58**	**2843.54**	**2782.72**
33.90	28.71	113.84	11.23	98.93	286.20
27.14	970.23	310.14	2.00	239.23	56.32
1.70	2.31	6.42	0.55	3.86	11.54
5.61	9.87	7.33	2.57	6.27	22.50
5.59	3.12	12.00	2.71	8.27	24.05
3.54	2.42	5.61	1.72	1.50	58.95
28.29	49.23	46.21	18.96	38.93	62.22
12.18	37.34	45.36	14.90	42.53	34.42
19.68	97.29	184.01	19.77	88.13	59.67
26.38	177.15	803.63	11.79	169.72	19.23
57.17	59.46	100.84	36.61	91.07	241.26
7.42	39.87	20.86	4.97	18.59	45.42
4.46	8.16	10.92	4.60	10.23	31.13
5.48	3.81	7.75	3.85	6.92	10.71
1.25	4.57	3.44	0.96	3.15	5.41
34.60	31.82	46.18	20.53	43.31	48.28
5.04	32.95	21.28	3.13	19.83	19.40
1.81	8.62	5.97	1.23	5.32	13.91
52.09	-22.60	310.89	53.47	128.09	40.83
91.01	69.20	190.10	97.73	156.45	185.33
29.25	118.92	101.93	10.78	94.43	61.62
19.64	15.91	27.65	15.66	25.07	28.70
13.88	12.81	30.30	9.16	19.21	30.65
13.51	36.06	24.77	7.77	22.06	27.10
50.45	48.19	93.80	36.87	84.29	144.93
92.67	177.18	267.97	19.22	241.43	191.66
40.40	53.30	66.86	13.67	61.15	74.17
16.05	32.21	29.35	11.20	26.41	40.66
47.25	52.48	82.84	40.39	76.01	140.61
29.11	28.10	47.31	29.93	42.39	101.60
77.47	242.12	272.60	59.91	189.54	203.76
47.65	125.48	110.16	43.89	101.77	103.42
58.43	369.16	179.07	59.46	171.24	113.88
6.82	25.09	13.96	5.85	12.90	28.00
299.28	480.74	502.68	67.05	465.34	132.55
1.29	-1.34	7.47	5.99	6.69	10.45
4.43	5.68	14.31	5.06	12.57	20.66

3—6 续表 4

行业名称	工业增加值率（%）	总资产贡献率（%）	资产负债率（%）
总　　计	**31.60**	**9.10**	**57.90**
煤炭采选业	47.60	4.90	62.20
石油和天然气开采业	73.30	32.20	36.70
黑色金属矿采选业	44.10	4.80	37.40
有色金属矿采选业	38.10	6.90	62.20
非金属矿采选业	39.60	4.20	50.10
木材及竹材采运业	52.20	3.60	69.40
食品加工业	22.5	7.70	66.30
食品制造业	28.1	9.60	58.20
饮料制造业	37.50	14.10	52.90
烟草加工业	66.20	44.60	48.40
纺织业	25.50	6.20	66.40
服装及其他纤维制品制造业	27.30	9.90	55.30
皮革、毛皮、羽绒及其制品业	25.70	6.70	67.00
木材加工及竹、藤、棕、草制品业	25.80	5.20	64.50
家具制造业	31.60	7.90	54.50
造纸及纸制品业	27.40	6.00	64.80
印刷业、记录媒介的复制	38.20	11.00	51.20
文教体育用品制造业	25.70	9.60	48.50
石油加工及炼焦业	18.80	10.30	57.20
化学原料及化学制品制造业	25.20	5.30	60.70
医药制造业	36.00	10.90	54.40
化学纤维制造业	21.80	4.90	58.80
橡胶制品业	28.40	7.20	66.10
塑料制品业	26.60	7.70	58.40
非金属矿物制造业	30.90	5.60	61.90
黑色金属冶炼及压延加工业	27.70	6.10	49.20
有色金属冶炼及压延加工业	27.10	6.60	63.50
金属制品业	25.40	7.10	62.30
普通机械制造业	28.30	5.40	63.50
专用设备制造业	26.00	5.00	65.50
交通运输设备制造业	25.30	8.00	60.80
电气机械及器材制造业	25.50	7.70	59.90
电子及通信设备制造业	21.90	9.20	56.90
仪器仪表及文化办公用机械制造业	23.00	7.00	61.20
电力、蒸汽、热水的生产和供应业	55.20	7.80	60.40
煤气生产和供应业	25.10	1.50	39.40
自来水的生产和供应业	49.20	2.20	35.80

流动资产周转率（次/年）	成本费用利润率（%）	全员劳动生产率（元/人·年）	产品销售率（%）
1.53	**6.31**	**65164**	**98.45**
0.95	2.53	19175	99.34
2.99	64.72	353475	99.66
1.00	3.64	23657	97.69
1.51	6.63	26840	95.64
0.75	2.75	19202	97.06
0.58	3.47	7856	97.58
2.35	3.01	61532	97.41
1.77	5.09	66252	97.35
1.32	8.97	81130	98.38
1.48	20.93	540853	99.34
1.58	2.44	27245	96.36
1.64	6.83	39403	97.61
1.75	2.36	33697	97.86
1.58	2.05	48571	97.42
1.34	6.59	42089	98.71
1.25	3.90	50133	98.68
1.28	12.25	61320	95.39
1.71	5.47	31201	98.25
3.74	−0.58	183101	99.61
1.55	1.89	51256	98.09
1.12	9.89	75996	95.83
1.75	2.22	58418	96.75
1.31	2.79	49230	97.25
1.55	5.53	67878	96.1
1.12	3.34	33246	96.95
1.55	4.12	65043	99.52
1.44	3.85	53415	98.08
1.39	4.36	50839	97.74
0.91	3.19	35867	97.33
1.00	2.43	31677	96.76
1.27	5.24	61745	98.92
1.37	4.50	76073	97.46
1.72	5.73	129402	99.59
1.36	4.98	41596	99.34
1.71	8.21	162631	99.53
1.26	−0.65	29799	102.11
0.81	2.78	50803	97.73

3—7 1998—2001年各行业主要经济指标占全国比重

行 业	单位	企业单位数	工业总产值（现价）	工业增加值	资产总计	产品销售收入
煤炭采选业						
1998年	%	1.94	1.92	3.10	3.22	1.86
1999年	%	1.72	1.70	2.62	3.31	1.62
2000年	%	1.64	1.49	2.30	3.07	1.44
2001年	%	1.52	1.60	2.47	3.16	1.60
石油和天然气开采业						
1998年	%	0.05	2.65	6.11	3.08	2.58
1999年	%	0.05	2.87	6.67	3.49	2.72
2000年	%	0.05	3.65	8.70	3.24	3.46
2001年	%	0.05	2.91	7.13	3.13	2.84
黑色金属矿采选业						
1998年	%	0.35	0.22	0.28	0.32	0.21
1999年	%	0.36	0.20	0.25	0.28	0.19
2000年	%	0.37	0.19	0.25	0.26	0.18
2001年	%	0.38	0.20	0.26	0.25	0.19
有色金属矿采选业						
1998年	%	0.86	0.50	0.57	0.46	0.48
1999年	%	0.88	0.50	0.58	0.44	0.47
2000年	%	0.88	0.47	0.55	0.43	0.45
2001年	%	0.76	0.44	0.50	0.41	0.42
非金属矿采选业						
1998年	%	1.12	0.48	0.57	0.49	0.45
1999年	%	1.12	0.47	0.55	0.49	0.47
2000年	%	1.09	0.42	0.48	0.53	0.38
2001年	%	1.02	0.39	0.44	0.52	0.37
木材及竹材采运业						
1998年	%	0.38	0.24	0.42	0.39	0.22
1999年	%	0.35	0.19	0.31	0.35	0.17
2000年	%	0.31	0.14	0.24	0.32	0.13
2001年	%	0.25	0.12	0.20	0.30	0.10
食品加工业						
1998年	%	7.21	5.19	3.51	2.95	4.96
1999年	%	6.93	4.84	3.53	2.67	4.60
2000年	%	6.55	4.35	3.29	2.44	4.13
2001年	%	6.06	4.29	3.33	2.31	4.08
食品制造业						
1998年	%	3.25	1.79	1.67	1.44	1.75
1999年	%	3.06	1.74	1.60	1.38	1.69
2000年	%	2.88	1.68	1.64	1.33	1.61
2001年	%	2.66	1.71	1.60	1.33	1.62
饮料制造业						
1998年	%	2.31	2.33	2.80	2.29	2.32
1999年	%	2.21	2.28	2.72	2.28	2.24
2000年	%	2.09	2.05	2.44	2.17	1.96
2001年	%	1.93	1.91	2.27	2.11	1.84

3—7 续表 1

行　业	单位	企业单位数	工业总产值（现价）	工业增加值	资产总计	产品销售收入
烟草加工业						
1998 年	%	0.21	2.03	4.56	1.58	2.07
1999 年	%	0.22	1.91	4.14	1.58	1.96
2000 年	%	0.21	1.69	3.69	1.56	1.70
2001 年	%	0.19	1.78	3.86	1.81	1.87
纺织业						
1998 年	%	6.83	6.46	5.24	5.41	6.02
1999 年	%	6.78	6.23	5.18	5.02	5.94
2000 年	%	6.73	6.01	5.01	4.69	5.72
2001 年	%	7.05	5.89	4.90	4.58	5.56
服装及其他纤维制品制造						
1998 年	%	4.10	2.98	2.48	1.45	2.77
1999 年	%	4.08	2.80	2.35	1.40	2.64
2000 年	%	4.34	2.67	2.33	1.39	2.53
2001 年	%	4.69	2.72	2.43	1.41	2.58
皮革毛皮羽绒及其制品业						
1998 年	%	2.01	1.76	1.41	0.85	1.69
1999 年	%	1.97	1.65	1.32	0.79	1.57
2000 年	%	1.94	1.57	1.27	0.74	1.47
2001 年	%	1.64	0.78	0.68	0.56	0.72
木材加工及竹藤棕草制品业						
1998 年	%	1.51	0.73	0.58	0.57	0.69
1999 年	%	1.49	0.77	0.62	0.55	0.73
2000 年	%	1.57	0.77	0.62	0.55	0.74
2001 年	%	1.64	0.78	0.68	0.56	0.72
家具制造业						
1998 年	%	0.89	0.44	0.39	0.27	0.42
1999 年	%	0.91	0.44	0.36	0.27	0.42
2000 年	%	0.92	0.43	0.37	0.29	0.41
2001 年	%	0.95	0.46	0.42	0.29	0.44
造纸及纸制品业						
1998 年	%	2.89	1.84	1.64	1.81	1.75
1999 年	%	2.87	1.83	1.65	1.80	1.75
2000 年	%	2.87	1.86	1.62	1.99	1.79
2001 年	%	2.94	1.89	1.68	2.00	1.80
印刷业记录媒介的复制						
1998 年	%	2.34	0.80	0.94	0.76	0.78
1999 年	%	2.36	0.80	0.92	0.78	0.78
2000 年	%	2.27	0.72	0.79	0.77	0.70
2001 年	%	2.16	0.76	0.86	0.82	0.72
文教体育用品制造业						
1998 年	%	1.08	0.82	0.73	0.46	0.79
1999 年	%	1.12	0.80	0.65	0.42	0.74
2000 年	%	1.15	0.72	0.61	0.41	0.70
2001 年	%	1.18	0.71	0.63	0.41	0.69

3—7 续表 2

行　业	单位	企业单位数	工业总产值（现价）	工业增加值	资产总计	产品销售收入
石油加工及炼焦业						
1998 年	%	0.64	3.44	2.72	3.06	3.68
1999 年	%	0.61	3.72	2.74	3.06	3.92
2000 年	%	0.61	5.17	3.10	3.00	5.43
2001 年	%	0.60	4.81	3.12	2.91	4.94
化学原料及制品制造业						
1998 年	%	6.85	6.83	5.68	7.15	6.54
1999 年	%	7.00	6.77	5.64	6.99	6.51
2000 年	%	7.02	6.71	5.58	6.88	6.44
2001 年	%	7.03	6.60	5.65	6.68	6.44
医药制造业						
1998 年	%	1.99	2.03	2.23	2.00	1.97
1999 年	%	2.02	2.06	2.39	2.08	1.97
2000 年	%	2.03	2.08	2.50	2.22	1.93
2001 年	%	2.04	2.14	2.55	2.42	2.05
化学纤维制造业						
1998 年	%	0.49	1.22	0.95	1.62	1.22
1999 年	%	0.50	1.34	1.17	1.60	1.35
2000 年	%	0.51	1.45	1.16	1.43	1.42
2001 年	%	0.52	1.07	0.78	1.13	1.02
橡胶制品业						
1998 年	%	1.08	1.13	1.05	1.00	1.08
1999 年	%	1.11	1.07	0.94	0.97	0.99
2000 年	%	1.09	0.95	0.86	0.89	0.87
2001 年	%	1.04	0.94	0.88	0.86	0.86
塑料制品业						
1998 年	%	3.64	2.21	1.82	1.58	2.10
1999 年	%	3.73	2.23	1.80	1.59	2.18
2000 年	%	3.82	2.22	1.83	1.63	2.14
2001 年	%	4.02	2.24	1.92	1.67	2.18
非金属矿物制品业						
1998 年	%	8.78	4.73	4.68	5.41	4.47
1999 年	%	8.87	4.67	4.66	5.15	4.36
2000 年	%	8.93	4.31	4.44	4.84	4.00
2001 年	%	8.59	4.22	4.28	4.65	3.92
黑色金属冶炼及压延加工业						
1998 年	%	1.97	5.73	5.06	7.56	6.03
1999 年	%	1.88	5.64	5.01	7.32	5.75
2000 年	%	1.84	5.52	5.12	7.31	5.81
2001 年	%	1.85	5.98	5.40	7.23	5.98
有色金属冶炼及压延加工业						
1998 年	%	1.46	2.40	1.71	2.33	2.39
1999 年	%	1.50	2.47	1.88	2.32	2.49
2000 年	%	1.56	2.54	2.02	2.27	2.48
2001 年	%	1.65	2.48	2.09	2.34	2.41

3—7 续表 3

行　业	单位	企业单位数	工业总产值（现价）	工业增加值	资产总计	产品销售收入
金属制品业						
1998 年	%	4.93	3.18	2.60	2.16	3.04
1999 年	%	5.05	3.05	2.51	2.07	2.90
2000 年	%	5.14	2.96	2.40	2.02	2.82
2001 年	%	5.42	2.99	2.52	2.03	2.81
普通机械制造业						
1998 年	%	5.62	3.81	3.59	4.08	3.67
1999 年	%	5.65	3.71	3.45	3.89	3.53
2000 年	%	5.73	3.56	3.31	3.79	3.37
2001 年	%	5.85	3.67	3.43	3.71	3.44
专用设备制造业						
1998 年	%	4.02	2.83	2.50	2.83	2.67
1999 年	%	3.99	2.72	2.39	2.66	2.57
2000 年	%	3.93	2.56	2.29	2.58	2.38
2001 年	%	3.73	2.46	2.25	2.45	2.30
交通运输设备制造业						
1998 年	%	4.02	2.83	2.50	2.83	2.67
1999 年	%	4.14	6.41	5.53	6.38	6.44
2000 年	%	4.21	6.26	5.21	6.44	6.21
2001 年	%	4.15	6.78	5.77	6.54	6.64
电气机械及器材制造业						
1998 年	%	4.57	5.36	4.53	4.25	5.12
1999 年	%	4.71	5.53	4.65	4.21	5.28
2000 年	%	4.82	5.64	4.85	4.17	5.38
2001 年	%	5.07	5.74	4.87	4.26	5.44
电子及通信设备制造业						
1998 年	%	2.52	7.22	5.77	4.86	7.01
1999 年	%	2.65	8.02	6.25	5.28	7.98
2000 年	%	2.74	8.81	7.18	5.96	8.75
2001 年	%	2.82	9.42	7.18	6.26	9.49
仪器仪表及文化办公用机械制造业						
1998 年	%	1.10	1.02	0.87	0.81	1.03
1999 年	%	1.12	0.97	0.84	0.80	0.99
2000 年	%	1.14	1.01	0.84	0.78	1.01
2001 年	%	1.18	0.98	0.84	0.80	1.00
电力蒸汽热水生产供应业						
1998 年	%	3.03	5.34	9.66	12.31	7.79
1999 年	%	3.05	5.50	10.02	13.39	7.93
2000 年	%	2.96	5.38	9.17	14.76	8.10
2001 年	%	2.85	5.33	9.52	15.13	8.23
煤气的生产和供应业						
1998 年	%	0.18	0.15	0.07	0.46	0.23
1999 年	%	0.18	0.18	0.17	0.48	0.26
2000 年	%	0.18	0.20	0.14	0.48	0.28
2001 年	%	0.19	0.19	0.16	0.46	0.27
自来水的生产和供应业						
1998 年	%	1.43	0.40	0.64	1.08	0.40
1999 年	%	1.48	0.43	0.68	1.20	0.43
2000 年	%	1.48	0.38	0.59	1.21	0.37
2001 年	%	1.40	0.36	0.57	1.23	0.35

3—8 煤炭工业主要技术经济指标

年份	商品煤灰分(%)	商品煤含矸率(%)	每万吨原煤生产耗坑木(立方米)	原煤综合耗电(千瓦小时/吨)	洗精煤回收率(%)	洗精煤灰分(%)	原煤生产全员效率(吨/工)	回采工效率(吨/工)
1952			244.10				0.661	2.341
1957	20.57		248.10		50.22	9.59	0.978	3.545
1963	21.51	1.27	225.10	30.40	51.67	10.68	0.663	2.998
1964	20.01	0.77	200.80	30.37	56.28	10.32	0.769	3.493
1965	19.56	0.64	167.50	28.19	59.25	9.73	0.863	3.821
1966	20.15	0.62	145.30	26.34	60.74	9.62	0.950	3.906
1967	21.05		149.20		60.72	9.87	0.720	2.895
1968	21.79		169.80		62.12	9.71	0.732	2.838
1969	22.29		160.10		58.24	11.32	0.792	2.915
1970	22.87	1.03	133.30	25.62	55.77	10.28	0.910	3.074
1971	22.92	0.96	130.80	26.17	55.62	11.53	0.915	3.090
1972	22.87	0.87	127.40	28.05	55.77	10.22	0.881	3.080
1973	23.41	0.83	130.30	30.23	56.42	10.61	0.847	3.214
1974	23.59	0.97	134.40	31.59	53.33	10.80	0.794	2.985
1975	23.54	1.02	127.40	30.25	54.86	10.79	0.901	3.513
1976	23.27	1.06	122.50	31.62	56.41	10.67	0.849	3.322
1977	23.41	1.10	120.30	31.92	56.27	10.76	0.871	3.479
1978	22.91	0.90	109.90	31.45	56.87	10.50	0.931	3.698
1979	22.05	0.64	100.70	32.08	56.66	10.30	0.965	4.076
1980	21.58	0.51	90.40	34.34	56.16	10.27	0.912	4.129
1981	21.17	0.46	86.80	35.68	54.65	10.34	0.870	4.040
1982	20.91	0.45	80.20	35.88	52.49	10.32	0.873	4.094
1983	20.31	0.40	73.20	36.35	54.08	10.31	0.891	4.229
1984	20.05	0.39	67.70	36.68	54.37	10.30	0.903	4.292
1985	19.78	0.33	62.71	37.29	55.01	10.27	0.939	4.405
1986	19.77	0.25	58.39	39.12	52.94	10.28	1.001	4.544
1987	19.19	0.19	53.20	39.55	53.30	10.27	1.053	4.881
1988	18.82	0.15	47.56	40.89	52.98	10.15	1.092	5.158
1989	18.01	0.09	39.49	38.96	53.38	10.25	1.157	5.594
1990	18.25	0.08	35.59	40.19	55.44	10.29	1.233	5.873
1991	19.27	0.11	36.94	46.97	51.74	10.14	1.259	6.093
1992	18.25	0.11	33.14	50.47	50.99	10.04	1.330	6.667
1993	19.93	0.09	31.44	53.82		9.96	1.400	7.100
1994	19.88	0.09	30.24	53.78	51.18	9.97	1.590	7.700
1995	20.06	0.26	36.52	52.63	53.99	10.43	1.520	6.680
1996	20.86	0.12	31.39	59.97	53.85	9.95	2.000	8.750
1997	20.49	0.10	29.92	54.88	53.55	9.85	2.079	9.270
1998	20.21	0.10	27.67	56.19	53.09	9.75	2.180	9.510
1999						9.71	2.260	10.520
2000						9.65	2.520	
2001								

注:主要技术经济指标为各部门重点工业企业的数字。

3－8 续表 1

年份	掘进工效率（米/工）	回采工作面平均个数（个）	回采工作面平均月产量（吨/个）	掘进工作面平均月进度（米/个.月）	采煤机械化程度（%）	开拓煤量可采期（年）	准备煤量可采期（月）	回采煤量可采期（月）
1952			4331					
1957	0.277	1156	5137		4.12			
1963	0.176	1841	5332	83.20				
1964	0.193	1678	6016	92.00				
1965	0.196	1707	6646	100.60	9.34			
1966	0.193	1702	7342	116.70	14.34			
1967	0.133	1559	5800	94.00	15.85			
1968		1627	6370					
1969		1762	7079		14.28			
1970		1982	7931		19.43			
1971	0.126	2141	8039		19.91			
1972	0.121	2209	7941	109.30	20.17			
1973	0.123	2131	8177	112.90	21.90			
1974	0.107	2064	8153	130.80	23.59			
1975	0.122	2024	9658	122.80	27.78	6.56	32.78	7.42
1976	0.113	1978	9633	117.20	28.00	6.04	31.14	6.80
1977	0.115	1986	10356	120.40	27.53	6.91	35.88	7.80
1978	0.122	2167	10989	119.40	32.52	6.79	34.53	7.11
1979	0.134	2212	11220	116.80	32.34	6.45	33.57	7.31
1980	0.125	2167	11032	107.90	37.06	7.19	36.90	7.90
1981	0.115	2134	10908	99.70	39.77	7.59	38.65	8.12
1982	0.113	2166	11150	101.00	39.99	7.80	39.85	8.36
1983	0.113	2148	11634	102.40	41.79	8.16	43.03	8.46
1984	0.114	2314	11555	105.00	42.62	8.23	44.42	8.48
1985	0.116	2341	11728	104.20	44.98	8.35	47.25	8.75
1986	0.114	2292	12197	104.10	44.98	8.10	46.66	8.60
1987	0.117	2171	13082	107.10	54.48	8.22	49.21	8.87
1988	0.118	2094	13941	111.20	58.02	8.29	52.78	9.44
1989	0.115	1624	14802	115.40	60.01	8.50	55.18	9.96
1990	0.116	1562	15789	117.10	63.69	9.36	59.96	10.89
1991	0.123	1883	17126	123.90	68.69	9.61	58.42	11.09
1992	0.125	1676	18942	127.99	72.26	11.24	60.36	10.91
1993	0.130	1533	19514	128.50	71.02			
1994	0.127	1499	20562	130.51	66.36	9.58	62.60	10.80
1995	0.130	2303	15801	118.88	71.96	9.19	59.86	9.92
1996	0.140	1494	21879	133.75	73.27	9.73	66.42	10.34
1997	0.144	1408	22900	135.91		9.53	63.21	10.67
1998	0.140	1310	23514	132.95				
1999		1316	24438	134.00				
2000		1257	26968	139.00				
2001								

3—9 电力工业主要技术经济指标

年份	发电设备平均利用小时（500千瓦以上电厂）（小时）	水电	火电	发电厂用电率（%）	水电	火电	线路损失率（%）	发电标准煤耗（克/千瓦小时）	供电标准煤耗（克/千瓦小时）
1952	3800	7000	3457	6.17	0.22	7.42	11.29	727	
1957	4794	5105	4659	5.99	0.14	7.17	8.61	604	
1963	3736	3625	3761	7.69	0.20	8.92	8.37	520	571
1964	4228	4126	4250	7.18	0.18	8.47	8.10	497	543
1965	4920	3728	5217	6.98	0.21	7.98	7.31	477	518
1966	5350	3832	5767	6.55	0.18	7.50	7.73	461	498
1967	4448	3539	4694	(6.70)	(0.18)	(7.72)	(8.60)	(463)	(502)
1968	3972	3862	4207	(6.75)	(0.22)	(7.71)	(9.00)	(464)	(503)
1969	4760	3451	5163	(6.65)	(0.21)	(7.80)	(9.43)	(464)	(503)
1970	5526	3790	6100	(6.54)	(0.17)	(7.78)	(9.22)	(463)	(502)
1971	5810	3795	6540	6.68	0.17	7.89	9.48	465	505
1972	5746	3700	6536	6.68	0.17	7.88	9.43	464	504
1973	5530	4305	6030	6.26	0.15	7.83	9.53	457	496
1974	5010	4050	5400	6.19	0.16	7.87	9.91	450	488
1975	5197	4147	5631	6.23	0.15	7.91	10.21	450	489
1976	4869	3565	5413	6.34	0.17	7.88	10.32	449	487
1977	4947	3512	5522	6.41	0.19	7.83	10.19	446	484
1978	5149	2941	6018	6.61	0.21	7.71	9.64	434	471
1979	5175	3112	5956	6.54	0.20	7.63	9.24	422	457
1980	5078	3293	5775	6.44	0.19	7.65	8.93	413	448
1981	4955	3520	5511	6.40	0.20	7.76	8.98	407	442
1982	5007	3708	5542	6.32	0.21	7.71	8.64	404	438
1983	5101	4104	5513	6.21	0.23	7.78	8.53	400	434
1984	5190	3860	5748	6.28	0.25	7.70	8.28	398	432
1985	5308	3853	5893	6.42	0.28	7.78	8.18	398	431
1986	5388	3882	5974	6.54	0.28	7.83	8.15	398	432
1987	5392	3771	6011	6.66	0.31	7.88	8.48	398	432
1988	5313	3710	5907	6.69	0.34	7.94	8.18	397	431
1989	5171	3691	5716	6.81	0.30	8.12	8.18	397	432
1990	5041	3889	5417	6.90	0.30	8.22	8.06	392	427
1991	5030	3675	5451	6.94	0.32	8.13	8.15	390	424
1992	5039	3567	5462	7.00	0.37	8.08	8.29	386	420
1993	5068	3730	5455	6.96	0.41	8.08	8.52	384	417
1994	5233	3877	5574	6.90	0.42	7.99	8.73	381	414
1995	5221	3610	5596	6.78	0.37	7.95	8.77	369	403
1996	5033	3570	5418	6.88	0.51	7.94	8.51	377	410
1997	4782	3439	5126	6.80	0.50	7.81	8.20	375	408
1998	4501	3319	4811	6.66	0.47	7.71	8.13	373	404
1999	4393	3198	4719	6.50	0.55	7.51	8.10	369	399
2000	4517	3258	4848	6.28	0.49	7.31	7.70	363	392
2001	4588	3129	4900	6.24	0.46	7.25	7.55	357	385

注：1. 发电厂用发电率及发、供电标准煤耗1971年及以前为500千瓦以上电厂数，1971年及以后为6000千瓦以上发电数。

2. 括号内为估计数。

3－10 石油及石油加工工业主要技术经济指标

年份	油井利用率(%)	外运原油含水率(%)	企业原油自用率(%)	石油产品质量合格率(%)	加工一吨原油耗电(千瓦小时)	加工一吨原油耗燃料油(公斤)	原油加工损失率(%)	企业原油损耗率(%)	生产一吨原油耗电(千瓦小时)	石油产品综合商品总收率(%)
1952	78.80						12.97			
1957	84.00						4.64			
1963										
1964										
1965			1.18	99.99	43.54	79.00	1.92	2.03		
1966	75.50		0.68	100.00	46.47	46.30	1.51	1.45		
1967	69.40		1.11		47.89	63.32	1.66	1.48		
1968	60.30		1.43		37.29	56.65	1.00	1.51		
1969	71.60		0.94		48.80	65.29	1.00	1.71		
1970	81.30		1.34		36.80	52.40	1.30	1.89		88.40
1971	82.10		1.01		34.50	57.60	1.20	2.12		88.90
1972	80.80	1.66	1.22	99.90	37.82	53.95	2.23	2.90	32.70	87.90
1973	81.80	1.66	1.34	99.90	37.69	48.76	2.11	2.55	24.60	83.71
1974	80.20	1.57	1.22	99.95	35.38	44.30	2.06	2.64	24.70	89.58
1975	82.70	1.53	1.25	99.99	37.32	43.62	2.03	2.93	25.73	89.94
1976	82.50	1.02	1.68	99.99	35.87	42.42	2.14	2.58	28.80	89.88
1977	82.50	0.87	1.56	99.98	33.80	41.90	2.08	2.65	32.55	90.04
1978	86.00	0.69	1.74	99.99	39.23	38.43	2.05	2.37	35.01	90.28
1979	90.30	0.48	1.84	100.00	40.16	33.66	2.09	2.49	40.82	91.03
1980	89.60	0.34	1.64	99.93	39.44	29.21	0.90	2.27	38.84	90.81
1981	89.80	0.37	1.54	99.99	39.77	26.13	0.84	2.30	39.82	92.16
1982	91.10	0.37	1.50	99.99	39.49	22.57	0.77	2.29	42.96	92.74
1983	92.00	0.32	1.50	100.00	34.59	19.24	1.09	2.30	45.08	92.98
1984	92.80	0.34	1.46	99.99	40.69	18.24	0.73	2.03	47.24	93.46
1985	86.22	0.36	1.52	99.99	41.86	18.73	0.80	1.65	51.58	93.32
1986	86.70	0.41	1.55	99.99	42.29	19.71	0.86	1.57	59.39	91.30
1987	86.67	0.40	1.64	100.00	41.73	20.02	0.90	1.55	64.50	92.11
1988	85.05	0.43	1.70	100.00	44.34	20.53	1.15	1.90	73.27	91.83
1989	85.06	0.44	1.82	99.98	45.60	20.36	1.27	1.80	78.75	92.10
1990	85.14	0.42	2.01	99.99	49.33	20.95	1.37	1.80	87.97	92.05
1991	87.00	0.35	2.10	100.00	50.25	19.86	1.41	1.80	102.62	91.52
1992	87.83	0.39	2.15	100.00	50.67	19.58	1.45	1.80	107.05	91.69
1993	86.57	0.39	2.29	100.00	55.03	20.43	1.56	1.73	119.02	91.22
1994	94.28	0.37	2.44	99.85	61.29	29.60	2.53	1.82	127.86	90.50
1995	93.31	0.37	1.77	99.95	59.64	21.01	1.54	1.82	135.47	90.75
1996	93.24	0.37	1.90	99.98	60.53	18.44	1.51	1.73	138.00	91.35
1997	92.51	0.39	1.97	99.99	64.60	17.51	1.46	1.90	143.06	90.52
1998	91.70	0.35	1.92					1.85	143.92	
1999	91.98	0.30	2.03					1.88	141.69	
2000	92.22	0.32	1.83					1.93	137.61	
2001	92.56	0.26	1.73					2.03	136.06	

3—11 冶金工业主要技术经济指标

年份	铁矿采矿工人实物劳动生产率（采剥总量吨/人·年）		铁矿选矿（%）				选矿工人实物劳动生产率（吨/人·年）
	露天	坑下	原矿品位	精矿品位	尾矿品位	选矿金属回收率	
1952			43.48	64.54	11.21	90.47	
1957	2404	430	36.01	61.09	12.35	80.82	1946
1963							
1964							
1965	5221	341	32.95	60.82	10.08	83.51	2481
1966	5791	343	33.11	60.65	10.63	83.20	2557
1967							
1968							
1969							
1970	3960	317	33.17	59.93	12.07	77.43	2548
1971	4100	350	32.97	59.93	12.53	77.77	2620
1972	3859	354	32.45	60.51	12.07	77.99	2549
1973	3861	296	32.02	60.02	11.40	78.80	2591
1974	3733	293	31.17	60.11	11.43	76.66	2459
1975	3866	337	31.78	59.77	11.81	77.45	2487
1976	3547	334	31.50	60.05	11.72	76.41	2230
1977	3447	303	31.42	60.52	11.85	76.81	2032
1978	5309	390	31.47	61.12	11.82	76.43	2484
1979	4992	369	31.57	62.45	11.62	77.02	2674
1980	4858	405	31.72	62.89	11.35	77.09	2684
1981	4677	392	31.49	62.66	11.44	76.66	2499
1982	4796	387	31.16	62.52	11.66	75.57	2379
1983	4879	418	31.30	62.13	12.02	75.17	2417
1984	5694	445	31.38	62.06	11.84	75.57	2586
1985	5661	477	32.29	62.44	11.80	75.71	2700
1986	6218	443	32.12	62.69	11.59	75.62	2841
1987	6883	496	31.78	62.89	11.33	76.22	3116
1988	6979	490	30.82	62.93	11.22	76.11	3206
1989	6588	528	31.50	62.63	11.46	75.98	3160
1990	6184	512	31.31	62.52	11.60	75.58	2952
1991	5692	559	28.93	62.37		75.21	3148
1992	6897	584		62.53	11.54	75.49	3257
1993	4494	533	30.65	62.68	11.30	76.65	2404
1994	5723	534	31.16	63.05	11.81	76.04	2835
1995	6035	557	32.24	62.72	11.89	77.29	2623
1996							
1997	7331	825	32.00	62.18	11.98	76.24	3129
1998	6637	709	32.24	62.81	11.30	77.82	
1999	6180	849	32.19	62.64	10.83	79.53	1880
2000							
2001	8279	953	32.53	63.22	10.62	80.58	2120

3－11续表1

年份	高炉炼铁				
	利用系数（吨/立方米·昼夜）	入炉焦比（公斤/吨）	生铁合格率（%）	入炉矿石品位（%）	工人实物劳动生产率（吨/人·年）
1952	1.020	967	99.28		
1957	1.320	768	99.44	50.85	
1963					
1964					
1965	1.440	586	99.85	49.67	1574
1966	1.500	558	99.79	49.66	1930
1967					
1968					
1969					
1970	1.250	632	95.47	48.70	
1971	1.131	641	94.74	49.04	783
1972	1.135	629	95.96	49.65	742
1973	1.167	609	98.21	49.50	842
1974	1.031	632	96.59	49.63	708
1975	1.090	638	94.18	49.87	802
1976	0.994	640	94.64	50.00	700
1977	1.100	623	96.29	50.68	750
1978	1.429	562	99.41	52.80	1100
1979	1.282	553	99.81	53.72	1196
1980	1.555	539	99.92	53.75	1302
1981	1.471	540	99.94	53.33	1225
1982	1.548	538	99.94	52.52	1282
1983	1.591	535	99.95	52.26	1387
1984	1.649	524	99.95	52.38	1413
1985	1.688	565	99.78		1466
1986	1.738	571	99.87	53.61	1614
1987	1.700	592	99.79	53.44	1645
1988	1.830	557	99.86	53.53	1651
1989	1.710	584	99.77	53.94	1603
1990	1.730	577	99.78	53.76	1579
1991	1.730	524	99.95	53.20	1682
1992	1.770	514	99.85	53.33	1769
1993	1.830	573	99.70	55.89	773
1994	1.810	566	99.82	58.77	749
1995	1.790	553	99.84	54.84	799
1996		495	99.92		1918
1997	1.815	475	99.96	55.14	2098
1998	2.020	496	99.88	55.66	1078
1999	2.140	466	99.91	56.25	1377
2000	2.220	429			
2001	2.340	422	99.98	57.91	1968

3—11 续表 2

年份	高　炉　炼　钢						
	利用系数（吨/百万伏安·昼夜）	钢锭合格率（%）	钢铁料消耗（公斤/吨）	生铁消耗（公斤/吨）	电炉日历作业率（%）	平均每炉冶炼时间（小时:分）	工人劳动生产率（吨/人·年）
1952	7.40	96.93	1205				
1957	18.62	98.58					
1963							
1964							
1965	18.51	98.13	1074				
1966	19.06	98.59	1062				
1967							
1968							
1969							
1970	19.04	97.37	1102				
1971	19.70	97.54	1095				
1972	20.43	97.88	1089				
1973	20.16	98.25	1084				
1974	17.83	97.37	1093				
1975	17.96	97.14	1096				
1976	14.23	96.82	1097				
1977	13.06	96.86	1090				
1978	15.79	98.45	1057				
1979	16.57	99.36	1043				
1980	16.58	99.45	1042				
1981	16.01	99.40	1046				
1982	16.50	99.41	1037				
1983	17.88	99.43	1034				
1984	17.83	99.51	1037				
1985	17.32	99.45	1040				
1986	17.73	99.41	1029				
1987	17.15	99.49	1022				
1988	15.02	99.45	1020				
1989	15.01	99.44	1022				
1990	15.74	99.43	1047				
1991	15.93	99.48	1082	90	73.29	3:43	178
1992	15.33	99.37	1017	101	76.75	3:38	185
1993	14.04	99.07	1099	85	76.78	4:11	195
1994	11.55	99.02	1101	124	90.40	4:03	180
1995	12.27	98.98	1092	157		3:40	167
1996	13.36	99.16	1094	208	70.87		227
1997	12.51	99.64	1050	203	66.04	3:17	241
1998	14.43	99.27	1110	196	65.51	3:12	192
1999	15.25	99.38	1104	239	63.36	2.99	335
2000			1080				
2001	17.7	99	1112	250	69.86	2.30	596

3－11 续表 3

年份	顶吹转炉炼钢							连铸	
	利用系数（吨/公称吨•昼夜）	钢锭合格率（%）	钢铁料消耗（公斤/吨）	炉衬寿命（炉）	平均每炉冶炼时间（分）	工人实物生产率（吨/人•年）	转炉日历作业率（%）	连铸坯合格率（%）	日历作业率（%）
1952									
1957									
1963									
1964									
1965	12.74	99.02	1116	319	29.70	380			
1966	18.79	99.27	1118	226	31.00				
1967									
1968									
1969									
1970	16.99	97.78	1148	199					
1971	16.21	97.21	1161	154	32.00	329			
1972	19.21	96.80	1178	197	30.80	362			
1973	13.13	96.08	1191	239	32.70	397			
1974	9.48	96.22	1189	200	33.00	366			
1975	11.32	95.07	1198	206	34.40	430			
1976	10.04	94.45	1213	197	33.60	345			
1977	12.07	94.94	1220	241	34.40	379			
1978	14.27	96.93	1184	398	34.50	572			
1979	15.29	98.38	1152	542	34.00	594			
1980	16.54	98.45	1152	560	35.00	575			
1981	16.31	98.72	1150	501	35.00	604			
1982	16.94	99.03	1148	521	34.00	619			
1983	18.08	99.33	1143	541	34.00	635			
1984	20.30	99.12	1137	570	34.00	675			
1985	19.82	99.07	1133	606	34.00	688			
1986	19.46	99.13	1126	655	32.00	741			
1987	20.46	99.29	1125	725	33.00	751			
1988	21.26	99.40	1122	794	34.00	749			
1989	20.95	99.33	1102	795	34.00	760			
1990	22.60	99.37	1120	820	34.00	788			
1991	21.82	99.22	1117	857	33.00	818	51.03		
1992	23.36	99.11	1115	973	33.00	905	53.97		
1993	28.14	99.01			33.00	598	57.60	99.24	52.37
1994	28.19	99.15	1146	591	33.00	612	56.34	99.59	63.53
1995	27.81	99.21	1138	604	32.50	679	54.98	99.10	53.18
1996	25.59	99.14	1128	1127		1002	47.91	99.17	62.13
1997	26.77		1110	1335	30.30	1080	54.74	99.11	62.01
1998	27.85		1126	1200	32.14	903	65.52	99.37	60.38
1999	31.88	99.29	1119	1600	30.22	751	62.09	99.47	63.94
2000			1114						
2001	28.08	99.54	1096	3526	25.57	1315	79.38	99.38	57.67

3—11 续表 4

年份	轧钢材合格率（%）	焦炭结焦率（%）	有色金属选矿回收率（%）				
			铜	铅	锌	镍	钨
1952			88.61	77.07	71.73		67.51
1957			90.99	89.42	82.97		72.64
1963							
1964							
1965	98.39	75.60	88.73	87.95	85.39	73.80	84.22
1966	98.42	75.33	90.95	89.30	86.22	74.04	85.44
1967							
1968							
1969							
1970	97.70	78.24	85.80	82.97	83.52	66.58	83.31
1971	97.80	76.39	85.72	84.48	84.37	68.24	83.61
1972	97.90	75.76	85.60	85.05	85.00	67.50	83.39
1973	98.00	75.94	87.56	85.20	83.20	69.51	83.54
1974	98.10	76.19	87.50	82.35	86.00	70.38	83.30
1975	97.90	76.33	87.50	82.69	87.31	69.79	83.75
1976	97.59	75.78	87.10	84.80	85.68	70.95	84.06
1977	97.96	76.34	88.28	82.95	80.63	69.84	85.64
1978	98.53	76.66	88.75	83.75	87.32	70.07	87.53
1979	99.06	76.82	88.50	85.00	86.60	69.80	87.40
1980	99.04	76.64	88.30	85.30	88.20	69.80	85.80
1981	98.75	76.89	88.00	86.20	89.10	73.30	85.10
1982	98.73	76.99	86.30	86.40	88.40	74.40	83.90
1983	98.98	77.08	87.10	86.00	88.50	82.20	83.70
1984	99.01	76.77	87.40	84.70	87.70	82.30	81.40
1985	98.86	76.81	85.80	83.10	88.10	82.20	81.60
1986	98.70	76.58	86.10	84.10	88.10	82.10	81.70
1987	98.86	77.23	85.62	83.86	87.18	83.12	82.04
1988	98.70	77.00	85.35	83.14	88.32	83.11	82.85
1989	98.40	77.00	85.27	80.96	84.72	83.71	82.02
1990	98.27	76.67	83.83	81.00	86.45	83.60	83.38
1991	98.04	76.83	84.94	82.73	87.55	87.76	83.42
1992	98.34	76.72	84.10	83.49	86.97	87.81	83.27
1993	98.29	76.75	97.41	94.78	93.26	87.17	83.92
1994	98.15	77.10	85.15	83.33	87.70	85.54	83.32
1995	98.11	76.70	84.53	81.46	84.51	85.74	69.86
1996	98.50	76.79	87.59	82.93	83.93	84.91	78.94
1997	98.55	76.65	85.76	83.07	84.65	85.14	82.35
1998	98.65	76.91	86.70	84.36	85.53	84.83	78.03
1999	98.81	77.05	87.17	83.82	83.42	85.01	79.32
2000			87.05	88.26	87.50	85.74	80.36
2001	99.29	77.48	88.30	87.04	87.90	85.71	83.84

3—11 续表 5

年份	选矿回收率(%)		有色金属精矿品位(%)					粗铜冶炼回收率(%)	电解铝耗直流电(千瓦小时/吨)
	锡	钼	铜	铅	锌	镍	锡		
1952	64.57	90.34	10.94	55.20	50.98		61.67	93.75	
1957	63.09	86.78	10.34	54.91	51.05		61.46	95.60	16511
1963									
1964									
1965	63.67	85.88	15.67	64.04	50.86	4.69	51.35	96.95	16080
1966	65.26	86.03	15.75	64.65	51.83	4.82	47.06	97.20	15732
1967									
1968									
1969									
1970	58.20	86.31	13.51	54.44	46.49	3.48	45.76	94.42	19210
1971	59.70	82.02	14.69	57.77	47.55	3.75	43.64	95.68	19028
1972	60.60	84.94	15.20	55.20	47.80	3.77	44.50	95.99	17142
1973	59.89	84.68	15.27	56.80	47.76	4.03	44.37	96.41	16575
1974	60.00	84.36	15.30	55.80	48.00	4.02	42.60	96.19	16798
1975	58.23	83.60	15.73	55.83	48.44	3.92	42.79	96.69	17260
1976	57.02	82.37	15.58	50.36	44.37	3.97	42.26	95.77	16941
1977	56.27	79.20	16.40	58.55	50.95	3.95	43.50	96.38	16879
1978	59.95	82.64	18.30	56.98	50.80	4.15	45.28	96.61	16059
1979	60.60	87.30	20.00	58.20	50.60	4.30	44.50	96.86	15820
1980	61.00	84.80	21.60	62.00	50.30	4.50	50.00	97.05	15432
1981	58.10	84.10	22.70	61.10	50.30	4.70	44.30	96.90	15730
1982	57.80	84.30	22.50	59.90	49.90	4.93	43.10	97.06	16108
1983	58.60	83.80	22.50	59.60	49.90	5.38	44.20	97.15	15633
1984	57.00	80.20	22.80	61.00	50.20	5.66	43.89	97.20	15456
1985	58.30	80.24	21.60	60.30	50.50	5.74	42.40	97.27	15047
1986	54.60	82.02	21.44	60.70	50.50	5.86	41.40	97.16	15294
1987	56.80	82.56	21.91	61.08	49.96	5.97	44.47	97.30	15378
1988	58.61	83.03	21.88	61.49	48.36	5.99	46.87	97.39	15250
1989	58.69	83.10	21.12	61.47	49.35	6.05	43.64	97.40	15036
1990	58.38		21.57	60.95	47.79	6.10	43.87	97.46	14916
1991	60.13		22.15	60.54	50.45	6.32	43.67	97.39	14897
1992	64.47		22.32	63.38	50.33	6.29	44.48	97.48	14814
1993	69.08	84.37	22.76	63.67	54.48	6.36	40.45	97.64	14703
1994	69.19	84.24	23.12	63.10	50.57	6.62	40.12	97.43	14743
1995	65.53	86.55	23.04	57.54	49.90	6.53	41.19	97.05	14530
1996	67.44	85.64	22.76	57.43	50.76	6.58	42.60	97.10	14487
1997	67.76	85.46	23.16	58.50	50.65	6.65	44.95	97.05	14178
1998	69.41	85.98	23.09	57.38	51.24	6.75	40.78	97.14	
1999	70.13	85.59	23.25	57.89	51.45	6.81	43.08		
2000	70.97	85.69	23.07	64.10	51.38	7.08	45.69		
2001	68.91	86.46	23.44	63.35	51.56	7.11	45.67		

3—12 化学工业主要技术经济指标

年份	合成氨耗电(千瓦小时/吨)	电石耗焦炭(公斤/吨)	电石耗电(千瓦小时/吨)	硫酸耗硫铁矿(公斤/吨)	纯碱耗原盐(公斤/吨)	电解烧碱耗直流电(实耗)(千瓦小时/吨)[①]	电解烧碱耗直流电(实耗)(千瓦小时/吨)[②]	合成氨耗焦白煤(公斤/吨)
1952	2453	631		1091	1931	3382		焦 1583 白煤 1561
1957	2168	661	3637	1037	1511	3080		焦 1356 白煤 1259
1960	2111	705	3624	1193	1644	2723		焦 1795 白煤 1455
1962	2038	666	4086	1110	1571	2635		焦 1572 白煤 1361
1965	1572	590	3878	983	1433	2318	3200	1263
1966	1567	574	3272	982	1400	2353	3188	焦 1271 白煤 1283
1970	1743	689	3468	1038	1510	2522	572	焦 1383 白煤 1540
1971	1719	578	3519	1062	1504	2543	3679	焦 1399 白煤 1532
1972	1663	580	3555	1042	1477	2547	3607	1476
1973	1644	587	3569	1027	1469	2516	3767	1444
1974	1660	593	3603	1035	1504	2516	3775	1531
1975	1619	598	3663	1034	1512	2536	3847	1513
1976	1640	618	3725	1036	1474	2568	4048	1665
1977	1603	613	3842	1018	1517	2572	3958	1540
1978	1516	598	3626	1006	1487	2546	3478	1448
1979	1466	595	3598	994	1469	2497	3404	1362
1980	1441	587	3584	992	1465	2449	3082	1326
1981	1445	580	3558	994	1460	2465	3274	1321
1982	1434	575	3518	988	1457	2448	3200	1314
1983	1406	558	3479	987	1447	2397	3182	1301
1984	1352	561	3450	987	1449	2393	3214	1281
1985	1385	557	3468	994	1452	2359	3307	1283
1986	1418	560	3472	980	1467	2356	3256	1262
1987	1260	558	3418	992	1462	2344	3238	1346
1988	1423	558	3324	983	1459	2348	3217	1297
1989	1380	559	3468	981	1470	2340	3297	1193
1990	1385	562	3451	977	1443	2413	3449	1235
1991	1363	569	3456	973	1524	2431	3345	1297
1992	1335	568	3472	974	1510	2397	3365	1289
1993	1316		3466	978	1466	2410	3298	1259.9
1994	1339		3509	976	1492	2418	3249	1318.4
1995	1465	616	3597	1025	1507	2442	3367	1311 1238
1996	1358	599	3551	1011	1479	2403	3337	焦 1309 白煤 1163
1997	1263	566	3529	1020	1503	2396	3312	焦 1270 白煤 1180
1998	1309		3498	1011	1500			焦 1345 白煤 1141
1999	1279		3398	994	1469			焦 1304 白煤 1108
2000								
2001								

注:①隔膜法液碱。②水银法液碱。

3—13 机械工业主要技术经济指标

年份	铸铁件废品率（%）	铸钢件废品率（%）	机械加工件废品率（%）	金属切削机床利用率（%）	钢材利用率（%）	轴承钢利用率（%）
1952						
1957	7.90	4.50	2.10			
1963						
1964						
1965						
1966						
1967						
1968						
1969						
1970						
1971	11.20	5.50	2.60	68.90		
1972	11.90	5.50	2.10	67.40		
1973	14.40	5.40	2.40	63.90		
1974	14.00	7.30	1.90			
1975	13.00	7.80	2.45	59.91		
1976	14.20	6.26	3.27	57.45		
1977	13.60	8.12	3.18	54.61	62.6	39.8
1978	11.10	6.35	2.01	55.56	65.8	37.5
1979	10.70	5.19	1.82	52.13	67.4	41.0
1980	10.30	4.70	1.50	49.10	67.8	33.9
1981	10.10	5.00	2.20	45.20	66.9	40.9
1982	8.60	5.08	2.11	49.10	65.4	42.3
1983	10.00	4.85	1.92	48.20	65.8	43.3
1984	7.80	6.31	2.03	48.20	65.8	43.8
1985	8.90	4.60	1.85	50.30	67.5	43.6
1986	9.27	4.41	1.67	48.40	67.4	44.3
1987	9.93	4.24	1.96	49.60	68.5	45.9
1988	9.66	3.90	1.60	49.90	73.9	45.3
1989	9.88	4.12	1.70	49.40	68.1	45.7
1990	10.51	4.39	1.87	47.40	62.0	45.5
1991	7.19	2.81	1.87	49.40	65.0	45.6
1992	9.09	2.25	1.73	52.10	57.8	45.1
1993	5.50	1.00	2.50	49.70	56.2	44.5
1994	7.30	1.50	2.30	52.30	57.2	50.0
1995	9.16	4.08	2.18	57.63	62.4	45.9
1996	9.10	1.40	2.30	51.90	49.6	46.1
1997	8.60		2.00	49.50	53.3	45.1
1998	4.50	12.90	2.40	48.40	51.1	46.0
1999	10.3	11.70	1.50	47.60	69.4	48.2
2000	6.80	10.30	1.50	50.20	52.20	46.30
2001	9.90	8.90	1.20	52.30	72.30	52.70

3—14 建材工业主要技术经济指标

年份	出厂水泥合格率(%)	水泥平均标号(号)	回转窑运转率(%)	水泥熟料耗标准煤(公斤/吨)	水泥综合耗电(千瓦小时/吨)	平板玻璃一极品率(%)	每重量箱平板玻璃耗标准煤(公斤)	每重量箱平板玻璃耗纯碱(公斤)
1952			73.49	278.50		84.48	39.80	10.32
1957		412	86.25	247.00		89.96	29.51	10.05
1963								
1964								
1965	99.99	483	84.50	221.80		84.49	32.90	10.11
1966	99.99	488	89.20	216.30	87.86	69.10	31.53	10.22
1970	99.80	479	81.20	223.10	91.20	73.42	36.43	9.89
1971	99.71	482	82.17	224.20	94.06	71.90	35.59	9.63
1972	99.78	485	75.79	223.60	93.44	68.06	34.81	9.64
1973	99.88	484	78.32	215.10	95.41	56.02	43.92	9.90
1974	99.91	490	67.99	216.20	96.81	61.72	40.15	10.09
1975	99.80	483	76.82	215.90	95.86	61.60	41.01	9.94
1976	99.79	486	68.43	215.30	99.15	62.37	44.26	10.26
1977	99.76	479	73.33	214.30	98.25	56.02	38.32	9.96
1978	99.94	493	79.97	211.20	96.70	65.12	35.09	9.95
1979	99.97	502	84.12	207.16	96.00	72.86	32.39	9.75
1980	99.99	448	85.27	206.54	96.65	77.78	30.85	9.76
1981	99.99	452	84.51	207.53	98.62	79.80	30.67	9.81
1982	99.97	449	83.26	207.62	100.00	78.94	30.55	9.73
1983	99.96	484	83.62	206.01	100.90	82.50	30.10	9.72
1984	100.00	472	82.67	205.85	102.39	83.31	29.88	9.78
1985	99.99	604	84.07	201.10	103.93	82.25	30.76	10.12
1986	99.99	611	81.34	198.15	105.59	75.56	31.04	10.03
1987	100.00	618	80.77	193.30	106.23	69.49	32.66	10.12
1988	100.00	614	78.40	191.20	107.31	68.54	31.56	10.26
1989	99.99	605	78.77	188.30	108.67	70.19	28.99	10.43
1990	100.00	604	79.49	185.40	109.93	70.10	28.59	10.41
1991	99.99	605	79.61	183.50	110.53	68.96	27.13	10.49
1992	100.00	610	81.57	178.30	110.30	74.60	24.48	10.44
1993	100.00	605	79.80	164.50	105.60	78.48	27.35	10.19
1994	100.00	611	79.65	175.31	113.43	73.90	29.63	9.86
1995	100.00	回转窑 603 立窑 592	72.93	158.59	98.84	69.11	25.41	10.55
1996	100.00	回转窑 610 立窑 595	72.35	157.75	103.81	70.40	24.14	10.78
1997	100.00	回转窑 610 立窑 589	70.28	169.02	107.18	64.96	22.84	10.53
1998	100.00	回转窑 618 立窑 600	72.00	160.75	100.37	66.87	24.88	10.60
1999	100.00	回转窑 593 立窑 599	74.00	156.35	97.29	74.75	24.35	10.71
2000								
2001	100	回转窑 52 立窑 55	77.78	153.85	97.37		18.25	10.73

注:2001 年水泥平均标号计量单位为“兆帕”

3—15 森林工业主要技术经济指标

年份	平均每台拖拉机年集材量（立方米）	平均每辆汽车年运材量（立方米）	平均每台森铁机车年运材量（立方米）	木材采运工人实物劳动生产率（立方米/人）	锯材出材率（%）	胶合板一、二等品率（%）
1952						
1957	6019	6063	29078		69.1	
1963						
1964						
1965	5452	5482	34949		70.2	
1966	5891	6402	39142		69.5	
1967						
1968						
1969						
1970						
1971	5174	5228	35747		69.2	
1972	4806	5027	35308		68.8	
1973	5083	5500	36745		69.1	
1974	4920	5389	34439		68.7	
1975	5138	5533	35073		68.9	
1976	5030	5561	34058		68.1	
1977	4902	5636	33135		68.1	
1978	4772	5824	33902		69.4	
1979	4755	5825	34703		668.2	
1980	4492	5431	32128		69.5	
1981	4395	4983	29805		69.2	
1982	4401	4607	29330		69.6	
1983	4503	4985	29505		70.2	
1984	4418	5038	24159		71.9	
1985	4284	4804	26442	134.9	71.4	86.6
1986	4355	4754	26110	134.6	70.1	78.3
1987	4261	4654	27446	136.0	67.5	85.9
1988	4070	4456	24813	128.7	67.9	83.7
1989	3981	4367	22912	125.0	66.6	82.6
1990	3627	4375	21976	124.0	66.2	76.6
1991	3350	3802	19854	115.0		64.3
1992	3183	3654	18401	116.0	61.9	70.3
1993	3072	3507	16927	103.0	60.7	64.0
1994	3049	2493	18186	102.0	62.3	66.5
1995	3488	3372	13924	119.0	57.5	(45.4)
1996	3199	1950	13538	107.0	55.7	(62.7)
1997	3053	2743	19941	98.0	54.0	(66.4)
1998	2803	2583	19441		57.0	55.6
1999	2690	2321	18279		57.6	62.1
2000	2404	1949	15310		55.1	70.5
2001	2281	1916	13519		52.5	67.7

注：括号内数字为胶合板优等、一等品率。

3—16 纺织工业主要技术经济指标

年份	棉纱一等一级以上品率(%)	每千锭时平均产纱量(公斤)	每吨纱通扯净用棉量(公斤)	每吨纱耗电量(千瓦小时)	棉纺锭设备利用率(%)	布入库一等品率(%)	棉布织机每台时产量(米)
1952			199.0		89.20		3.99
1957	65.20	20.70	193.6		82.70		4.07
1963							
1964							
1965	88.10	22.30	192.9	277.0	89.50	97.40	4.06
1966	90.80	24.50	192.8		91.60	94.80	4.19
1967							
1968							
1969							
1970	90.10	28.80	193.3			82.50	4.33
1971	91.20	27.80	193.2	253.0		86.90	4.31
1972	94.90	27.30	192.7	263.0	84.10	91.70	4.20
1973	94.70	26.80	192.1	278.0	92.00	92.00	4.10
1974	95.20	26.00	192.4	288.0	89.50	88.50	3.90
1975	93.80	26.40	192.7	293.0	96.60	84.40	3.90
1976	92.10	25.70	193.1	303.0	93.00	85.70	3.80
1977	89.90	26.20	193.2	305.0	94.70	84.50	3.90
			(192.0)	(314.0)			
1978	96.70	26.50	1070.0	1750.0	95.20	92.70	4.15
1979	98.57	25.80	1068.0	1778.0	102.90	95.60	4.21
1980	98.38	24.80	1065.0	1827.0	102.40	96.70	4.15
1981	98.59	23.90	1064.0	1888.0	101.00	96.00	3.99
1982	98.86	24.70	1067.0	1862.0	97.80	95.90	3.97
1983	98.77	24.10	1067.0	1894.0	94.70	95.52	3.84
1984	98.95	22.80	1063.0	1943.0	94.70	95.53	3.65
1985	98.49	22.41	1064.0	1983.0	96.36	94.89	3.57
1986	98.77	21.27	1068.0	1914.0	98.18	95.33	3.59
1987	98.82	22.48	1068.0	1946.0	99.45	95.78	3.57
1988	99.09	22.24	1070.0	1969.0	96.09	96.25	3.53
1989	98.72	21.11	1075.0	2042.0	94.99	96.02	3.47
1990	98.52	19.88	1070.0	2129.0	91.15		3.38
1991	99.10	19.92	1069.0	2125.0	88.05		3.32
1992	99.26	19.92	1077.0	2126.0	90.57	96.01	3.39
1993	98.98	19.59	1070.0	2178.0	92.56	96.73	
1994	98.72	17.81	1071.2	2248.0	93.71	97.56	3.44
1995	97.66	17.82	1068.3	2229.0	92.35	纯棉 96.08	3.29
						纯棉 96.90	
1996	98.61	18.42	1061.1	2305.0	90.46	纯棉 96.51	3.43
						纯棉 97.82	
1997	98.28	18.60	1078.0	2349.0	94.16	纯棉 96.70	4.03
						纯棉 97.83	
1998	98.95	18.70	1059.0	2335.0	93.69	96.26	3.50
1999	99.23	19.11	1077.0	2246.0	98.73	94.98	3.57
2000	99.37	19.84	1076.0	2320.0	100.16	98.17	3.63
2001	99.19	19.1	1049.1	2329.4	99.81	96.25	3.67

注:①每吨纱通扯净用棉量1978年括号内及以前年份的数字均为每件棉纱通扯净用棉量。

②每吨纱耗电量1978年括号内及以前各年的数字均为每件棉纱耗电量。

3—16 续表 1

年份	每百米棉布用纱量（公斤）	每百米棉布用电量（千瓦小时）	棉布织机设备利用率（%）	印染布入库一等品率（%）	粘胶纤维		每吨粘胶纤维用浆粕（吨）
					正品率（%）	一级品率（%）	
1952	13.90		89.40				
1957	13.40		72.90		36.20		1.22
1965	15.80	14.80	88.50	94.50	96.00	70.00	
1966	16.10		92.50	93.30	89.70	55.60	1.06
1970	16.70				76.50		1.06
1971	16.90	16.90			74.30		1.10
1972	16.80	17.40	81.60	87.60	80.70	60.20	1.09
1973	16.70	18.50	88.60	87.20	84.30	52.00	1.11
1974	16.50	19.00	82.20	84.40	77.20	44.40	1.13
1975	16.40	19.20	93.50	82.40	76.90	37.70	1.14
1976	16.40	19.60	90.80	81.10	77.30	41.20	1.15
1977	16.60	19.40	93.10	81.70	82.40	48.00	1.12
1978	16.30	19.60	92.20	87.60	91.30	60.90	1.10
1979	16.10	20.40	98.30	90.10	96.24	78.40	1.10
1980	16.10	20.30	99.50	90.70	98.40	87.16	1.08
1981	15.80	21.10	99.90	88.80	98.43	89.10	1.08
1982	15.60	21.00	99.00	88.90	98.58	89.93	1.08
1983	16.60	21.70	96.30	87.70	98.76	90.01	1.07
1984	18.80	22.70	93.40	86.20	99.07	90.81	1.06
1985	16.17	23.07	97.54	84.93	98.60	92.15	短纤 1.05 长丝 1.11
1986	16.30	23.02	96.42	83.78	99.06	90.73	短纤 1.05 长丝 1.13
1987	16.70	23.44	96.84	84.56	98.48	89.75	短纤 1.05 长丝 1.17
1988	16.29	23.69	94.17	85.57	98.13	86.83	短纤 1.06 长丝 1.16
1989	16.19	24.03	93.50	85.69	97.44	82.60	短纤 1.06 长丝 1.21
1990	16.44	25.24	91.52	86.64	97.94	89.59	短纤 1.05 长丝 1.20
1991	17.08	26.32	87.76	87.12	98.88	89.85	短纤 1.04 长丝 1.14
1992	17.87	26.90	88.95	88.39	99.18	92.83	短纤 1.05 长丝 1.12
1993			91.79	96.15	99.25	94.09	短纤 1.05 长丝 1.10
1994	17.25	29.93	91.30	96.72	99.38	93.04	短纤 1.05 长丝 1.10
1995	17.72	29.08	92.35	纯棉 93.98 涤棉 93.25	99.12	94.66	短纤 1.06 长丝 1.11
1996	17.75	32.91	89.51	纯棉 93.76 涤棉 93.86	98.90	93.38	短纤 1.07 长丝 1.11
1997	18.80	31.70	91.63	纯棉 94.36 涤棉 94.52	99.49	95.62	短纤 1.05 长丝 1.10
1998	18.63	33.04	89.26	95.02	99.03	94.89	短纤 1.04 长丝 1.07
1999	19.65	33.36	92.3	95.48	99.56	95.45	短纤 1.04 长丝 1.07
2000	20.34	34.63	95.79	91.01	99.57	95.59	短纤 1.04 长丝 1.07
2001	21.68	38.11	99.7	96.38			

3—16续表2

年份	每吨粘胶纤维耗硫酸（吨）	每吨粘胶纤维耗烧碱（吨）	每吨粘胶纤维耗电（千瓦小时）	每吨粘胶纤维耗标准煤（吨）	合成纤维	
					正品率（%）	一等品率（%）
1952	1.40	0.87				
1957	1.48	0.92				
1960	1.45	0.83	4408	4.90		
1962	1.12	0.71	4780	5.20	94.70	91.00
1965	1.05	0.68	4349	4.62		
1966	1.11	0.74			92.00	
1970	1.10	0.74			97.50	
1972	1.10	0.75	3813		98.40	90.70
1973	1.13	0.75	3966		98.90	88.00
1974	1.14	0.77	3897		98.40	87.00
1975	1.16	0.78	4036	5.30	97.10	84.70
1976	1.14	0.78	3722	5.10	97.10	83.90
1977	1.10	0.75	3761	4.70	94.50	80.00
1978	1.06	0.72	3600	4.27	96.25	81.34
1979	1.05	0.72	3927	4.61	98.29	87.42
1980	1.03	0.71	3676	4.25	99.11	94.20
1981	1.04	0.69	3448	4.06	97.89	89.75
1982	1.02	0.70	3608	3.92	98.49	90.04
1983	1.03	0.70	6786	4.28	98.97	91.78
1984	1.01	0.69	4240	4.05	99.14	91.43
1985	0.92(短纤)	0.65(短纤)	1967(短纤)	2.34(短纤)	98.91	89.91
	1.33(长丝)	0.84(长丝)	9205(长丝)	9.23(长丝)		
1986	0.90(短纤)	0.65(短纤)	1917(短纤)	2.20(短纤)	98.41	89.13
	1.37(长丝)	0.85(长丝)	9514(长丝)	8.21(长丝)		
1987	0.90(短纤)	0.64(短纤)	1948(短纤)	2.20(短纤)	98.11	90.32
	1.44(长丝)	0.86(长丝)	10060(长丝)	9.20(长丝)		
1988	0.92(短纤)	0.64(短纤)	2067(短纤)	2.35(短纤)	98.13	99.54
	1.40(长丝)	0.85(长丝)	9865(长丝)	8.62(长丝)		
1989	0.93(短纤)	0.65(短纤)	2063(短纤)	2.31(短纤)	97.64	88.97
	1.48(长丝)	0.90(长丝)	10615(长丝)	8.93(长丝)		
1990	0.92(短纤)	0.64(短纤)	2000(短纤)	2.28(短纤)	98.25	91.40
	1.35(长丝)	0.84(长丝)	10440(长丝)	9.17(长丝)		
1991	0.92(短纤)	0.63(短纤)	1918(短纤)	2.19(短纤)	98.42	92.09
	1.31(长丝)	0.84(长丝)	10000(长丝)	8.69(长丝)		
1992	0.91(短纤)	0.62(短纤)	1921(短纤)	2.19(短纤)	98.74	92.12
	1.31(长丝)	0.80(长丝)	9902(长丝)	8.10(长丝)		
1993	0.90(短纤)	0.61(短纤)	1919(短纤)	2.17(短纤)	97.90	88.84
	1.29(长丝)	0.78(长丝)	9419(长丝)	7.80(长丝)		
1994	0.90(短纤)	0.61(短纤)	1955(短纤)	2.17(短纤)	98.32	91.02
	1.29(长丝)	0.78(长丝)	9239(长丝)	7.55(长丝)		
1995	0.88(短纤)	0.67(短纤)	1968(短纤)	2.01(短纤)	96.64	88.60
	1.29(长丝)	0.77(长丝)	8642(长丝)	6.42(长丝)		
1996	0.87(短纤)	0.61(短纤)	2010(短纤)	2.14(短纤)	98.86	92.64
	1.27(长丝)	0.77(长丝)	8698(长丝)	6.41(长丝)		
1997	0.86(短纤)	0.60(短纤)	1937(短纤)	2.05(短纤)	98.45	90.59
	1.28(长丝)	0.76(长丝)	8979(长丝)	6.57(长丝)		
1998	0.82(短纤)	0.58(短纤)	1791(短纤)	1.88(短纤)	98.79	98.35
	1.25(长丝)	0.73(长丝)	8425(长丝)	5.89(长丝)		
1999	0.80(短纤)	0.55(短纤)	1561(短纤)	1.67(短纤)	99.27	94.39
	1.26(长丝)	0.76(长丝)	7669(长丝)	5.34(长丝)		
2000	0.80(短纤)	0.55(短纤)	1508(短纤)	1.63(短纤)	99.39	94.84
	1.27(长丝)	0.73(长丝)	7573(长丝)	5.03(长丝)		
2001						

3—17 重点工业企业主要工业产品生产能力

产品名称	计量单位	1990 年	1995 年	1998 年	1999 年	2000 年	2001 年
原煤(按核定能力填报)	万吨	109682	119497	74638	76194	76976	
天然原油	万吨	14089	15565	14315.6	13948.39	14297.44	16546.71
天然气	亿立方米	109	153.17	159.52	161.67	172.93	267.07
原盐	万吨	3049	3786.2	3035.3	3008.31		
木材	万立方米	2550		2637	2610.0	2589	2369
发电设备容量总计	万千瓦	13789	22629.01	27728.9	29876.79	31932.09	33861.19
白酒	万吨		765	525.3	513.45		
啤酒	万吨	1076.42	2253.52	2399.45	2617.79		
卷烟综合生产能力(二班)	万箱		4293.73	3762.6	3788.71	3807.26	4437.78
化学纤维	万吨	202.45	422.24	731.04	657.41	773.16	978.82
棉印染布	亿米			119.12	118.94	118.6	209.43
机制纸浆	万吨	1240	1307.31	1091.28	1083.26		
机制纸	万吨	1595.62	3470.71	1042.49	1038.45		
硫酸(折 100%)	万吨	1605.6	2137.77	2471.3	2759.39	2759.4	
浓硝酸(折 100%)	万吨	49.9	80.53	83.26	76.00	81.19	
氢氧化钠(烧碱)(折 100%)	万吨	399.03	618.11	685.77	699.66	765.22	
碳酸钠(纯碱)	万吨	410.12	694.80	777.02	742.77	778.83	
合成氨	万吨	2532.48	3197.36	4066.82	4017.41	4263.74	
农用氮、磷、钾化学肥料总计(折纯)	万吨	2317.72	3871.31	3807.61	3844.93	4122.14	
化学农药原药(折 100%)	万吨	38.54	100.1	76.16	88.37	93.35	
乙烯	万吨	176.82	278.08	422.32	431.32	415.2	445
塑料树脂及共聚物	万吨	340.15	670.50	875.89	910.31	667.27	
合成橡胶	万吨	36.28	57.31	79.59	93.37	90.2	97.17
水泥	万吨	26889	59308.9	66902.4	70175.25	71827.14	73183.31
平板玻璃	万重量箱	9433	18491.4	19737	19960.91	20453.92	23480.62
生铁	万吨	6531.07	1713	11680.46	12586.42	11171.35	12193.38
钢	万吨	7120.63	11693	13470.28	14549.21		14903.8
连铸坯	万吨			8934.46	10566.46	11702	13103.8
初轧处理能力	万吨		5256	4049.22	3300.4		
钢材轧制能力(轧制量)	万吨			13802.8	15179.14		13545.87
铁合金	万吨	324.09	551.5211	467.41	450.86		238.75
金属切削机床	万台			19.27	19.69	15.34	16.36
大中型拖拉机	万台	10.08	10.43	13.52	14.59	14.47	10.69
小型拖拉机	万台	184.25	313.08	348.62	341.07	250.93	278
汽车	万辆	88.91	328.54	267.56	288.99	266.8	374.08
其中：载货汽车	万辆		166.23	131.66	132.76	116.87	110.9
客车	万辆		72.61	60.55	59.83	50.12	61.56
轿车	万辆		51.90	57.31	46.2	39.5	43
家用洗衣机	万台	1621.22	2183.19	2227	2296.97		
家用电冰箱	万台	1153.81	1820.83	1694.35	1501.48		
家用冷冻箱	万台		697.72	585.93	630.83		
房间空气调节器	万台	98.28	2035.40	914	949.5		
移动通信手持机	万部			626	3252.0	6743	13391
程控交换机	万线		3215.49	4622	7779.0	6362	11212
微型电子计算机	万部	63.41	624.89	1214	830.0	1153	1901
其中：便携式微型计算机	万部			9	26.0	85	50
电视机	万部	4883	7498.5	7763	8135.0	8113	8911
其中：彩色电视机	万部	2279.45	4468	6378	7028.0	7447	8661
影碟机(VCD)	万台			2497	3021.0	3646	4529

注：2000 年、2001 年部分数据统计不全，有缺项。

四 中国工业经济的地区布局

4—1 按地区分组的全部国有及规模以上非国

地　区	企业单位数（个）	亏损企业	工业总产值（1990年不变价格）	工业总产值（当年价格）	工业销售产值（当年价格）	工业增加值（当年价格）
全　国	**171256**	**39346**	**86772.70**	**95448.98**	**93182.87**	**28329.37**
北　京	4356	1127	2918.66	2908.82	2855.49	751.16
天　津	5561	1405	2981.20	2940.40	2882.29	728.10
河　北	7696	1541	3120.03	3766.85	3693.27	1244.14
山　西	3308	755	1066.81	1396.73	1355.63	499.78
内蒙古	1379	313	597.52	830.32	813.11	307.60
辽　宁	5847	1907	3588.33	4480.32	4360.69	1255.69
吉　林	2608	815	1681.88	1876.65	1819.15	589.06
黑龙江	2500	782	1338.68	2365.44	2308.85	1207.89
上　海	9762	1866	7133.87	7003.90	6922.26	1988.38
江　苏	19684	3861	10608.22	11747.83	11402.97	2943.45
浙　江	18626	2118	8377.02	7882.47	7643.37	1874.41
安　徽	3698	1156	1638.29	1824.64	1791.00	577.18
福　建	6583	1596	2888.19	2945.02	2856.43	875.39
江　西	3283	1135	861.60	1016.02	991.59	308.22
山　东	12268	1672	8051.12	9377.37	9168.61	2900.73
河　南	9720	1656	2904.97	3843.18	3761.94	1249.76
湖　北	6197	1367	2913.25	3239.51	3161.77	1072.77
湖　南	4961	1506	1383.30	1811.22	1788.02	606.54
广　东	20721	5287	14566.00	14035.35	13701.76	3738.28
广　西	3126	1354	949.46	1059.23	1029.35	342.68
海　南	589	226	187.43	219.50	209.20	65.30
重　庆	2054	559	1106.31	1072.83	1050.37	308.19
四　川	4572	1197	2140.05	2304.51	2258.76	790.35
贵　州	2054	804	591.02	696.63	666.87	236.57
云　南	2031	853	756.29	1157.40	1141.31	582.14
西　藏	378	66	8.76	17.88	15.97	9.49
陕　西	2440	961	1073.00	1338.20	1300.36	459.68
甘　肃	3153	646	611.65	951.21	922.62	296.50
青　海	391	151	113.99	194.16	181.19	71.84
宁　夏	410	158	180.22	268.84	260.19	82.93
新　疆	1300	506	435.57	876.57	868.50	365.20

有工业企业主要经济指标(2001)

单位:亿元

资产合计	流动资产小计	应收帐款净额	流动资产年平均余额	固定资产原价	生产经营用
135402.49	**57804.97**	**14831.40**	**56486.77**	**86293.10**	**74084.67**
4448.22	2011.71	527.67	2025.01	2503.65	2165.09
4215.66	1832.18	534.24	1772.75	2763.94	2326.84
5656.53	2161.37	505.45	2113.92	3959.33	3367.06
3508.75	1282.42	302.89	1265.66	2473.47	2155.15
1928.05	642.08	125.34	617.46	1456.88	1264.73
8377.22	3354.48	803.65	3275.78	6112.04	5272.13
3303.36	1304.25	353.10	1297.00	2103.69	1765.44
4243.96	1661.86	467.67	1609.78	3480.01	2984.26
10435.70	4665.89	1283.09	4627.04	5918.95	5131.86
11783.98	5748.81	1583.56	5646.49	6733.23	5934.68
8015.87	3910.39	1043.66	3780.33	4294.78	4024.71
3008.61	1192.61	270.29	1161.49	1950.65	1765.05
3632.22	1514.43	422.49	1463.02	2351.09	1912.28
1932.75	748.27	192.97	744.87	1234.57	1035.56
10522.00	4448.29	913.93	4286.54	6834.75	6061.44
5633.03	2341.71	551.22	2283.02	3779.65	3132.71
4954.09	2039.90	503.01	1904.01	3243.45	2406.71
2978.07	1171.36	309.76	1155.51	2095.68	1771.15
14935.66	7306.98	2049.85	7362.82	8655.82	7505.83
2116.94	724.94	162.48	707.02	1343.96	1111.60
394.84	141.22	36.14	146.83	263.70	221.51
2013.27	900.08	272.37	887.49	1205.64	1074.01
4862.54	1980.49	453.20	1806.75	3115.87	2695.30
1698.58	704.48	172.20	685.41	1015.10	761.40
2585.06	1035.61	197.86	938.46	1525.74	1322.45
86.73	24.25	8.74	22.69	62.30	52.57
3071.02	1194.00	328.68	1118.51	2037.19	1729.31
1901.69	703.22	170.81	725.33	1270.26	853.72
734.72	244.70	104.25	231.35	517.71	444.40
590.91	224.29	69.25	226.00	422.73	389.87
1832.46	588.71	111.60	598.42	1567.26	1445.83

4—1续表1

地区	固定资产小计	累计折旧	本年折旧	固定资产净值	固定资产净值年平均余额	负债合计
全国	**63463.98**	**29666.83**	**4509.37**	**56626.27**	**55437.43**	**79843.42**
北京	1838.48	887.53	120.26	1616.12	1571.85	2459.56
天津	1916.13	995.89	161.43	1768.05	1657.85	2456.77
河北	3020.15	1420.48	190.16	2538.85	2572.86	3577.83
山西	1902.03	773.08	101.51	1700.39	1581.88	2238.22
内蒙古	1095.33	504.35	59.05	952.53	978.82	1126.75
辽宁	4354.16	2178.79	291.38	3933.24	3810.21	4916.27
吉林	1628.97	683.71	108.13	1419.98	1420.87	2068.99
黑龙江	2328.39	1370.64	196.04	2109.37	2087.66	2504.61
上海	4006.02	2297.00	363.77	3621.95	3481.48	4848.17
江苏	4971.11	2221.98	383.88	4511.26	4429.94	7073.68
浙江	3300.99	1295.38	262.06	2999.41	2952.41	4433.43
安徽	1509.07	627.16	86.92	1323.49	1291.70	1847.50
福建	1792.51	660.31	131.98	1690.78	1639.58	2061.56
江西	942.67	411.15	61.98	823.42	802.83	1282.74
山东	4916.05	2510.27	367.50	4324.48	4213.54	6342.28
河南	2791.78	1319.30	176.03	2460.35	2458.14	3699.60
湖北	2343.15	1201.87	138.46	2041.58	2045.23	3008.26
湖南	1521.05	727.31	90.38	1368.37	1314.77	1982.01
广东	6211.69	2975.88	502.43	5679.95	5660.98	8364.87
广西	1056.43	397.60	56.13	946.36	948.34	1295.09
海南	203.28	81.69	12.12	182.01	188.48	236.64
重庆	898.36	409.81	54.85	795.82	777.32	1262.71
四川	2370.40	1033.07	153.64	2082.80	2016.50	3054.15
贵州	830.70	322.56	47.02	692.53	672.36	1066.76
云南	1172.09	496.20	79.00	1029.54	983.95	1399.56
西藏	52.87	11.69	1.74	50.60	47.48	20.66
陕西	1590.06	623.46	114.41	1413.73	1330.35	2027.06
甘肃	993.08	424.43	48.69	845.83	842.93	1232.47
青海	442.85	122.86	25.66	394.86	399.35	512.55
宁夏	318.54	141.89	25.02	280.84	260.81	339.93
新疆	1145.58	539.47	97.74	1027.79	996.96	1102.76

单位:亿元

流动负债小计	所有者权益合计	实收资本			
			国家资本	港澳台资本	外商资本
56138.72	**55424.40**	**36217.11**	**14206.30**	**3188.47**	**4489.57**
1797.30	1988.67	1283.08	438.38	56.68	222.68
1770.96	1712.73	1224.67	446.13	99.63	350.30
2370.27	2078.70	1428.95	778.52	48.41	96.77
1304.38	1202.47	879.06	500.84	9.48	20.53
650.14	801.30	588.89	374.42	5.18	10.31
3475.59	3460.95	2288.31	1180.77	91.14	244.06
1448.03	1234.37	848.22	361.99	13.79	51.80
1754.43	1739.34	1184.79	850.85	11.82	29.10
3796.31	5587.53	3496.03	1047.93	277.00	814.10
5547.31	4710.30	3211.46	688.77	322.93	780.54
3484.35	3582.44	2027.85	313.88	166.83	197.31
1223.47	1161.11	861.93	468.05	45.44	74.61
1360.45	1570.16	1142.55	233.63	350.81	226.88
830.49	641.92	464.51	280.50	19.46	11.77
4499.07	4179.72	2559.52	1109.81	84.98	252.62
2447.42	1933.43	1284.72	565.05	33.22	35.61
1892.48	1945.84	1269.66	620.06	28.45	83.70
1223.78	996.06	674.74	342.91	19.62	29.96
6617.79	6570.79	4176.64	646.92	1405.83	746.99
841.48	821.85	509.93	343.60	12.02	53.14
135.20	158.21	138.44	65.75	4.13	18.54
948.05	750.56	568.77	219.30	16.06	47.49
1919.52	1808.39	994.01	401.04	21.94	40.12
699.45	631.83	427.58	251.86	6.62	7.32
949.06	1185.49	532.56	310.93	8.34	18.19
16.11	66.07	50.76	22.37	0.00	0.09
1237.83	1032.12	836.75	517.16	18.89	12.39
749.54	669.21	468.08	240.40	3.40	5.00
242.28	222.17	162.61	77.57	1.01	0.20
225.40	250.98	128.13	89.08	0.40	4.46
680.81	729.70	503.90	417.83	4.97	2.99

4—1 续表 2

地　区	产品销售收入	产品销售成本	产品销售费用	产品销售税金及附加	产品销售利润	管理费用
全　国	**93733.34**	**77259.89**	**3502.77**	**1553.82**	**11406.13**	**5854.50**
北　京	3006.90	2533.45	139.61	26.12	307.72	237.60
天　津	2983.26	2459.89	127.76	28.84	366.78	165.88
河　北	3776.67	3144.40	114.31	47.92	470.04	222.81
山　西	1358.86	1049.27	95.24	19.72	194.63	116.53
内蒙古	821.16	667.41	39.29	13.26	101.20	57.19
辽　宁	4580.34	3892.85	114.44	62.88	510.18	309.02
吉　林	1790.21	1457.21	50.53	41.66	240.81	165.62
黑龙江	2402.30	1593.47	57.16	62.93	688.74	159.41
上　海	7213.02	5889.13	290.78	95.16	937.95	546.09
江　苏	11247.52	9678.29	375.10	99.30	1094.83	592.37
浙　江	7788.59	6581.95	243.64	97.10	865.90	363.60
安　徽	1771.34	1443.39	71.11	50.34	206.51	122.64
福　建	2789.09	2345.98	101.62	47.09	292.27	142.79
江　西	973.60	796.89	41.41	25.49	109.81	78.01
山　东	9088.82	7543.15	305.74	106.51	1133.42	467.48
河　南	3642.32	3015.28	134.09	65.41	426.27	218.79
湖　北	3043.82	2474.43	124.56	61.00	383.83	227.53
湖　南	1699.15	1325.67	69.53	88.18	215.78	142.87
广　东	13891.46	11788.59	574.37	123.08	1405.42	709.08
广　西	1029.18	825.76	41.02	19.56	142.83	86.00
海　南	192.82	147.87	17.88	4.26	22.81	15.04
重　庆	1073.25	869.09	53.92	24.49	125.75	88.48
四　川	2290.88	1784.02	122.97	52.49	329.88	186.07
贵　州	646.01	494.03	30.88	33.91	87.10	56.97
云　南	1161.38	747.95	36.40	171.03	205.96	94.09
西　藏	16.74	11.06	1.24	0.43	3.89	2.12
陕　西	1292.71	987.02	52.74	33.00	214.41	117.87
甘　肃	818.85	684.34	19.69	23.08	91.74	65.35
青　海	199.84	155.53	5.22	3.00	36.09	18.92
宁　夏	269.76	227.45	8.01	4.08	30.22	18.13
新　疆	873.47	645.08	42.53	22.52	163.35	60.15

单位:亿元

利息支出	营业利润	利润总额	亏损企业亏损总额	本年应交增值税	全部从业人员平均人数(万人)
1757.89	**4141.79**	**4733.43**	**1211.02**	**4018.09**	**5441.43**
44.45	75.32	136.98	53.47	116.42	108.02
5.14	165.22	185.00	60.41	118.54	123.44
91.90	169.83	188.21	49.04	172.51	272.98
46.03	32.97	39.86	23.90	89.42	178.57
32.84	13.46	19.46	15.15	46.09	81.44
111.49	113.61	144.46	82.63	194.59	260.68
40.90	43.84	85.62	38.54	90.52	124.52
39.37	487.32	493.87	36.93	182.21	177.36
92.29	354.93	450.01	96.45	284.27	208.44
167.50	379.04	419.85	88.17	423.45	514.80
112.60	404.79	459.51	30.50	297.96	366.62
41.62	54.74	62.64	27.72	91.34	149.73
45.15	103.46	118.22	46.09	99.07	161.93
30.55	5.92	13.49	19.78	51.23	100.65
153.92	537.53	560.91	46.07	383.77	523.08
100.24	122.57	141.62	42.68	150.68	335.73
69.45	105.95	134.49	43.99	140.32	218.32
40.90	39.19	51.42	33.91	96.41	155.20
159.25	562.40	595.60	167.19	421.30	578.94
29.64	32.91	37.11	23.31	66.58	88.86
6.49	3.98	7.17	6.05	10.21	11.78
31.67	12.80	23.82	22.37	53.45	84.19
83.19	66.35	84.77	34.13	117.01	195.97
22.61	12.89	18.59	14.53	42.05	66.36
33.73	83.01	82.19	20.15	94.18	70.96
0.15	1.98	2.77	0.41	1.18	2.92
55.65	56.66	62.96	36.11	66.55	115.46
24.07	4.00	7.68	17.05	41.91	85.98
12.97	4.54	5.26	6.08	12.68	14.10
9.87	3.37	4.30	6.71	12.81	22.02
22.24	87.18	95.59	21.50	49.37	42.37

4—2 按地区分组的国有及国有控股工业

地　区	企业单位数（个）	亏损企业	工业总产值（1990年不变价格）	工业总产值（当年价格）	工业销售产值（当年价格）
全　国	**46767**	**16858**	**34466.50**	**42408.49**	**41835.58**
北　京	2173	686	1839.39	1893.83	1863.36
天　津	1810	778	837.10	974.41	951.02
河　北	2512	788	1421.19	1880.67	1854.21
山　西	1695	443	692.02	954.25	939.38
内蒙古	681	172	426.98	633.25	623.17
辽　宁	2188	922	2073.42	2928.95	2881.44
吉　林	1392	514	1321.07	1505.03	1463.57
黑龙江	1328	534	961.50	1957.20	1929.32
上　海	2067	514	3483.32	3409.72	3383.51
江　苏	2075	684	2812.32	3111.63	3066.10
浙　江	1122	370	979.89	1194.74	1181.33
安　徽	1013	446	871.55	1113.23	1103.85
福　建	1308	450	764.84	873.94	861.25
江　西	1981	826	638.00	768.53	755.21
山　东	2403	569	2770.27	3645.14	3607.50
河　南	2856	867	1532.87	2037.31	2005.82
湖　北	2498	893	1757.87	2038.47	1995.05
湖　南	2117	879	818.46	1135.60	1126.49
广　东	2793	1000	3156.34	3236.65	3236.76
广　西	1829	908	570.32	648.57	637.36
海　南	372	166	125.98	144.02	139.98
重　庆	726	279	649.50	654.61	649.97
四　川	1485	541	1194.45	1337.99	1324.49
贵　州	1269	476	435.54	535.98	522.39
云　南	1277	602	558.33	929.80	920.45
西　藏	229	52	5.95	12.37	11.13
陕　西	1439	665	821.90	1038.37	1017.96
甘　肃	748	228	408.23	710.94	695.31
青　海	288	113	93.85	169.46	157.91
宁　夏	203	94	112.28	192.74	189.15
新　疆	890	399	331.76	741.09	741.14

企业主要经济指标(2001 年)

单位:亿元

工业增加值(当年价格)	资产合计	流动资产小计	应收帐款净额	流动资产年平均余额	固定资产原价	生产经营用
14652.05	**87901.54**	**33239.63**	**7788.77**	**32575.86**	**61782.45**	**52981.32**
482.73	3410.00	1381.02	372.27	1411.05	2116.95	1862.86
304.02	2513.15	886.97	213.41	877.58	1909.57	1621.89
690.36	4142.39	1424.01	336.09	1409.25	3153.54	2677.33
358.45	2961.53	1016.18	242.76	1010.87	2177.63	1900.55
233.32	1665.78	503.24	95.4	485.14	1332.77	1159.2
850.71	6549.21	2473.91	552.9	2422.71	5025.73	4296.18
455.49	2848.81	1071.65	282.07	1077.7	1874.54	1573.32
1090.02	3628.52	1358.94	377.67	1323.32	3208.27	2804.43
1055.14	6913.02	2670.56	642.5	2686.17	4190.43	3708.91
872.57	4782.46	2084.76	481.52	2039.85	3035.67	2662.55
396.85	2390.19	925.88	181.88	930.84	1607.37	1525.47
376.62	2254.09	810.3	167.57	792.37	1556.54	1405.13
333.24	1534.68	525.89	108.57	523.18	1160.61	934.66
237.78	1688.06	638.63	165.75	640.17	1105.04	932.48
1342.57	6313.32	2316.26	448.87	2261.91	4666.71	4150.81
697.34	4157.21	1632.12	375.18	1587.88	2960.87	2486.63
691.62	4059.45	1611.6	391.24	1487.02	2779.61	2093.98
416.88	2346.48	895.79	231.87	886.26	1704.19	1427.35
1058.82	5889.98	2422.88	506.94	2422.95	3982.54	3460.3
216.94	1608.83	506.44	114.13	497.56	1041.66	852.02
42.02	295.71	98.13	24.32	103.99	212.61	184.21
205.42	1597.02	681.7	206.4	678.56	1009.1	902.49
500.6	3616.84	1392.49	301.13	1246.18	2506.88	2176.47
188.97	1487.57	591.41	143.64	579.6	925.79	689.91
512.13	2235.36	878.41	165.03	784	1314.46	1134.97
6.12	77.01	20.11	8.15	19.4	57.39	49.33
357.41	2594.76	993.03	279.62	933.9	1762.94	1480.76
225.12	1569.27	549.14	132.83	568.17	1101.3	727.05
65.86	693.28	227.73	100.97	216.57	496.81	429.34
60.48	483.56	174.4	52.42	176.91	359.1	332.84
326.46	1594.01	476.04	85.67	494.84	1445.84	1337.93

4—2 续表 1

地　区	固定资产小计	累计折旧	本年折旧	固定资产净值	固定资产净值年平均余额
全　国	**45007.64**	**22193.96**	**3057.67**	**39588.49**	**38638.22**
北　京	1531.81	772.45	97.21	1344.50	1305.52
天　津	1295.61	727.18	96.27	1182.39	1121.36
河　北	2373.40	1217.01	154.02	1936.52	1981.49
山　西	1658.09	699.88	87.72	1477.74	1358.69
内蒙古	996.04	471.49	54.04	861.28	891.85
辽　宁	3567.12	1823.79	238.03	3201.94	3073.92
吉　林	1448.43	621.81	97.55	1252.74	1253.60
黑龙江	2058.39	1305.28	184.69	1902.99	1883.13
上　海	2774.29	1723.40	245.50	2467.03	2326.95
江　苏	2219.11	1106.92	157.45	1928.75	1892.29
浙　江	1232.62	499.96	88.81	1107.41	1094.27
安　徽	1198.12	513.30	66.92	1043.24	1012.80
福　建	877.47	358.21	59.43	802.41	774.01
江　西	833.97	382.96	56.77	722.08	704.93
山　东	3228.10	1841.86	254.84	2824.85	2756.02
河　南	2146.90	1093.93	135.49	1866.94	1854.75
湖　北	1982.90	1064.47	114.98	1715.14	1704.64
湖　南	1237.39	601.52	72.00	1102.67	1055.99
广　东	2941.08	1364.90	206.01	2617.64	2608.84
广　西	816.61	321.73	40.29	719.93	723.11
海　南	162.67	68.27	9.49	144.34	150.28
重　庆	749.09	350.43	43.59	658.68	646.83
四　川	1890.75	853.86	122.12	1653.02	1593.34
贵　州	753.58	298.88	41.90	626.91	609.93
云　南	1017.90	429.00	66.70	885.46	844.58
西　藏	48.36	10.82	1.56	46.57	44.17
陕　西	1365.75	543.56	85.52	1219.38	1136.85
甘　肃	858.08	380.75	42.27	720.55	717.01
青　海	424.30	119.06	25.06	377.75	383.88
宁　夏	268.25	123.64	21.74	235.47	216.53
新　疆	1051.46	503.65	89.69	942.19	916.65

单位:亿元

负债合计	流动负债小计	所有者权益合计	实收资本	国家资本	港澳台资本	外商资本
52025.60	**33144.47**	**35741.27**	**21780.70**	**13696.98**	**493.87**	**766.26**
1835.35	1256.46	1574.65	956.96	429.92	28.06	79.95
1546.06	945.08	920.92	657.44	413.39	30.87	41.95
2653.97	1641.08	1488.41	1007.38	764.33	24.29	22.01
1898.04	1038.55	995.42	724.82	491.49	5.60	12.70
971.53	520.02	694.25	520.65	370.81	2.84	5.86
3905.59	2646.25	2643.62	1646.42	1118.00	26.55	53.68
1807.44	1226.71	1041.37	703.88	344.08	6.70	26.89
2114.32	1454.67	1514.20	1014.94	842.97	4.95	2.36
2988.42	2119.21	3924.60	2144.57	1002.06	70.46	162.15
2789.23	1969.91	1993.23	1177.95	639.79	36.95	76.27
1240.27	727.37	1149.92	513.82	288.16	12.99	27.55
1345.46	829.90	908.62	633.63	462.10	25.61	14.81
939.47	505.74	594.72	361.14	219.88	21.95	5.91
1132.03	716.79	547.93	385.42	276.05	3.51	6.03
3748.34	2371.73	2564.98	1493.93	1090.97	18.26	27.59
2743.08	1734.21	1414.13	886.31	545.56	17.75	12.95
2494.28	1512.62	1565.18	994.81	611.64	7.15	45.62
1617.33	945.90	729.15	475.74	327.31	3.28	6.82
3179.87	2216.95	2710.11	1268.40	570.09	121.90	57.91
978.63	611.09	630.19	363.34	329.25	2.59	7.28
186.80	100.68	108.91	97.15	65.02	1.05	2.64
996.18	723.41	600.83	457.54	215.35	7.62	34.11
2315.25	1348.07	1301.58	670.39	385.69	4.91	12.98
926.14	583.93	561.43	365.33	249.09	0.23	3.53
1176.19	787.18	1059.17	436.27	307.95	1.80	8.56
18.04	14.31	58.97	45.82	21.83	0.00	0.00
1743.36	1058.04	839.56	703.81	509.43	3.31	5.21
1025.26	581.60	544.01	381.96	228.03	0.75	2.24
487.46	225.68	205.82	151.06	77.18	0.85	0.00
267.79	172.08	215.76	97.88	85.01	0.08	0.33
954.41	559.27	639.60	441.92	414.58	1.01	0.38

4—2 续表 2

地　区	产品销售收入	产品销售成本	产品销售费用	产品销售税金及附加	产品销售利润
全　国	**44443.52**	**35522.47**	**1360.09**	**1250.18**	**6303.81**
北　京	1898.57	1617.17	64.51	23.85	193.04
天　津	1108.42	911.68	28.54	21.12	147.09
河　北	2076.15	1705.66	52.66	35.71	282.12
山　西	971.87	736.44	66.53	12.98	155.92
内蒙古	646.16	521.97	31.28	10.60	82.31
辽　宁	3136.84	2677.06	58.45	55.81	345.51
吉　林	1461.38	1197.59	32.06	37.52	194.22
黑龙江	2033.65	1287.84	39.11	58.74	647.95
上　海	3663.94	2993.30	90.48	87.61	492.54
江　苏	3309.38	2826.67	86.16	59.22	337.32
浙　江	1481.06	1210.55	46.66	55.68	168.18
安　徽	1119.55	899.85	36.13	43.14	140.42
福　建	852.90	669.14	29.75	35.88	118.23
江　西	746.39	609.01	24.39	22.57	90.43
山　东	4027.13	3210.78	129.66	75.99	610.68
河　南	2011.58	1644.22	61.76	51.32	253.14
湖　北	1965.90	1583.41	61.60	48.26	272.62
湖　南	1090.22	824.44	36.54	80.32	148.93
广　东	3757.95	3062.08	119.78	71.44	504.65
广　西	650.26	515.90	23.11	15.53	95.73
海　南	129.28	101.48	9.89	3.93	13.99
重　庆	681.28	538.61	35.93	19.84	86.90
四　川	1373.84	1046.76	63.59	42.85	220.41
贵　州	516.05	389.17	19.95	32.54	74.39
云　南	934.40	564.43	25.58	169.61	174.73
西　藏	12.91	9.45	0.64	0.27	2.47
陕　西	1027.55	792.53	29.38	30.02	170.07
甘　肃	632.83	525.54	11.71	20.49	75.09
青　海	180.14	139.34	4.07	2.76	33.97
宁　夏	201.07	169.09	4.47	3.22	24.29
新　疆	744.86	541.31	35.70	21.38	146.47

单位:亿元

管理费用	利息支出	营业利润	利润总额	亏损企业亏损总额	本年应交增值税	全部从业人员平均人数(万人)
3482.19	**1138.15**	**1951.61**	**2388.56**	**752.15**	**2408.97**	**2675.11**
167.76	36.14	20.34	75.28	39.41	71.44	70.57
95.22	3.24	16.30	38.68	39.25	55.80	55.93
161.29	64.26	69.22	88.19	38.59	121.03	151.38
97.04	37.68	22.19	27.09	18.87	67.98	128.42
46.29	29.24	8.08	12.37	13.46	38.82	61.91
227.61	87.23	52.84	79.19	58.00	143.97	168.68
143.91	35.37	23.84	65.11	34.72	76.61	94.81
136.84	33.45	474.70	480.98	28.54	164.95	147.62
307.67	56.36	166.86	241.46	46.15	173.03	88.32
223.05	64.79	77.03	104.34	31.62	150.63	148.95
85.77	27.34	59.21	75.70	12.93	79.20	45.25
86.10	29.99	35.64	40.11	18.67	65.06	87.88
60.25	20.98	37.73	45.59	16.59	47.20	39.56
67.07	26.46	1.56	7.87	17.82	42.23	75.92
264.15	90.68	278.31	282.70	27.81	216.09	221.07
162.84	66.92	38.99	56.20	33.35	103.78	197.43
172.29	55.54	61.89	90.10	36.04	103.80	139.92
110.51	29.60	14.78	26.19	27.87	71.46	100.83
233.59	75.07	222.84	241.31	46.32	173.71	91.77
62.45	20.07	18.31	22.06	15.68	45.90	57.92
9.51	5.21	1.95	3.39	5.12	6.79	8.62
66.42	25.17	1.63	10.05	18.97	38.53	53.34
127.69	62.59	34.27	45.04	25.05	80.01	117.57
48.91	20.55	10.08	15.65	10.73	35.84	53.14
76.98	28.10	74.09	70.93	15.65	81.07	53.43
1.77	0.14	0.91	1.55	0.36	0.92	2.10
101.86	46.74	37.17	43.69	31.61	51.78	93.81
54.59	20.21	1.46	3.72	13.47	35.57	57.88
17.73	12.35	4.27	4.92	5.60	12.05	11.97
14.06	8.00	3.16	3.76	4.53	10.00	15.58
50.99	18.69	81.97	85.34	19.38	43.72	33.51

4—3 按地区分组的集体工业

地 区	企业单位数（个）	亏损企业	工业总产值（1990年不变价格）	工业总产值（当年价格）	工业销售产值（当年价格）
全 国	**31018**	**4971**	**9226.69**	**10052.49**	**9722.18**
北 京	755	123	127.72	139.08	133.13
天 津	1496	146	325.80	382.23	368.07
河 北	1849	226	565.57	627.19	614.13
山 西	685	109	151.57	177.67	170.20
内蒙古	98	19	14.40	18.05	17.50
辽 宁	1100	252	241.56	265.07	255.80
吉 林	410	91	89.41	98.06	94.40
黑龙江	333	58	88.22	93.23	88.06
上 海	1579	194	309.37	363.88	354.10
江 苏	3166	685	1394.92	1545.27	1484.72
浙 江	1419	183	871.38	757.37	740.61
安 徽	844	213	160.20	164.67	158.07
福 建	698	136	122.85	136.30	132.12
江 西	283	59	40.67	45.50	44.23
山 东	2824	191	1977.43	2078.33	2022.95
河 南	3978	406	740.07	973.81	948.71
湖 北	1456	156	383.29	415.05	403.06
湖 南	1110	273	154.94	202.73	197.32
广 东	3094	568	897.89	931.16	888.70
广 西	475	158	97.71	106.94	103.62
海 南	23	4	3.98	4.73	4.07
重 庆	270	70	46.21	46.29	43.59
四 川	510	118	124.39	132.30	129.32
贵 州	226	83	30.63	32.07	29.50
云 南	277	100	57.02	70.12	67.78
西 藏	98	2	2.17	4.42	3.74
陕 西	394	102	67.68	73.54	68.69
甘 肃	1429	193	118.35	138.98	130.71
青 海	22	11	3.81	4.39	4.08
宁 夏	41	16	6.20	7.77	7.33
新 疆	76	26	11.26	16.28	13.88

企业主要经济指标(2001 年)

单位:亿元

工业增加值（当年价格）	资产合计	流动资产小计	应收帐款净额	流动资产年平均余额	固定资产原价	生产经营用
2615.54	**8013.59**	**4280.87**	**1087.52**	**4193.72**	**3934.08**	**3303.02**
40.16	165.06	92.97	18.48	91.23	73.15	57.12
67.31	232.48	144.57	31.40	143.49	103.68	97.93
175.33	425.07	230.36	51.23	221.71	213.04	184.72
58.45	200.93	99.84	26.16	97.68	112.39	94.90
6.80	24.62	13.89	3.35	13.52	12.19	11.41
71.18	262.48	150.35	51.31	148.52	124.89	105.23
35.38	113.54	60.43	20.91	55.65	57.73	48.87
26.36	108.98	66.17	17.57	60.34	44.51	32.46
95.24	328.59	214.18	70.85	206.45	119.76	87.45
353.55	1166.03	676.59	191.81	656.24	518.44	445.92
147.52	662.90	327.74	87.79	310.61	337.44	312.96
46.74	182.03	107.93	27.88	102.08	82.08	73.81
35.06	99.57	54.17	18.83	52.95	53.25	42.33
12.80	50.35	25.38	6.43	24.18	23.89	19.46
529.71	1298.51	682.92	129.37	660.22	612.35	528.07
299.14	718.05	371.36	88.02	361.27	369.86	303.07
134.03	236.09	107.69	28.69	108.03	135.19	73.07
55.55	135.25	64.71	17.23	65.15	82.34	67.79
236.56	854.39	405.51	106.82	435.35	467.44	392.19
30.10	108.83	55.70	11.94	54.50	58.97	48.39
1.99	3.78	1.55	0.47	0.78	2.24	1.81
12.67	53.63	29.72	9.14	29.87	25.12	22.19
39.68	157.01	77.48	19.50	76.87	82.87	70.20
8.99	38.46	21.21	5.73	20.55	18.70	15.61
21.89	112.36	56.52	10.17	56.35	68.78	59.38
2.68	6.53	3.31	0.31	2.92	2.93	1.40
21.72	83.20	41.14	10.63	38.44	41.69	36.76
41.62	145.70	76.06	20.57	78.55	67.72	49.56
1.13	5.43	2.05	0.37	1.80	2.73	2.44
1.94	7.74	4.69	1.12	4.33	4.22	3.65
4.25	26.01	14.69	3.44	14.08	14.47	12.88

4—3续表1

地　区	固定资产小计	累计折旧	本年折旧	固定资产净值	固定资产净值年平均余额
全　国	**2955.86**	**1282.67**	**200.08**	**2651.41**	**2640.90**
北　京	54.54	25.33	3.44	47.83	48.15
天　津	73.32	37.48	7.02	66.19	64.39
河　北	168.32	58.95	9.16	154.10	153.15
山　西	88.98	31.97	4.85	80.42	75.55
内蒙古	9.19	3.98	0.54	8.20	8.20
辽　宁	91.70	37.71	5.53	87.18	82.54
吉　林	44.21	18.05	1.96	39.68	39.78
黑龙江	35.66	12.76	1.88	31.75	31.91
上　海	85.50	54.29	7.75	65.48	79.63
江　苏	388.75	181.00	30.32	337.45	330.97
浙　江	256.50	104.41	21.96	233.03	223.42
安　徽	62.55	25.82	3.85	56.26	56.65
福　建	39.14	16.60	2.67	36.65	37.07
江　西	19.71	6.27	0.78	17.63	17.74
山　东	479.71	189.63	30.86	422.72	414.82
河　南	288.89	109.11	17.10	260.75	271.65
湖　北	98.71	47.26	5.75	87.92	82.89
湖　南	57.02	29.63	3.43	52.71	52.87
广　东	330.26	161.26	22.57	306.17	313.65
广　西	43.62	19.97	2.86	39.00	39.31
海　南	1.50	0.76	0.08	1.48	1.54
重　庆	17.50	9.79	1.43	15.33	14.81
四　川	59.65	28.70	3.88	54.17	54.73
贵　州	14.06	5.77	0.91	12.94	12.64
云　南	45.21	26.01	3.33	42.77	42.94
西　藏	2.68	0.44	0.07	2.49	1.89
陕　西	33.14	11.45	2.02	30.24	27.77
甘　肃	51.43	20.52	2.89	47.20	47.30
青　海	2.47	0.53	0.07	2.20	1.54
宁　夏	2.86	1.49	0.22	2.73	2.70
新　疆	9.11	5.73	0.92	8.75	8.67

单位:亿元

负债合计	流动负债小计	所有者权益合计	实收资本	国家资本	港澳台资本	外商资本
5148.24	**4242.91**	**2865.35**	**1855.45**	**44.31**	**37.76**	**32.24**
103.83	87.21	61.23	36.74	1.17	0.01	0.49
145.69	135.33	86.79	51.05	0.99	0.10	1.93
283.83	236.51	141.24	101.95	1.21	0.61	0.18
125.01	99.10	75.92	54.55	2.51	0.96	1.26
16.78	14.62	7.83	5.43	0.32	0.00	0.00
178.27	153.50	84.21	66.20	2.01	0.04	0.34
73.01	63.34	40.53	31.50	2.03	0.00	0.09
78.97	69.63	30.00	25.87	1.63	0.00	0.10
193.20	175.54	135.39	71.89	1.57	0.00	0.00
747.85	644.59	418.18	269.42	3.47	9.29	9.60
387.12	316.19	275.78	146.16	1.20	2.23	4.11
143.79	115.29	38.24	39.09	0.26	0.49	0.21
52.40	46.28	47.17	36.89	1.13	0.44	0.11
41.37	33.00	8.98	11.41	0.58	0.19	0.19
795.45	659.77	503.06	255.41	1.08	3.78	4.25
467.45	363.72	250.60	185.53	4.37	0.66	1.30
147.93	96.21	88.16	61.16	1.08	0.18	0.09
95.20	69.91	40.05	38.11	4.32	0.10	0.11
545.22	437.55	309.17	199.28	2.67	18.20	5.95
81.16	65.10	27.67	23.85	1.10	0.11	0.09
2.72	1.65	1.06	1.15	0.03	0.00	0.00
38.39	32.68	15.24	10.75	0.19	0.01	0.00
106.67	87.14	50.34	30.50	0.64	0.09	0.50
27.25	21.25	11.21	9.25	0.68	0.00	0.00
87.39	71.61	24.97	23.97	1.99	0.06	0.00
1.46	1.13	5.07	3.34	0.41	0.00	0.00
54.28	41.30	28.92	19.61	0.29	0.22	0.22
97.07	78.52	48.63	36.82	4.57	0.00	1.04
3.61	2.27	1.82	0.98	0.13	0.00	0.08
6.59	5.55	1.14	1.38	0.06	0.00	0.00
19.29	17.41	6.72	6.21	0.62	0.00	0.00

4—3 续表 2

地　区	产品销售收入	产品销售成本	产品销售费用	产品销售税金及附加	产品销售利润
全　国	**9057.18**	**7771.64**	**333.10**	**75.69**	**876.49**
北　京	134.64	115.11	4.26	0.55	14.73
天　津	338.92	294.67	6.63	1.43	36.20
河　北	569.37	484.59	20.16	4.09	60.52
山　西	152.13	121.88	8.85	3.26	18.14
内蒙古	17.61	15.14	0.41	0.24	1.82
辽　宁	243.55	207.26	7.80	2.20	26.29
吉　林	84.98	70.55	3.13	1.40	9.89
黑龙江	87.02	77.12	1.93	0.78	7.20
上　海	350.55	301.01	8.70	1.27	39.56
江　苏	1375.33	1191.73	55.89	9.26	118.44
浙　江	725.45	630.01	16.10	5.29	74.04
安　徽	150.05	127.52	7.11	1.39	14.03
福　建	129.02	112.94	3.97	1.75	10.32
江　西	41.14	36.09	1.55	0.46	3.04
山　东	1802.99	1542.62	71.69	10.76	177.92
河　南	885.12	742.55	36.93	8.79	96.86
湖　北	371.98	317.37	15.67	4.46	34.48
湖　南	179.44	155.11	8.11	2.74	13.47
广　东	845.44	739.52	30.57	6.87	68.46
广　西	98.40	85.86	3.74	1.22	7.58
海　南	2.32	1.99	0.16	0.02	0.15
重　庆	45.47	39.57	1.21	0.38	4.31
四　川	128.46	106.63	6.52	1.27	13.82
贵　州	27.89	24.14	1.39	0.60	1.77
云　南	75.06	63.59	2.27	2.64	6.56
西　藏	3.09	1.09	0.54	0.12	1.33
陕　西	63.65	53.20	3.03	0.61	6.82
甘　肃	101.68	89.35	3.89	1.68	6.76
青　海	3.65	3.35	0.16	0.01	0.13
宁　夏	7.90	7.01	0.29	0.06	0.55
新　疆	14.87	13.07	0.42	0.09	1.29

单位:亿元

管理费用	利息支出	营业利润	利润总额	亏损企业亏损总额	本年应交增值税	全部从业人员平均人数（万人）
397.77	**125.06**	**357.28**	**387.01**	**58.86**	**287.82**	**672.10**
9.82	1.59	4.45	5.04	1.44	4.57	11.95
9.57	0.09	24.16	22.86	1.81	9.85	22.52
17.03	9.07	34.87	33.32	2.53	14.64	39.80
8.44	3.35	6.32	6.52	1.77	8.36	22.73
1.46	0.23	0.17	0.25	0.26	0.81	4.17
16.38	3.30	6.76	7.52	4.44	10.57	28.58
5.91	1.26	3.06	2.90	0.70	3.72	10.39
5.01	1.08	1.57	1.73	1.43	3.20	10.57
23.31	3.21	14.71	20.67	2.70	13.53	18.38
63.51	17.27	39.98	48.07	7.79	48.89	70.69
27.07	11.62	34.36	41.09	1.85	24.14	29.74
8.65	2.43	3.33	4.34	1.72	5.71	21.27
5.02	1.31	3.88	4.42	0.88	4.53	10.82
1.99	0.78	0.22	0.68	0.26	1.23	6.14
62.82	19.21	95.81	100.28	1.57	49.58	93.77
28.49	16.02	50.96	51.35	3.74	21.92	78.99
17.04	4.75	12.85	11.78	1.32	9.88	31.21
8.78	2.42	2.45	3.10	2.04	5.64	21.67
40.63	14.25	13.09	12.32	10.92	21.76	67.83
5.04	1.76	0.71	0.35	1.93	4.80	9.89
0.25	0.05	−0.14	0.00	0.06	0.10	0.31
3.54	0.79	0.15	0.47	0.83	2.19	7.23
9.63	2.68	2.19	2.89	1.02	5.27	14.67
1.72	0.40	−0.27	−0.15	0.74	1.42	3.69
5.79	2.61	−1.39	1.18	1.62	4.77	6.88
0.26	0.00	1.10	1.13	0.00	0.22	0.62
3.61	1.40	2.06	1.94	0.86	2.22	8.39
4.94	1.76	0.08	0.86	2.12	3.29	15.88
0.12	0.06	−0.07	−0.05	0.10	0.07	0.39
0.56	0.10	−0.01	0.00	0.17	0.30	1.00
1.37	0.24	−0.13	0.16	0.25	0.67	1.93

4—4 按地区分组的股份合作工业

地区	企业单位数(个)	亏损企业	工业总产值(1990年不变价格)	工业总产值(当年价格)	工业销售产值(当年价格)
全国	**10864**	**1625**	**2776.67**	**2994.96**	**2870.94**
北京	195	26	39.05	49.67	46.56
天津	261	15	107.83	128.62	125.37
河北	243	41	54.41	60.50	58.98
山西	105	23	21.79	24.86	23.39
内蒙古	31	5	12.87	14.73	14.85
辽宁	213	73	50.72	56.56	54.74
吉林	62	19	13.09	13.68	13.21
黑龙江	61	11	17.03	20.18	20.31
上海	659	59	132.62	151.35	146.44
江苏	3018	519	863.97	957.09	909.49
浙江	2714	172	615.29	578.47	553.38
安徽	286	79	53.60	57.71	55.21
福建	247	24	35.28	36.96	35.15
江西	154	45	22.56	26.25	24.25
山东	481	43	257.79	289.14	281.18
河南	459	47	77.83	102.69	99.29
湖北	199	34	52.59	53.99	52.14
湖南	269	63	33.26	42.16	41.11
广东	304	74	152.06	153.79	147.06
广西	80	27	20.74	20.35	19.29
海南	8	1	6.70	10.98	10.98
重庆	104	15	18.24	19.23	17.96
四川	206	46	61.14	59.49	57.40
贵州	68	35	6.97	7.65	7.16
云南	93	28	14.07	17.65	17.42
西藏	10	1	0.10	0.28	0.27
陕西	93	32	11.47	13.21	13.05
甘肃	185	50	10.68	12.47	11.06
青海	19	7	2.08	2.22	2.21
宁夏	16	4	7.96	9.07	8.56
新疆	21	7	2.89	3.95	3.49

企业主要经济指标(2001 年)

单位:亿元

工业增加值(当年价格)	资产合计	流动资产小计	应收帐款净额	流动资产年平均余额	固定资产原价	生产经营用
759.72	**2364.16**	**1301.07**	**416.69**	**1270.84**	**1135.81**	**956.51**
12.71	42.67	26.7	6.69	23.9	16.59	12.99
20.55	70.53	45.44	9.63	44.41	31.54	30.71
16.61	52.54	24.9	6.59	25.47	28.83	23.64
8.12	34.25	17.98	5.52	18.33	16.61	13.34
4.29	8.5	4.09	1.42	3.75	4.66	3.75
14.51	80.63	47.49	15.23	45.97	35.31	28.71
3.81	17.39	9.64	3.07	9.59	9.23	6.81
5.97	19.03	10.75	2.98	7.81	7.17	6.12
42.14	130.12	86.03	30.85	82.46	51.11	40.29
231.12	628.41	381.15	131.69	376.38	282.4	239.61
134.53	440.44	259.5	101.15	249.98	185.64	173.51
16.07	58.19	27.51	7.64	29.24	33.02	29.13
11.68	32.45	13.8	4.59	13.22	20.41	17.88
7.36	29.23	12.85	3.48	11.87	14.88	8.64
80.18	185.6	92.35	20.27	87.84	100.59	82.92
30.7	79.43	39.56	11.77	39.19	39.99	30.76
17.61	48.07	23.29	4.87	22.47	25.05	17.71
11.35	35.86	14.5	4.22	14.44	23.29	19.04
37.74	126.21	58.57	16.69	61.81	68.54	56.52
6.99	23.6	10.23	1.72	11.08	13.79	10.35
1.97	6.8	4.21	2.2	4.38	2.88	1.93
5.63	18.69	10.11	3.14	10.58	11.03	8.32
17.5	86.43	35.66	8.96	33.18	42.94	37.36
2.16	10.95	4.63	1.65	4.56	6.43	4.6
6.28	29.33	12.53	2.63	12.34	20.31	17.04
0.12	1.59	0.58	0.15	0.65	0.94	0.77
4.67	26.43	8.99	2.6	8.36	16.84	13.93
3.73	20.65	9.02	2.66	9.09	12.25	8.82
0.02	4.59	2.27	0.62	2.16	2.65	1.65
2.44	10.79	3.46	1.12	3.33	8.95	7.91
1.17	4.77	3.24	0.88	3	1.97	1.73

4—4 续表 1

地　区	固定资产小计	累计折旧	本年折旧	固定资产净值	固定资产净值年平均余额
全　国	**838.56**	**372.42**	**62.65**	**763.39**	**757.31**
北　京	12.69	5.59	1.03	11.00	11.26
天　津	22.09	10.59	2.76	20.95	20.12
河　北	21.78	8.61	0.97	20.21	20.30
山　西	14.83	4.74	0.80	11.87	11.96
内蒙古	3.80	1.09	0.14	3.57	3.46
辽　宁	25.88	11.02	1.24	24.29	24.18
吉　林	6.58	3.00	0.37	6.23	6.02
黑龙江	6.36	1.90	0.29	5.26	5.43
上　海	34.17	19.48	3.28	31.63	31.38
江　苏	196.18	104.00	18.40	178.40	176.71
浙　江	140.73	59.34	11.47	126.30	125.78
安　徽	25.46	10.04	1.37	22.98	24.20
福　建	16.00	5.43	0.91	14.98	15.14
江　西	13.02	2.94	0.64	11.93	11.30
山　东	74.45	34.50	4.47	66.10	64.02
河　南	32.35	11.73	1.90	28.25	30.07
湖　北	17.28	9.20	1.44	15.85	19.65
湖　南	17.17	7.02	0.97	16.27	15.91
广　东	54.96	18.49	3.76	50.05	50.29
广　西	10.53	3.78	0.61	10.01	10.24
海　南	2.11	1.02	0.14	1.86	1.18
重　庆	7.21	4.12	0.53	6.92	7.21
四　川	32.39	12.03	1.99	30.91	24.78
贵　州	5.05	1.79	0.40	4.64	4.48
云　南	12.99	8.06	1.00	12.24	12.23
西　藏	0.87	0.08	0.02	0.86	0.77
陕　西	13.13	4.39	0.56	12.44	12.28
甘　肃	9.12	3.66	0.45	8.59	8.67
青　海	1.94	0.87	0.08	1.78	1.32
宁　夏	6.11	3.15	0.52	5.80	5.83
新　疆	1.32	0.77	0.13	1.20	1.18

单位:亿元

负债合计	流动负债小计	所有者权益合计	实收资本	国家资本	港澳台资本	外商资本
1486.43	**1253.35**	**877.74**	**563.74**	**39.36**	**6.66**	**12.24**
25.30	23.48	17.37	10.96	0.48	0.00	0.01
46.36	43.56	24.16	14.54	0.34	0.61	0.02
36.61	29.58	15.92	11.24	0.94	0.02	0.02
21.15	18.39	13.10	9.22	0.50	0.00	0.08
4.74	4.23	3.75	2.11	0.36	0.00	0.01
52.42	46.36	28.21	18.54	0.61	0.17	0.06
12.04	9.47	5.35	2.94	0.25	0.02	0.01
12.05	10.03	6.98	5.54	1.37	0.00	0.03
74.63	68.91	55.50	28.28	0.48	0.00	0.00
419.55	362.88	208.87	124.96	2.52	2.10	2.85
247.89	221.97	192.55	119.78	0.30	0.74	0.42
41.50	30.69	16.69	12.38	0.94	0.12	0.01
15.12	12.86	17.32	13.29	1.75	0.06	0.06
21.05	15.27	8.19	8.04	2.90	0.04	0.00
125.96	106.48	59.64	34.03	2.77	0.65	1.02
50.81	40.72	28.63	21.00	1.73	0.04	0.14
26.11	18.93	21.97	16.73	3.28	0.00	1.24
21.61	14.57	14.25	12.16	2.28	0.10	0.01
76.41	56.06	49.80	35.34	3.20	1.48	6.16
13.52	11.34	10.08	7.31	0.53	0.36	0.00
3.55	3.48	3.24	1.56	0.29	0.00	0.00
12.90	10.82	5.80	5.20	0.20	0.11	0.01
53.81	38.22	32.62	24.39	7.88	0.02	0.00
7.04	5.74	3.91	3.53	0.49	0.00	0.02
18.05	14.72	11.27	7.84	0.11	0.00	0.00
1.17	0.86	0.42	0.38	0.35	0.00	0.00
17.98	12.67	8.45	4.48	1.11	0.00	0.00
12.42	10.17	8.23	4.45	1.13	0.00	0.06
3.12	2.35	1.47	1.04	0.02	0.00	0.00
8.10	5.32	2.69	1.61	0.21	0.00	0.00
3.46	3.22	1.31	0.89	0.04	0.00	0.00

4—4 续表 2

地　区	产品销售收入	产品销售成本	产品销售费用	产品销售税金及附加	产品销售利润	管理费用
全　国	**2736.35**	**2338.43**	**98.33**	**20.31**	**279.20**	**139.38**
北　京	48.41	41.83	1.35	0.15	5.08	2.77
天　津	120.01	96.18	10.33	0.43	13.06	2.47
河　北	53.75	45.22	1.96	0.49	6.08	2.40
山　西	23.32	19.29	1.40	0.33	2.31	1.27
内蒙古	14.60	12.97	0.76	0.15	0.72	0.50
辽　宁	55.88	46.18	1.72	0.55	7.43	4.23
吉　林	12.01	9.71	0.43	0.09	1.77	1.13
黑龙江	17.72	15.65	0.55	0.10	1.42	0.76
上　海	145.98	121.61	4.44	0.50	19.42	11.62
江　苏	856.04	750.77	23.93	6.44	74.91	42.51
浙　江	540.68	466.16	13.04	4.18	57.30	25.20
安　徽	54.93	46.64	2.75	0.72	4.81	2.80
福　建	34.07	29.02	1.20	0.51	3.34	1.60
江　西	24.34	20.91	1.16	0.30	1.97	1.31
山　东	246.54	212.36	6.41	1.72	26.05	10.59
河　南	89.76	75.41	4.72	0.58	9.05	3.78
湖　北	47.53	39.84	1.82	0.53	5.34	2.97
湖　南	36.66	31.38	1.47	0.41	3.39	2.37
广　东	149.06	126.32	7.18	0.73	14.84	6.51
广　西	18.90	13.71	2.07	0.20	2.92	1.36
海　南	11.10	8.61	2.26	0.04	0.19	0.21
重　庆	17.27	14.65	0.64	0.15	1.82	1.37
四　川	56.63	44.94	4.16	0.40	7.13	3.66
贵　州	6.63	5.66	0.32	0.09	0.47	0.53
云　南	17.51	13.37	0.70	0.13	3.32	1.96
西　藏	0.28	0.22	0.00	0.01	0.05	0.03
陕　西	12.26	9.62	0.66	0.14	1.85	1.30
甘　肃	9.20	7.42	0.35	0.09	1.34	1.04
青　海	3.52	2.97	0.10	0.08	0.37	0.25
宁　夏	8.29	7.07	0.35	0.04	0.84	0.53
新　疆	3.47	2.76	0.08	0.02	0.60	0.37

单位:亿元

利息支出	营业利润	利润总额	亏损企业亏损总额	本年应交增值税	全部从业人员平均人数(万人)
34.70	**107.33**	**120.44**	**13.01**	**99.80**	**194.61**
0.32	2.27	2.79	0.19	1.27	2.94
0.01	9.00	9.23	0.13	2.32	4.61
1.16	2.57	2.97	0.50	1.80	4.98
0.43	0.58	0.81	0.19	1.35	3.59
0.10	0.14	0.34	0.02	0.33	0.95
1.21	2.06	2.40	0.91	2.49	4.69
0.33	0.38	0.40	0.10	0.62	1.53
0.20	0.46	0.55	0.13	0.65	1.41
1.48	7.45	10.04	0.52	6.08	8.21
9.04	24.70	27.40	3.00	29.40	51.56
6.47	25.83	27.83	0.91	20.83	36.59
1.18	0.92	1.41	0.63	2.56	5.95
0.45	1.31	1.46	0.21	1.37	4.14
0.47	0.08	0.31	0.38	1.04	2.81
3.00	12.11	13.12	0.40	8.27	16.05
1.65	3.63	3.58	0.39	2.81	10.30
0.78	1.61	1.93	0.45	1.64	4.12
0.56	0.54	0.80	0.36	1.42	4.94
2.24	6.17	6.41	1.21	4.98	7.24
0.26	1.39	1.54	0.35	1.32	1.84
0.01	0.04	0.21	0.00	0.55	0.25
0.35	0.12	0.26	0.26	0.89	1.97
1.13	2.49	2.99	0.37	2.37	4.97
0.12	−0.14	−0.13	0.29	0.35	1.09
0.55	0.95	1.02	0.28	1.19	1.95
0.01	0.01	0.03	0.02	0.01	0.08
0.53	0.15	0.20	0.26	0.73	2.31
0.28	0.20	0.10	0.26	0.50	2.11
0.07	0.01	0.04	0.05	0.07	0.27
0.24	0.12	0.15	0.19	0.42	0.85
0.07	0.18	0.26	0.05	0.20	0.32

4—5 按地区分组的联营工业

地区	企业单位数（个）	亏损企业	工业总产值（1990年不变价格）	工业总产值（当年价格）	工业销售产值（当年价格）
全国	**2234**	**478**	**751.07**	**850.76**	**838.41**
北京	58	15	30.76	19.76	18.00
天津	95	24	24.03	29.64	27.85
河北	64	11	18.07	19.98	18.60
山西	35	6	9.67	11.14	10.89
内蒙古	8	1	1.25	1.60	1.52
辽宁	29	13	4.77	5.12	5.02
吉林	22	10	6.92	4.72	3.95
黑龙江	15	7	2.84	3.29	3.37
上海	560	98	167.63	195.92	191.77
江苏	279	48	108.57	120.28	116.77
浙江	86	13	53.40	42.82	41.91
安徽	25	7	3.72	3.89	3.58
福建	124	41	34.67	52.54	51.99
江西	15	4	3.83	4.89	4.52
山东	82	10	82.57	121.82	121.76
河南	123	9	17.74	22.44	21.83
湖北	86	11	42.51	42.97	43.81
湖南	42	12	6.34	7.26	7.18
广东	238	58	75.55	79.25	86.87
广西	15	3	14.99	14.17	13.40
海南	19	9	4.56	6.09	5.56
重庆	13	3	2.23	1.99	1.95
四川	56	20	9.20	9.09	8.70
贵州	32	18	5.82	5.25	4.43
云南	22	9	3.36	4.08	4.11
西藏	8	0	0.34	0.72	0.65
陕西	23	7	4.70	5.79	5.41
甘肃	48	6	9.21	11.61	10.52
青海	2	0	0.04	0.04	0.02
宁夏	2	0	0.58	0.84	0.84
新疆	8	5	1.19	1.74	1.62

企业主要经济指标(2001年)

单位:亿元

工业增加值(当年价格)	资产合计	流动资产小计	应收帐款净额	流动资产年平均余额	固定资产原价	生产经营用
253.29	**1136.15**	**480.03**	**127.81**	**470.88**	**739.87**	**601.64**
5.07	51.55	23.63	4.06	22.67	27.19	20.75
5.38	26.45	14.72	3.30	15.20	14.63	12.74
7.74	18.96	8.67	2.11	8.50	10.26	8.99
3.11	15.14	6.68	1.76	6.23	7.71	7.10
0.53	1.95	0.59	0.20	0.54	1.36	1.34
1.12	9.52	4.79	1.40	4.62	5.54	4.77
1.46	8.55	2.95	0.60	2.77	5.37	4.98
0.74	3.66	1.00	0.25	2.00	1.36	0.86
56.17	196.29	105.75	34.43	102.60	124.87	106.95
28.90	105.98	57.98	17.86	55.56	55.84	48.79
9.47	32.70	17.15	5.08	17.21	17.30	16.40
1.15	3.99	1.90	0.40	1.64	2.33	2.16
29.60	107.15	18.52	5.90	17.57	117.18	46.34
1.69	4.77	1.89	0.86	1.97	2.51	1.92
34.29	178.16	71.76	15.03	70.09	126.59	117.72
6.94	20.80	8.13	1.60	7.93	12.80	9.83
19.30	45.61	23.04	5.59	24.67	23.31	20.52
2.03	6.77	2.82	0.61	2.81	4.68	4.00
20.58	183.14	65.34	15.05	63.91	110.25	102.94
3.84	12.29	6.77	2.63	6.07	5.95	5.10
1.71	10.95	2.91	0.42	2.85	8.35	8.23
0.38	2.31	1.20	0.64	1.17	1.06	0.72
3.23	13.48	6.25	2.42	7.26	7.05	5.65
1.01	8.09	2.96	0.93	2.92	5.14	4.49
1.43	8.98	3.31	0.64	3.48	6.33	5.88
0.43	2.12	0.67	0.20	0.40	1.31	0.93
1.77	10.10	3.33	1.01	2.83	6.79	6.46
3.45	42.28	13.82	2.47	13.85	23.07	21.51
0.00	0.14	0.03	0.00	0.02	0.11	0.11
0.34	1.63	0.41	0.16	0.37	2.00	1.95
0.41	2.64	1.08	0.19	1.18	1.65	1.56

4—5 续表 1

地　区	固定资产小计	累计折旧	本年折旧	固定资产净值	固定资产净值年平均余额
全　国	**524.32**	**258.46**	**42.94**	**481.41**	**489.69**
北　京	19.31	8.74	1.10	18.45	18.42
天　津	9.64	5.66	0.83	8.97	8.94
河　北	7.31	3.69	0.42	6.56	6.73
山　西	7.81	2.24	0.54	5.47	5.61
内蒙古	1.33	0.08	0.02	1.27	1.29
辽　宁	4.09	1.65	0.23	3.88	3.66
吉　林	4.25	1.27	0.14	4.10	4.16
黑龙江	1.17	0.29	0.05	1.07	1.31
上　海	79.20	49.29	10.30	75.59	76.25
江　苏	37.31	21.71	3.62	34.13	34.98
浙　江	12.59	5.72	1.06	11.58	11.56
安　徽	1.91	0.62	0.06	1.71	1.73
福　建	86.41	34.31	5.44	82.87	85.42
江　西	2.03	0.58	0.12	1.92	2.25
山　东	76.45	61.46	8.44	65.14	66.41
河　南	10.68	2.68	0.46	10.12	10.30
湖　北	18.69	6.72	0.90	16.59	16.46
湖　南	3.23	1.67	0.24	3.01	3.05
广　东	85.70	33.34	5.56	76.91	79.61
广　西	4.63	1.94	0.40	4.01	3.89
海　南	6.48	1.90	0.28	6.45	6.24
重　庆	0.96	0.22	0.05	0.84	0.75
四　川	4.42	3.27	0.66	3.78	4.01
贵　州	4.04	1.29	0.23	3.85	3.84
云　南	4.63	1.82	0.49	4.51	4.14
西　藏	1.04	0.29	0.06	1.02	1.04
陕　西	5.07	1.91	0.50	4.89	4.69
甘　肃	21.16	2.94	0.46	20.13	20.31
青　海	0.08	0.03	0.01	0.08	0.08
宁　夏	1.22	0.78	0.12	1.22	1.27
新　疆	1.49	0.34	0.11	1.31	1.30

单位:亿元

负债合计	流动负债小计	所有者权益合计	实收资本	国家资本	港澳台资本	外商资本
669.76	**448.47**	**466.39**	**313.06**	**99.28**	**1.10**	**1.42**
32.50	26.14	19.04	15.26	2.47	0.00	0.00
16.05	14.23	10.40	8.99	2.20	0.01	0.20
9.57	7.48	9.39	7.56	2.35	0.01	0.41
9.83	7.19	5.31	2.38	1.07	0.00	0.00
1.21	1.12	0.74	0.72	0.11	0.00	0.00
7.58	6.84	1.94	2.82	1.46	0.00	0.00
6.23	5.74	2.33	2.84	0.62	0.00	0.00
2.53	2.22	1.13	0.39	0.10	0.00	0.00
112.63	82.62	83.66	60.88	7.31	0.00	0.00
64.91	55.80	41.08	33.97	5.52	0.70	0.65
17.53	13.63	15.17	8.64	2.91	0.06	0.08
2.79	2.62	1.19	0.95	0.10	0.00	0.00
57.96	21.81	49.19	36.83	6.07	0.04	0.00
3.41	3.11	1.36	1.55	0.44	0.00	0.00
102.14	65.60	76.02	40.27	27.73	0.00	0.02
14.08	9.89	6.72	7.34	1.99	0.01	0.00
26.59	18.32	19.02	9.01	3.23	0.01	0.00
4.67	3.37	2.10	2.04	0.74	0.02	0.00
98.72	47.56	84.42	37.90	22.11	0.25	0.00
7.45	6.13	4.84	1.30	0.55	0.00	0.00
12.23	5.20	−1.28	2.19	1.21	0.00	0.00
1.51	1.42	0.80	1.07	0.22	0.00	0.00
7.68	5.02	5.81	4.37	2.29	0.00	0.00
5.97	3.67	2.12	2.48	1.10	0.00	0.00
7.31	4.37	1.67	2.46	0.85	0.00	0.00
0.61	0.47	1.52	0.85	0.42	0.00	0.00
7.41	3.14	2.68	2.35	0.61	0.00	0.00
25.61	21.93	16.66	14.24	2.80	0.00	0.06
0.06	0.05	0.08	0.01	0.00	0.00	0.00
1.27	0.49	0.36	0.49	0.00	0.00	0.00
1.72	1.28	0.92	0.92	0.70	0.00	0.00

4—5 续表 2

地　区	产品销售收入	产品销售成本	产品销售费用	产品销售税金及附加	产品销售利润	管理费用
全　国	**833.18**	**685.82**	**27.22**	**11.19**	**108.93**	**55.76**
北　京	18.79	15.29	1.16	0.07	2.27	3.06
天　津	28.86	25.10	0.46	0.23	3.07	1.35
河　北	17.85	13.33	1.39	0.12	3.02	0.95
山　西	10.80	8.73	1.02	0.09	0.97	0.53
内蒙古	1.54	1.34	0.05	0.01	0.15	0.07
辽　宁	4.79	4.10	0.19	0.11	0.38	0.45
吉　林	3.10	2.74	0.06	0.10	0.20	0.25
黑龙江	3.12	2.93	0.10	0.02	0.09	0.10
上　海	193.82	165.34	3.31	0.60	24.58	12.56
江　苏	113.46	96.94	3.76	0.71	12.05	8.67
浙　江	41.73	35.48	0.93	0.36	4.95	2.11
安　徽	3.15	2.71	0.17	0.04	0.23	0.18
福　建	51.94	37.80	0.74	0.82	12.58	1.78
江　西	4.06	3.20	0.50	0.03	0.33	0.27
山　东	120.65	96.04	3.89	1.17	19.55	10.55
河　南	20.49	16.91	0.91	0.23	2.44	0.81
湖　北	47.73	42.28	1.34	0.29	3.81	1.74
湖　南	7.12	6.29	0.34	0.07	0.42	0.45
广　东	84.21	62.10	4.31	5.56	12.25	6.23
广　西	13.60	11.41	0.14	0.06	1.99	0.82
海　南	4.83	4.24	0.60	0.03	−0.04	0.25
重　庆	1.54	1.34	0.05	0.01	0.13	0.10
四　川	8.08	6.57	0.65	0.10	0.76	0.66
贵　州	4.31	3.96	0.21	0.04	0.11	0.23
云　南	3.95	3.20	0.13	0.07	0.55	0.45
西　藏	0.51	0.37	0.03	0.00	0.11	0.05
陕　西	5.27	3.90	0.22	0.05	1.09	0.42
甘　肃	11.58	10.38	0.42	0.20	0.58	0.48
青　海	0.02	0.01	0.00	0.00	0.01	0.00
宁　夏	0.80	0.56	0.01	0.01	0.22	0.05
新　疆	1.47	1.23	0.12	0.01	0.10	0.15

单位:亿元

利息支出	营业利润	利润总额	亏损企业亏损总额	本年应交增值税	全部从业人员平均人数（万人）
16.37	**38.26**	**45.18**	**8.66**	**35.44**	**47.65**
0.62	−0.79	0.58	0.34	0.66	1.72
0.01	1.36	1.15	0.34	0.81	1.85
0.27	1.91	1.89	0.08	0.71	1.15
0.21	0.21	0.21	0.03	0.38	0.98
0.02	0.06	0.05	0.00	0.07	0.20
0.16	−0.16	−0.18	0.32	0.24	0.68
0.05	−0.11	−0.05	0.20	0.12	0.37
0.04	−0.06	−0.06	0.12	0.06	0.22
3.03	10.62	11.79	1.32	6.79	10.14
1.24	2.63	2.56	1.46	4.61	6.27
0.49	2.41	2.64	0.11	1.32	1.59
0.03	0.07	0.08	0.03	0.11	0.46
0.86	8.03	8.23	0.51	4.01	2.23
0.09	−0.02	0.04	0.03	0.21	0.39
3.07	6.01	7.24	0.43	7.38	4.78
0.38	1.23	1.24	0.09	0.75	2.20
0.76	1.45	1.18	0.22	0.77	2.31
0.06	−0.11	0.09	0.16	0.26	0.79
3.32	3.10	4.77	1.41	3.72	3.66
0.27	1.04	0.99	0.11	0.63	0.71
0.06	−0.33	−0.20	0.23	0.12	0.19
0.03	−0.02	−0.02	0.05	0.06	0.17
0.15	−0.02	0.12	0.19	0.40	0.87
0.09	−0.23	−0.20	0.25	0.18	0.45
0.30	−0.17	−0.18	0.32	0.27	0.43
0.00	0.05	0.13	0.00	0.03	0.08
0.34	0.35	0.32	0.04	0.28	0.50
0.37	−0.28	0.74	0.17	0.30	2.05
0.00	0.00	0.00	0.00	0.00	0.01
0.02	0.10	0.10	0.00	0.08	0.07
0.04	−0.08	−0.08	0.10	0.10	0.13

4—6 按地区分组的有限责任公司工业

地区	企业单位数（个）	亏损企业	工业总产值（1990年不变价格）	工业总产值（当年价格）	工业销售产值（当年价格）
全国	**18956**	**4234**	**14353.12**	**15535.43**	**15173.71**
北京	425	71	228.2	243.9	238.78
天津	336	64	276.16	273.78	265.31
河北	796	211	779.29	848.63	833.09
山西	432	112	353.26	468.05	458.69
内蒙古	339	82	211.84	300.59	295.07
辽宁	531	188	828.94	911.39	886.19
吉林	302	106	190.92	195.94	188.12
黑龙江	472	126	388.85	410.89	398.38
上海	890	146	715.9	813.44	801.15
江苏	1833	404	1558.99	1727.03	1690.71
浙江	3116	366	2030.99	1760.45	1707.21
安徽	629	231	423.83	440.87	430.56
福建	442	87	179.18	175.8	169.74
江西	249	68	240.75	251.46	247.24
山东	1692	265	1945.86	2262.26	2226.08
河南	628	155	473.58	580.17	572.01
湖北	717	171	395.58	421.11	410.9
湖南	441	133	221.35	266.52	261.72
广东	1357	331	1064.36	916.18	880.27
广西	250	76	163.8	181.74	176.88
海南	47	14	26.7	24.7	22.26
重庆	337	85	268.04	282.87	277.1
四川	947	206	492.72	620.72	604.31
贵州	220	89	195.02	204.79	197.55
云南	299	85	136.28	188.84	186.36
西藏	14	4	0.38	0.42	0.32
陕西	294	105	232.97	248.08	240.54
甘肃	420	125	81.32	154.55	151.77
青海	49	19	42.84	57.18	56.07
宁夏	97	28	57.64	87.06	83.56
新疆	355	81	147.56	216.01	215.78

企业主要经济指标(2001 年)

单位:亿元

工业增加值(当年价格)	资产合计	流动资产小计	应收帐款净额	流动资产年平均余额	固定资产原价	生产经营用
4628.84	**28941.47**	**11641.28**	**2838.04**	**11322.9**	**18375.15**	**15769.68**
86.21	723.82	250.66	59.02	248.47	409.52	372.12
74.92	783.76	293.37	74.94	307.21	516.9	410.79
274.63	1706.25	688.74	165.54	666.5	1090.49	927.95
155.23	1246.26	459.53	110.76	453.66	927.27	799.8
100.99	900.7	234.26	45.08	226.4	731.12	624.44
238.59	2580.39	1047.28	241.83	1025.25	1656.62	1440.13
53	450.13	166.08	46.16	166.58	255.53	213.78
73.99	1177.37	473.61	171.99	441.11	738.51	642.07
224.37	1553.84	648.69	163.53	619.51	894.73	742.2
430.05	2206.78	1069.78	270.91	1042.54	1135.16	972.39
423.11	1945.63	943.19	241.97	909.06	1022.47	938.92
135.39	878.72	307.74	74.07	288	575.88	507.69
53.11	277.02	93.95	23.17	94.55	184.39	155.43
71.45	461.99	181.13	33.7	173.27	306.12	266.82
827.86	2930.09	1178.38	227.64	1139.47	2251.1	2071.64
197.45	1179.06	469.85	113.96	446.05	797.48	652.58
144.46	658	274.81	72.77	269.02	417.18	337.08
71.04	525.52	190.99	45.06	209.76	353.38	298.72
250.57	1142.93	605.81	145.45	595.24	486.79	395.22
57.16	355.08	113.26	24.9	106.88	244.53	205.8
6.49	34.39	14.08	4.47	14.43	21.58	18.97
87.73	735.68	322.01	83.17	307.72	405.29	381.99
210.12	1401.92	497.68	104.18	484.3	915.64	758.48
68.13	527.89	236.25	57.83	230.11	305.71	179.66
71.48	537.67	194.68	53.47	189.61	321.59	271.11
0.26	0.73	0.27	0.12	0.23	0.34	0.27
79.25	695.22	238.7	49.24	226.1	453.86	389.11
46.51	343.25	107.13	33.95	108.3	261.14	157.84
18.49	319.11	88.25	31.85	83.54	248.16	237.5
26.66	198.69	84.9	26.11	90.23	105.78	90.26
70.16	463.57	166.22	41.18	159.8	340.89	308.91

4—6 续表 1

地　区	固定资产小计	累计折旧	本年折旧	固定资产净值	固定资产净值年平均余额
全　国	**13932.42**	**6069.35**	**873.54**	**12305.80**	**11911.22**
北　京	320.32	113.37	18.06	296.15	294.58
天　津	368.48	181.38	25.24	335.52	336.77
河　北	838.04	370.95	48.14	719.54	704.90
山　西	691.69	319.63	36.51	607.65	571.81
内蒙古	569.54	232.01	27.80	499.11	517.79
辽　宁	1251.61	561.45	65.37	1095.16	1051.16
吉　林	219.88	71.67	11.39	183.86	181.34
黑龙江	579.77	243.03	32.33	495.48	454.93
上　海	667.69	308.24	49.02	586.49	561.81
江　苏	840.27	410.73	61.33	724.42	693.77
浙　江	792.90	311.47	61.44	711.00	701.44
安　徽	473.62	164.77	25.42	411.11	389.02
福　建	152.04	45.82	9.64	138.57	124.22
江　西	228.01	99.17	22.99	206.95	199.17
山　东	1420.62	991.79	124.70	1259.31	1217.39
河　南	589.36	260.19	34.83	537.29	521.37
湖　北	310.53	135.78	19.33	281.40	277.34
湖　南	271.32	113.88	14.12	239.50	226.23
广　东	375.36	163.99	28.79	322.81	316.32
广　西	192.02	67.38	11.18	177.15	182.17
海　南	16.19	5.82	0.76	15.76	15.26
重　庆	335.18	111.19	16.78	294.10	279.37
四　川	762.44	233.83	37.42	681.81	667.57
贵　州	244.57	87.48	12.35	218.22	207.69
云　南	251.95	95.33	16.23	226.26	228.00
西　藏	0.28	0.06	0.02	0.28	0.19
陕　西	391.01	111.94	19.30	341.92	305.08
甘　肃	200.38	81.82	9.94	179.31	174.05
青　海	219.60	47.80	8.32	200.37	211.27
宁　夏	88.74	29.23	4.80	76.55	64.41
新　疆	269.03	98.14	19.96	242.75	234.81

单位:亿元

负债合计	流动负债小计	所有者权益合计	实收资本	国家资本	港澳台资本	外商资本
17820.06	**11858.91**	**11031.71**	**7323.73**	**3654.99**	**50.58**	**92.82**
346.61	209.81	377.21	267.72	113.15	0.05	0.01
477.21	312.17	303.03	274.29	171.44	3.17	0.71
1085.12	704.89	621.13	335.26	222.47	10.02	3.12
742.88	443.95	435.32	329.58	212.09	0.12	0.51
577.25	275.77	323.45	289.10	179.76	0.11	0.08
1582.30	1040.76	998.09	635.72	310.45	5.23	16.34
288.26	214.29	161.87	108.90	39.25	0.20	0.56
780.78	459.27	396.59	235.68	88.48	1.21	0.31
842.46	667.97	711.39	536.46	190.64	0.00	0.00
1354.21	1057.38	852.57	520.68	159.46	4.66	18.80
1119.03	865.37	826.60	474.28	77.92	6.19	16.29
553.17	345.33	325.55	238.07	144.63	0.11	0.01
166.02	100.82	111.00	92.91	30.95	0.80	0.00
288.57	202.12	167.02	132.09	111.19	0.30	0.36
1730.10	1305.48	1199.99	768.79	524.69	4.71	12.16
751.93	473.91	427.12	255.38	162.68	1.64	3.38
414.82	261.81	243.18	149.34	66.70	0.33	1.13
339.87	204.84	185.65	127.67	60.33	0.37	0.88
703.79	554.26	439.15	224.69	59.27	5.48	1.52
204.16	121.25	150.93	104.47	84.81	0.03	0.02
23.69	16.91	10.70	10.60	1.13	0.21	0.02
453.60	320.22	282.08	173.12	37.93	5.31	13.70
940.88	516.51	461.04	255.75	118.80	0.08	0.60
320.42	218.11	207.48	161.24	125.21	0.03	0.21
327.02	202.91	210.65	152.01	86.28	0.12	0.00
0.38	0.24	0.35	0.32	0.11	0.00	0.00
511.10	246.60	172.40	156.41	64.46	0.09	0.00
223.07	129.71	120.18	90.69	68.52	0.00	2.11
256.35	95.67	62.76	55.12	29.10	0.00	0.00
105.31	77.65	93.38	38.91	25.83	0.00	0.01
309.70	212.93	153.87	128.49	87.25	0.01	0.00

4—6续表2

地　区	产品销售收入	产品销售成本	产品销售费用	产品销售税金及附加	产品销售利润	管理费用
全　国	**15471.51**	**12587.64**	**595.17**	**205.92**	**2082.63**	**1198.43**
北　京	260.16	217.94	13.11	1.27	27.84	29.86
天　津	305.66	255.38	9.32	3.84	37.13	30.31
河　北	815.77	659.12	29.55	7.7	119.4	69.71
山　西	457.63	346.88	38.27	4.76	67.72	47.62
内蒙古	281.21	230.11	11.3	3.57	36.22	24.59
辽　宁	1100.22	957.88	25.8	6.44	110.1	77.25
吉　林	189.01	158.85	6.26	1.95	21.95	15.79
黑龙江	517.21	431.11	24.35	5.29	56.47	38.2
上　海	840.28	720.59	22.74	3.98	92.97	69.03
江　苏	1702.35	1449.04	52.36	12.45	188.5	119.89
浙　江	1670.35	1371.39	66.57	15.65	216.75	95.84
安　徽	411.88	336.76	16.94	5.76	52.42	35.87
福　建	164.26	139.78	3.99	1.55	18.94	11.24
江　西	235.31	193.89	7.64	3	30.78	20.37
山　东	2245.99	1742.77	74.25	34.69	394.29	137.4
河　南	568.18	462.47	23.83	6.15	75.73	49.32
湖　北	394.12	309.08	16.9	17.09	51.06	29.6
湖　南	249.48	204.18	10.07	3.94	31.29	26.14
广　东	865.85	695.97	41.87	7	121	77.02
广　西	174.71	137.06	7.05	5.63	24.97	14.95
海　南	21.09	16.54	1.24	0.17	3.14	1.63
重　庆	310.66	252.93	10.46	10.64	36.63	23.96
四　川	605.74	451.84	35.19	13.76	104.85	50.04
贵　州	184.08	136.37	10.84	15.12	21.75	17.09
云　南	183.58	141.9	7.29	1.85	32.5	20.19
西　藏	0.22	0.18	0.01	0	0.03	0.05
陕　西	228.43	175.88	10.23	3.28	39.04	24.72
甘　肃	120.91	96.01	3.21	4	17.68	10.58
青　海	66	49.9	2.26	0.54	13.3	4.67
宁　夏	83.96	67.47	3.08	1.73	11.68	8.43
新　疆	217.19	178.39	9.22	3.09	26.49	17.06

单位:亿元

利息支出	营业利润	利润总额	亏损企业亏损总额	本年应交增值税	全部从业人员平均人数（万人）
415.39	**549.45**	**670.17**	**192.49**	**782.5**	**1068.08**
4.88	−0.48	8.39	7.85	12.7	14.56
0.85	−6.35	1.19	11.06	16.42	18.96
24.98	30.18	34.04	11.52	47.95	69.86
11.71	7.68	6.49	4.31	29.68	60.93
17.86	−4.64	−0.99	8.09	19.03	30.08
35.55	7.32	16.88	16.6	48.64	63.29
5.63	2.13	2.95	4.88	9.25	16.28
14.56	7.89	8.74	6.93	28.86	32.79
16.46	16.73	30.06	6.83	33.86	32.47
30.83	45.01	55.63	10.25	65.35	94.89
32.04	90.96	106.06	8.18	71.05	79.09
11.44	8.94	12.51	6.61	23.77	47.43
4.63	3.47	4.48	3.61	7.31	11.53
8.35	3.87	4.52	2.96	13.66	18.94
40.53	228.76	224.14	8.44	118.31	137.23
18.22	12.71	18.47	5.7	31.04	64.33
11.32	12.32	13.55	5.51	19.06	28.83
8.23	−1.05	1.45	5.36	12.88	24.07
15.63	31.3	46.65	9.31	41.12	35.32
6.31	5.83	5.74	5.11	12.13	12.41
0.4	1.07	1.5	0.75	1.19	0.99
10.89	3.66	7.99	4.54	17.86	19.49
29.43	28.27	34.96	6.84	34.15	49.45
5.99	1.74	3.21	2.84	12.08	19.65
8.9	4.31	8.17	3.53	14.09	16.79
0	−0.01	0	0.01	0.02	0.08
16.84	−1.27	2.39	8.13	12.3	24.22
5.01	2.64	0.56	4.63	6.53	15.23
7.69	1.42	2.11	2.18	4.77	3.49
2.7	1.34	2.57	2.59	4.15	9.55
7.53	3.71	5.76	7.35	13.28	15.85

4—7 按地区分组的股份有限公司工业

地　区	企业单位数（个）	亏损企业	工业总产值（1990年不变价格）	工业总产值（当年价格）	工业销售产值（当年价格）
全　国	**5692**	**1176**	**10039.85**	**12698.34**	**12548.11**
北　京	117	17	229.51	253.64	248.27
天　津	89	8	200.39	249.16	237.18
河　北	366	58	326.00	499.26	493.44
山　西	129	27	73.77	95.42	90.89
内蒙古	109	15	140.13	183.70	180.94
辽　宁	199	65	534.80	1044.90	1026.74
吉　林	190	57	313.71	412.57	404.72
黑龙江	138	37	401.38	1256.46	1247.77
上　海	74	8	464.32	502.90	494.79
江　苏	577	88	1144.34	1267.68	1243.22
浙　江	343	44	793.63	826.46	809.47
安　徽	199	52	261.59	305.36	304.80
福　建	106	14	195.75	154.25	148.23
江　西	38	4	41.88	52.52	50.20
山　东	601	67	897.26	1174.84	1149.99
河　南	442	112	304.33	431.94	420.79
湖　北	432	98	487.80	540.15	528.30
湖　南	208	50	199.26	275.68	276.44
广　东	286	85	1348.18	1125.04	1165.58
广　西	106	30	149.43	156.10	154.19
海　南	30	9	42.07	40.04	40.79
重　庆	134	25	233.89	193.66	195.13
四　川	345	78	590.24	463.72	460.70
贵　州	68	32	54.64	46.91	44.32
云　南	89	22	131.91	140.66	138.10
西　藏	13	4	1.49	3.80	3.71
陕　西	135	38	164.74	239.37	235.61
甘　肃	48	15	85.07	132.71	130.93
青　海	37	6	22.95	68.32	65.29
宁　夏	20	5	25.74	54.37	52.50
新　疆	24	6	179.65	506.73	505.06

企业主要经济指标(2001 年)

单位:亿元

工业增加值(当年价格)	资产合计	流动资产小计	应收帐款净额	流动资产年平均余额	固定资产原价	生产经营用
4509.05	**18604.70**	**7335.31**	**1556.84**	**7175.22**	**14348.88**	**13263.82**
80.28	505.42	271.91	41.40	262.58	169.79	160.52
126.63	467.27	154.43	29.17	133.99	502.54	493.14
206.07	599.57	167.52	32.37	172.98	633.00	585.20
33.17	217.76	70.46	17.21	69.43	133.94	123.37
71.99	326.34	116.98	19.61	107.03	225.33	214.84
292.49	1282.14	409.32	72.20	389.30	1316.52	1286.47
150.76	732.34	261.40	79.27	280.16	552.52	535.47
882.40	1447.49	447.73	68.65	422.07	1738.85	1640.80
186.16	1245.28	379.65	73.08	406.84	1277.74	1215.36
330.91	1289.99	576.66	123.68	588.29	904.41	827.00
184.47	774.22	373.65	90.01	365.75	393.43	364.60
98.32	477.89	198.51	39.36	203.29	330.01	314.19
48.84	290.50	136.46	27.40	135.04	148.38	124.97
17.41	108.26	50.54	13.38	52.48	47.36	40.46
370.32	1364.92	588.07	124.70	563.92	971.84	856.28
140.77	680.85	270.56	61.07	259.85	605.96	545.08
166.01	876.72	380.34	83.35	349.21	534.16	404.51
75.73	391.33	188.80	40.31	174.01	225.75	203.15
303.04	1465.51	770.77	181.18	821.41	695.01	627.16
47.99	227.59	99.82	19.66	96.70	144.88	131.46
10.83	77.35	27.10	5.54	27.53	46.96	42.74
53.54	327.18	163.87	57.23	172.39	164.38	145.71
144.31	1028.90	454.11	114.31	316.17	677.24	634.57
14.85	79.78	40.17	11.43	31.67	32.79	31.11
39.89	271.86	122.61	15.24	123.78	138.31	130.75
2.11	19.35	8.23	5.22	7.58	6.89	6.22
95.72	508.82	168.81	40.68	163.04	386.93	302.33
42.02	330.70	122.31	27.12	149.64	179.66	159.48
27.60	116.57	23.71	3.98	20.12	104.77	94.03
16.78	124.43	33.61	11.25	33.21	117.50	113.94
247.67	948.38	257.20	27.80	275.75	942.02	908.95

4—7续表1

地　区	固定资产小计	累计折旧	本年折旧	固定资产净值	固定资产净值年平均余额
全　国	**9521.96**	**5792.70**	**868.96**	**8556.18**	**8256.35**
北　京	135.92	57.16	10.03	112.63	104.32
天　津	272.67	241.32	35.12	261.22	250.85
河　北	392.44	261.91	48.24	371.09	345.83
山　西	119.23	25.91	4.63	108.03	104.67
内蒙古	176.74	90.52	10.69	134.81	129.37
辽　宁	821.73	563.78	95.35	752.74	738.76
吉　林	396.46	189.14	35.93	363.38	363.11
黑龙江	963.06	826.71	126.65	912.13	921.68
上　海	719.47	603.78	58.74	673.96	561.27
江　苏	595.19	378.72	51.89	525.69	515.12
浙　江	300.48	130.43	26.77	263.00	257.69
安　徽	249.62	110.35	13.72	219.66	216.02
福　建	107.76	48.04	7.82	100.34	95.31
江　西	38.46	16.21	2.09	31.15	29.97
山　东	672.76	394.55	53.26	577.29	582.17
河　南	360.85	282.11	28.91	323.85	306.38
湖　北	383.67	185.65	26.58	348.51	344.90
湖　南	154.04	86.65	9.72	139.10	134.51
广　东	494.61	250.19	38.59	444.82	441.42
广　西	100.20	52.66	6.42	92.22	89.86
海　南	38.54	13.05	2.12	33.91	34.59
重　庆	120.12	61.66	7.13	102.72	107.43
四　川	469.32	269.83	49.10	407.41	374.19
贵　州	25.68	8.72	1.39	24.07	24.27
云　南	119.44	43.07	5.95	95.24	90.66
西　藏	5.26	2.11	0.33	4.78	4.80
陕　西	296.04	111.58	20.01	275.34	254.83
甘　肃	164.22	64.36	8.13	115.30	119.02
青　海	82.33	26.93	10.95	77.84	76.71
宁　夏	87.17	40.37	7.98	77.12	67.37
新　疆	658.46	355.20	64.74	586.82	569.27

单位:亿元

负债合计	流动负债小计	所有者权益合计	实收资本	国家资本	港澳台资本	外商资本
9249.90	**6179.05**	**9354.30**	**4856.25**	**2416.27**	**96.32**	**54.82**
193.34	161.24	312.08	113.66	32.78	0.04	1.64
186.22	110.54	281.05	73.46	28.42	20.37	1.02
279.02	173.42	320.55	226.15	139.02	0.35	0.09
129.10	98.77	88.66	52.31	20.91	0.00	2.05
145.00	103.25	181.34	82.67	29.55	0.58	0.00
688.08	466.37	594.06	365.70	272.76	12.07	10.78
398.20	255.49	334.15	180.14	108.66	0.07	0.42
498.25	376.59	949.24	551.34	507.78	0.75	1.02
558.05	262.34	687.22	321.68	154.62	0.46	0.91
633.07	503.66	656.92	334.50	66.53	16.92	9.01
362.58	298.72	411.64	195.35	20.96	9.38	3.41
231.54	152.20	246.36	138.49	67.59	17.35	1.44
143.80	108.76	146.20	68.87	20.87	0.24	0.15
49.12	37.46	59.14	25.64	9.45	0.00	0.00
772.03	501.17	592.89	311.00	76.88	1.20	2.69
406.52	239.43	274.32	181.28	91.90	0.48	0.29
486.83	269.50	389.89	212.03	61.56	0.43	4.58
222.31	150.97	169.02	97.74	26.65	0.33	0.60
736.98	588.44	728.53	317.20	75.06	9.17	7.77
136.78	115.70	90.81	47.73	27.87	0.16	0.00
41.94	28.71	35.41	29.48	7.31	0.15	2.19
172.88	143.01	154.30	81.28	31.02	0.07	4.71
539.28	337.87	489.61	171.10	46.15	3.46	0.01
39.63	26.42	40.14	15.72	5.34	0.00	0.00
147.62	96.15	124.23	65.68	22.61	0.00	0.00
7.12	5.78	12.23	6.71	3.04	0.00	0.00
252.32	118.97	256.50	195.89	141.59	0.04	0.04
162.58	114.91	168.13	77.07	49.67	0.05	0.00
88.65	46.00	27.91	22.84	3.37	0.00	0.00
49.77	34.51	74.65	28.59	21.78	0.00	0.00
491.29	252.72	457.09	264.93	244.58	2.21	0.00

4—7续表2

地　区	产品销售收入	产品销售成本	产品销售费用	产品销售税金及附加	产品销售利润
全　国	**12428.19**	**9557.91**	**469.81**	**240.64**	**2159.67**
北　京	256.42	197.36	14.03	5.17	39.86
天　津	271.19	174.56	8.37	9.40	78.85
河　北	532.87	428.34	10.50	5.91	88.12
山　西	90.39	69.48	5.59	0.93	14.40
内蒙古	159.97	126.82	9.78	1.68	21.69
辽　宁	1032.12	861.11	12.02	36.92	122.07
吉　林	388.05	316.28	11.00	10.09	50.68
黑龙江	1241.06	626.14	6.67	42.92	565.33
上　海	561.05	450.42	9.37	3.31	97.96
江　苏	1204.05	1028.57	36.06	14.96	124.46
浙　江	833.95	685.98	35.54	14.18	98.25
安　徽	287.61	237.40	11.49	2.94	35.79
福　建	155.27	117.95	8.77	2.50	26.05
江　西	51.79	37.70	5.44	0.28	8.36
山　东	1138.19	939.11	45.90	19.43	133.74
河　南	380.53	306.78	12.77	2.99	57.99
湖　北	508.81	408.25	25.42	7.50	67.64
湖　南	263.06	217.03	13.71	6.20	26.12
广　东	1095.78	876.71	84.61	10.46	123.99
广　西	154.82	121.60	7.92	3.29	22.01
海　南	30.21	24.05	1.64	0.94	3.58
重　庆	190.17	142.22	18.25	5.16	24.54
四　川	457.83	348.44	28.41	4.79	76.07
贵　州	43.68	34.34	3.04	1.08	5.22
云　南	142.90	115.20	4.61	0.97	22.12
西　藏	5.07	3.34	0.23	0.06	1.40
陕　西	236.27	162.50	7.47	5.03	61.26
甘　肃	112.34	87.88	2.40	1.12	20.94
青　海	42.77	26.72	0.98	1.37	13.69
宁　夏	53.46	44.94	0.65	0.78	7.10
新　疆	506.51	340.70	27.15	18.27	120.39

单位:亿元

管理费用	利息支出	营业利润	利润总额	亏损企业亏损总额	本年应交增值税	全部从业人员平均人数(万人)
720.17	**229.34**	**1227.97**	**1292.72**	**121.57**	**627.44**	**436.53**
20.42	2.52	20.09	27.58	2.47	11.87	8.16
15.02	1.62	50.91	54.28	2.09	14.31	5.98
25.12	10.28	55.27	58.61	2.16	28.63	21.93
5.51	3.14	6.27	6.63	0.98	6.54	6.77
8.34	2.52	11.29	12.22	0.44	9.24	8.69
46.82	17.91	60.68	61.16	16.05	42.96	18.93
33.44	11.64	2.72	22.60	12.78	18.81	15.42
59.86	3.93	490.31	490.72	3.07	123.97	24.89
36.85	13.42	53.46	65.41	2.26	31.38	10.41
56.86	17.24	53.33	55.30	7.74	44.88	37.19
37.36	9.60	55.15	64.65	0.76	28.65	21.92
16.16	6.24	15.26	13.84	2.45	16.52	15.83
13.50	4.18	8.59	11.95	1.76	7.00	6.61
4.24	1.07	2.95	3.58	0.66	2.64	3.08
61.48	21.23	53.21	55.01	6.06	47.92	57.92
28.52	11.48	19.80	18.70	5.94	14.73	30.58
28.40	13.50	27.48	29.79	7.40	25.27	26.25
16.81	5.45	5.34	12.43	3.61	10.71	10.73
66.41	20.00	45.14	39.95	20.74	42.36	19.19
11.42	3.47	7.97	9.00	0.91	10.09	7.84
1.57	1.29	0.79	1.47	0.92	1.62	0.94
13.85	4.37	8.79	9.64	2.21	9.58	9.09
32.85	14.05	21.85	15.07	8.43	18.88	28.86
2.19	0.72	1.96	1.75	0.63	1.92	2.32
10.56	4.00	8.32	10.63	0.80	7.14	7.28
0.55	0.07	0.88	0.67	0.06	0.33	0.42
18.73	7.56	39.50	40.00	1.59	10.45	8.55
11.68	3.72	6.02	2.33	1.80	6.39	9.46
8.18	1.56	3.66	4.03	0.17	2.89	2.05
2.65	2.06	2.43	1.26	0.25	1.54	2.21
24.82	9.52	88.55	92.43	4.41	28.21	7.03

4—8 按地区分组的私营工业

地　区	企业单位数(个)	亏损企业	工业总产值(1990年不变价格)	工业总产值(当年价格)	工业销售产值(当年价格)
全　国	**36218**	**4655**	**8281.03**	**8760.89**	**8403.82**
北　京	344	54	66.03	67.01	66.03
天　津	574	36	97.73	116.25	113.91
河　北	1640	177	415.63	453.96	440.62
山　西	450	72	95.37	112.74	104.07
内蒙古	245	34	45.44	52.03	48.69
辽　宁	1000	260	289.23	302.71	282.41
吉　林	328	64	58.70	61.04	55.87
黑龙江	319	58	53.83	63.91	57.68
上　海	1360	113	241.17	283.16	278.45
江　苏	5787	746	1345.03	1490.01	1427.05
浙　江	7490	657	1964.67	1889.76	1814.07
安　徽	770	160	125.61	127.07	121.41
福　建	1107	181	206.66	202.20	194.74
江　西	577	108	82.41	88.97	85.67
山　东	2952	212	652.09	757.54	731.93
河　南	1360	97	222.99	293.46	285.26
湖　北	1132	132	249.47	268.27	259.90
湖　南	875	139	125.71	160.80	157.98
广　东	4430	541	1189.59	1193.35	1140.11
广　西	337	120	67.53	75.08	70.21
海　南	71	10	16.30	20.15	18.81
重　庆	570	103	207.97	189.68	184.26
四　川	1211	221	272.39	276.92	266.16
贵　州	275	108	46.72	52.38	46.91
云　南	167	63	44.08	48.17	46.13
西　藏	45	6	0.40	0.45	0.41
陕　西	225	58	38.19	42.11	38.99
甘　肃	398	59	22.49	26.06	23.62
青　海	35	17	6.16	8.37	7.77
宁　夏	61	21	17.24	19.71	17.85
新　疆	83	28	14.22	17.57	16.87

企业主要经济指标(2001 年)

单位:亿元

工业增加值（当年价格）	资产合计	流动资产小计	应收帐款净额	流动资产年平均余额	固定资产原价	生产经营用
2174.41	**5901.98**	**3130.73**	**875.59**	**2992.85**	**2741.06**	**2374.91**
18.12	59.62	37.09	7.75	36.15	17.75	13.90
20.43	67.30	45.16	10.01	35.99	22.52	21.74
137.60	286.34	133.96	29.65	124.61	146.58	125.68
35.69	134.69	67.24	11.89	64.65	66.48	58.67
21.28	52.92	28.59	6.69	26.24	23.76	20.85
71.49	290.20	139.76	41.24	132.93	145.12	122.42
20.26	68.85	33.80	9.39	31.50	31.86	27.08
20.27	68.04	34.00	9.56	30.40	31.32	21.53
72.99	193.42	121.51	37.57	113.47	66.00	54.45
329.86	755.63	448.84	144.68	436.41	343.33	302.17
391.61	1324.38	713.10	220.02	678.61	598.01	558.47
35.79	104.19	50.08	13.19	46.60	55.74	50.38
51.89	148.56	75.17	21.46	69.61	71.71	58.98
24.55	71.00	32.18	9.31	30.55	38.20	32.44
210.46	408.96	212.84	50.51	197.35	203.24	176.74
86.59	158.85	77.73	17.71	76.08	77.16	60.43
85.77	154.78	76.18	17.10	70.12	77.52	55.49
42.69	115.81	55.73	12.30	54.28	57.15	49.31
287.19	720.72	401.39	114.35	419.22	325.28	275.95
20.29	62.01	29.33	5.64	26.94	30.76	24.31
6.69	15.89	7.05	1.83	6.17	7.57	6.08
41.27	141.28	77.56	25.60	70.38	56.10	49.50
79.12	248.88	118.41	31.19	110.10	122.31	102.06
15.40	52.25	23.96	6.44	22.35	24.41	19.91
12.43	58.88	26.87	4.61	26.50	32.89	29.55
0.25	1.15	0.45	0.09	0.39	0.64	0.60
13.60	46.05	22.25	5.33	19.55	21.65	18.47
7.63	32.64	15.52	3.30	12.22	15.28	10.52
2.50	13.61	4.89	0.79	4.30	7.45	6.39
6.06	23.82	10.20	3.87	10.01	13.17	11.69
4.62	21.27	9.89	2.49	9.20	10.11	9.16

4—8 续表 1

地区	固定资产小计	累计折旧	本年折旧	固定资产净值	固定资产净值年平均余额
全国	**2236.08**	**674.51**	**152.66**	**2066.54**	**2039.37**
北京	16.91	3.63	0.95	14.12	12.50
天津	17.95	5.54	1.52	16.98	15.08
河北	126.18	25.92	5.95	120.65	114.67
山西	60.41	10.83	3.28	55.65	61.87
内蒙古	20.67	3.72	0.88	20.04	19.04
辽宁	121.89	34.06	5.93	111.06	108.33
吉林	29.22	5.06	1.29	26.79	25.68
黑龙江	29.14	4.65	0.92	26.67	24.58
上海	57.61	13.30	3.52	52.70	47.50
江苏	260.27	101.31	21.27	242.02	257.96
浙江	480.61	161.92	40.17	436.09	429.42
安徽	45.65	13.13	3.05	42.61	41.24
福建	60.43	13.87	3.80	57.84	56.83
江西	32.41	7.60	1.42	30.59	27.73
山东	164.55	49.24	10.33	154.00	147.73
河南	65.30	15.40	3.36	61.76	61.85
湖北	60.56	22.81	4.34	54.72	55.86
湖南	47.58	13.23	2.81	43.92	42.64
广东	253.44	89.09	19.97	236.19	240.01
广西	27.05	5.52	1.35	25.24	24.06
海南	5.56	2.26	0.44	5.31	5.20
重庆	46.52	14.68	3.62	41.42	37.95
四川	98.83	30.65	6.17	91.66	87.40
贵州	22.53	4.50	1.23	19.92	19.27
云南	25.68	9.24	1.97	23.66	22.54
西藏	0.60	0.08	0.02	0.56	0.57
陕西	18.74	4.26	1.15	17.39	16.44
甘肃	12.91	3.07	0.43	12.21	11.68
青海	6.70	1.01	0.17	6.44	5.91
宁夏	11.90	2.30	0.61	10.86	10.59
新疆	8.26	2.64	0.71	7.47	7.24

单位:亿元

负债合计	流动负债小计	所有者权益合计	实收资本	国家资本	港澳台资本	外商资本
3527.40	**3037.27**	**2374.59**	**1572.91**	**9.67**	**17.03**	**13.14**
32.05	29.49	27.56	17.78	0.06	0.25	0.10
38.56	37.39	28.74	15.76	0.06	0.00	0.09
159.74	127.37	126.60	82.14	0.16	0.16	0.05
81.39	62.53	53.30	41.25	0.81	0.07	0.00
33.34	28.40	19.58	14.49	0.15	0.00	0.00
174.11	151.90	116.09	95.38	0.17	0.14	0.23
39.34	33.83	29.50	20.83	0.38	0.04	0.03
36.89	32.40	31.15	24.36	0.23	0.13	0.03
109.28	103.30	84.14	51.54	0.11	0.00	0.00
519.32	474.90	236.31	161.94	0.61	2.05	2.50
788.47	705.26	535.90	326.93	0.57	3.24	4.17
61.81	48.91	42.38	32.66	0.29	0.02	0.33
73.02	62.68	75.54	57.04	0.16	0.77	0.19
38.70	30.97	32.30	22.41	0.70	0.50	0.09
250.97	213.90	157.99	101.38	0.37	0.41	2.25
90.40	73.69	68.44	48.82	0.43	0.11	0.22
89.25	65.28	65.52	45.52	0.57	0.05	0.34
55.22	44.69	60.59	38.33	1.13	0.18	0.01
424.82	354.90	295.90	183.67	0.61	8.57	2.30
36.79	30.70	25.22	15.13	0.48	0.01	0.01
8.65	6.97	7.24	4.60	0.00	0.04	0.00
92.16	81.88	49.12	32.50	0.19	0.00	0.00
147.25	124.42	101.64	63.71	0.36	0.13	0.01
28.41	23.67	23.84	18.85	0.12	0.13	0.02
37.37	28.26	21.51	13.74	0.18	0.01	0.00
0.31	0.21	0.83	0.59	0.04	0.00	0.00
23.87	17.58	22.18	15.90	0.16	0.00	0.11
18.24	14.55	14.40	8.28	0.38	0.00	0.04
8.58	5.76	5.03	3.93	0.13	0.02	0.02
16.58	11.42	7.25	6.83	0.04	0.00	0.00
12.50	10.04	8.78	6.63	0.02	0.00	0.00

4—8 续表 2

地　区	产品销售收入	产品销售成本	产品销售费用	产品销售税金及附加	产品销售利润
全　国	**7982.43**	**6947.43**	**277.92**	**68.46**	**688.32**
北　京	66.13	53.35	4.00	0.26	8.53
天　津	109.38	92.67	3.45	0.53	12.73
河　北	407.99	351.21	12.79	3.29	40.70
山　西	98.62	81.98	6.79	1.79	8.06
内蒙古	45.41	39.26	1.74	0.67	3.74
辽　宁	273.08	237.47	9.39	2.05	24.17
吉　林	49.44	39.53	2.62	0.65	6.63
黑龙江	55.32	44.56	3.11	0.77	6.88
上　海	281.57	241.38	8.71	1.06	30.41
江　苏	1341.85	1204.53	34.79	9.16	93.36
浙　江	1754.99	1531.64	42.36	14.58	166.41
安　徽	115.79	98.94	5.18	1.12	10.55
福　建	188.64	164.97	6.31	2.18	15.17
江　西	81.31	67.72	5.36	1.15	7.08
山　东	654.24	569.41	18.06	5.02	61.74
河　南	273.97	235.95	11.51	2.30	24.21
湖　北	236.07	198.92	12.11	2.56	22.47
湖　南	147.37	120.83	9.77	2.34	14.43
广　东	1101.02	974.16	45.08	9.11	72.66
广　西	68.50	61.02	2.50	0.67	4.32
海　南	16.84	12.65	2.50	0.07	1.63
重　庆	181.04	159.24	6.75	2.26	12.78
四　川	253.46	215.51	12.29	2.98	22.42
贵　州	40.27	33.30	2.54	0.52	3.92
云　南	44.91	38.70	2.65	0.22	3.34
西　藏	0.37	0.20	0.04	0.01	0.09
陕　西	34.81	28.41	2.16	0.43	3.81
甘　肃	20.69	16.13	1.52	0.25	2.79
青　海	6.26	5.38	0.23	0.02	0.63
宁　夏	17.04	14.85	0.84	0.23	1.12
新　疆	16.04	13.55	0.78	0.19	1.52

单位:亿元

管理费用	利息支出	营业利润	利润总额	亏损企业亏损总额	本年应交增值税	全部从业人员平均人数（万人）
300.44	**87.05**	**300.51**	**312.56**	**33.45**	**242.55**	**541.52**
4.53	0.31	3.74	3.97	0.37	2.02	3.63
2.93	0.01	9.37	9.04	0.15	2.72	6.15
10.63	5.17	24.70	24.66	1.40	9.96	29.35
3.16	1.91	2.79	3.40	1.19	4.99	11.34
1.76	0.87	1.36	1.54	0.30	1.43	3.99
12.22	4.06	8.21	9.25	3.17	8.37	19.09
3.26	0.80	2.69	2.79	0.42	1.92	5.22
2.99	0.69	3.38	3.29	0.38	2.72	5.46
14.00	1.78	15.00	16.56	0.83	8.43	13.91
48.90	10.73	34.83	34.88	3.31	41.69	82.41
64.97	21.47	81.76	85.79	2.95	57.11	108.10
5.80	1.65	2.90	3.56	1.06	3.91	12.26
7.35	2.06	5.66	6.00	0.92	5.80	15.28
3.25	1.45	2.48	2.52	0.49	3.01	8.40
20.99	6.96	32.37	33.39	0.90	20.11	46.82
6.06	3.48	14.72	14.48	0.82	6.37	21.28
11.84	2.52	8.17	9.38	0.98	6.98	17.42
6.46	1.46	6.30	6.12	0.75	5.34	13.15
37.86	8.63	24.32	23.82	5.67	26.92	57.75
3.02	0.74	0.48	0.50	1.38	2.49	6.97
0.97	0.19	0.45	0.75	0.05	0.75	0.77
7.48	2.05	3.29	4.07	1.02	4.77	12.96
11.03	4.46	6.86	7.72	1.68	7.95	23.53
1.66	0.43	1.85	1.59	1.00	1.82	4.11
2.35	0.96	0.00	0.44	0.85	1.96	3.01
0.04	0.00	0.05	0.05	0.02	0.01	0.14
1.77	0.80	1.23	1.19	0.41	1.20	3.45
1.23	0.33	1.21	1.00	0.24	0.54	2.67
0.27	0.24	0.11	0.10	0.13	0.15	0.56
0.64	0.57	−0.08	−0.05	0.41	0.55	1.21
1.00	0.28	0.30	0.75	0.20	0.57	1.15

4—9 按地区分组的港澳台商投资工业

地区	企业单位数（个）	亏损企业	工业总产值（1990年不变价格）	工业总产值（当年价格）	工业销售产值（当年价格）
全国	**18257**	**5150**	**11657.83**	**11847.18**	**11506.68**
北京	388	117	443.39	350.66	340.53
天津	424	132	192.40	210.71	208.04
河北	337	88	184.65	215.73	212.85
山西	55	22	37.96	35.90	34.64
内蒙古	39	14	20.22	22.96	22.97
辽宁	316	101	207.01	211.46	204.00
吉林	75	20	60.39	60.41	52.98
黑龙江	62	24	53.35	46.98	45.08
上海	1573	396	1022.32	1068.78	1060.04
江苏	1683	412	914.65	1013.24	988.57
浙江	1479	236	795.07	721.85	698.54
安徽	121	42	124.50	91.26	90.53
福建	2163	543	1276.27	1189.74	1144.60
江西	112	41	29.21	31.24	29.86
山东	662	154	345.20	414.18	404.20
河南	230	54	128.15	159.57	152.89
湖北	226	50	130.63	124.29	122.11
湖南	146	42	46.11	57.60	56.30
广东	7542	2423	5316.74	5470.76	5300.88
广西	131	57	49.26	51.49	48.46
海南	57	23	13.82	16.70	15.62
重庆	67	27	72.99	75.34	72.46
四川	141	47	73.51	70.44	68.39
贵州	41	20	6.86	6.75	6.57
云南	72	23	30.83	34.32	32.94
西藏	0	0	0.00	0.00	0.00
陕西	63	26	54.45	54.53	53.38
甘肃	24	9	18.87	25.02	25.26
青海	7	1	3.43	4.99	4.70
宁夏	9	1	1.96	4.31	3.68
新疆	12	5	3.65	5.98	5.62

企业主要经济指标(2001 年)

单位:亿元

工业增加值（当年价格）	资产合计	流动资产小计		流动资产年平均余额	固定资产原价	
			应收帐款净额			生产经营用
3181.26	**12634.50**	**6238.40**	**1853.99**	**6201.60**	**7661.99**	**6688.65**
82.11	308.39	200.59	55.10	195.23	99.78	82.04
44.24	276.34	133.37	37.99	127.47	151.43	110.06
63.63	248.99	116.40	29.79	116.41	152.41	133.13
9.83	52.23	24.82	7.64	22.59	25.05	21.12
5.26	38.40	27.65	3.27	26.31	12.25	11.07
66.63	333.58	134.84	34.94	129.54	270.02	254.89
22.55	80.96	31.81	10.44	30.43	42.85	34.67
15.79	83.75	33.16	9.53	34.95	51.72	26.85
275.29	1388.04	689.61	211.61	716.82	747.03	618.57
274.38	1031.49	516.31	159.10	503.60	634.20	577.94
162.59	673.63	350.25	88.40	337.92	376.86	353.77
30.16	90.76	35.10	7.32	35.59	82.61	80.69
319.56	1142.22	567.39	176.75	552.45	660.19	528.28
9.24	34.58	15.27	4.02	15.45	21.02	17.66
126.19	388.63	192.38	45.01	186.07	239.67	218.13
59.14	280.84	135.47	25.16	130.05	218.94	174.81
39.62	138.39	53.20	16.90	56.72	89.51	61.29
15.55	58.02	29.60	6.77	27.49	32.42	27.93
1453.79	5449.55	2713.18	866.60	2728.52	3409.06	3037.50
14.64	58.93	29.24	8.24	29.09	33.73	30.31
5.27	23.97	12.01	3.85	11.95	14.09	11.68
25.69	88.26	39.69	7.24	38.90	68.54	64.86
20.74	114.55	50.92	12.18	47.77	61.24	55.77
1.95	22.28	9.80	3.15	9.32	7.23	6.51
9.54	55.16	26.48	6.57	26.55	32.96	30.01
0.00	0.00	0.00	0.00	0.00	0.00	0.00
16.28	105.71	36.47	9.50	32.19	85.75	82.49
7.25	40.41	21.76	4.77	22.23	22.38	18.21
1.03	8.10	3.83	0.20	2.34	4.63	4.40
1.57	4.58	3.15	0.87	2.98	1.13	1.00
1.74	13.77	4.63	1.09	4.70	13.28	13.03

4—9 续表 1

地　区	固定资产小计	累计折旧	本年折旧	固定资产净值	固定资产净值年平均余额
全　国	**5255.69**	**2705.94**	**478.39**	**4956.05**	**4987.71**
北　京	74.79	29.95	6.90	69.82	69.85
天　津	105.24	49.71	10.12	101.72	94.03
河　北	116.14	44.93	8.79	107.48	107.20
山　西	20.67	5.53	1.12	19.52	19.56
内蒙古	9.38	4.42	0.61	7.83	7.95
辽　宁	178.59	97.90	10.73	172.12	173.61
吉　林	37.25	10.94	1.86	31.91	34.06
黑龙江	45.01	15.27	2.47	36.45	40.76
上　海	508.29	305.72	45.08	441.31	447.51
江　苏	447.80	203.72	41.17	430.48	423.34
浙　江	274.61	113.41	24.20	263.45	258.32
安　徽	50.27	33.88	4.09	48.74	48.75
福　建	478.89	194.72	38.91	465.47	452.76
江　西	16.26	5.43	1.02	15.59	14.63
山　东	173.25	79.58	13.82	160.09	158.16
河　南	127.15	93.95	12.44	124.98	126.85
湖　北	71.31	26.28	4.30	63.23	70.01
湖　南	22.97	10.22	1.80	22.20	22.56
广　东	2248.91	1265.75	216.79	2143.32	2178.35
广　西	23.87	10.49	2.34	23.24	22.96
海　南	9.27	5.34	0.78	8.75	9.03
重　庆	43.78	28.68	2.69	39.86	38.12
四　川	48.68	17.13	3.24	44.12	44.13
贵　州	7.97	2.58	0.39	4.65	4.77
云　南	25.11	9.05	2.31	23.91	23.25
西　藏	0.00	0.00	0.00	0.00	0.00
陕　西	60.73	28.34	18.53	57.41	69.20
甘　肃	16.22	7.08	0.95	15.30	15.94
青　海	3.97	0.67	0.03	3.96	3.48
宁　夏	0.90	0.30	0.05	0.84	0.86
新　疆	8.42	4.99	0.85	8.29	7.73

单位:亿元

负债合计	流动负债小计	所有者权益合计	实收资本	国家资本	港澳台资本	外商资本
7083.94	**5681.73**	**5550.56**	**4357.29**	**436.94**	**2723.86**	**285.49**
206.35	180.18	102.04	84.04	13.34	39.29	5.59
157.19	133.69	119.15	112.71	16.73	64.76	14.75
152.41	113.68	96.58	73.96	20.54	31.52	1.30
35.99	29.09	16.24	19.70	7.99	8.16	0.56
28.74	21.92	9.66	7.15	1.88	3.00	0.10
170.72	123.07	162.86	131.32	22.59	70.30	2.72
50.56	40.93	30.40	28.02	8.02	10.30	6.15
59.34	37.72	24.41	20.20	6.12	9.56	0.79
691.00	597.81	697.04	464.62	78.86	267.52	0.66
589.91	486.91	441.58	374.86	30.39	223.50	44.66
389.81	338.91	283.82	226.32	12.20	140.22	0.78
52.56	34.86	38.20	34.16	8.72	20.66	0.31
610.96	491.87	531.25	427.46	19.75	328.54	25.74
19.62	15.78	14.96	15.93	2.42	8.16	0.45
239.25	195.29	149.38	136.25	20.82	61.10	6.07
150.71	127.66	130.13	68.95	13.06	27.81	1.00
82.25	49.71	56.15	45.06	5.07	23.37	1.81
31.38	27.76	26.63	22.45	3.42	12.43	0.42
3060.31	2407.52	2389.24	1883.97	118.12	1298.24	158.51
34.19	29.81	24.74	21.29	7.03	10.67	0.00
13.25	10.59	10.72	9.01	0.40	3.13	0.98
47.71	35.65	40.55	26.96	3.31	9.09	4.84
66.89	50.64	47.66	38.10	7.84	15.19	3.65
14.45	12.81	7.83	9.87	0.56	6.38	0.73
32.89	22.74	22.27	19.19	3.82	7.43	0.54
0.00	0.00	0.00	0.00	0.00	0.00	0.00
54.18	32.69	51.52	37.51	1.58	16.74	0.82
26.31	21.62	14.11	9.15	1.50	2.79	0.04
4.05	2.23	4.05	2.59	0.07	0.99	0.04
3.17	2.93	1.41	0.98	0.12	0.34	0.00
7.78	5.65	5.98	5.53	0.66	2.69	1.50

4—9续表2

地　区	产品销售收入	产品销售成本	产品销售费用	产品销售税金及附加	产品销售利润
全　国	**11142.60**	**9475.05**	**458.75**	**47.99**	**1158.99**
北　京	448.01	394.82	30.89	0.56	21.73
天　津	205.51	170.10	14.56	0.86	19.98
河　北	195.54	161.66	7.21	0.73	25.93
山　西	31.51	23.77	4.21	0.47	3.06
内蒙古	23.38	20.68	0.75	0.05	1.90
辽　宁	194.52	154.87	11.60	0.71	27.35
吉　林	48.42	37.97	3.39	0.76	6.30
黑龙江	46.48	35.72	3.66	1.97	5.14
上　海	1058.97	889.64	41.25	7.16	120.92
江　苏	960.48	812.71	34.27	2.61	110.90
浙　江	693.33	588.99	24.08	1.46	78.80
安　徽	82.06	70.35	2.43	0.50	8.78
福　建	1114.02	972.39	39.86	5.24	95.84
江　西	28.03	22.77	2.09	0.30	2.87
山　东	336.33	286.93	11.77	1.96	35.67
河　南	144.87	112.04	7.86	0.26	23.87
湖　北	114.26	92.93	6.19	0.80	14.33
湖　南	50.77	40.84	2.71	0.37	6.85
广　东	5043.07	4328.86	190.35	19.45	504.41
广　西	47.23	38.33	2.55	0.16	6.19
海　南	15.54	11.26	2.21	0.07	1.99
重　庆	72.12	58.70	4.19	0.47	8.76
四　川	66.19	52.71	4.91	0.47	7.82
贵　州	6.16	5.07	0.57	0.02	0.50
云　南	34.76	27.86	1.39	0.14	5.36
西　藏	0.00	0.00	0.00	0.00	0.00
陕　西	45.24	33.05	2.25	0.11	9.82
甘　肃	22.16	19.12	0.93	0.30	1.81
青　海	4.46	3.48	0.07	0.02	0.88
宁　夏	3.66	3.02	0.25	0.01	0.38
新　疆	5.56	4.40	0.28	0.01	0.87

单位:亿元

管理费用	利息支出	营业利润	利润总额	亏损企业亏损总额	本年应交增值税	全部从业人员平均人数(万人)
532.07	**150.65**	**503.35**	**548.30**	**132.34**	**350.07**	**537.93**
16.55	2.75	16.31	18.71	4.42	14.54	7.70
8.90	0.21	8.49	10.68	4.12	7.82	9.67
7.40	4.94	13.77	13.67	1.83	8.47	8.18
1.75	0.86	0.46	0.15	1.46	2.20	1.89
0.83	0.94	0.23	0.33	0.32	0.72	1.17
10.22	4.53	12.83	15.29	3.32	8.97	8.21
2.22	1.07	2.89	3.39	1.02	2.45	2.79
2.47	0.92	1.16	1.97	1.09	2.71	2.24
66.55	16.70	44.50	54.68	9.35	35.52	31.65
43.79	13.04	55.91	57.38	6.53	38.72	40.35
33.31	9.37	36.54	41.30	4.51	23.19	35.52
2.67	1.83	4.52	5.03	0.83	3.91	3.64
41.49	13.90	36.77	45.66	11.91	24.48	62.13
1.33	0.51	1.05	1.07	0.56	1.09	2.60
15.97	5.49	14.10	14.73	4.49	17.95	21.10
6.13	4.11	15.30	15.05	1.10	8.89	6.53
4.76	3.02	7.22	6.85	0.58	5.20	5.51
2.97	0.66	3.69	3.89	1.09	2.21	2.81
244.20	58.13	208.48	216.78	68.29	123.50	267.81
2.75	0.90	2.63	2.98	0.88	2.58	3.84
1.29	0.27	0.39	0.43	0.46	0.78	0.90
3.97	1.04	4.35	3.93	0.63	4.42	2.60
4.25	1.71	2.06	3.64	1.27	2.88	3.35
0.63	0.23	−0.37	−0.34	0.56	0.29	0.79
1.99	0.57	2.90	3.10	0.88	1.73	1.40
0.00	0.00	0.00	0.00	0.00	0.00	0.00
1.59	2.05	6.01	6.27	0.55	3.66	1.74
1.25	0.58	0.02	0.14	0.15	0.72	1.14
0.20	0.05	0.54	0.80	0.01	0.12	0.10
0.14	0.07	0.20	0.30	0.01	0.11	0.19
0.51	0.20	0.42	0.41	0.14	0.23	0.37

4—10 按地区分组的外商投资工业

地　区	企业单位数（个）	亏损企业	工业总产值（1990年不变价格）	工业总产值（当年价格）	工业销售产值（当年价格）
全　国	**13166**	**3519**	**17005.69**	**15373.72**	**15070.46**
北　京	635	186	1217.36	967.37	950.29
天　津	926	321	1449.15	1155.28	1144.43
河　北	423	116	189.57	209.22	203.87
山　西	46	15	29.22	38.80	35.96
内蒙古	50	14	30.97	42.95	43.53
辽　宁	754	236	618.10	683.21	661.13
吉　林	170	53	353.51	352.31	345.37
黑龙江	85	27	61.91	67.84	61.02
上　海	2096	519	3513.32	2836.02	2811.78
江　苏	1918	445	2094.33	2320.07	2266.64
浙　江	1236	165	909.86	810.27	787.72
安　徽	156	53	154.37	155.54	153.73
福　建	760	229	628.26	632.74	619.32
江　西	65	26	74.54	75.63	74.89
山　东	1358	330	964.22	1042.83	1014.28
河　南	191	55	85.86	102.57	99.86
湖　北	166	41	285.18	258.08	252.62
湖　南	93	25	106.68	89.55	88.90
广　东	1478	461	3741.04	3020.20	2958.84
广　西	107	37	83.03	95.95	93.57
海　南	37	19	18.47	23.83	21.51
重　庆	84	25	114.16	104.53	101.37
四　川	127	43	129.00	118.39	115.02
贵　州	35	21	14.23	14.82	14.68
云　南	48	15	29.96	35.27	34.48
西　藏	5	3	0.04	0.04	0.06
陕　西	67	23	78.74	86.20	83.12
甘　肃	13	5	8.36	11.01	10.71
青　海	2	0	0.48	0.41	0.47
宁　夏	15	6	15.75	15.05	13.96
新　疆	20	5	6.01	7.76	7.33

企业主要经济指标(2001 年)

单位:亿元

工业增加值(当年价格)	资产合计	流动资产小计	应收帐款净额	流动资产年平均余额	固定资产原价	生产经营用
3946.85	**15719.96**	**7791.36**	**2497.95**	**7549.36**	**9038.31**	**7952.12**
213.43	857.87	515.17	223.16	525.20	403.75	309.03
280.20	1145.51	613.26	249.22	586.83	608.01	500.91
58.74	376.91	133.54	34.11	118.27	259.10	158.52
15.98	155.44	25.07	6.07	22.40	116.77	114.66
14.86	83.86	53.27	7.30	51.71	32.40	28.30
172.27	764.37	327.54	84.87	318.29	552.38	520.47
99.02	272.32	137.71	33.83	114.85	182.24	168.64
20.88	136.10	69.85	31.20	67.21	66.69	30.52
749.06	2997.41	1642.91	509.29	1608.17	1584.13	1413.26
561.30	2280.43	1058.68	346.19	1053.96	1373.85	1251.59
202.13	750.77	397.52	110.58	386.00	417.31	397.44
47.96	273.92	106.03	25.20	102.62	169.09	161.24
171.12	798.06	326.60	100.75	301.77	519.53	461.88
20.17	104.81	48.31	5.31	49.42	58.82	50.67
305.56	1009.19	465.17	117.48	435.81	565.98	522.80
27.58	134.45	63.89	16.31	62.45	84.29	68.98
95.42	390.81	161.24	49.26	135.26	222.02	189.50
27.50	130.75	50.24	20.84	50.55	105.11	98.31
699.39	2229.65	1227.44	417.75	1204.35	1205.83	1052.76
30.29	189.84	65.18	16.38	62.77	129.17	116.98
4.98	36.15	14.74	3.08	16.11	20.24	14.51
30.75	171.90	71.23	24.71	73.71	139.80	128.74
39.38	173.39	76.39	25.19	69.47	95.23	82.28
4.64	29.77	17.71	4.17	15.69	13.52	10.65
12.79	70.66	27.30	5.28	26.80	49.76	46.14
0.02	0.50	0.20	0.11	0.18	0.28	0.23
31.04	102.74	68.89	22.48	63.63	38.21	31.83
3.04	15.16	5.63	1.49	5.15	6.65	4.64
0.10	0.65	0.40	0.09	0.31	0.21	0.21
4.91	23.01	11.75	4.77	12.22	13.99	13.25
2.32	13.54	8.51	1.49	8.20	3.94	3.19

4—10 续表 1

地区	固定资产小计	累计折旧	本年折旧	固定资产净值	固定资产净值年平均余额
全国	**6658.52**	**2711.98**	**580.30**	**6326.33**	**6123.87**
北京	278.66	146.32	27.45	257.43	259.50
天津	443.25	187.66	47.28	420.35	375.35
河北	214.43	49.73	8.94	209.37	196.57
山西	106.98	10.40	5.99	106.37	62.01
内蒙古	23.15	10.24	1.63	22.16	22.07
辽宁	377.51	182.16	33.75	370.22	375.83
吉林	116.16	67.00	13.55	115.24	118.33
黑龙江	60.14	17.17	2.54	49.52	49.93
上海	1077.70	539.37	119.79	1044.76	1028.61
江苏	1042.78	361.01	83.24	1012.85	978.28
浙江	298.27	127.21	26.69	290.11	290.89
安徽	145.10	33.37	8.50	135.72	132.62
福建	404.09	123.48	34.99	396.05	382.13
江西	45.09	16.28	3.53	42.55	42.29
山东	473.33	165.57	34.15	400.41	397.94
河南	62.73	24.36	5.08	59.93	60.00
湖北	188.87	45.77	7.95	176.25	174.20
湖南	69.60	39.23	5.26	65.88	59.70
广东	845.83	421.87	81.40	783.96	753.53
广西	110.08	25.37	6.21	103.80	102.33
海南	16.52	5.12	0.95	15.12	15.44
重庆	87.88	53.00	8.57	86.80	87.42
四川	75.46	24.08	5.47	71.15	70.79
贵州	9.43	5.03	0.92	8.49	8.78
云南	37.65	12.87	2.78	36.89	35.33
西藏	0.25	0.05	0.01	0.23	0.13
陕西	27.66	11.51	2.28	26.70	26.08
甘肃	5.56	1.20	0.44	5.45	5.50
青海	0.20	0.01	0.00	0.20	0.13
宁夏	10.41	4.34	0.80	9.65	9.44
新疆	3.71	1.21	0.17	2.73	2.72

单位:亿元

负债合计	流动负债小计	所有者权益合计	实收资本	国家资本	港澳台资本	外商资本
8474.97	**6784.70**	**7243.73**	**5899.49**	**574.49**	**237.59**	**3909.49**
493.06	424.82	364.82	326.05	38.96	16.58	203.86
561.25	505.75	584.25	440.35	51.78	10.61	331.49
241.26	125.46	135.66	149.96	16.43	5.51	90.58
106.89	22.89	48.54	52.24	32.91	0.16	15.91
24.33	21.25	59.53	22.68	7.51	0.00	10.11
381.73	302.05	382.64	275.47	24.99	2.82	203.39
134.17	109.10	138.15	90.47	11.70	2.51	44.34
94.96	74.53	41.14	40.06	4.40	0.11	25.75
1430.94	1264.50	1566.47	1190.96	56.01	9.02	812.54
1315.28	1041.47	965.15	896.19	41.27	61.51	656.78
394.89	340.29	355.87	277.11	18.09	4.54	164.93
153.23	90.01	120.69	115.71	6.99	6.65	70.46
448.50	295.69	349.56	262.50	20.04	19.12	200.59
61.43	43.31	42.11	30.57	7.35	9.75	9.35
558.28	415.74	450.92	357.27	20.11	10.28	221.56
80.16	61.49	54.29	48.88	9.39	2.30	25.17
221.48	146.96	169.32	150.97	62.07	3.72	73.05
70.67	59.73	60.08	50.51	8.37	5.38	24.41
1271.39	1142.17	958.27	774.93	45.01	59.65	558.01
105.32	56.67	84.52	66.45	8.34	0.02	51.10
19.91	10.11	16.25	20.46	1.26	0.59	15.35
69.72	52.09	102.18	92.21	51.06	1.32	24.22
96.48	66.88	76.92	71.21	11.64	2.92	35.36
17.77	15.01	11.99	13.22	2.34	0.03	6.14
27.94	17.67	42.73	35.87	4.07	0.69	17.61
0.15	0.05	0.35	0.33	0.02	0.00	0.09
62.19	55.29	40.55	29.73	6.71	1.56	9.68
9.06	6.50	6.09	4.24	1.14	0.08	1.66
0.37	0.20	0.28	0.12	0.00	0.00	0.06
13.70	11.15	9.30	9.32	3.81	0.06	4.45
8.44	5.87	5.10	3.46	0.70	0.07	1.50

4—10续表2

地　区	产品销售收入	产品销售成本	产品销售费用	产品销售税金及附加	产品销售利润	管理费用
全　国	**14879.48**	**12202.69**	**776.79**	**86.79**	**1811.09**	**831.35**
北　京	1000.55	832.36	56.56	2.16	109.48	54.23
天　津	1141.13	930.96	67.75	4.36	138.05	50.32
河　北	197.49	162.81	9.24	1.26	24.18	11.20
山　西	35.09	27.72	2.56	0.11	4.70	2.03
内蒙古	45.15	29.30	8.71	0.07	7.07	2.15
辽　宁	661.42	567.14	22.43	2.31	69.54	33.79
吉　林	336.57	251.10	8.07	13.28	64.13	18.96
黑龙江	55.85	41.93	4.91	0.36	8.66	5.08
上　海	2838.74	2217.22	177.35	19.71	424.47	228.11
江　苏	2224.75	1897.47	95.41	3.88	227.98	104.23
浙　江	753.80	629.51	28.16	2.55	93.59	37.62
安　徽	157.15	121.35	11.22	2.28	22.29	10.08
福　建	578.03	488.70	27.25	2.45	58.17	28.29
江　西	75.80	59.35	4.50	0.99	10.96	6.61
山　东	933.23	783.90	38.27	2.31	108.74	42.81
河　南	93.38	75.87	6.63	0.81	9.91	4.84
湖　北	240.34	178.21	20.74	4.88	36.51	16.90
湖　南	83.10	65.94	3.77	0.43	12.96	4.97
广　东	2952.04	2492.83	141.89	18.54	298.78	132.65
广　西	90.94	66.99	4.73	0.33	18.89	7.93
海　南	20.47	14.65	3.11	0.17	2.54	2.26
重　庆	99.21	76.80	5.05	2.24	15.13	6.17
四　川	110.21	82.19	10.02	0.58	16.95	8.12
贵　州	13.96	10.15	2.13	0.06	1.62	1.62
云　南	34.60	24.46	1.91	0.06	8.17	3.29
西　藏	0.06	0.03	0.00	0.00	0.01	0.01
陕　西	78.12	50.68	12.58	0.14	14.71	5.08
甘　肃	8.36	6.51	0.38	0.05	1.41	0.53
青　海	0.51	0.44	0.02	0.00	0.06	0.04
宁　夏	12.69	10.67	1.00	0.38	0.64	1.13
新　疆	6.73	5.44	0.45	0.05	0.79	0.30

单位:亿元

利息支出	营业利润	利润总额	亏损企业亏损总额	本年应交增值税	全部从业人员平均人数（万人）
181.31	**846.35**	**894.65**	**225.72**	**526.29**	**401.05**
10.61	51.17	60.07	16.90	33.28	14.54
1.68	94.20	91.71	17.84	41.47	23.66
7.98	5.40	6.86	5.57	7.36	15.91
2.79	−0.12	0.18	1.23	3.10	1.65
0.89	4.27	4.33	0.16	2.73	2.07
11.45	24.63	25.80	11.64	22.34	20.66
4.57	42.35	41.89	1.66	21.97	4.76
1.69	1.98	1.34	2.83	3.46	2.64
22.63	189.63	204.46	52.46	96.34	52.11
34.30	94.75	101.41	31.33	81.88	53.66
9.28	48.67	49.72	3.47	23.37	29.60
4.42	8.02	7.63	3.43	8.20	5.95
10.39	21.27	18.39	17.37	20.01	25.78
2.22	2.59	2.99	0.27	3.74	3.03
13.33	55.25	60.04	8.86	41.15	46.62
3.16	2.56	3.25	1.15	3.79	4.27
7.13	13.86	14.63	5.91	12.89	7.52
2.96	5.28	5.02	0.80	4.91	3.08
14.60	151.23	163.24	31.34	67.88	67.78
5.10	5.77	5.74	2.42	6.19	3.26
0.46	−0.05	0.67	0.59	1.02	0.82
3.83	4.97	5.11	1.57	5.18	2.70
2.85	6.34	7.47	2.29	5.19	3.61
0.29	−0.28	−0.14	1.20	0.73	1.06
0.67	4.03	4.20	0.86	2.08	1.19
0.00	0.00	0.00	0.01	0.00	0.04
1.35	8.17	8.57	0.87	4.81	1.66
0.18	0.94	0.46	0.31	0.42	0.37
0.01	0.01	0.01	0.00	0.02	0.02
0.36	−0.88	−0.80	1.31	0.57	0.86
0.17	0.35	0.42	0.09	0.18	0.21

4—11 按地区分组的轻工业

地　区	企业单位数（个）	亏损企业	工业总产值（1990年不变价格）	工业总产值（当年价格）	工业销售产值（当年价格）
全　国	**86705**	**20116**	**37205.50**	**37636.93**	**36491.74**
北　京	2138	587	720.37	717.44	694.38
天　津	2748	686	1001.77	942.32	913.21
河　北	3419	717	1288.31	1304.93	1263.36
山　西	896	236	162.92	173.94	162.43
内蒙古	587	134	224.38	261.98	252.66
辽　宁	2153	751	831.88	810.44	778.67
吉　林	1151	420	427.16	400.80	374.15
黑龙江	1193	379	451.92	457.56	429.75
上　海	5128	1034	2440.25	2468.49	2417.69
江　苏	9703	2045	4545.53	5000.51	4839.90
浙　江	11195	1314	4873.77	4371.82	4229.98
安　徽	1896	622	724.90	706.98	688.44
福　建	4033	964	1500.83	1505.61	1453.14
江　西	1563	553	311.60	343.15	330.40
山　东	6463	1010	4114.72	4292.42	4182.18
河　南	4633	816	1176.87	1399.94	1364.88
湖　北	2981	650	1139.79	1194.90	1160.37
湖　南	1992	586	460.53	633.45	624.18
广　东	13087	3251	7670.20	7165.90	6957.13
广　西	1402	642	375.28	412.82	399.99
海　南	325	108	123.48	132.10	125.97
重　庆	962	258	503.38	434.42	424.77
四　川	1900	525	973.77	920.44	899.09
贵　州	771	290	196.90	220.11	200.85
云　南	852	363	322.50	609.64	604.21
西　藏	167	32	3.29	6.87	6.23
陕　西	1087	436	337.78	368.32	351.29
甘　肃	1346	304	124.65	152.42	146.37
青　海	153	63	16.46	19.92	18.11
宁　夏	139	64	36.43	44.71	43.66
新　疆	642	276	123.86	162.63	154.31

企业主要经济指标(2001 年)

单位:亿元

工业增加值(当年价格)	资产合计	流动资产小计	应收帐款净额	流动资产年平均余额	固定资产原价	生产经营用
10516.91	**41596.22**	**20691.93**	**4875.22**	**20039.48**	**21379.99**	**18089.81**
235.49	1187.42	563.33	100.66	550.54	609.83	486.46
207.95	1271.52	609.04	146.80	579.19	625.32	451.12
385.69	1605.64	737.91	156.48	712.16	865.63	714.14
56.16	309.35	139.54	27.21	134.45	167.80	141.84
93.03	374.25	208.45	29.87	197.15	159.04	140.05
201.64	1234.62	552.39	130.80	538.14	747.29	627.00
137.56	724.97	322.06	91.68	318.79	361.98	300.75
136.33	790.90	361.44	90.42	336.93	432.27	318.87
702.04	2891.04	1548.76	437.70	1540.98	1351.97	1104.70
1250.27	4317.67	2143.57	524.09	2116.94	2375.77	2102.52
978.34	3823.03	1954.30	464.99	1879.28	1932.89	1807.66
217.12	924.52	469.49	111.58	456.92	461.35	415.61
441.35	1545.74	732.77	188.27	718.12	884.16	774.98
111.98	501.18	219.03	46.04	210.15	252.61	195.34
1168.71	4099.34	2013.16	373.80	1922.95	2026.86	1748.53
409.64	1581.34	791.68	159.23	769.42	818.98	660.95
406.53	1260.56	598.60	127.02	556.95	675.07	480.81
251.84	798.07	371.18	69.64	362.69	433.38	342.47
1809.67	6568.73	3563.58	1014.28	3669.72	3352.29	2885.35
134.41	656.44	258.57	50.64	249.40	411.09	349.68
35.50	195.98	79.50	21.09	83.74	112.66	95.83
117.34	558.58	286.36	81.64	281.80	284.00	252.13
310.55	1356.38	699.62	145.21	533.37	602.78	505.44
87.67	412.57	229.17	51.86	217.08	159.04	125.39
386.24	1129.33	532.51	75.85	436.82	511.05	440.75
3.82	24.40	9.20	2.33	8.59	12.29	9.47
128.66	622.52	305.34	71.70	278.00	306.90	256.06
47.22	280.29	137.54	27.07	138.80	132.47	94.95
5.57	54.41	25.34	5.29	22.60	27.21	21.79
13.72	102.40	50.79	18.11	46.30	44.77	39.91
44.90	393.03	177.72	33.87	171.52	241.26	199.25

4—11 续表 1

地　区	固定资产小计	累计折旧	本年折旧	固定资产净值	固定资产净值年平均余额
全　国	**16302.26**	**6688.41**	**1112.97**	**14691.58**	**14448.87**
北　京	449.27	200.21	34.84	409.62	407.93
天　津	469.37	194.76	30.93	430.56	409.96
河　北	697.37	249.40	33.49	616.23	602.63
山　西	132.87	51.04	6.60	116.77	115.92
内蒙古	124.09	47.79	6.76	111.25	104.90
辽　宁	574.15	218.06	28.54	529.24	521.40
吉　林	309.28	93.67	14.40	268.32	271.30
黑龙江	361.26	106.67	15.91	325.60	323.67
上　海	969.44	474.95	83.74	877.02	885.00
江　苏	1780.82	728.86	130.94	1646.90	1631.41
浙　江	1509.12	563.75	118.96	1369.14	1341.20
安　徽	369.90	141.81	19.86	319.54	313.42
福　建	667.79	249.91	52.67	634.26	614.66
江　西	208.45	70.36	10.15	182.26	174.66
山　东	1618.61	613.70	102.21	1413.16	1373.59
河　南	639.64	247.05	34.97	571.92	581.77
湖　北	507.06	220.61	30.50	454.46	447.24
湖　南	325.56	148.38	19.77	285.00	281.46
广　东	2347.22	1197.30	199.36	2154.99	2135.04
广　西	323.31	120.77	19.03	290.32	288.53
海　南	90.32	35.36	4.61	77.31	76.89
重　庆	210.92	95.45	14.08	188.55	181.00
四　川	499.08	178.52	28.66	424.26	384.18
贵　州	137.37	44.44	7.71	114.60	118.21
云　南	383.81	168.92	31.52	342.12	340.10
西　藏	10.91	1.95	0.32	10.34	8.71
陕　西	235.61	96.48	14.12	210.42	201.32
甘　肃	104.28	35.76	4.22	96.71	97.37
青　海	22.70	6.96	1.25	20.24	18.23
宁　夏	43.14	11.69	1.92	33.08	34.01
新　疆	179.55	73.86	10.93	167.40	163.16

单位:亿元

负债合计	流动负债小计	所有者权益合计	实收资本	国家资本	港澳台资本	外商资本
24732.32	**20071.46**	**16860.48**	**11277.71**	**2885.05**	**1768.91**	**2004.45**
595.46	494.92	591.96	444.67	163.78	32.84	104.71
766.39	635.30	502.09	397.37	119.04	39.22	141.94
1085.10	811.47	520.54	385.24	156.87	21.80	34.96
197.18	152.80	112.18	77.27	45.83	2.77	2.25
193.30	148.20	180.95	88.77	38.21	2.00	6.60
761.47	597.64	473.15	374.11	124.41	47.08	72.17
448.19	330.19	276.78	191.43	77.49	7.27	18.07
529.15	397.79	261.75	193.47	95.61	9.05	16.10
1457.50	1297.38	1433.54	996.69	79.09	143.26	355.14
2646.91	2182.36	1670.76	1191.09	196.28	139.42	342.03
2153.94	1825.29	1669.08	994.85	123.30	98.19	105.98
617.53	506.14	306.99	211.84	87.01	16.84	26.04
805.90	647.77	739.83	553.94	83.66	253.17	80.17
345.43	261.78	155.38	121.53	71.23	4.99	3.51
2584.51	2039.41	1514.83	889.47	232.28	53.62	143.93
1120.54	877.23	460.81	349.27	160.22	10.70	14.93
790.87	582.07	469.69	338.34	123.75	16.24	40.88
444.86	340.67	353.21	212.59	111.73	13.92	10.13
3776.70	3237.37	2792.03	1990.52	206.46	808.27	403.06
436.92	334.02	219.51	162.89	87.61	6.99	24.40
114.77	76.50	81.21	68.54	18.06	3.00	16.06
356.97	291.80	201.61	150.29	48.48	5.64	7.40
740.20	613.81	616.18	284.69	97.23	15.02	15.27
292.97	233.19	119.60	75.29	50.62	0.64	1.54
505.93	418.72	623.40	154.98	78.30	5.65	6.35
7.23	5.04	17.16	11.82	7.16	0.00	0.09
403.12	311.04	219.40	168.82	84.70	6.14	7.50
178.26	137.60	102.03	64.95	34.22	1.32	1.14
33.40	24.10	21.00	13.08	6.03	0.03	0.05
70.51	53.04	31.89	16.19	8.26	0.19	0.16
271.09	206.79	121.94	103.70	68.15	3.64	1.91

4—11续表2

地　区	产品销售收入	产品销售成本	产品销售费用	产品销售税金及附加	产品销售利润
全　国	**35346.33**	**28878.10**	**1863.02**	**936.89**	**3666.25**
北　京	707.66	533.15	61.47	11.82	101.21
天　津	917.77	741.10	65.62	8.87	102.18
河　北	1201.32	989.05	51.79	25.00	135.47
山　西	146.73	114.37	10.38	5.62	16.37
内蒙古	246.41	195.99	13.66	6.65	30.11
辽　宁	756.38	630.54	35.34	10.20	80.30
吉　林	338.80	259.14	24.23	9.93	45.50
黑龙江	419.34	322.03	35.00	11.47	50.84
上　海	2474.39	1949.12	173.21	54.68	297.37
江　苏	4654.66	3981.73	187.05	57.90	427.99
浙　江	4237.18	3571.95	150.11	64.99	450.13
安　徽	646.62	510.55	34.38	36.86	64.82
福　建	1390.09	1170.80	59.06	33.06	126.11
江　西	293.99	222.74	21.52	15.79	33.94
山　东	3994.71	3366.26	172.87	58.18	397.40
河　南	1249.82	1036.13	58.17	42.24	113.13
湖　北	1073.58	864.99	64.64	38.00	105.95
湖　南	581.34	406.83	30.69	72.64	71.17
广　东	6749.19	5720.63	395.83	72.34	560.38
广　西	388.69	304.59	20.64	13.27	50.19
海　南	111.11	81.13	13.48	3.19	13.31
重　庆	413.99	328.65	26.53	17.19	41.62
四　川	889.17	656.00	72.59	40.70	119.06
贵　州	193.36	122.41	15.20	29.41	26.34
云　南	601.50	297.71	19.32	167.01	117.46
西　藏	5.69	2.61	0.68	0.13	2.23
陕　西	325.22	232.17	30.14	16.21	46.70
甘　肃	118.83	87.66	6.13	8.85	16.19
青　海	16.70	11.53	1.44	0.61	3.12
宁　夏	46.18	38.04	2.13	0.81	5.20
新　疆	155.96	128.51	9.71	3.26	14.48

单位:亿元

管理费用	利息支出	营业利润	利润总额	亏损企业亏损总额	本年应交增值税	全部从业人员平均人数(万人)
1963.27	**503.41**	**1291.10**	**1436.67**	**455.30**	**1351.57**	**2285.41**
75.22	10.65	27.99	44.02	13.31	34.81	41.87
56.88	0.50	38.28	43.35	20.93	36.99	56.45
63.48	23.47	49.82	52.07	18.93	46.64	105.97
12.83	3.22	0.93	1.83	3.42	8.07	25.18
14.39	5.15	11.28	13.43	1.88	10.60	20.08
55.52	14.46	13.57	20.18	18.82	23.48	62.46
26.73	8.87	9.46	11.91	8.71	16.32	30.56
35.28	9.84	8.29	10.20	10.92	23.21	37.93
186.72	27.26	102.10	145.20	41.56	93.58	103.04
222.08	59.63	153.31	165.52	35.22	162.40	252.36
177.88	57.07	226.30	254.04	15.85	152.18	225.61
42.56	12.40	11.30	14.37	11.50	30.40	58.83
65.66	19.60	41.83	43.07	25.73	44.61	106.33
20.50	7.79	5.85	7.53	6.89	14.77	35.96
181.96	54.67	163.33	177.72	21.98	138.48	253.69
54.60	29.07	30.83	33.39	18.16	42.17	119.21
63.12	17.97	30.39	31.40	18.11	45.34	84.87
39.19	8.18	26.25	29.06	8.75	34.66	47.24
334.96	57.85	177.47	176.95	86.37	189.79	374.98
30.35	11.02	10.95	11.52	10.93	25.48	36.88
8.70	2.73	2.43	4.40	2.60	5.82	6.44
27.18	8.06	8.79	10.00	7.04	17.08	29.72
55.93	15.84	49.98	45.27	10.47	44.05	61.87
15.54	6.51	5.81	6.98	4.68	14.93	13.75
39.79	11.19	69.71	65.60	6.82	58.47	19.82
0.77	0.07	1.55	1.45	0.17	0.42	1.05
26.82	9.47	11.34	13.55	11.21	20.81	31.95
10.06	3.56	3.00	2.68	3.54	6.14	17.23
2.12	0.66	0.47	0.60	0.79	0.89	2.71
2.88	1.48	1.06	1.13	0.98	1.72	4.09
13.55	5.15	−2.57	−1.74	9.04	7.27	17.27

4—12 按地区分组的重工业

地 区	企业单位数（个）	亏损企业	工业总产值（1990年不变价格）	工业总产值（当年价格）	工业销售产值（当年价格）
全 国	**84551**	**19230**	**49567.20**	**57812.05**	**56691.13**
北 京	2218	540	2198.29	2191.38	2161.12
天 津	2813	719	1979.43	1998.09	1969.08
河 北	4277	824	1831.72	2461.92	2429.91
山 西	2412	519	903.89	1222.80	1193.20
内蒙古	792	179	373.13	568.34	560.45
辽 宁	3694	1156	2756.45	3669.89	3582.02
吉 林	1457	395	1254.72	1475.85	1445.00
黑龙江	1307	403	886.76	1907.88	1879.10
上 海	4634	832	4693.61	4535.41	4504.57
江 苏	9981	1816	6062.68	6747.31	6563.07
浙 江	7431	804	3503.25	3510.64	3413.39
安 徽	1802	534	913.39	1117.67	1102.56
福 建	2550	632	1387.35	1439.40	1403.29
江 西	1720	582	550.00	672.87	661.18
山 东	5805	662	3936.39	5084.96	4986.42
河 南	5087	840	1728.10	2443.24	2397.06
湖 北	3216	717	1773.46	2044.61	2001.40
湖 南	2969	920	922.78	1177.77	1163.84
广 东	7634	2036	6895.80	6869.44	6744.63
广 西	1724	712	574.17	646.41	629.37
海 南	264	118	63.95	87.41	83.23
重 庆	1092	301	602.93	638.42	625.59
四 川	2672	672	1166.29	1384.07	1359.67
贵 州	1283	514	394.12	476.52	466.01
云 南	1179	490	433.80	547.76	537.10
西 藏	211	34	5.46	11.02	9.74
陕 西	1353	525	735.22	969.88	949.07
甘 肃	1807	342	487.00	798.79	776.24
青 海	238	88	97.53	174.24	163.08
宁 夏	271	94	143.79	224.13	216.53
新 疆	658	230	311.71	713.94	714.20

企业主要经济指标(2001 年)

单位:亿元

工业增加值(当年价格)	资产合计	流动资产小计	应收帐款净额	流动资产年平均余额	固定资产原价	生产经营用
17812.46	**93806.26**	**37113.04**	**9956.19**	**36447.28**	**64913.11**	**55994.86**
515.67	3260.80	1448.38	427.02	1474.47	1893.82	1678.64
520.14	2944.13	1223.13	387.44	1193.56	2138.62	1875.72
858.45	4050.89	1423.45	348.97	1401.76	3093.70	2652.93
443.62	3199.40	1142.88	275.68	1131.21	2305.67	2013.31
214.57	1553.80	433.64	95.47	420.31	1297.84	1124.69
1054.04	7142.59	2802.09	672.85	2737.64	5364.75	4645.13
451.50	2578.39	982.19	261.41	978.21	1741.71	1464.69
1071.56	3453.05	1300.41	377.25	1272.85	3047.74	2665.39
1286.34	7544.66	3117.14	845.39	3086.06	4566.98	4027.16
1693.18	7466.31	3605.24	1059.46	3529.55	4357.47	3832.16
896.07	4192.84	1956.09	578.67	1901.06	2361.89	2217.05
360.06	2084.09	723.12	158.70	704.58	1489.30	1349.44
434.04	2086.48	781.66	234.22	744.90	1466.93	1137.30
196.24	1431.58	529.24	146.93	534.73	981.95	840.22
1732.02	6422.66	2435.14	540.13	2363.60	4807.89	4312.91
840.12	4051.69	1550.03	391.99	1513.60	2960.67	2471.76
666.23	3693.53	1441.30	375.99	1347.06	2568.38	1925.91
354.69	2180.00	800.18	240.12	792.82	1662.30	1428.68
1928.61	8366.93	3743.41	1035.56	3693.09	5303.53	4620.49
208.26	1460.51	466.37	111.83	457.62	932.87	761.92
29.81	198.86	61.72	15.05	63.09	151.04	125.68
190.85	1454.69	613.72	190.73	605.69	921.64	821.88
479.80	3506.15	1280.86	307.99	1273.38	2513.08	2189.86
148.91	1286.02	475.31	120.35	468.33	856.06	636.01
195.90	1455.72	503.10	122.00	501.64	1014.70	881.70
5.67	62.34	15.04	6.41	14.11	50.01	43.10
331.02	2448.50	888.66	256.98	840.50	1730.28	1473.26
249.28	1621.40	565.68	143.74	586.53	1137.79	758.77
66.28	680.32	219.35	98.97	208.75	490.51	422.60
69.22	488.51	173.50	51.14	179.70	377.96	349.97
320.31	1439.43	411.00	77.73	426.90	1326.00	1246.58

4—12 续表 1

地 区	固定资产小计	累计折旧	本年折旧	固定资产净值	固定资产净值年平均余额
全 国	**47161.72**	**22978.42**	**3396.40**	**41934.69**	**40988.56**
北 京	1389.22	687.33	85.42	1206.50	1163.92
天 津	1446.76	801.14	130.50	1337.49	1247.89
河 北	2322.78	1171.08	156.67	1922.62	1970.23
山 西	1769.15	722.04	94.91	1583.63	1465.96
内蒙古	971.23	456.56	52.29	841.29	873.92
辽 宁	3780.01	1960.74	262.84	3404.01	3288.82
吉 林	1319.70	590.05	93.73	1151.66	1149.57
黑龙江	1967.13	1263.97	180.13	1783.76	1763.98
上 海	3036.58	1822.05	280.03	2744.93	2596.48
江 苏	3190.30	1493.11	252.94	2864.36	2798.54
浙 江	1791.88	731.62	143.10	1630.27	1611.22
安 徽	1139.17	485.35	67.05	1003.95	978.27
福 建	1124.72	410.40	79.31	1056.52	1024.92
江 西	734.22	340.79	51.83	641.16	628.17
山 东	3297.44	1896.57	265.30	2911.31	2839.95
河 南	2152.14	1072.25	141.05	1888.43	1876.37
湖 北	1836.09	981.26	107.96	1587.12	1597.99
湖 南	1195.49	578.93	70.61	1083.37	1033.31
广 东	3864.47	1778.58	303.07	3524.96	3525.94
广 西	733.12	276.84	37.11	656.04	659.80
海 南	112.97	46.33	7.51	104.71	111.59
重 庆	687.44	314.37	40.77	607.27	596.32
四 川	1871.32	854.55	124.98	1658.53	1632.33
贵 州	693.33	278.12	39.31	577.94	554.15
云 南	788.28	327.28	47.47	687.41	643.85
西 藏	41.96	9.75	1.42	40.26	38.77
陕 西	1354.44	526.97	100.29	1203.31	1129.03
甘 肃	888.80	388.67	44.47	749.12	745.56
青 海	420.14	115.89	24.41	374.62	381.12
宁 夏	275.40	130.20	23.09	247.76	226.80
新 疆	966.03	465.61	86.81	860.39	833.81

单位:亿元

负债合计	流动负债小计	所有者权益合计	实收资本	国家资本	港澳台资本	外商资本
55111.10	**36067.26**	**38563.92**	**24939.40**	**11321.25**	**1419.56**	**2485.13**
1864.10	1302.39	1396.70	838.40	274.60	23.84	117.96
1690.37	1135.66	1210.64	827.30	327.09	60.41	208.36
2492.73	1558.80	1558.16	1043.72	621.64	26.61	61.81
2041.04	1151.58	1090.29	801.79	455.01	6.71	18.28
933.45	501.94	620.35	500.12	336.21	3.18	3.71
4154.80	2877.95	2987.79	1914.20	1056.36	44.06	171.89
1620.80	1117.84	957.59	656.79	284.50	6.52	33.73
1975.46	1356.63	1477.59	991.32	755.24	2.76	13.00
3390.67	2498.93	4153.99	2499.34	968.84	133.74	458.97
4426.77	3364.95	3039.54	2020.37	492.49	183.51	438.51
2279.48	1659.06	1913.36	1032.99	190.58	68.64	91.33
1229.97	717.33	854.12	650.10	381.05	28.60	48.57
1255.65	712.67	830.33	588.61	149.97	97.63	146.71
937.31	568.70	486.54	342.97	209.27	14.47	8.26
3757.77	2459.66	2664.89	1670.05	877.54	31.35	108.69
2579.07	1570.18	1472.62	935.45	404.83	22.53	20.68
2217.38	1310.40	1476.15	931.32	496.31	12.21	42.82
1537.15	883.11	642.85	462.15	231.17	5.70	19.84
4588.17	3380.42	3778.76	2186.12	440.46	597.57	343.93
858.17	507.46	602.34	347.05	255.99	5.03	28.74
121.87	58.70	76.99	69.90	47.68	1.13	2.48
905.74	656.25	548.95	418.49	170.82	10.42	40.09
2313.94	1305.71	1192.21	709.31	303.80	6.92	24.85
773.79	466.26	512.23	352.29	201.24	5.97	5.78
893.63	530.34	562.09	377.57	232.63	2.69	11.83
13.43	11.07	48.91	38.94	15.21	0.00	0.00
1623.94	926.79	812.73	667.93	432.46	12.75	4.89
1054.21	611.94	567.18	403.13	206.18	2.08	3.87
479.15	218.18	201.17	149.53	71.55	0.98	0.15
269.42	172.35	219.09	111.94	80.82	0.21	4.30
831.66	474.02	607.77	400.20	349.68	1.33	1.09

4—12续表2

地　区	产品销售收入	产品销售成本	产品销售费用	产品销售税金及附加	产品销售利润
全　国	**58387.01**	**48381.79**	**1639.76**	**616.93**	**7739.88**
北　京	2299.24	2000.30	78.13	14.30	206.50
天　津	2065.49	1718.78	62.14	19.97	264.60
河　北	2575.35	2155.35	62.52	22.92	334.56
山　西	1212.13	934.90	84.86	14.10	178.26
内蒙古	574.75	471.42	25.63	6.60	71.09
辽　宁	3823.96	3262.30	79.09	52.68	429.88
吉　林	1451.42	1198.08	26.30	31.73	195.32
黑龙江	1982.96	1271.44	22.16	51.46	637.91
上　海	4738.64	3940.01	117.57	40.48	640.58
江　苏	6592.86	5696.57	188.05	41.40	666.84
浙　江	3551.42	3010.00	93.53	32.11	415.77
安　徽	1124.73	932.84	36.73	13.48	141.68
福　建	1399.00	1175.18	42.55	14.03	166.16
江　西	679.61	574.15	19.89	9.70	75.87
山　东	5094.11	4176.90	132.86	48.33	736.02
河　南	2392.50	1979.15	75.92	23.17	313.14
湖　北	1970.24	1609.44	59.92	23.00	277.88
湖　南	1117.82	918.84	38.84	15.53	144.61
广　东	7142.27	6067.96	178.54	50.74	845.04
广　西	640.49	521.18	20.38	6.28	92.65
海　南	81.71	66.74	4.40	1.06	9.51
重　庆	659.25	540.43	27.39	7.30	84.14
四　川	1401.71	1128.01	50.38	11.79	210.83
贵　州	452.66	371.62	15.68	4.51	60.76
云　南	559.89	450.24	17.08	4.02	88.50
西　藏	11.05	8.45	0.56	0.29	1.67
陕　西	967.50	754.84	22.60	16.79	167.72
甘　肃	700.03	596.68	13.56	14.23	75.55
青　海	183.15	144.00	3.78	2.40	32.97
宁　夏	223.58	189.41	5.88	3.27	25.02
新　疆	717.51	516.57	32.82	19.26	148.87

单价:亿元

管理费用	利息支出	营业利润	利润总额	亏损企业亏损总额	本年应交增值税	全部从业人员平均人数(万人)
3891.23	**1254.48**	**2850.68**	**3296.76**	**755.72**	**2666.52**	**3156.01**
162.38	33.80	47.33	92.96	40.17	81.60	66.15
109.00	4.64	126.94	141.65	39.48	81.55	66.99
159.33	68.43	120.01	136.15	30.11	125.87	167.01
103.70	42.81	32.04	38.03	20.48	81.36	153.40
42.80	27.69	2.19	6.03	13.27	35.49	61.35
253.50	97.03	100.04	124.28	63.81	171.11	198.23
138.89	32.03	34.38	73.71	29.83	74.20	93.96
124.14	29.53	479.03	483.67	26.01	159.00	139.43
359.37	65.03	252.83	304.81	54.89	190.69	105.40
370.29	107.87	225.74	254.33	52.95	261.05	262.44
185.71	55.54	178.49	205.47	14.65	145.78	141.01
80.08	29.22	43.45	48.27	16.22	60.94	90.90
77.13	25.55	61.63	75.15	20.36	54.46	55.60
57.51	22.76	0.07	5.95	12.88	36.47	64.69
285.52	99.24	374.20	383.19	24.09	245.29	269.40
164.19	71.17	91.75	108.23	24.51	108.51	216.52
164.41	51.48	75.56	103.09	25.88	94.98	133.45
103.68	32.71	12.94	22.36	25.17	61.74	107.96
374.12	101.40	384.93	418.65	80.82	231.51	203.96
55.65	18.63	21.95	25.60	12.38	41.09	51.98
6.34	3.76	1.54	2.77	3.45	4.39	5.34
61.29	23.61	4.02	13.81	15.33	36.37	54.46
130.14	67.35	16.37	39.50	23.66	72.96	134.10
41.43	16.10	7.08	11.61	9.86	27.12	52.61
54.30	22.54	13.30	16.59	13.33	35.71	51.14
1.35	0.08	0.43	1.32	0.24	0.77	1.87
91.05	46.17	45.32	49.42	24.90	45.75	83.51
55.28	20.51	1.00	5.00	13.52	35.77	68.75
16.80	12.31	4.07	4.66	5.28	11.80	11.39
15.25	8.40	2.31	3.17	5.73	11.09	17.93
46.60	17.10	89.75	97.33	12.46	42.10	25.10

4—13 按地区分组的大型工业

地区	企业单位数（个）	亏损企业	工业总产值（1990年不变价格）	工业总产值（当年价格）	工业销售产值（当年价格）
全国	**8589**	**2382**	**40285.89**	**44815.99**	**44267.02**
北京	307	68	1989.99	1908.06	1891.84
天津	362	131	1848.45	1627.22	1617.88
河北	348	109	1097.28	1465.00	1453.37
山西	136	48	478.78	684.24	675.50
内蒙古	94	25	285.30	414.44	408.74
辽宁	422	163	2186.88	2929.18	2870.32
吉林	204	72	1171.25	1305.47	1279.60
黑龙江	281	113	890.39	1824.69	1798.93
上海	681	142	4518.95	4069.26	4038.74
江苏	665	142	3717.38	4180.21	4125.81
浙江	297	53	1661.97	1700.82	1677.26
安徽	211	69	766.64	938.44	933.07
福建	358	77	1428.71	1343.63	1306.83
江西	108	39	438.85	550.31	544.16
山东	1058	171	4024.70	4747.83	4688.28
河南	323	114	1083.21	1363.68	1345.53
湖北	307	106	1323.75	1549.18	1523.27
湖南	234	73	695.03	936.79	933.66
广东	886	240	6380.75	5671.06	5609.35
广西	203	69	467.33	507.13	496.28
海南	35	15	84.67	87.87	85.61
重庆	121	42	594.74	568.07	565.24
四川	326	85	1152.53	1224.72	1215.37
贵州	99	25	277.09	349.00	345.44
云南	137	46	419.95	707.43	698.44
西藏	0	0	0.00	0.00	0.00
陕西	192	73	600.02	778.41	769.67
甘肃	84	32	319.44	558.21	545.92
青海	23	9	64.22	123.40	117.84
宁夏	34	8	98.01	145.81	144.12
新疆	53	23	219.66	556.41	560.93

企业主要经济指标(2001 年)

单位:亿元

工业增加值(当年价格)	资产合计	流动资产小计	应收帐款净额	流动资产年平均余额	固定资产原价	生产经营用
14486.54	**79299.76**	**30801.90**	**7367.12**	**30288.09**	**55443.34**	**48275.15**
413.17	3012.01	1189.89	335.26	1229.24	1934.99	1707.55
471.91	2745.77	1076.98	358.24	1076.14	2058.34	1756.13
548.25	3279.98	1120.79	266.10	1106.05	2544.11	2177.85
259.67	2144.94	744.10	176.54	745.03	1604.45	1400.76
144.02	1226.72	350.87	58.00	337.08	965.77	824.14
831.79	5901.80	2225.87	481.12	2182.24	4674.08	4067.02
385.22	2297.36	855.51	211.87	870.23	1550.55	1323.63
1038.54	3348.01	1243.16	356.56	1215.11	3015.61	2644.84
1220.30	7321.63	2837.33	691.65	2862.00	4528.22	4053.28
1137.66	5615.44	2387.97	567.21	2364.31	3595.41	3239.34
491.43	2567.73	1048.84	214.98	1038.03	1604.77	1519.38
322.49	1826.56	652.64	125.15	632.63	1245.91	1127.99
389.85	1805.42	671.59	169.34	640.24	1265.09	1004.40
165.84	1157.41	428.34	115.43	433.54	784.86	709.61
1608.41	6841.98	2616.65	498.08	2532.80	4854.55	4359.71
466.50	2948.53	1162.23	272.72	1130.38	2111.91	1798.12
519.17	3189.97	1268.97	310.05	1193.51	2217.63	1702.68
348.30	1744.96	687.25	173.43	685.31	1259.06	1088.89
1592.08	7000.57	3142.44	778.97	3188.57	4425.48	3905.26
172.52	1018.77	356.75	76.09	343.96	732.00	636.15
21.17	144.24	58.52	15.16	59.49	97.22	82.01
161.85	1244.92	552.37	158.88	549.39	772.60	701.54
430.21	3181.46	1270.87	269.24	1129.60	2136.94	1889.17
122.86	1085.27	425.87	96.94	415.61	697.20	512.52
410.58	1515.24	628.76	109.14	539.63	870.22	760.26
0.00	0.00	0.00	0.00	0.00	0.00	0.00
279.31	1920.26	753.05	213.90	710.50	1314.65	1086.75
176.00	1210.84	431.99	91.28	446.57	839.80	579.15
51.15	577.61	182.43	90.44	175.43	427.66	381.60
44.36	369.69	145.56	46.57	151.42	245.83	230.63
261.88	1054.69	284.31	38.78	304.04	1068.42	1004.77

4—13续表1

地 区	固定资产小计	累计折旧	本年折旧	固定资产净值	固定资产净值年平均余额
全 国	**39835.57**	**20127.02**	**2932.51**	**35316.31**	**34406.01**
北 京	1404.64	698.64	87.42	1236.35	1199.09
天 津	1380.90	782.96	122.66	1275.37	1199.60
河 北	1879.93	1038.64	128.87	1505.48	1548.95
山 西	1177.52	551.64	66.94	1052.80	929.50
内蒙古	740.82	338.63	37.08	627.14	667.39
辽 宁	3256.30	1720.17	233.00	2953.91	2843.96
吉 林	1169.92	531.23	85.57	1019.31	1026.43
黑龙江	1934.28	1250.37	176.88	1765.25	1745.67
上 海	3024.32	1799.54	275.17	2728.68	2575.20
江 苏	2695.98	1196.39	196.72	2399.03	2341.24
浙 江	1219.34	503.22	93.80	1101.56	1068.05
安 徽	952.49	415.33	54.48	830.58	809.02
福 建	970.97	340.13	72.16	924.96	866.50
江 西	572.33	282.05	46.23	502.81	490.69
山 东	3381.30	1911.02	266.40	2943.53	2860.47
河 南	1494.42	828.09	97.87	1283.81	1269.32
湖 北	1563.14	829.14	94.35	1388.49	1388.44
湖 南	885.25	470.60	57.90	788.48	752.00
广 东	3192.02	1504.25	254.97	2921.23	2898.58
广 西	576.25	216.12	31.92	515.88	519.63
海 南	71.00	31.96	4.59	65.25	64.80
重 庆	567.31	274.47	34.18	498.15	484.15
四 川	1588.24	741.31	108.85	1395.63	1340.92
贵 州	556.51	233.21	32.87	464.00	443.41
云 南	653.79	298.20	48.26	572.04	556.62
西 藏	0.00	0.00	0.00	0.00	0.00
陕 西	986.25	444.99	82.96	869.65	850.81
甘 肃	649.01	308.24	33.69	531.56	533.83
青 海	362.44	98.67	21.94	328.97	335.48
宁 夏	186.75	87.22	14.58	158.62	146.65
新 疆	742.17	400.61	70.27	667.81	649.61

单位:亿元

负债合计	流动负债小计	所有者权益合计	实收资本	国家资本	港澳台资本	外商资本
44541.00	**28919.50**	**34624.22**	**20320.62**	**10264.02**	**1048.94**	**2202.65**
1647.34	1103.45	1364.66	840.66	337.34	27.14	125.62
1516.19	1028.35	1183.40	799.13	338.16	48.92	234.05
2011.90	1217.90	1268.07	779.82	570.46	19.69	26.93
1282.58	670.22	794.30	551.28	376.54	4.24	11.06
722.38	358.40	504.34	376.85	253.15	0.49	3.40
3314.95	2275.82	2586.86	1505.12	839.46	58.65	145.56
1392.71	946.60	904.67	587.45	273.33	6.30	23.43
1866.53	1284.04	1481.49	964.63	761.89	5.45	18.29
3117.92	2241.08	4203.71	2398.33	967.37	102.39	431.63
3199.37	2192.97	2416.07	1405.41	449.56	92.38	296.91
1302.55	844.24	1265.20	565.68	158.53	30.09	46.15
1026.27	637.40	800.28	561.01	368.42	34.24	39.54
1103.02	643.74	702.15	474.53	112.61	122.85	129.77
709.10	425.28	440.09	282.40	189.67	12.01	5.25
3902.73	2550.37	2939.25	1663.66	926.59	38.96	128.82
1846.46	1114.31	1102.06	635.89	370.47	10.73	11.29
1838.22	1126.65	1351.75	809.21	453.12	9.09	62.72
1112.50	668.99	632.46	369.30	210.96	3.12	16.99
3663.05	2770.89	3337.52	1680.01	357.08	379.22	335.79
654.92	386.76	363.85	228.85	153.53	4.82	38.31
86.32	52.77	57.93	50.38	27.06	0.14	3.90
741.51	557.01	503.40	358.38	157.08	8.18	30.32
1956.87	1153.86	1224.58	546.09	255.11	9.32	21.44
615.55	370.99	469.71	283.74	176.89	4.99	3.33
704.21	503.15	811.03	249.70	166.07	3.75	5.98
0.00	0.00	0.00	0.00	0.00	0.00	0.00
1229.44	744.57	678.99	574.49	405.64	10.49	2.45
783.73	434.47	427.10	271.13	169.23	0.31	0.04
420.82	175.30	156.79	106.39	65.29	0.00	0.00
208.26	132.42	161.42	80.27	66.01	0.06	3.71
563.60	307.54	491.09	320.82	307.40	0.92	0.00

4—13续表2

地　区	产品销售收入	产品销售成本	产品销售费用	产品销售税金及附加	产品销售利润
全　国	**46374.30**	**37085.70**	**1677.38**	**1112.63**	**6490.85**
北　京	2004.61	1754.26	71.39	17.66	161.31
天　津	1706.12	1376.56	73.55	21.11	234.89
河　北	1627.78	1327.22	40.53	27.86	232.17
山　西	721.15	541.36	52.72	7.53	119.55
内蒙古	440.77	360.74	13.17	4.98	61.88
辽　宁	3104.84	2637.55	62.94	48.33	356.01
吉　林	1292.41	1065.25	24.59	32.25	170.32
黑龙江	1907.33	1182.16	33.97	54.27	636.93
上　海	4310.96	3470.73	171.51	87.50	581.20
江　苏	4307.79	3678.74	127.87	61.92	439.26
浙　江	1874.27	1518.82	69.22	57.29	228.95
安　徽	929.27	737.35	31.49	36.10	124.33
福　建	1274.62	1048.81	51.60	34.41	137.95
江　西	561.56	458.05	18.69	18.01	66.82
山　东	4932.87	3982.81	181.06	70.31	698.70
河　南	1429.04	1162.52	48.56	40.36	177.48
湖　北	1533.45	1220.92	49.54	35.63	227.38
湖　南	910.93	678.12	27.72	75.97	129.09
广　东	5832.05	4678.41	302.00	68.46	783.18
广　西	497.25	381.74	21.08	13.00	81.43
海　南	74.39	58.38	7.90	1.80	6.30
重　庆	592.18	476.75	30.01	16.78	68.63
四　川	1281.62	978.65	67.02	32.74	202.71
贵　州	364.52	264.32	14.00	28.08	58.12
云　南	712.71	394.39	17.00	162.12	139.20
西　藏	0.00	0.00	0.00	0.00	0.00
陕　西	789.98	592.01	25.95	22.51	144.22
甘　肃	505.03	430.25	7.05	12.60	55.14
青　海	137.44	101.87	3.06	2.33	30.20
宁　夏	153.57	129.99	3.57	2.30	17.71
新　疆	563.80	396.98	28.65	18.42	119.75

单位:亿元

管理费用	利息支出	营业利润	利润总额	亏损企业亏损总额	本年应交增值税	全部从业人员平均人数(万人)
3086.41	**1029.66**	**2606.73**	**2970.28**	**556.08**	**2292.27**	**1951.03**
137.15	32.58	25.54	70.84	33.84	69.34	50.92
101.39	4.42	107.23	120.46	38.82	75.74	46.43
124.51	50.96	64.36	80.33	23.33	100.17	105.89
70.80	24.83	23.14	25.25	10.69	48.67	81.33
29.74	24.90	8.16	9.49	8.81	24.99	40.14
201.48	83.31	89.75	112.40	38.38	137.91	131.50
124.70	29.66	23.89	65.41	23.61	64.80	66.59
122.36	29.77	480.73	483.81	24.04	156.73	118.10
318.56	62.98	235.21	308.43	52.63	189.78	72.17
223.82	90.03	154.17	179.40	30.61	173.73	131.63
85.87	32.78	113.77	134.50	6.75	89.11	48.72
66.43	25.23	41.49	43.42	13.79	56.35	62.38
57.84	22.24	54.64	63.11	22.94	44.75	39.03
43.68	18.25	8.19	11.38	7.89	32.23	35.43
275.20	98.91	349.75	358.78	24.08	240.54	223.45
115.81	48.76	27.00	40.54	20.27	74.38	122.17
132.60	43.25	66.65	87.00	20.37	84.41	81.92
79.72	22.85	30.85	37.28	13.08	60.85	55.64
318.83	87.23	396.19	411.99	56.18	218.48	104.56
41.81	16.43	26.29	28.37	8.29	36.53	29.86
4.44	1.93	0.41	1.35	2.15	3.58	2.83
48.15	18.75	7.51	12.59	9.57	31.37	33.33
107.26	52.91	45.56	55.72	17.42	69.42	83.66
32.15	13.89	15.62	18.63	3.64	27.69	29.48
47.05	17.11	77.55	68.51	5.78	64.03	24.57
0.00	0.00	0.00	0.00	0.00	0.00	0.00
76.98	33.45	45.11	50.43	16.70	39.67	58.80
42.15	14.98	−0.46	−0.11	9.06	26.19	38.13
14.08	11.24	5.20	5.63	2.25	9.80	6.26
10.61	5.63	2.17	3.05	3.89	8.62	10.87
31.28	10.46	81.04	82.28	7.18	32.36	15.26

4—14 按地区分组的中型工业

地区	企业单位数（个）	亏损企业	工业总产值（1990年不变价格）	工业总产值（当年价格）	工业销售产值（当年价格）
全国	**14398**	**4335**	**11716.19**	**12542.41**	**12202.71**
北京	330	77	220.10	238.28	230.96
天津	442	187	213.70	253.78	247.56
河北	742	233	396.98	468.57	461.67
山西	222	76	90.69	105.46	102.41
内蒙古	181	52	134.39	195.74	191.42
辽宁	447	185	285.16	307.07	297.16
吉林	317	115	163.78	191.85	180.42
黑龙江	308	115	134.17	156.31	149.98
上海	673	154	625.00	658.89	657.70
江苏	1589	364	2044.03	2191.45	2118.92
浙江	852	150	1326.16	1154.38	1123.17
安徽	421	149	222.42	239.60	233.89
福建	556	138	392.09	431.54	418.74
江西	281	138	113.09	112.91	108.15
山东	1571	272	1063.72	1239.25	1205.86
河南	676	209	358.63	492.55	483.21
湖北	565	217	456.87	478.71	467.89
湖南	377	155	147.71	176.37	173.03
广东	1457	520	1965.05	1863.63	1808.43
广西	380	149	179.01	202.37	196.20
海南	94	35	48.45	62.54	59.73
重庆	289	73	238.88	227.72	220.24
四川	558	149	354.36	397.28	388.36
贵州	113	49	63.24	66.78	64.68
云南	383	137	162.26	207.75	202.80
西藏	4	0	1.41	5.03	4.46
陕西	236	111	137.99	168.83	163.73
甘肃	110	49	48.31	64.42	63.98
青海	21	7	7.35	9.75	9.69
宁夏	78	17	42.80	54.01	50.91
新疆	125	53	78.40	119.60	117.36

企业主要经济指标(2001 年)

单位:亿元

工业增加值(当年价格)	资产合计	流动资产小计	应收帐款净额	流动资产年平均余额	固定资产原价	生产经营用
3646.91	**18072.45**	**8300.78**	**2132.72**	**8037.70**	**10702.37**	**9015.89**
86.88	404.50	202.78	45.13	197.71	182.76	141.85
53.35	455.02	215.02	51.74	186.33	237.21	184.25
142.48	735.57	308.26	68.59	302.52	462.63	385.78
38.30	292.40	118.06	25.30	114.55	192.59	156.97
79.52	373.47	140.80	30.46	136.66	299.02	270.23
84.50	496.52	245.60	66.01	237.14	273.89	230.32
70.43	411.00	184.84	59.48	183.34	243.59	203.17
54.25	332.88	145.70	40.02	142.36	184.81	132.25
166.89	850.12	465.78	145.85	463.79	428.27	373.06
546.09	2197.26	1123.80	316.47	1102.11	1196.06	1012.28
282.70	1304.19	625.67	152.79	598.69	740.48	682.51
72.12	389.15	170.84	47.16	167.79	250.74	226.40
132.90	599.02	264.31	69.13	259.58	380.67	318.82
36.84	275.12	116.64	25.56	116.72	165.67	131.27
365.08	1414.42	662.00	143.60	637.89	825.95	703.82
152.48	723.07	335.64	74.95	320.64	444.04	351.13
160.04	713.26	308.75	72.15	286.53	438.45	322.30
57.68	394.52	159.91	48.58	154.80	268.17	215.64
514.00	2442.21	1193.03	321.06	1153.29	1373.28	1177.06
62.98	407.65	154.65	32.45	151.67	277.09	223.13
19.03	138.39	42.36	10.28	46.72	105.72	92.28
73.22	390.23	179.33	56.02	175.96	223.56	196.08
148.01	737.45	302.09	73.51	285.34	437.30	373.20
26.69	134.09	62.80	17.67	59.86	72.79	58.35
79.07	491.82	189.48	35.52	189.63	332.90	285.29
2.91	15.31	6.99	3.34	6.86	5.19	5.04
51.02	361.07	149.20	38.03	140.49	243.29	213.49
20.41	129.63	57.58	17.53	54.17	82.67	58.42
2.53	26.16	12.19	1.91	11.00	13.79	9.89
16.28	98.03	40.99	11.68	39.35	68.34	59.94
48.24	338.93	115.69	30.77	114.21	251.44	221.68

4—14 续表 1

地 区	固定资产小计	累计折旧	本年折旧	固定资产净值	固定资产净值年平均余额
全 国	**8001.49**	**3616.24**	**532.02**	**7086.13**	**6987.87**
北 京	139.90	60.89	10.15	121.87	119.34
天 津	181.66	72.74	11.25	164.47	153.94
河 北	370.04	149.65	19.51	312.98	312.20
山 西	155.15	62.44	6.64	130.14	129.36
内蒙古	202.24	112.71	14.10	186.30	177.53
辽 宁	207.19	91.03	11.24	182.86	188.45
吉 林	185.68	78.42	9.22	165.17	164.60
黑龙江	144.86	53.79	7.56	131.03	134.89
上 海	283.00	169.48	26.50	258.79	264.42
江 苏	854.52	409.28	69.57	786.77	760.86
浙 江	540.94	250.62	43.74	489.87	479.43
安 徽	192.55	84.03	10.25	166.70	166.20
福 建	282.54	117.53	21.72	263.14	254.69
江 西	129.61	60.67	5.70	105.01	107.85
山 东	628.88	263.68	39.83	562.27	546.73
河 南	332.15	152.32	19.87	291.73	292.28
湖 北	327.41	192.46	18.40	245.99	248.19
湖 南	200.97	87.14	10.96	181.02	173.24
广 东	984.89	489.37	78.43	883.91	908.33
广 西	213.46	87.96	11.75	189.13	188.65
海 南	78.71	31.45	4.90	74.27	80.45
重 庆	170.02	73.51	10.79	150.05	151.56
四 川	356.57	130.48	19.78	306.82	298.89
贵 州	59.24	27.64	3.26	45.15	47.87
云 南	260.06	101.56	14.88	231.34	206.34
西 藏	3.96	1.51	0.26	3.68	3.71
陕 西	188.54	75.73	11.55	167.56	149.29
甘 肃	61.09	27.03	2.84	55.63	54.79
青 海	10.67	4.85	0.87	8.95	8.39
宁 夏	50.84	23.18	3.39	45.16	44.23
新 疆	204.14	73.09	13.12	178.35	171.17

单位:亿元

负债合计	流动负债小计	所有者权益合计	实收资本	国家资本	港澳台资本	外商资本
11797.65	**8683.32**	**6274.70**	**4521.25**	**1604.81**	**418.60**	**671.28**
223.08	180.34	181.41	119.09	37.47	5.92	22.84
294.95	208.13	160.08	128.45	58.30	11.23	27.60
535.86	399.95	199.70	132.73	81.95	4.86	3.10
220.92	135.49	71.47	58.29	40.64	1.18	0.54
201.69	138.72	171.79	115.26	82.29	2.40	3.14
330.91	252.16	165.61	130.43	46.11	6.33	25.92
281.20	200.96	129.80	91.76	36.46	1.01	9.69
256.91	184.14	75.98	74.78	46.44	2.10	5.05
464.75	410.01	385.37	323.33	36.29	26.72	128.90
1374.89	1146.81	822.37	615.93	121.85	65.01	165.72
746.55	571.00	557.63	302.38	63.25	9.65	16.08
288.45	195.79	100.70	79.13	45.70	0.99	1.26
338.76	214.71	260.03	186.06	33.03	59.70	33.49
219.65	158.45	55.61	55.17	32.55	0.87	1.61
981.37	749.26	433.05	289.92	99.47	11.62	32.38
529.45	391.34	193.62	129.79	84.92	1.19	4.28
491.17	311.80	222.08	181.22	86.38	3.74	10.25
295.12	186.54	99.40	69.42	45.85	0.92	1.77
1470.22	1143.45	971.99	649.24	139.66	186.04	127.39
282.81	191.34	124.85	89.32	56.41	1.72	9.98
82.12	41.03	56.27	54.78	24.55	1.55	12.62
257.61	184.05	132.63	102.80	28.68	1.65	11.48
482.00	312.77	255.43	182.97	69.75	6.42	8.34
113.67	80.02	20.42	31.79	22.04	0.15	0.19
333.06	223.89	158.76	121.21	57.70	1.28	5.20
4.25	3.28	11.06	4.66	1.59	0.00	0.00
270.57	188.91	90.50	78.92	43.92	3.96	0.75
99.04	63.63	30.59	25.69	19.36	0.20	0.09
15.65	10.77	10.50	5.80	3.43	0.00	0.00
69.53	47.03	28.50	20.07	7.99	0.19	0.02
241.43	157.54	97.51	70.85	50.79	0.00	1.59

4—14续表2

地　区	产品销售收入	产品销售成本	产品销售费用	产品销售税金及附加	产品销售利润
全　国	**12106.13**	**9947.95**	**525.15**	**182.02**	**1450.41**
北　京	227.87	170.41	15.38	5.27	36.80
天　津	270.74	234.43	9.63	3.35	23.33
河　北	495.45	414.43	14.93	6.45	59.62
山　西	95.12	70.29	6.24	3.26	15.34
内蒙古	175.98	137.99	15.29	5.57	17.14
辽　宁	293.48	236.52	13.11	6.99	36.88
吉　林	171.50	128.08	9.29	5.24	28.88
黑龙江	138.93	107.08	9.20	5.10	17.55
上　海	675.87	552.88	32.69	1.56	88.74
江　苏	2056.79	1727.48	91.97	10.27	227.07
浙　江	1133.58	947.29	41.45	9.13	135.71
安　徽	222.93	181.62	10.56	7.88	22.87
福　建	410.26	345.55	15.64	3.04	45.98
江　西	95.32	76.48	5.43	1.97	11.45
山　东	1212.14	1023.13	38.11	12.14	138.76
河　南	424.21	350.00	11.38	10.56	52.05
湖　北	441.00	355.77	21.96	10.28	52.98
湖　南	164.19	128.93	10.44	3.73	21.11
广　东	1910.98	1628.58	76.71	24.16	181.52
广　西	192.40	155.52	6.42	2.19	28.28
海　南	59.26	43.38	4.87	2.05	8.95
重　庆	221.07	170.09	13.50	4.67	32.81
四　川	360.15	268.84	21.76	12.54	56.89
贵　州	50.55	38.29	2.98	2.04	7.25
云　南	208.34	154.45	8.49	7.04	38.36
西　藏	5.78	3.18	0.64	0.08	1.89
陕　西	156.49	122.28	6.54	5.25	22.19
甘　肃	54.70	35.73	2.66	7.01	9.31
青　海	9.36	7.26	0.34	0.13	1.61
宁　夏	51.26	42.18	2.32	0.56	6.20
新　疆	120.46	89.84	5.22	2.53	22.87

单位:亿元

管理费用	利息支出	营业利润	利润总额	亏损企业亏损总额	本年应交增值税	全部从业人员平均人数(万人)
861.58	**254.93**	**389.39**	**470.28**	**211.50**	**551.28**	**831.70**
28.52	4.03	10.16	15.00	5.35	13.78	11.71
18.47	0.41	1.57	5.35	7.87	10.05	13.69
35.65	12.24	14.12	16.07	9.51	22.49	40.90
11.26	3.33	1.48	1.52	2.55	7.73	19.91
13.25	3.97	−0.02	2.89	3.65	12.10	17.22
26.08	7.70	5.52	6.49	9.24	12.15	24.83
16.25	5.01	8.34	6.78	5.78	11.51	20.08
14.67	4.66	−1.48	0.77	4.77	9.62	19.00
60.99	9.79	24.69	30.15	13.38	23.12	25.39
122.05	30.19	82.92	86.56	15.88	79.75	98.85
62.49	19.24	58.50	71.59	4.95	48.91	51.00
19.08	5.37	0.14	2.62	3.66	11.40	25.92
25.80	7.51	14.41	16.46	8.01	15.88	25.82
12.28	4.83	−5.16	−3.28	5.76	5.81	18.19
72.33	21.75	45.46	51.54	7.57	50.19	98.04
29.06	13.47	10.06	12.08	5.65	19.09	49.91
35.35	10.22	9.25	15.05	11.96	21.23	36.75
19.80	4.54	−2.23	0.11	7.67	9.24	21.11
98.14	25.64	64.77	69.83	34.08	74.62	66.44
16.81	6.38	6.06	6.51	5.08	12.70	18.46
5.66	3.28	1.95	3.91	1.68	3.77	3.22
20.13	7.39	6.60	9.40	5.59	11.65	18.80
32.32	14.38	11.61	15.84	6.50	19.75	35.73
6.90	2.45	−1.22	−0.04	2.50	2.94	8.98
22.63	9.62	7.75	9.56	6.26	15.62	19.85
0.49	0.04	1.46	1.44	0.00	0.40	0.25
13.48	7.28	3.46	3.53	7.90	9.96	16.97
5.77	1.90	1.07	1.40	2.58	4.42	8.28
1.07	0.38	0.16	0.55	0.30	0.49	1.12
3.45	1.72	1.26	1.67	0.56	2.45	5.22
11.35	6.21	6.76	8.95	5.27	8.50	10.09

4—15 按地区分组的小型工业

地 区	企业单位数（个）		工业总产值（1990年不变价格）	工业总产值（当年价格）	工业销售产值（当年价格）
		亏损企业			
全 国	**148269**	**32629**	**34770.62**	**38090.58**	**36713.15**
北 京	3719	982	708.57	762.47	732.70
天 津	4757	1087	919.06	1059.40	1016.85
河 北	6606	1199	1625.77	1833.27	1778.22
山 西	2950	631	497.34	607.03	577.72
内蒙古	1104	236	177.83	220.14	212.95
辽 宁	4978	1559	1116.29	1244.06	1193.22
吉 林	2087	628	346.87	379.33	359.13
黑龙江	1911	554	314.12	384.45	359.95
上 海	8408	1570	1989.92	2275.76	2225.82
江 苏	17430	3355	4846.80	5376.17	5158.24
浙 江	17477	1915	5388.91	5027.26	4842.93
安 徽	3066	938	649.23	646.60	624.04
福 建	5669	1381	1067.38	1169.86	1130.87
江 西	2894	958	309.66	352.79	339.27
山 东	9639	1229	2962.70	3390.29	3274.47
河 南	8721	1333	1463.12	1986.95	1933.20
湖 北	5325	1044	1132.63	1211.61	1170.61
湖 南	4350	1278	540.56	698.06	681.34
广 东	18378	4527	6220.21	6500.65	6283.97
广 西	2543	1136	303.11	349.74	336.88
海 南	460	176	54.32	69.09	63.86
重 庆	1644	444	272.69	277.05	264.90
四 川	3688	963	633.17	682.50	655.02
贵 州	1842	730	250.69	280.85	256.75
云 南	1511	670	174.09	242.22	240.07
西 藏	374	66	7.35	12.85	11.51
陕 西	2012	777	334.99	390.96	366.95
甘 肃	2959	565	243.91	328.57	312.71
青 海	347	135	42.41	61.02	53.65
宁 夏	298	133	39.41	69.01	65.16
新 疆	1122	430	137.52	200.57	190.21

企业主要经济指标(2001 年)

单位:亿元

工业增加值(当年价格)	资产合计	流动资产小计	应收帐款净额	流动资产年平均余额	固定资产原价	生产经营用
10195.93	**38030.27**	**18702.30**	**5331.56**	**18160.97**	**20147.38**	**16793.63**
251.10	1031.72	619.03	147.29	598.06	385.91	315.70
202.83	1014.86	540.17	124.27	510.28	468.39	386.45
553.40	1640.98	732.33	170.75	705.35	952.59	803.42
201.81	1071.41	420.26	101.04	406.07	676.44	597.42
84.06	327.86	150.41	36.88	143.74	192.10	170.37
339.40	1978.89	883.02	256.51	856.39	1164.07	974.79
133.42	594.99	263.91	81.75	243.42	309.56	238.64
115.10	563.07	273.00	71.09	252.31	279.59	207.17
601.19	2263.95	1362.78	445.59	1301.26	962.45	705.53
1259.69	3971.28	2237.04	699.86	2180.07	1941.76	1683.06
1100.27	4143.94	2235.88	675.89	2143.60	1949.52	1822.82
182.57	792.90	369.12	97.99	361.07	454.00	410.66
352.64	1227.77	578.52	184.02	563.21	705.32	589.05
105.55	500.22	203.30	51.98	194.61	284.03	194.68
927.24	2265.59	1169.66	272.25	1115.86	1154.25	997.92
630.79	1961.44	843.83	203.55	832.00	1223.71	983.46
393.56	1050.86	462.16	120.82	423.97	587.37	381.73
200.55	838.59	324.20	87.75	315.39	568.45	466.63
1632.20	5492.89	2971.52	949.82	3020.95	2857.06	2423.51
107.17	690.51	213.53	53.93	211.39	334.87	252.33
25.10	112.22	40.35	10.70	40.61	60.76	47.22
73.11	378.12	168.38	57.46	162.14	209.47	176.39
212.13	943.64	407.52	110.45	391.80	541.63	432.93
87.02	479.23	215.82	57.59	209.93	245.10	190.53
92.50	578.00	217.38	53.19	209.21	322.61	276.90
6.58	71.43	17.26	5.40	15.83	57.11	47.53
129.34	789.69	291.76	76.75	267.52	479.24	429.06
100.09	561.22	213.65	62.00	224.58	347.80	216.15
18.15	130.96	50.08	11.91	44.92	76.28	52.91
22.30	123.21	37.74	11.00	35.24	108.56	99.30
55.08	438.83	188.71	42.05	180.17	247.38	219.39

4—15 续表 1

地　区	固定资产小计	累计折旧	本年折旧	固定资产净值	固定资产净值年平均余额
全　国	**15626.92**	**5923.55**	**1044.84**	**14223.83**	**14043.55**
北　京	293.94	128.01	22.69	257.90	253.42
天　津	353.58	140.19	27.53	328.20	304.30
河　北	770.18	232.19	41.78	720.40	711.70
山　西	569.35	158.99	27.92	517.45	523.02
内蒙古	152.27	53.01	7.88	139.09	133.89
辽　宁	890.66	367.60	47.14	796.47	777.79
吉　林	273.38	74.06	13.34	235.50	229.85
黑龙江	249.25	66.49	11.60	213.09	207.10
上　海	698.70	327.97	62.10	634.48	641.85
江　苏	1420.62	616.30	117.59	1325.46	1327.85
浙　江	1540.72	541.55	124.52	1407.97	1404.93
安　徽	364.03	127.79	22.20	326.21	316.47
福　建	539.00	202.64	38.10	502.68	518.39
江　西	240.72	68.43	10.05	215.60	204.29
山　东	905.86	335.57	61.27	818.68	806.35
河　南	965.20	338.90	58.30	884.81	896.55
湖　北	452.61	180.27	25.71	407.09	408.60
湖　南	434.83	169.57	21.53	398.88	389.54
广　东	2034.78	982.26	169.04	1874.80	1854.06
广　西	266.72	93.52	12.48	241.35	240.06
海　南	53.57	18.27	2.64	42.49	43.23
重　庆	161.03	61.85	9.89	147.62	141.61
四　川	425.60	161.28	25.00	380.35	376.69
贵　州	214.96	61.71	10.90	183.38	181.08
云　南	258.24	96.45	15.86	226.16	220.99
西　藏	48.91	10.19	1.47	46.92	43.77
陕　西	415.27	102.74	19.91	376.50	330.25
甘　肃	282.98	89.16	12.17	258.64	254.31
青　海	69.73	19.33	2.85	56.94	55.48
宁　夏	80.94	31.49	7.04	77.07	69.95
新　疆	199.27	65.75	14.34	181.63	176.19

单位:亿元

负债合计	流动负债小计	所有者权益合计	实收资本	国家资本	港澳台资本	外商资本
23504.77	**18535.90**	**14525.49**	**11375.25**	**2337.47**	**1720.94**	**1615.65**
589.13	513.51	442.59	323.33	63.58	23.63	74.22
645.62	534.48	369.24	297.08	49.68	39.48	88.66
1030.06	752.42	610.92	516.41	126.10	23.86	66.73
734.71	498.67	336.70	269.49	83.67	4.06	8.93
202.69	153.02	125.17	96.78	38.98	2.29	3.76
1270.41	947.62	708.48	652.76	295.19	26.16	72.58
395.09	300.47	199.91	169.00	52.19	6.49	18.68
381.18	286.25	181.89	145.38	42.52	4.27	5.77
1265.50	1145.22	998.45	774.37	44.26	147.89	253.57
2499.41	2207.53	1471.87	1190.11	117.36	165.54	317.91
2384.32	2069.11	1759.62	1159.79	92.11	127.09	135.08
532.78	390.28	260.13	221.79	53.93	10.21	33.82
619.79	502.00	607.98	481.96	88.00	168.26	63.61
354.00	246.76	146.22	126.92	58.29	6.58	4.90
1458.17	1199.45	807.42	605.94	83.75	34.39	91.41
1323.69	941.77	637.74	519.05	109.66	21.31	20.04
678.86	454.02	372.00	279.22	80.56	15.62	10.73
574.40	368.26	264.19	236.03	86.09	15.58	11.21
3231.61	2703.45	2261.28	1847.39	150.18	840.57	283.82
357.36	263.37	333.15	191.76	133.65	5.48	4.86
68.21	41.40	44.01	33.28	14.15	2.43	2.02
263.59	206.98	114.53	107.59	33.54	6.24	5.69
615.26	452.89	328.38	264.95	76.19	6.21	10.34
337.53	248.43	141.70	112.05	52.92	1.47	3.80
362.29	222.02	215.71	161.64	87.16	3.31	7.00
16.41	12.83	55.02	46.10	20.78	0.00	0.09
527.05	304.35	262.63	183.34	67.60	4.44	9.18
349.70	251.44	211.52	171.26	51.81	2.89	4.87
76.07	56.22	54.88	50.42	8.86	1.01	0.20
62.14	45.95	61.07	27.80	15.08	0.15	0.73
297.73	215.73	141.10	112.23	59.64	4.06	1.40

4—15续表 2

地　区	产品销售收入	产品销售成本	产品销售费用	产品销售税金及附加	产品销售利润
全　国	**35252.90**	**30226.24**	**1300.25**	**259.17**	**3464.88**
北　京	774.42	608.79	52.83	3.19	109.61
天　津	1006.40	848.89	44.57	4.38	108.56
河　北	1653.45	1402.75	58.85	13.60	178.25
山　西	542.58	437.61	36.29	8.94	59.74
内蒙古	204.40	168.67	10.84	2.71	22.18
辽　宁	1182.02	1018.78	38.38	7.56	117.30
吉　林	326.31	263.88	16.65	4.17	41.60
黑龙江	356.04	304.24	13.99	3.56	34.25
上　海	2226.19	1865.52	86.58	6.08	268.01
江　苏	4882.95	4272.07	155.27	27.12	428.49
浙　江	4780.75	4115.84	132.98	30.68	501.25
安　徽	619.16	524.43	29.07	6.36	59.30
福　建	1104.21	951.61	34.38	9.65	108.34
江　西	316.72	262.37	17.29	5.52	31.54
山　东	2943.81	2537.22	86.57	24.07	295.95
河　南	1789.09	1502.75	74.16	14.48	196.74
湖　北	1069.36	897.74	53.06	15.09	103.47
湖　南	624.03	518.62	31.36	8.48	65.57
广　东	6148.44	5481.60	195.66	30.46	440.71
广　西	339.52	288.50	13.53	4.37	33.12
海　南	59.18	46.11	5.12	0.40	7.56
重　庆	260.01	222.26	10.41	3.04	24.31
四　川	649.11	536.53	34.19	7.20	70.28
贵　州	230.94	191.42	13.90	3.80	21.73
云　南	240.33	199.11	10.90	1.87	28.40
西　藏	10.96	7.88	0.60	0.35	2.01
陕　西	346.25	272.74	20.26	5.25	48.01
甘　肃	259.11	218.36	9.98	3.47	27.29
青　海	53.04	46.41	1.82	0.54	4.27
宁　夏	64.93	55.28	2.11	1.23	6.31
新　疆	189.21	158.27	8.66	1.57	20.72

单位:亿元

管理费用	利息支出	营业利润	利润总额	亏损企业亏损总额	本年应交增值税	全部从业人员平均人数(万人)
1906.51	**473.30**	**1145.65**	**1292.87**	**443.44**	**1174.55**	**2658.70**
71.94	7.85	39.64	51.13	14.29	33.30	45.40
46.01	0.31	56.41	59.18	13.71	32.74	63.31
62.65	28.71	91.35	91.80	16.20	49.85	126.20
34.48	17.87	8.35	13.09	10.66	33.03	77.34
14.20	3.98	5.31	7.07	2.70	9.00	24.08
81.46	20.48	18.35	25.58	35.01	44.53	104.36
24.68	6.22	11.60	13.43	9.14	14.21	37.85
22.39	4.94	8.07	9.29	8.12	15.87	40.25
166.53	19.51	95.03	111.44	30.45	71.37	110.88
246.50	47.29	141.96	153.89	41.68	169.97	284.31
215.23	60.59	232.50	253.43	18.80	159.94	266.91
37.13	11.02	13.11	16.59	10.26	23.59	61.45
59.16	15.39	34.42	38.65	15.13	38.44	97.09
22.06	7.47	2.89	5.39	6.14	13.19	47.03
119.95	33.26	142.33	150.59	14.41	93.04	201.60
73.91	38.01	85.51	89.00	16.75	57.21	163.65
59.59	15.97	30.05	32.45	11.66	34.67	99.65
43.36	13.50	10.57	14.03	13.15	26.32	78.45
292.11	46.38	101.45	113.78	76.93	128.20	407.95
27.38	6.85	0.56	2.25	9.93	17.36	40.54
4.94	1.28	1.62	1.91	2.22	2.86	5.74
20.20	5.54	−1.30	1.83	7.21	10.44	32.05
46.49	15.90	9.18	13.21	10.22	27.85	76.58
17.92	6.27	−1.50	0.01	8.38	11.42	27.90
24.42	7.01	−2.29	4.12	8.10	14.53	26.55
1.62	0.12	0.52	1.33	0.41	0.78	2.67
27.42	14.92	8.09	9.01	11.51	16.92	39.69
17.43	7.20	3.39	6.38	5.42	11.29	39.57
3.77	1.35	−0.83	−0.91	3.53	2.40	6.72
4.07	2.52	−0.06	−0.42	2.25	1.74	5.93
17.52	5.58	−0.62	4.35	9.05	8.51	17.01

4—16 按地区分组的煤炭采选业工业

地区	企业单位数（个）	亏损企业	工业总产值（1990年不变价格）	工业总产值（当年价格）	工业销售产值（当年价格）
全国	**2603**	**556**	**823.40**	**1531.28**	**1522.59**
北京	18	0	9.33	27.03	27.30
天津	3	0	2.05	2.28	2.28
河北	99	28	44.43	94.63	94.52
山西	585	97	167.48	301.59	300.43
内蒙古	86	15	38.04	64.36	65.95
辽宁	53	29	27.56	74.15	71.67
吉林	53	13	11.43	21.99	22.04
黑龙江	74	21	39.94	76.82	72.42
上海	1	0	10.30	12.16	12.27
江苏	14	4	40.92	48.41	48.36
浙江	3	2	2.02	5.81	5.88
安徽	52	14	35.82	91.53	91.67
福建	48	7	4.24	9.59	9.91
江西	76	23	10.87	21.40	21.39
山东	207	6	126.87	262.01	256.30
河南	348	44	106.56	183.33	183.47
湖北	38	11	3.72	5.33	5.32
湖南	182	54	19.76	35.70	36.24
广东	16	5	1.19	2.18	2.34
广西	27	10	3.41	6.99	7.05
海南	1	1	0.04	0.05	0.05
重庆	66	21	8.58	17.22	16.96
四川	126	44	22.32	37.08	35.86
贵州	74	12	12.91	22.79	22.63
云南	63	29	8.27	13.45	13.44
西藏	1	0	0.01	0.08	0.07
陕西	72	29	30.76	37.30	39.55
甘肃	102	10	13.80	20.75	21.90
青海	14	5	0.77	1.36	1.38
宁夏	31	5	11.16	18.73	18.96
新疆	70	17	8.86	15.16	14.98

企业主要经济指标(2001 年)

单位:亿元

工业增加值（当年价格）	资产合计	流动资产小计	应收帐款净额	流动资产年平均余额	固定资产原价	生产经营用
698.65	**4274.69**	**1509.99**	**453.68**	**1449.97**	**3315.96**	**2575.61**
8.65	27.00	16.20	8.66	16.63	15.50	8.03
0.49	6.86	5.38	0.92	5.23	0.81	0.80
43.20	267.30	96.66	38.20	97.97	215.09	169.68
140.55	896.51	368.02	101.72	354.78	672.59	554.74
27.77	270.51	70.51	18.92	65.99	234.33	178.90
29.71	239.31	77.91	22.03	74.24	195.34	143.71
7.62	76.03	31.30	9.32	27.04	50.60	30.93
32.32	306.26	122.68	63.54	122.14	216.61	134.93
5.96	19.02	7.52	1.40	6.04	17.82	17.82
23.88	99.27	38.59	14.65	36.50	82.31	67.00
2.63	9.89	2.89	0.57	2.99	9.70	7.84
41.18	317.36	79.26	15.24	73.25	259.71	216.77
5.19	17.21	7.86	1.37	7.64	11.70	8.73
8.38	49.50	20.88	6.22	19.89	36.67	31.43
131.22	561.35	192.24	32.53	180.60	431.59	351.59
93.15	405.68	139.05	37.48	126.60	321.77	248.12
2.30	12.42	3.74	0.86	3.55	10.24	7.97
12.40	65.84	27.78	9.25	29.42	45.56	35.25
0.68	9.45	4.45	0.57	4.42	5.45	5.04
3.15	16.40	5.37	1.98	5.32	14.73	10.07
0.01	0.74	0.15	0.01	0.15	0.58	0.57
7.23	49.19	17.60	5.86	17.22	38.82	30.81
15.34	86.12	30.01	10.20	32.28	65.95	45.25
7.13	84.17	31.01	10.37	31.44	63.24	24.56
7.21	48.51	14.55	3.55	14.17	34.38	26.55
0.05	0.42	0.14	0.04	0.11	0.30	0.21
14.92	146.84	33.76	12.13	30.91	125.37	114.00
7.59	77.76	23.61	11.07	24.21	55.99	38.41
0.48	4.19	1.69	0.46	1.34	3.38	1.91
9.78	59.93	23.05	10.60	22.51	45.31	37.89
8.48	43.66	16.14	3.96	15.37	34.52	26.09

4—16 续表 1

地　区	固定资产小计	累计折旧	本年折旧	固定资产净值	固定资产净值年平均余额
全　国	**2412.40**	**1111.60**	**130.26**	**2204.36**	**2072.13**
北　京	9.79	5.89	0.47	9.61	9.62
天　津	0.66	0.15	0.04	0.66	0.73
河　北	145.56	80.90	8.43	134.19	127.03
山　西	469.69	237.34	28.21	435.25	398.95
内蒙古	184.07	74.25	6.63	160.08	169.28
辽　宁	138.19	65.04	6.44	130.30	101.23
吉　林	38.13	17.15	0.79	33.45	37.40
黑龙江	154.40	68.41	6.00	148.20	148.92
上　海	10.94	7.17	2.08	10.65	7.01
江　苏	48.63	34.24	2.69	48.08	28.42
浙　江	6.63	3.42	0.51	6.28	6.48
安　徽	198.44	69.97	10.99	189.74	177.52
福　建	7.13	5.10	0.47	6.60	6.68
江　西	25.62	14.80	2.84	21.87	19.27
山　东	319.53	151.08	23.77	280.52	279.21
河　南	237.17	100.29	12.31	221.48	211.09
湖　北	7.73	3.00	0.35	7.24	7.03
湖　南	32.42	15.75	1.51	29.81	27.56
广　东	4.78	1.92	0.07	3.53	3.76
广　西	10.31	5.27	0.16	9.46	9.46
海　南	0.49	0.12	0.01	0.47	0.47
重　庆	26.19	14.95	1.76	23.87	22.41
四　川	48.35	24.51	2.41	41.44	40.19
贵　州	45.66	19.53	2.04	43.71	43.39
云　南	28.95	11.93	1.63	22.46	22.69
西　藏	0.28	0.02	0.00	0.28	0.28
陕　西	106.43	28.51	2.61	96.86	85.95
甘　肃	44.25	23.89	1.44	32.10	31.43
青　海	2.45	1.08	0.03	2.30	2.44
宁　夏	34.47	13.03	2.06	32.28	25.51
新　疆	25.08	12.92	1.51	21.60	20.73

单位:亿元

负债合计		所有者权益合计	实收资本			
	流动负债小计			国家资本	港澳台资本	外商资本
2711.09	**1547.33**	**1552.79**	**1223.77**	**987.76**	**0.90**	**3.51**
14.79	12.55	12.21	6.04	5.15	0.00	0.00
5.56	5.56	1.30	0.50	0.02	0.28	0.00
150.66	87.53	116.63	83.93	80.21	0.06	0.04
559.82	321.21	325.88	259.70	176.40	0.10	0.69
172.01	68.35	98.49	112.43	105.68	0.00	1.66
148.23	104.38	91.09	94.81	86.87	0.00	0.01
48.53	35.60	27.50	21.55	20.28	0.00	0.00
275.26	178.55	30.99	52.36	46.50	0.00	0.16
3.85	3.55	15.17	4.02	0.01	0.00	0.00
57.06	42.69	42.21	27.90	16.85	0.00	0.04
6.69	3.41	3.21	2.94	2.43	0.00	0.00
197.28	85.92	120.09	109.24	75.91	0.00	0.01
8.31	6.76	8.90	7.14	4.57	0.00	0.00
30.19	21.18	19.31	15.53	11.32	0.18	0.16
350.65	180.36	210.70	114.47	105.37	0.03	0.47
264.58	153.75	141.10	104.32	74.63	0.02	0.03
8.59	6.04	3.83	4.07	3.04	0.04	0.00
39.30	28.96	26.53	20.80	18.30	0.00	0.00
9.06	7.10	0.39	2.92	0.24	0.07	0.00
9.05	6.70	7.35	5.81	5.80	0.00	0.00
0.29	0.19	0.45	0.16	0.15	0.00	0.00
27.74	16.63	21.45	16.39	15.28	0.00	0.00
55.57	38.03	30.55	29.31	23.55	0.00	0.00
38.70	22.29	45.47	28.54	18.75	0.03	0.00
32.73	13.27	15.78	12.89	10.19	0.00	0.00
0.08	0.08	0.34	0.33	0.33	0.00	0.00
110.04	35.55	36.80	24.96	23.40	0.00	0.22
37.96	23.45	39.81	25.95	25.11	0.00	0.00
2.34	2.11	1.84	1.41	1.41	0.00	0.00
22.50	19.23	37.44	17.09	16.14	0.08	0.02
23.68	16.36	19.98	16.27	13.85	0.00	0.00

4—16 续表 2

地　区	产品销售收入	产品销售成本	产品销售费用	产品销售税金及附加	产品销售利润
全　国	**1503.15**	**1054.20**	**131.32**	**22.34**	**295.28**
北　京	29.40	24.07	1.49	0.11	3.73
天　津	2.59	2.21	0.06	0.00	0.32
河　北	91.83	68.52	3.58	1.19	18.53
山　西	291.35	179.08	53.26	5.27	53.75
内蒙古	69.81	43.06	15.14	1.25	10.36
辽　宁	67.02	50.62	1.58	0.75	14.07
吉　林	19.84	17.00	0.90	0.21	1.72
黑龙江	68.11	56.01	4.62	0.81	6.67
上　海	14.07	9.47	0.92	0.22	3.46
江　苏	51.16	35.08	1.50	0.69	13.89
浙　江	7.90	6.40	0.11	0.07	1.32
安　徽	92.82	66.50	5.18	1.23	19.91
福　建	12.19	8.62	0.81	0.56	2.21
江　西	21.70	17.73	0.76	0.26	2.95
山　东	262.74	164.38	23.59	3.88	70.88
河　南	178.81	137.16	7.20	2.62	31.82
湖　北	4.89	3.97	0.17	0.10	0.64
湖　南	33.81	26.53	1.30	0.56	5.42
广　东	2.39	2.16	0.17	0.01	0.06
广　西	6.73	5.40	0.22	0.07	1.03
海　南	0.05	0.05	0.00	0.00	0.00
重　庆	16.79	12.98	0.91	0.21	2.69
四　川	32.99	26.32	2.15	0.39	4.13
贵　州	20.48	15.05	1.48	0.32	3.64
云　南	13.41	10.80	0.64	0.14	1.83
西　藏	0.06	0.04	0.00	0.00	0.02
陕　西	37.97	27.97	1.31	0.78	7.91
甘　肃	17.25	11.66	1.01	0.28	4.29
青　海	1.33	0.97	0.02	0.02	0.31
宁　夏	19.48	14.70	0.75	0.16	3.87
新　疆	14.18	9.68	0.48	0.17	3.85

单位:亿元

管理费用	利息支出	营业利润	利润总额	亏损企业亏损总额	本年应交增值税	全部从业人员平均人数（万人）
246.11	**44.68**	**21.33**	**41.83**	**17.67**	**122.74**	**375.31**
3.23	0.26	1.16	2.02	0.00	0.76	2.72
0.06	0.02	0.14	0.13	0.00	0.14	0.01
18.40	1.72	−0.23	1.16	1.37	7.30	24.36
39.29	7.87	7.24	6.10	2.40	25.29	62.69
8.83	2.53	−1.05	1.16	1.48	5.85	13.52
14.72	1.46	−0.36	0.12	0.87	4.77	18.32
4.07	0.41	−2.85	−0.32	0.74	1.41	9.77
13.16	3.42	−5.83	−2.04	2.86	5.65	27.06
1.60	0.05	1.88	1.89	0.00	1.08	1.45
12.77	0.97	−0.25	−0.02	0.29	4.33	11.40
1.41	0.10	−0.13	0.01	0.02	0.57	1.07
15.17	3.58	2.95	2.56	0.15	8.96	23.53
1.56	0.07	0.68	0.71	0.01	1.14	2.14
4.53	0.54	−1.74	−0.32	1.18	1.21	7.60
44.53	9.43	18.00	17.49	0.51	24.82	45.56
21.68	5.27	6.14	8.08	0.98	12.21	46.36
0.85	0.15	−0.28	0.02	0.13	0.27	2.07
6.12	0.48	−1.05	0.16	0.83	2.11	13.52
0.33	0.06	−0.21	−0.17	0.22	0.19	0.69
1.32	0.12	−0.20	0.05	0.09	0.62	2.25
0.01	0.01	−0.02	−0.02	0.02	0.00	0.02
4.44	0.39	−1.29	−0.32	0.48	1.51	6.89
6.39	0.68	−2.36	0.34	0.94	2.46	14.41
3.38	0.28	0.20	0.53	0.08	1.51	8.03
2.44	0.40	−0.84	−0.11	0.46	1.09	3.84
0.00	0.00	0.01	0.01	0.00	0.00	0.00
5.91	3.37	−0.73	−0.43	1.28	3.22	9.48
2.85	0.57	1.16	1.16	0.12	1.49	6.82
0.26	0.04	0.03	0.02	0.02	0.14	0.54
3.48	0.15	0.82	1.16	0.03	1.37	5.12
3.32	0.28	0.34	0.70	0.11	1.29	4.05

4—17 按地区分组的石油和天然气开采业

地区	企业单位数（个）	亏损企业	工业总产值（1990年不变价格）	工业总产值（当年价格）	工业销售产值（当年价格）
全国	**90**	**7**	**702.25**	**2780.05**	**2769.52**
北京	1	0	0.08	0.08	0.08
天津	4	1	113.72	131.89	130.03
河北	3	0	16.98	79.80	79.63
山西	0	0	0.00	0.00	0.00
内蒙古	1	0	2.37	10.68	10.53
辽宁	3	0	61.13	241.69	245.27
吉林	21	2	10.65	56.54	56.37
黑龙江	2	0	146.57	795.99	796.76
上海	1	0	6.48	15.09	15.00
江苏	1	0	21.77	24.11	24.03
浙江	0	0	0.00	0.00	0.00
安徽	0	0	0.00	0.00	0.00
福建	0	0	0.00	0.00	0.00
江西	0	0	0.00	0.00	0.00
山东	4	0	80.86	398.40	398.16
河南	5	0	25.50	117.22	117.08
湖北	1	0	16.74	37.27	36.61
湖南	0	0	0.00	0.00	0.00
广东	2	0	39.28	209.67	208.85
广西	0	0	0.00	0.00	0.00
海南	1	0	0.08	0.46	0.45
重庆	1	0	2.03	1.70	1.71
四川	6	0	21.59	67.70	67.79
贵州	0	0	0.00	0.00	0.00
云南	1	1	0.03	0.04	0.05
西藏	0	0	0.00	0.00	0.00
陕西	17	0	44.82	201.10	197.21
甘肃	4	1	17.94	63.41	60.85
青海	3	2	10.92	45.84	43.09
宁夏	1	0	3.99	23.34	22.77
新疆	7	0	58.72	258.05	257.21

工业企业主要经济指标(2001 年)

单位:亿元

工业增加值(当年价格)	资产合计	流动资产小计	应收帐款净额	流动资产年平均余额	固定资产原价	生产经营用
2018.79	**4240.20**	**878.22**	**94.93**	**905.59**	**5974.45**	**5718.32**
0.02	0.09	0.08	0.04	0.06	0.01	0.01
100.01	340.33	86.26	15.02	83.51	494.26	440.22
61.85	121.59	22.06	2.34	24.52	227.76	227.40
0.00	0.00	0.00	0.00	0.00	0.00	0.00
9.11	25.74	1.40	0.01	2.10	47.88	47.20
159.96	391.12	87.14	3.06	88.22	578.68	566.93
44.66	163.37	26.05	8.16	32.31	202.56	200.58
785.27	862.27	216.21	3.98	200.20	1233.33	1195.89
9.26	37.83	12.61	2.74	12.07	42.33	42.33
15.71	64.85	13.97	0.86	15.27	80.01	78.95
0.00	0.00	0.00	0.00	0.00	0.00	0.00
0.00	0.00	0.00	0.00	0.00	0.00	0.00
0.00	0.00	0.00	0.00	0.00	0.00	0.00
0.00	0.00	0.00	0.00	0.00	0.00	0.00
295.88	501.36	64.05	5.72	68.87	1020.19	1013.11
58.41	226.35	62.20	11.87	64.46	309.62	306.09
16.77	110.11	47.48	11.03	51.87	116.19	108.53
0.00	0.00	0.00	0.00	0.00	0.00	0.00
104.00	101.64	21.54	1.01	20.56	60.88	60.88
0.00	0.00	0.00	0.00	0.00	0.00	0.00
0.46	0.00	0.00	0.00	0.00	0.00	0.00
1.04	2.79	0.86	0.42	0.86	1.68	1.66
26.29	173.91	20.63	1.00	30.85	284.55	284.10
0.00	0.00	0.00	0.00	0.00	0.00	0.00
0.01	0.27	0.02	0.00	0.02	0.25	0.18
0.00	0.00	0.00	0.00	0.00	0.00	0.00
92.00	352.30	56.75	10.66	54.18	400.52	315.63
17.13	32.76	12.30	1.56	12.33	35.53	35.48
19.42	125.02	24.60	4.91	23.18	112.13	96.16
8.25	46.36	5.46	0.00	5.04	59.06	57.27
193.26	560.16	96.57	10.57	115.12	667.04	639.74

4—17 续表 1

地 区	固定资产小计	累计折旧	本年折旧	固定资产净值	固定资产净值年平均余额
全 国	**3286.75**	**2886.70**	**466.88**	**3087.75**	**2978.75**
北 京	0.01	0.00	0.00	0.01	0.00
天 津	247.54	254.29	34.50	239.97	232.80
河 北	98.74	135.31	25.38	92.45	90.64
山 西	0.00	0.00	0.00	0.00	0.00
内蒙古	24.33	23.82	2.37	24.06	21.70
辽 宁	298.46	287.14	54.45	291.54	284.46
吉 林	134.38	72.59	16.76	129.96	126.25
黑龙江	640.68	626.35	103.84	606.98	606.00
上 海	25.18	17.15	5.64	25.18	27.51
江 苏	49.13	32.78	5.06	47.24	46.45
浙 江	0.00	0.00	0.00	0.00	0.00
安 徽	0.00	0.00	0.00	0.00	0.00
福 建	0.00	0.00	0.00	0.00	0.00
江 西	0.00	0.00	0.00	0.00	0.00
山 东	426.88	606.65	67.29	413.54	400.15
河 南	159.08	186.41	15.97	123.22	111.24
湖 北	58.38	57.80	6.86	58.38	48.37
湖 南	0.00	0.00	0.00	0.00	0.00
广 东	60.82	0.06	0.00	60.82	57.59
广 西	0.00	0.00	0.00	0.00	0.00
海 南	0.00	0.00	0.00	0.00	0.00
重 庆	1.29	0.69	0.13	0.99	1.01
四 川	152.63	143.07	32.62	141.48	141.42
贵 州	0.00	0.00	0.00	0.00	0.00
云 南	0.25	0.00	0.00	0.25	0.24
西 藏	0.00	0.00	0.00	0.00	0.00
陕 西	294.03	119.31	28.57	281.21	260.22
甘 肃	18.91	16.61	2.57	18.91	18.91
青 海	93.45	30.11	11.72	82.02	82.67
宁 夏	40.91	18.15	4.85	40.91	32.04
新 疆	461.67	258.42	48.30	408.63	389.08

单位:亿元

负债合计	流动负债小计	所有者权益合计	实收资本	国家资本	港澳台资本	外商资本
1546.47	**852.18**	**2693.26**	**1857.73**	**1543.71**	**94.50**	**0.17**
0.04	0.04	0.05	0.01	0.00	0.00	0.00
109.38	54.03	230.48	72.49	7.33	20.35	0.00
44.92	19.20	76.67	75.08	74.81	0.00	0.00
0.00	0.00	0.00	0.00	0.00	0.00	0.00
3.80	3.80	21.94	17.31	17.31	0.00	0.00
161.03	75.71	230.09	222.13	166.54	11.58	0.00
74.91	47.32	88.46	86.24	85.05	0.00	0.00
146.54	135.92	715.73	475.38	475.02	0.00	0.00
21.04	2.25	16.80	9.00	0.00	0.00	0.00
19.31	14.23	45.54	42.20	0.00	0.00	0.00
0.00	0.00	0.00	0.00	0.00	0.00	0.00
0.00	0.00	0.00	0.00	0.00	0.00	0.00
0.00	0.00	0.00	0.00	0.00	0.00	0.00
0.00	0.00	0.00	0.00	0.00	0.00	0.00
155.52	150.01	345.84	299.73	290.00	0.00	0.17
111.44	47.88	114.91	55.62	36.91	0.00	0.00
57.40	40.70	52.72	51.02	51.02	0.00	0.00
0.00	0.00	0.00	0.00	0.00	0.00	0.00
5.17	5.16	96.47	62.57	0.00	62.57	0.00
0.00	0.00	0.00	0.00	0.00	0.00	0.00
0.00	0.00	0.00	0.00	0.00	0.00	0.00
0.81	0.73	1.98	1.11	0.71	0.00	0.00
88.99	32.93	84.92	1.26	0.05	0.00	0.00
0.00	0.00	0.00	0.00	0.00	0.00	0.00
0.17	0.03	0.09	0.13	0.13	0.00	0.00
0.00	0.00	0.00	0.00	0.00	0.00	0.00
168.34	65.63	183.96	152.36	140.83	0.00	0.00
13.15	11.04	19.61	19.52	19.52	0.00	0.00
93.56	55.84	31.45	35.90	0.01	0.00	0.00
5.13	5.13	41.23	5.95	5.95	0.00	0.00
265.82	84.58	294.34	172.72	172.54	0.00	0.00

4—17 续表 2

地　区	产品销售收入	产品销售成本	产品销售费用	产品销售税金及附加	产品销售利润
全　国	**2658.32**	**1336.74**	**27.66**	**72.73**	**1221.19**
北　京	0.08	0.06	0.00	0.00	0.02
天　津	186.03	113.92	0.77	7.26	64.08
河　北	77.55	45.12	0.09	1.10	31.24
山　西	0.00	0.00	0.00	0.00	0.00
内蒙古	10.52	9.82	0.00	0.17	0.53
辽　宁	242.39	163.48	0.30	3.20	75.40
吉　林	56.72	30.24	0.41	0.75	25.32
黑龙江	791.60	236.38	0.00	22.81	532.40
上　海	15.00	7.43	0.01	0.08	7.47
江　苏	22.62	14.28	0.07	0.58	7.70
浙　江	0.00	0.00	0.00	0.00	0.00
安　徽	0.00	0.00	0.00	0.00	0.00
福　建	0.00	0.00	0.00	0.00	0.00
江　西	0.00	0.00	0.00	0.00	0.00
山　东	383.75	191.73	0.61	8.43	182.99
河　南	116.18	75.68	0.78	2.19	37.53
湖　北	47.45	37.02	0.86	0.69	8.88
湖　南	0.00	0.00	0.00	0.00	0.00
广　东	104.51	48.25	0.11	5.88	50.28
广　西	0.00	0.00	0.00	0.00	0.00
海　南	0.00	0.00	0.00	0.00	0.00
重　庆	1.70	1.13	0.10	0.03	0.45
四　川	64.00	43.95	0.69	1.72	17.64
贵　州	0.00	0.00	0.00	0.00	0.00
云　南	0.04	0.03	0.01	0.00	0.00
西　藏	0.00	0.00	0.00	0.00	0.00
陕　西	178.21	113.22	0.95	7.25	56.79
甘　肃	42.18	34.11	0.50	2.85	4.73
青　海	49.39	36.69	0.31	1.33	11.06
宁　夏	22.80	19.45	0.03	0.30	3.03
新　疆	245.59	114.74	21.07	6.11	103.67

单位:亿元

管理费用	利息支出	营业利润	利润总额	亏损企业亏损总额	本年应交增值税	全部从业人员平均人数(万人)
175.03	**29.14**	**999.64**	**978.15**	**4.14**	**242.86**	**59.89**
0.01	0.00	0.01	0.01	0.00	0.00	0.00
12.33	1.97	41.69	44.48	2.00	10.86	6.59
9.04	1.63	21.80	20.79	0.00	7.01	1.57
0.00	0.00	0.00	0.00	0.00	0.00	0.00
0.12	—0.01	0.41	0.00	0.00	1.06	0.19
16.37	3.87	58.07	57.16	0.00	18.74	7.47
3.36	1.00	17.81	19.44	0.02	3.98	1.99
36.03	—3.07	486.27	485.20	0.00	106.43	9.06
0.15	1.35	5.97	6.36	0.00	0.79	0.02
3.71	0.57	3.42	4.48	0.00	2.40	2.18
0.00	0.00	0.00	0.00	0.00	0.00	0.00
0.00	0.00	0.00	0.00	0.00	0.00	0.00
0.00	0.00	0.00	0.00	0.00	0.00	0.00
0.00	0.00	0.00	0.00	0.00	0.00	0.00
20.42	3.01	162.04	147.10	0.00	41.33	8.15
20.07	1.56	16.76	14.74	0.00	5.76	6.46
11.84	0.64	0.63	0.63	0.00	1.86	3.98
0.00	0.00	0.00	0.00	0.00	0.00	0.00
2.66	0.76	46.21	45.89	0.00	6.11	0.15
0.00	0.00	0.00	0.00	0.00	0.00	0.00
0.00	0.00	0.00	0.00	0.00	0.00	0.00
0.17	0.01	0.27	0.29	0.00	0.11	0.11
3.80	2.26	3.31	2.78	0.00	1.89	2.20
0.00	0.00	0.00	0.00	0.00	0.00	0.00
0.00	0.01	—0.01	—0.01	0.01	0.00	0.01
0.00	0.00	0.00	0.00	0.00	0.00	0.00
12.64	5.58	42.16	41.76	0.00	10.28	3.62
1.92	0.03	2.77	0.01	0.01	1.23	0.55
7.71	1.49	1.58	1.04	2.11	3.16	2.07
0.57	1.13	1.33	0.00	0.00	0.00	0.28
12.11	5.36	87.13	85.97	0.00	19.85	3.25

4—18 按地区分组的黑色金属矿采选业

地 区	企业单位数（个）	亏损企业	工业总产值（1990年不变价格）	工业总产值（当年价格）	工业销售产值（当年价格）
全 国	**646**	**94**	**141.72**	**191.03**	**186.12**
北 京	6	1	0.98	1.56	1.53
天 津	0	0	0.00	0.00	0.00
河 北	192	28	48.52	65.05	63.90
山 西	49	1	5.86	8.92	8.91
内蒙古	11	3	1.43	2.60	2.53
辽 宁	63	10	11.80	13.88	13.47
吉 林	12	3	2.94	4.71	4.64
黑龙江	1	0	0.06	0.09	0.11
上 海	0	0	0.00	0.00	0.00
江 苏	8	0	3.53	4.33	4.24
浙 江	3	1	0.68	1.23	1.21
安 徽	12	1	5.12	11.00	11.02
福 建	20	2	2.68	3.67	3.65
江 西	5	1	0.37	0.44	0.42
山 东	28	0	11.61	15.22	14.62
河 南	28	1	2.41	3.18	3.08
湖 北	37	1	17.12	19.27	18.75
湖 南	20	4	1.93	2.33	2.32
广 东	22	4	6.46	9.03	8.18
广 西	35	14	3.15	3.96	3.69
海 南	1	1	1.87	2.83	2.82
重 庆	8	3	1.45	1.95	2.32
四 川	18	2	3.26	4.17	4.03
贵 州	2	1	0.35	0.37	0.34
云 南	9	2	3.21	3.85	3.42
西 藏	10	0	0.97	1.25	0.91
陕 西	7	3	0.31	0.52	0.52
甘 肃	25	2	1.05	1.32	1.17
青 海	3	2	0.19	0.30	0.27
宁 夏	0	0	0.00	0.00	0.00
新 疆	11	3	2.39	3.99	4.09

工业企业主要经济指标(2001 年)

单位:亿元

工业增加值（当年价格）	资产合计	流动资产小计		流动资产年平均余额	固定资产原价	
			应收帐款净额			生产经营用
72.28	**341.17**	**119.46**	**38.40**	**120.73**	**172.88**	**130.00**
0.34	3.67	1.24	0.40	1.44	2.00	1.89
0.00	0.00	0.00	0.00	0.00	0.00	0.00
23.14	54.54	28.44	7.75	28.29	31.51	26.51
3.36	8.40	4.47	1.14	4.34	4.00	3.59
1.33	3.90	2.20	1.16	2.15	2.05	1.51
3.38	14.53	5.49	1.72	6.06	6.60	6.17
2.19	11.30	3.41	1.43	2.90	10.80	9.93
0.05	0.08	0.06	0.05	0.05	0.02	0.00
0.00	0.00	0.00	0.00	0.00	0.00	0.00
1.66	7.27	3.04	1.01	3.16	4.48	3.55
0.40	3.56	1.69	0.32	1.43	2.41	2.36
7.33	110.33	13.01	3.54	12.90	31.12	19.64
2.16	4.11	2.47	0.62	2.42	2.12	1.47
0.12	1.06	0.54	0.25	0.50	0.71	0.69
5.26	24.29	9.60	1.84	9.39	18.70	17.29
1.08	2.23	0.92	0.22	0.85	1.46	1.38
5.95	7.28	3.12	1.46	6.05	4.10	2.68
0.72	3.43	1.56	0.46	1.61	2.50	1.65
3.62	13.82	6.05	1.41	5.85	9.58	7.66
1.26	7.18	3.01	0.99	3.02	4.59	2.60
1.51	14.44	8.15	3.29	8.20	8.95	1.31
0.94	5.41	1.80	0.53	1.93	4.43	3.70
1.97	8.12	3.70	1.47	3.50	5.21	3.29
0.11	0.44	0.21	0.06	0.20	0.27	0.18
1.36	7.42	3.27	1.06	3.27	5.02	4.08
0.81	11.48	6.33	4.18	5.95	3.09	2.03
0.17	0.90	0.38	0.11	0.40	0.63	0.54
0.39	2.32	0.77	0.18	0.78	1.70	1.03
0.12	0.94	0.41	0.20	0.39	0.43	0.38
0.00	0.00	0.00	0.00	0.00	0.00	0.00
1.53	8.72	4.12	1.55	3.71	4.40	2.90

4—18 续表 1

地　区	固定资产小计	累计折旧	本年折旧	固定资产净值	固定资产净值年平均余额
全　国	**131.19**	**62.45**	**6.80**	**110.43**	**111.04**
北　京	2.18	0.77	0.10	1.24	1.26
天　津	0.00	0.00	0.00	0.00	0.00
河　北	22.72	10.08	1.09	21.43	20.95
山　西	3.48	1.16	0.15	2.84	2.79
内蒙古	1.48	0.67	0.10	1.37	1.37
辽　宁	4.91	2.01	0.28	4.58	4.39
吉　林	7.84	3.23	0.28	7.57	7.49
黑龙江	0.01	0.00	0.00	0.01	0.01
上　海	0.00	0.00	0.00	0.00	0.00
江　苏	3.94	2.20	0.18	2.28	3.08
浙　江	1.66	0.94	0.07	1.47	1.55
安　徽	28.29	12.06	1.11	19.06	18.94
福　建	1.39	0.91	0.14	1.20	1.32
江　西	0.47	0.31	0.02	0.40	0.42
山　东	13.64	6.93	0.76	11.77	12.25
河　南	1.14	0.38	0.06	1.08	1.15
湖　北	3.07	1.40	0.23	2.69	3.32
湖　南	1.73	0.96	0.06	1.54	1.52
广　东	6.83	3.21	0.37	6.37	6.46
广　西	3.45	1.38	0.19	3.21	3.92
海　南	4.09	5.87	0.57	3.08	3.39
重　庆	3.38	1.19	0.15	3.24	3.19
四　川	3.71	1.95	0.25	3.26	2.90
贵　州	0.20	0.07	0.00	0.20	0.21
云　南	3.50	1.76	0.20	3.26	2.83
西　藏	2.40	0.99	0.13	2.10	2.05
陕　西	0.50	0.23	0.04	0.40	0.40
甘　肃	1.51	0.23	0.05	1.47	1.20
青　海	0.41	0.04	0.01	0.40	0.39
宁　夏	0.00	0.00	0.00	0.00	0.00
新　疆	3.26	1.52	0.21	2.87	2.32

单位:亿元

负债合计	流动负债小计	所有者权益合计	实收资本	国家资本	港澳台资本	外商资本
158.54	**135.58**	**182.63**	**134.96**	**105.59**	**0.38**	**0.05**
2.49	1.75	1.18	0.70	0.10	0.00	0.00
0.00	0.00	0.00	0.00	0.00	0.00	0.00
38.02	32.49	16.52	14.10	5.83	0.00	0.00
5.43	3.93	2.97	1.96	1.10	0.07	0.00
2.29	1.64	1.61	1.15	0.24	0.00	0.00
10.14	9.00	4.39	4.17	0.13	0.00	0.00
3.69	3.59	7.61	7.18	6.54	0.00	0.00
0.07	0.07	0.01	0.00	0.00	0.00	0.00
0.00	0.00	0.00	0.00	0.00	0.00	0.00
5.52	5.13	1.75	1.53	1.30	0.14	0.00
1.32	1.12	2.24	0.96	0.94	0.00	0.00
19.91	21.19	90.42	63.59	63.11	0.00	0.00
2.45	2.06	1.66	1.52	0.12	0.14	0.00
0.76	0.75	0.30	0.22	0.14	0.00	0.01
11.46	9.57	12.82	10.03	7.96	0.00	0.00
1.17	0.99	1.06	0.77	0.04	0.00	0.00
3.39	2.67	3.89	2.67	0.16	0.00	0.02
2.38	1.89	1.06	0.99	0.72	0.00	0.02
8.63	6.64	5.19	3.88	3.17	0.00	0.00
4.50	3.14	2.68	1.75	1.27	0.00	0.00
10.10	7.71	4.34	4.50	4.50	0.00	0.00
1.98	1.85	3.43	2.22	1.83	0.00	0.00
4.93	3.85	3.19	2.17	1.61	0.00	0.00
0.26	0.13	0.18	0.11	0.10	0.00	0.00
5.68	4.37	1.74	2.05	0.44	0.00	0.00
4.04	3.56	7.44	3.71	2.25	0.00	0.00
0.78	0.44	0.11	0.24	0.09	0.00	0.00
1.52	1.06	0.80	0.34	0.03	0.00	0.00
0.57	0.55	0.37	0.31	0.00	0.04	0.00
0.00	0.00	0.00	0.00	0.00	0.00	0.00
5.05	4.46	3.66	2.11	1.84	0.00	0.00

4—18续表 2

地　区	产品销售收入	产品销售成本	产品销售费用	产品销售税金及附加	产品销售利润
全　国	**178.54**	**138.18**	**9.36**	**4.64**	**26.36**
北　京	1.49	1.26	0.07	0.03	0.13
天　津	0.00	0.00	0.00	0.00	0.00
河　北	56.53	44.62	2.38	0.95	8.58
山　西	6.75	5.31	0.23	0.15	1.06
内蒙古	2.57	1.96	0.08	0.16	0.37
辽　宁	12.73	9.65	0.75	0.43	1.90
吉　林	4.23	3.08	0.07	0.30	0.78
黑龙江	0.10	0.06	0.01	0.00	0.03
上　海	0.00	0.00	0.00	0.00	0.00
江　苏	4.20	3.54	0.02	0.06	0.58
浙　江	1.29	1.03	0.01	0.01	0.24
安　徽	12.78	10.24	0.09	0.70	1.75
福　建	3.21	2.09	0.23	0.12	0.77
江　西	0.38	0.28	0.04	0.01	0.05
山　东	14.00	11.34	0.23	0.19	2.23
河　南	2.78	2.30	0.11	0.05	0.33
湖　北	20.24	16.35	1.35	0.44	2.10
湖　南	2.18	1.92	0.10	0.02	0.14
广　东	8.04	4.26	2.28	0.22	1.28
广　西	3.37	2.78	0.11	0.04	0.45
海　南	2.79	2.10	0.04	0.24	0.41
重　庆	2.50	2.17	0.07	0.07	0.20
四　川	3.96	2.69	0.17	0.13	0.97
贵　州	0.34	0.26	0.01	0.01	0.05
云　南	3.62	2.66	0.18	0.10	0.69
西　藏	2.38	1.77	0.19	0.04	0.38
陕　西	0.40	0.29	0.02	0.01	0.08
甘　肃	0.93	0.72	0.05	0.01	0.15
青　海	0.26	0.20	0.02	0.00	0.04
宁　夏	0.00	0.00	0.00	0.00	0.00
新　疆	4.50	3.25	0.48	0.13	0.65

单位:亿元

管理费用	利息支出	营业利润	利润总额	亏损企业亏损总额	本年应交增值税	全部从业人员平均人数(万人)
16.01	**3.95**	**7.54**	**9.00**	**1.44**	**8.47**	**24.37**
0.21	0.12	−0.12	−0.13	0.13	0.05	0.22
0.00	0.00	0.00	0.00	0.00	0.00	0.00
4.06	1.22	3.66	3.81	0.27	2.21	5.29
0.49	0.24	0.36	0.39	0.00	0.53	0.95
0.24	0.09	0.17	0.19	0.03	0.14	0.29
1.22	0.17	0.52	0.55	0.20	0.67	3.42
0.70	0.04	−0.02	−0.10	0.16	0.23	0.97
0.02	0.00	0.01	0.00	0.00	0.01	0.04
0.00	0.00	0.00	0.00	0.00	0.00	0.00
0.60	0.05	0.12	0.14	0.00	0.29	0.66
0.28	0.02	−0.04	0.00	0.01	0.08	0.22
1.36	0.26	0.23	1.40	0.00	0.67	2.95
0.49	0.05	0.16	0.08	0.02	0.26	0.31
0.06	0.02	−0.04	0.00	0.02	0.02	0.09
1.61	0.31	0.44	0.74	0.00	0.58	1.98
0.13	0.05	0.15	0.17	0.00	0.12	0.39
0.72	0.14	1.21	0.98	0.00	0.36	1.31
0.21	0.04	−0.11	0.02	0.03	0.09	0.36
0.65	0.22	0.46	0.23	0.12	0.49	0.58
0.43	0.14	−0.04	−0.02	0.13	0.22	0.59
0.43	0.21	−0.12	−0.02	0.02	0.26	0.84
0.06	0.09	0.03	0.02	0.02	0.17	0.67
0.56	0.12	0.27	0.21	0.02	0.28	0.75
0.03	0.01	0.01	0.01	0.00	0.00	0.09
0.47	0.19	0.04	0.00	0.09	0.28	0.51
0.31	0.00	0.05	0.23	0.00	0.09	0.18
0.08	0.02	−0.03	−0.02	0.03	0.03	0.16
0.07	0.06	0.10	0.06	0.01	0.05	0.16
0.03	0.01	0.00	0.00	0.03	0.02	0.04
0.00	0.00	0.00	0.00	0.00	0.00	0.00
0.48	0.08	0.08	0.06	0.07	0.28	0.35

4—19 按地区分组的有色金属矿采选业

地　区	企业单位数（个）	亏损企业	工业总产值（1990 年不变价格）	工业总产值（当年价格）	工业销售产值（当年价格）
全　国	**1310**	**245**	**342.35**	**419.15**	**405.19**
北　京	2	1	0.17	0.19	0.19
天　津	1	0	5.71	6.62	6.62
河　北	49	9	7.31	9.67	9.52
山　西	13	2	1.75	1.89	1.76
内蒙古	42	8	7.45	9.79	9.04
辽　宁	59	6	14.30	16.55	15.89
吉　林	28	9	3.25	4.07	3.86
黑龙江	14	5	2.77	3.62	3.52
上　海	0	0	0.00	0.00	0.00
江　苏	4	0	1.69	1.82	1.78
浙　江	23	7	5.84	6.49	6.19
安　徽	21	4	4.46	5.01	4.93
福　建	23	3	3.64	3.94	3.94
江　西	80	20	12.43	14.91	14.83
山　东	122	6	79.92	97.55	93.89
河　南	187	13	59.34	78.03	77.51
湖　北	32	3	8.20	10.10	10.00
湖　南	127	15	16.70	21.53	21.29
广　东	40	18	6.44	7.49	7.28
广　西	107	32	30.62	34.46	33.54
海　南	13	3	1.47	1.64	1.63
重　庆	3	0	2.73	2.58	2.46
四　川	36	7	5.18	6.37	6.12
贵　州	21	12	1.32	1.60	1.55
云　南	50	14	18.39	22.48	21.51
西　藏	17	2	1.11	1.87	1.64
陕　西	65	22	18.95	22.06	20.77
甘　肃	105	12	12.61	15.13	13.90
青　海	13	4	6.52	8.83	7.58
宁　夏	0	0	0.00	0.00	0.00
新　疆	13	8	2.06	2.84	2.43

工业企业主要经济指标(2001 年)

单位:亿元

工业增加值(当年价格)	资产合计	流动资产小计	应收帐款净额	流动资产年平均余额	固定资产原价	生产经营用
141.78	**555.07**	**199.42**	**37.76**	**190.18**	**392.67**	**307.96**
0.00	0.14	0.06	0.03	0.06	0.09	0.02
1.59	6.80	2.35	0.18	2.37	4.65	4.65
3.72	14.84	4.58	1.08	4.34	11.32	9.92
0.66	5.02	0.87	0.19	0.86	2.06	1.49
4.96	25.06	9.22	2.35	8.34	17.67	13.55
5.57	20.69	9.58	3.37	7.95	13.66	8.79
1.44	8.96	2.66	0.58	2.72	8.19	6.66
1.10	10.00	4.01	0.75	3.62	8.35	5.65
0.00	0.00	0.00	0.00	0.00	0.00	0.00
0.86	3.20	1.80	0.57	1.69	1.80	1.75
2.11	9.53	3.50	0.41	3.62	6.79	6.59
1.84	7.08	2.32	0.48	2.19	3.66	3.05
1.59	5.06	2.38	1.02	2.68	2.49	2.05
5.76	25.57	9.46	2.11	9.68	19.53	13.85
28.67	81.67	23.09	2.41	23.30	64.75	52.74
23.01	73.01	27.63	3.67	26.95	46.98	40.80
3.23	15.09	3.33	0.54	3.29	9.96	8.40
7.28	25.68	9.81	1.78	10.32	19.68	14.19
2.61	12.71	5.06	0.89	5.61	6.99	5.25
12.11	53.06	18.64	2.39	18.76	37.15	26.80
0.89	1.39	0.65	0.10	0.61	0.99	0.82
0.95	2.77	1.55	0.47	1.42	1.02	0.92
3.19	13.10	4.09	1.13	3.83	9.68	7.68
0.49	2.60	1.17	0.07	1.11	2.17	1.63
8.99	42.00	15.14	2.27	14.99	28.32	23.76
1.27	1.91	0.84	0.19	0.83	1.13	0.64
8.34	44.55	18.20	4.54	8.92	32.37	26.26
5.36	21.43	7.37	2.55	10.35	14.50	7.25
3.14	15.56	6.83	1.28	6.51	11.28	8.05
0.00	0.00	0.00	0.00	0.00	0.00	0.00
1.07	6.59	3.22	0.35	3.27	5.46	4.77

4—19 续表 1

地　区	固定资产小计	累计折旧	本年折旧	固定资产净值	固定资产净值年平均余额
全　国	**291.51**	**135.32**	**18.71**	**257.35**	**253.73**
北　京	0.08	0.01	0.00	0.07	0.07
天　津	3.52	1.87	0.30	2.79	3.41
河　北	8.89	4.02	0.51	7.30	7.48
山　西	1.54	0.54	0.06	1.52	1.31
内蒙古	12.97	6.71	0.64	10.96	11.27
辽　宁	7.85	6.15	0.99	7.51	7.37
吉　林	6.08	2.95	0.27	5.24	5.44
黑龙江	5.35	3.30	0.34	5.05	5.13
上　海	0.00	0.00	0.00	0.00	0.00
江　苏	1.34	0.90	0.12	0.90	0.90
浙　江	4.50	2.89	0.30	3.91	4.16
安　徽	3.59	1.36	0.16	2.30	2.44
福　建	2.01	0.62	0.18	1.87	1.79
江　西	13.61	7.70	0.34	11.83	11.78
山　东	47.62	21.65	2.93	43.09	42.08
河　南	40.77	10.94	1.42	36.04	35.56
湖　北	8.30	2.42	0.41	7.54	7.66
湖　南	13.74	7.23	0.92	12.45	11.91
广　东	4.40	3.06	0.39	3.93	4.84
广　西	28.80	12.19	1.92	24.96	24.71
海　南	0.65	0.47	0.08	0.52	0.63
重　庆	0.80	0.26	0.08	0.76	0.52
四　川	7.60	2.79	0.31	6.89	7.54
贵　州	1.27	0.96	0.12	1.21	1.23
云　南	21.73	9.41	1.95	18.91	18.62
西　藏	0.92	0.27	0.15	0.86	0.63
陕　西	23.03	12.72	1.68	19.65	20.64
甘　肃	10.90	3.90	1.46	10.60	7.08
青　海	6.59	5.57	0.44	5.71	4.86
宁　夏	0.00	0.00	0.00	0.00	0.00
新　疆	3.08	2.47	0.23	2.99	2.66

单位:亿元

负债合计	流动负债小计	所有者权益合计	实收资本	国家资本	港澳台资本	外商资本
353.72	**232.60**	**201.29**	**140.39**	**77.53**	**0.60**	**0.70**
0.09	0.02	0.06	0.06	0.05	0.00	0.00
3.77	2.65	3.03	1.80	1.59	0.00	0.00
11.54	7.06	3.29	4.61	2.43	0.00	0.00
2.00	1.10	3.02	1.44	0.69	0.00	0.00
17.22	11.61	7.85	5.98	2.66	0.00	0.05
11.21	7.46	9.47	5.30	1.68	0.00	0.19
5.87	3.92	3.10	2.37	1.72	0.00	0.00
7.03	4.62	2.97	2.81	2.29	0.00	0.00
0.00	0.00	0.00	0.00	0.00	0.00	0.00
2.26	1.69	0.94	0.77	0.15	0.00	0.00
3.74	3.07	5.79	3.20	2.54	0.00	0.00
4.42	3.00	2.66	1.74	0.80	0.00	0.00
3.39	2.51	1.68	1.49	0.18	0.09	0.11
18.86	13.50	6.65	6.92	2.32	0.01	0.00
44.45	28.90	37.22	21.33	14.64	0.13	0.23
49.85	31.01	23.16	15.40	6.78	0.00	0.00
9.57	2.97	5.52	4.45	2.13	0.00	0.02
16.19	10.59	9.49	8.69	3.18	0.01	0.01
8.75	4.58	3.96	3.21	1.03	0.15	0.00
35.21	23.08	17.85	8.53	4.98	0.00	0.07
0.93	0.64	0.46	0.51	0.17	0.10	0.00
0.83	0.73	1.94	0.96	0.03	0.00	0.00
8.02	6.58	5.09	4.16	1.84	0.00	0.00
2.64	1.70	—0.04	1.19	0.80	0.00	0.02
28.56	19.97	13.44	13.82	10.52	0.06	0.00
0.85	0.74	1.07	1.05	0.62	0.00	0.00
28.16	16.79	16.40	9.54	6.17	0.01	0.00
12.73	10.58	8.70	4.39	1.80	0.00	0.00
10.51	7.84	5.05	2.78	2.01	0.00	0.00
0.00	0.00	0.00	0.00	0.00	0.00	0.00
5.10	3.70	1.49	1.89	1.73	0.05	0.00

4—19 续表 2

地 区	产品销售收入	产品销售成本	产品销售费用	产品销售税金及附加	产品销售利润
全 国	**390.48**	**299.69**	**13.63**	**4.12**	**73.04**
北 京	0.26	0.23	0.00	0.00	0.02
天 津	6.06	5.15	0.02	0.02	0.88
河 北	8.45	6.57	0.21	0.07	1.59
山 西	1.64	1.22	0.08	0.02	0.32
内蒙古	8.33	6.11	0.21	0.06	1.95
辽 宁	15.64	12.63	0.50	0.15	2.36
吉 林	3.55	2.92	0.18	0.02	0.44
黑龙江	3.44	2.41	0.11	0.03	0.89
上 海	0.00	0.00	0.00	0.00	0.00
江 苏	1.73	1.14	0.13	0.02	0.44
浙 江	5.90	4.66	0.24	0.13	0.87
安 徽	5.39	4.15	0.16	0.08	1.00
福 建	3.51	2.49	0.12	0.06	0.85
江 西	14.68	10.80	0.47	0.28	3.13
山 东	85.44	65.50	3.36	0.81	15.76
河 南	73.76	56.25	2.37	0.52	14.61
湖 北	9.61	7.39	0.36	0.11	1.75
湖 南	21.87	18.19	0.74	0.21	2.72
广 东	6.86	5.14	0.37	0.18	1.17
广 西	33.41	27.32	0.89	0.47	4.73
海 南	1.28	0.98	0.06	0.01	0.23
重 庆	4.82	3.74	0.52	0.01	0.55
四 川	6.07	4.06	0.35	0.10	1.56
贵 州	1.57	1.24	0.05	0.07	0.20
云 南	22.97	18.13	0.57	0.21	4.07
西 藏	0.78	0.35	0.16	0.09	0.18
陕 西	20.73	14.70	0.50	0.16	5.38
甘 肃	11.61	8.16	0.41	0.16	2.88
青 海	8.66	6.06	0.43	0.09	2.09
宁 夏	0.00	0.00	0.00	0.00	0.00
新 疆	2.46	1.99	0.04	0.02	0.41

单位:亿元

管理费用	利息支出	营业利润	利润总额	亏损企业亏损总额	本年应交增值税	全部从业人员平均人数(万人)
41.78	**9.22**	**23.87**	**29.72**	**5.42**	**12.12**	**45.13**
0.02	0.00	0.00	0.00	0.00	0.00	0.01
0.64	0.00	0.13	0.56	0.00	0.00	0.00
1.71	0.29	−0.33	−0.01	0.67	0.19	1.67
0.26	0.02	0.04	0.06	0.02	0.06	0.32
1.49	0.31	0.31	0.41	0.21	0.38	2.24
1.80	0.32	0.23	0.62	0.03	0.55	2.04
0.81	0.07	−0.46	−0.20	0.31	0.06	1.16
0.84	0.16	−0.11	0.16	0.11	0.13	1.09
0.00	0.00	0.00	0.00	0.00	0.00	0.00
0.29	0.03	0.11	0.04	0.00	0.14	0.13
1.12	0.08	−0.24	−0.20	0.35	0.41	0.72
0.76	0.11	0.16	0.20	0.05	0.24	0.89
0.47	0.07	0.31	0.34	0.01	0.18	0.32
2.75	0.44	0.01	0.56	0.30	0.96	3.17
5.74	1.52	8.68	10.24	0.18	1.06	5.72
3.19	1.38	10.58	10.95	0.32	0.35	5.08
0.79	0.27	0.67	0.63	0.02	0.23	0.95
2.62	0.42	−0.26	0.26	0.40	0.84	3.52
1.15	0.19	−0.15	0.16	0.29	0.28	0.92
3.76	1.10	0.13	0.42	0.75	2.33	3.73
0.08	0.03	0.13	0.15	0.03	0.03	0.11
0.08	0.06	0.38	0.37	0.00	0.10	0.16
1.27	0.15	0.23	0.31	0.14	0.50	1.16
0.31	0.08	−0.19	−0.09	0.15	0.06	0.79
3.12	0.63	0.42	0.56	0.50	1.21	3.83
0.08	0.00	0.12	0.24	0.02	0.01	0.20
3.87	0.83	0.85	0.95	0.22	0.71	2.66
1.04	0.18	1.68	1.52	0.07	0.50	1.56
1.25	0.37	0.55	0.65	0.06	0.38	0.57
0.00	0.00	0.00	0.00	0.00	0.00	0.00
0.48	0.10	−0.12	−0.17	0.24	0.20	0.40

4—20 按地区分组的食品加工

地　区	企业单位数（个）	亏损企业	工业总产值（1990年不变价格）	工业总产值（当年价格）	工业销售产值（当年价格）
全　国	**10381**	**2686**	**3401.71**	**4097.88**	**3975.52**
北　京	160	59	43.03	55.47	54.88
天　津	208	48	68.20	84.83	83.20
河　北	510	111	112.34	141.85	136.98
山　西	151	40	14.59	18.18	18.58
内蒙古	137	19	43.15	55.56	53.03
辽　宁	383	116	137.99	174.28	170.27
吉　林	189	66	66.00	74.36	73.99
黑龙江	253	77	71.58	97.21	89.24
上　海	169	62	71.98	86.02	86.46
江　苏	851	178	346.72	400.36	389.49
浙　江	519	109	185.43	190.27	182.02
安　徽	394	124	72.69	92.81	88.72
福　建	384	130	134.76	129.70	122.43
江　西	374	160	48.09	64.21	62.72
山　东	1320	165	790.62	962.33	935.87
河　南	1064	167	259.75	318.64	311.66
湖　北	591	122	158.15	186.13	181.59
湖　南	358	112	69.58	96.40	96.10
广　东	550	147	287.19	352.66	335.09
广　西	283	136	125.85	154.12	151.11
海　南	67	21	18.53	23.06	20.69
重　庆	84	24	18.48	21.07	20.85
四　川	337	93	116.51	134.12	132.66
贵　州	161	78	12.19	16.17	14.82
云　南	176	83	45.74	58.28	58.32
西　藏	26	5	0.38	0.54	0.50
陕　西	192	80	31.12	38.94	37.87
甘　肃	265	57	17.58	22.25	21.65
青　海	46	20	1.82	3.05	2.86
宁　夏	20	14	1.30	2.74	2.71
新　疆	159	63	30.39	42.25	39.15

工业企业主要经济指标(2001 年)

单位:亿元

工业增加值(当年价格)	资产合计	流动资产小计		流动资产年平均余额	固定资产原价	
			应收帐款净额			生产经营用
944.70	**3128.85**	**1481.65**	**276.33**	**1438.17**	**1703.67**	**1391.17**
7.85	50.80	24.61	5.88	25.36	30.67	25.52
12.56	62.25	34.15	7.13	33.66	32.52	25.90
32.07	101.12	47.95	10.10	43.79	57.77	39.59
4.50	30.22	11.83	1.88	11.97	18.51	15.87
16.29	63.13	27.78	4.51	27.29	29.44	26.76
26.41	120.36	56.24	10.11	57.69	68.56	59.67
17.74	69.90	35.59	5.54	35.52	37.76	33.76
23.05	125.04	58.58	12.18	52.99	69.40	50.43
17.03	82.57	41.34	8.23	40.98	37.52	26.40
83.17	218.69	107.94	22.04	105.73	107.27	90.24
26.93	141.27	79.09	12.10	77.92	70.08	66.54
20.83	79.33	32.90	6.55	33.09	46.45	41.49
33.33	112.09	60.69	13.86	61.30	56.12	47.33
16.68	45.91	20.91	4.25	21.44	24.79	17.53
232.62	545.23	280.25	46.02	253.96	260.19	222.48
79.68	203.77	95.33	21.02	95.53	105.39	82.36
57.29	126.80	49.94	7.02	47.43	76.17	44.46
26.83	92.74	42.97	6.10	42.19	45.07	35.06
71.73	259.00	134.81	32.66	136.31	137.49	116.83
45.64	217.93	81.26	11.69	79.13	154.04	129.35
6.00	28.95	10.75	2.54	12.29	18.33	14.86
3.79	22.71	11.70	2.11	10.76	10.42	8.31
32.33	78.67	36.41	6.23	34.72	44.12	36.49
3.81	19.29	8.16	1.74	7.50	10.37	7.31
19.63	96.59	30.37	4.30	33.01	78.26	65.12
0.29	1.81	1.00	0.61	0.94	0.88	0.64
9.03	37.55	13.67	2.79	12.54	20.77	16.31
6.78	27.68	14.29	2.14	14.71	12.19	8.58
0.63	9.43	2.98	0.76	2.20	6.77	5.02
0.42	2.66	0.85	0.28	0.81	2.34	2.14
9.77	55.34	27.29	3.94	25.41	34.00	28.81

4—20续表1

地　区	固定资产小计	累计折旧	本年折旧	固定资产净值	固定资产净值年平均余额
全　国	**1321.12**	**487.59**	**75.45**	**1216.08**	**1200.87**
北　京	22.53	10.25	1.32	20.42	20.72
天　津	22.79	11.18	2.41	21.35	19.2
河　北	45.44	15.04	1.7	42.73	39.8
山　西	16.64	3.63	0.32	14.88	15.27
内蒙古	23.54	8.12	0.99	21.33	17.85
辽　宁	52.35	17.79	2.47	50.78	49.45
吉　林	29	9.91	1.82	27.85	28.78
黑龙江	60.01	13.18	1.89	56.21	56.14
上　海	25.85	13.35	1.71	24.17	23.83
江　苏	84.86	30.34	4.84	76.94	78.43
浙　江	52.19	20.58	3.54	49.5	50.12
安　徽	40.12	10.43	1.19	36.03	36.26
福　建	38.84	18.61	4.71	37.51	38
江　西	20.06	6.61	0.83	18.18	18.19
山　东	214.01	70.62	11.72	189.57	191.93
河　南	88.65	23.92	4.51	81.47	79.24
湖　北	57.46	23.5	2.38	52.67	47.17
湖　南	37	12	1.18	33.07	31.98
广　东	92.7	50.71	7.37	86.78	86
广　西	115.31	48.77	8.45	105.27	104.46
海　南	13.25	6.19	0.68	12.14	11.97
重　庆	8.9	2.81	0.39	7.61	7.56
四　川	32.89	13.83	2.01	30.29	29.66
贵　州	9.21	2.02	0.24	8.35	11.1
云　南	57.35	23.78	3.69	54.48	53.4
西　藏	0.77	0.27	0.04	0.61	0.56
陕　西	17.33	4.84	0.7	15.92	14.29
甘　肃	9.75	3.02	0.32	9.18	9.91
青　海	5.67	1.33	0.15	5.43	4.46
宁　夏	1.71	0.67	0.14	1.67	1.74
新　疆	24.94	10.3	1.73	23.7	23.37

单位:亿元

负债合计	流动负债小计	所有者权益合计	实收资本	国家资本	港澳台资本	外商资本
2133.42	**1766.03**	**995.42**	**798.88**	**231.79**	**75.87**	**120.04**
29.88	26.85	20.91	19.87	5.08	1.72	4.47
40.78	37.03	21.48	21.76	6.60	4.86	7.61
73.83	59.62	27.29	28.68	9.05	2.43	4.61
22.06	14.07	8.16	5.92	3.32	0.03	0.47
33.35	26.82	29.78	13.92	4.83	0.26	1.11
83.83	70.30	36.53	36.93	7.51	2.25	8.38
57.74	52.22	12.16	17.28	5.07	0.14	3.94
96.43	77.95	28.61	29.90	12.84	0.08	2.53
49.38	46.90	33.20	28.73	2.97	6.62	6.45
148.48	129.72	70.21	53.57	11.93	8.09	10.01
93.86	79.41	47.41	38.68	10.11	7.45	5.12
62.90	50.71	16.44	17.32	4.73	0.46	1.64
63.88	57.39	48.21	46.32	6.45	14.40	7.68
34.18	27.59	11.74	10.32	4.09	0.94	1.08
374.41	321.35	170.82	108.78	15.68	6.55	19.44
143.22	113.38	60.55	49.14	22.09	1.50	3.73
83.98	52.54	42.82	32.24	11.02	1.33	1.32
49.40	41.14	43.34	24.25	12.15	0.49	1.98
164.65	141.58	94.35	62.16	11.16	9.81	11.47
145.24	121.57	72.70	55.72	27.72	2.07	12.47
19.75	13.31	9.20	7.67	3.49	0.35	1.28
17.12	13.65	5.59	5.96	1.81	0.02	0.36
51.11	43.24	27.56	24.86	3.53	2.91	1.10
14.61	10.57	4.68	5.62	4.20	0.03	0.00
82.86	60.23	13.73	19.68	9.04	0.22	0.37
0.80	0.42	1.01	0.77	0.31	0.00	0.00
25.74	18.71	11.81	11.56	5.10	0.15	0.79
19.52	17.33	8.16	4.94	1.34	0.72	0.41
6.06	4.80	3.37	3.21	1.24	0.00	0.01
2.13	1.45	0.53	0.67	0.34	0.00	0.05
42.25	34.18	13.08	12.43	7.02	0.00	0.15

4—20续表2

地　区	产品销售收入	产品销售成本	产品销售费用	产品销售税金及附加	产品销售利润
全　国	**3823.51**	**3423.85**	**125.87**	**17.52**	**255.92**
北　京	55.20	47.48	3.35	0.07	4.29
天　津	84.67	74.94	3.04	0.10	6.59
河　北	133.66	121.55	3.47	0.71	7.93
山　西	16.54	14.92	0.57	0.11	0.95
内蒙古	49.96	43.07	2.04	0.14	4.71
辽　宁	167.32	156.84	3.78	0.45	6.25
吉　林	72.39	65.72	2.24	0.17	4.26
黑龙江	85.13	77.75	2.60	0.39	4.39
上　海	87.96	79.15	5.48	0.08	3.26
江　苏	372.97	342.59	10.79	1.04	18.54
浙　江	182.59	167.91	4.52	0.77	9.40
安　徽	83.94	77.01	2.49	0.35	4.08
福　建	122.13	112.13	3.32	0.34	6.28
江　西	51.61	46.32	2.14	0.18	2.96
山　东	875.48	790.16	20.41	3.33	61.58
河　南	302.11	270.25	11.02	1.92	18.92
湖　北	161.00	142.29	5.84	1.44	11.43
湖　南	90.69	77.99	5.42	0.88	6.39
广　东	341.36	304.28	15.20	2.69	19.19
广　西	147.75	121.42	3.42	0.88	22.03
海　南	20.34	17.49	0.57	0.10	2.19
重　庆	21.45	18.84	0.93	0.11	1.58
四　川	128.74	114.51	5.88	0.31	7.77
贵　州	13.38	12.23	0.55	0.04	0.56
云　南	58.72	43.03	2.46	0.52	12.70
西　藏	0.54	0.46	0.03	0.01	0.04
陕　西	35.68	31.97	1.59	0.15	1.98
甘　肃	16.61	14.71	0.68	0.08	1.14
青　海	2.23	1.95	0.09	0.01	0.19
宁　夏	2.77	2.39	0.16	0.01	0.22
新　疆	38.57	32.51	1.79	0.17	4.11

单位:亿元

管理费用	利息支出	营业利润	利润总额	亏损企业亏损总额	本年应交增值税	全部从业人员平均人数（万人）
131.59	**51.22**	**81.21**	**96.60**	**41.01**	**74.89**	**166.91**
3.70	0.69	0.15	0.80	1.26	1.48	2.20
2.73	0.09	3.50	3.92	0.94	1.08	2.90
3.54	1.86	2.78	3.66	1.40	1.84	10.65
0.84	0.43	−0.29	−0.31	0.66	0.22	1.72
2.32	0.89	1.57	2.27	0.36	1.16	2.85
5.33	1.87	−0.61	0.42	3.32	1.68	6.17
2.70	1.40	0.56	0.70	1.10	0.59	3.87
3.11	1.78	0.25	−0.33	2.56	2.10	5.42
4.72	1.23	−2.29	−0.87	3.04	1.19	2.73
9.79	3.67	5.92	6.26	2.11	5.48	12.09
5.89	3.00	1.49	2.68	2.13	3.21	5.31
2.95	1.39	−0.23	0.55	1.14	1.51	5.30
4.54	1.44	0.45	1.06	1.97	2.31	5.17
2.25	0.77	−0.03	−0.11	0.78	0.55	3.66
20.77	9.72	32.59	36.20	2.77	15.05	32.56
6.90	3.22	8.89	9.43	2.80	5.07	13.79
5.62	1.93	4.06	4.78	0.71	3.29	8.22
3.88	0.82	1.64	2.45	0.86	0.90	3.88
12.33	3.26	4.29	5.89	3.12	6.87	9.22
10.07	3.98	8.78	8.64	2.24	9.32	8.65
1.38	0.38	0.32	0.56	0.58	0.85	1.60
1.21	0.16	0.32	0.45	0.25	0.30	1.29
4.10	1.45	2.40	2.89	0.94	1.53	5.39
0.86	0.16	−0.39	−0.29	0.45	0.34	1.01
5.31	3.29	4.14	3.46	1.41	5.06	4.17
0.08	0.00	−0.03	−0.01	0.03	0.00	0.09
1.32	0.71	−0.01	0.16	0.84	0.29	2.89
0.75	0.37	0.02	0.12	0.29	0.23	1.45
0.25	0.12	−0.17	−0.18	0.25	0.03	0.41
0.15	0.12	−0.05	−0.01	0.13	0.05	0.13
2.20	1.02	1.18	1.35	0.59	1.33	2.14

4—21 按地区分组的食品制造业

地 区	企业单位数（个）	亏损企业	工业总产值（1990年不变价格）	工业总产值（当年价格）	工业销售产值（当年价格）
全 国	**4563**	**1211**	**1457.53**	**1627.70**	**1579.35**
北 京	160	48	52.24	64.08	67.75
天 津	165	35	44.55	53.61	50.57
河 北	310	62	121.23	130.98	126.39
山 西	104	27	10.29	11.28	10.29
内蒙古	54	13	35.15	39.62	39.57
辽 宁	126	28	42.74	44.00	42.74
吉 林	95	33	46.40	45.14	39.16
黑龙江	137	38	47.59	64.18	60.91
上 海	219	73	98.79	128.12	125.83
江 苏	295	82	100.40	113.88	110.47
浙 江	228	50	79.49	77.06	76.04
安 徽	82	28	26.24	24.40	24.86
福 建	207	71	52.17	54.09	52.78
江 西	93	35	9.10	10.55	9.78
山 东	408	54	189.69	206.12	199.28
河 南	362	54	110.73	125.82	121.68
湖 北	150	41	38.89	38.32	37.97
湖 南	113	25	17.05	22.16	20.33
广 东	465	129	218.34	236.58	228.35
广 西	132	66	19.00	20.38	19.49
海 南	24	4	10.29	15.45	15.16
重 庆	33	7	10.21	10.74	10.69
四 川	128	41	20.29	25.76	24.38
贵 州	48	19	4.70	5.22	5.08
云 南	63	32	2.93	4.76	4.49
西 藏	12	4	0.03	0.04	0.04
陕 西	107	36	19.88	23.54	22.47
甘 肃	140	30	9.32	10.57	10.85
青 海	14	5	0.32	0.42	0.34
宁 夏	31	12	7.90	9.02	7.82
新 疆	58	29	11.57	11.79	13.76

工业企业主要经济指标(2001 年)

单位:亿元

工业增加值(当年价格)	资产合计	流动资产小计	应收帐款净额	流动资产年平均余额	固定资产原价	生产经营用
451.87	**1798.91**	**809.02**	**177.80**	**802.63**	**998.38**	**816.78**
23.06	86.56	41.89	7.05	40.53	45.42	32.32
12.89	87.73	38.21	13.26	38.64	56.80	27.65
32.51	107.28	41.81	7.55	39.86	57.37	49.47
3.80	16.80	7.19	1.27	6.85	10.12	8.41
12.89	32.28	14.04	2.70	14.27	16.17	15.10
11.13	55.85	23.62	5.88	21.64	36.72	30.41
15.01	45.15	13.39	5.45	13.28	28.42	26.76
18.20	71.48	30.96	6.04	29.11	40.55	28.71
33.84	140.95	73.01	20.44	75.81	70.59	57.15
30.32	108.38	46.79	9.66	47.69	65.73	57.45
16.78	82.76	44.05	7.13	42.06	44.64	40.48
6.54	67.08	25.65	3.74	25.27	21.37	19.99
13.33	52.65	25.08	4.65	22.75	29.28	25.00
2.69	12.46	4.33	0.68	4.40	6.93	4.96
59.50	161.67	70.53	12.11	69.85	92.45	78.11
37.81	131.39	60.74	13.10	58.21	61.92	52.94
12.45	40.31	16.09	2.45	17.35	24.20	17.45
5.83	19.87	8.90	1.85	8.91	11.67	9.10
65.14	258.33	128.96	30.75	133.55	148.09	121.02
5.69	37.97	14.58	3.02	14.37	23.45	19.95
3.14	12.40	7.81	2.54	9.30	8.40	8.03
2.86	11.02	4.73	1.12	4.76	8.96	6.96
8.30	34.13	14.18	2.94	13.35	18.00	15.03
1.87	8.37	4.02	0.25	3.24	3.19	2.61
1.61	12.32	4.23	0.58	3.99	6.54	5.69
0.02	0.45	0.12	0.01	0.16	0.34	0.20
6.55	29.83	11.99	2.25	11.31	18.08	16.46
3.14	18.39	7.22	1.51	7.65	9.97	8.20
0.13	1.61	0.84	0.14	0.71	0.86	0.43
1.97	14.18	5.81	2.47	5.60	9.29	8.76
2.89	39.26	18.24	5.21	18.17	22.87	21.97

4—21续表1

地　区	固定资产小计	累计折旧	本年折旧	固定资产净值	固定资产净值年平均余额
全　国	**779.09**	**308.05**	**51.52**	**690.33**	**692.07**
北　京	32.82	15.34	3.11	30.07	30.50
天　津	38.62	19.98	3.43	36.82	36.26
河　北	50.05	12.90	2.04	44.47	40.53
山　西	8.90	2.54	0.36	7.58	7.99
内蒙古	14.50	3.56	0.80	12.61	11.61
辽　宁	29.03	8.54	1.72	28.18	28.46
吉　林	24.65	7.44	0.94	20.98	21.05
黑龙江	34.30	9.92	1.84	30.63	27.95
上　海	48.62	36.08	4.46	34.51	45.97
江　苏	48.95	20.27	3.45	45.46	45.43
浙　江	31.82	15.56	2.82	29.08	28.93
安　徽	28.19	4.46	0.83	16.91	15.19
福　建	22.10	8.51	1.45	20.77	20.41
江　西	6.26	1.72	0.34	5.21	5.14
山　东	73.42	25.21	4.19	67.24	65.04
河　南	54.10	17.24	2.92	44.69	45.15
湖　北	19.80	6.14	0.89	18.06	17.22
湖　南	8.84	3.81	0.39	7.86	8.24
广　东	103.79	51.72	8.48	96.37	98.08
广　西	17.71	6.55	0.96	16.90	16.93
海　南	3.87	4.98	0.36	3.42	3.31
重　庆	5.35	3.83	0.97	5.13	5.88
四　川	13.03	5.55	0.99	12.45	12.40
贵　州	3.45	0.61	0.23	2.58	2.61
云　南	6.34	1.75	0.34	4.79	4.57
西　藏	0.33	0.05	0.01	0.29	0.28
陕　西	14.78	4.36	0.84	13.72	13.54
甘　肃	8.79	1.87	0.37	8.10	8.40
青　海	0.72	0.29	0.10	0.57	0.78
宁　夏	7.35	2.34	0.44	6.94	6.99
新　疆	18.63	4.93	1.43	17.94	17.25

单位:亿元

负债合计	流动负债小计	所有者权益合计	实收资本	国家资本	港澳台资本	外商资本
1082.06	**880.80**	**716.84**	**595.96**	**92.77**	**89.64**	**194.35**
47.07	38.02	39.49	52.84	2.17	2.99	39.03
52.57	45.32	35.16	36.05	2.70	3.42	26.21
65.84	50.28	41.44	28.92	7.83	0.69	5.56
10.09	7.17	6.71	5.33	0.98	0.06	0.24
15.49	13.41	16.80	7.59	2.37	0.17	0.41
33.37	19.62	22.49	18.81	3.14	4.39	6.60
29.71	22.96	15.44	14.72	5.76	1.73	3.23
43.80	34.55	27.68	23.98	3.99	1.73	8.91
74.38	68.33	66.56	67.86	0.44	12.13	31.84
65.42	60.86	42.97	34.64	5.63	3.06	15.70
53.53	48.18	29.23	19.40	2.94	4.04	2.92
34.58	30.21	32.50	5.79	1.99	1.06	0.54
26.92	23.63	25.72	24.06	4.50	7.51	5.05
8.84	6.27	3.62	2.78	0.42	0.01	0.00
99.08	79.47	62.59	41.52	8.23	1.32	9.95
82.31	58.66	49.09	29.10	8.84	0.76	0.67
19.54	15.12	20.77	13.94	3.70	2.31	3.15
12.25	9.63	7.61	6.61	1.07	1.17	0.17
162.02	133.61	96.31	101.79	7.19	31.99	32.07
26.99	21.92	10.98	8.05	4.61	1.05	0.86
5.47	4.79	6.93	2.29	1.03	0.17	0.05
6.56	5.22	4.46	3.82	0.86	1.83	0.00
18.05	15.67	16.08	11.71	1.20	2.96	0.43
4.19	3.37	4.17	2.56	0.96	0.00	0.04
7.35	4.90	4.98	3.74	1.73	0.12	0.27
0.13	0.04	0.32	0.26	0.22	0.00	0.00
21.06	14.15	8.77	9.29	2.86	1.66	0.38
13.10	8.06	5.30	4.31	0.90	0.23	0.01
1.56	1.21	0.06	0.43	0.16	0.00	0.04
9.22	6.65	4.96	3.99	0.97	0.00	0.00
31.60	29.51	7.66	9.80	3.37	1.12	0.02

4—21续表2

地　区	产品销售收入	产品销售成本	产品销售费用	产品销售税金及附加	产品销售利润
全　国	**1519.02**	**1197.35**	**150.17**	**6.93**	**164.36**
北　京	65.17	43.24	11.52	0.14	10.27
天　津	53.06	39.54	9.04	0.07	4.42
河　北	119.93	98.56	8.64	0.51	12.21
山　西	9.56	8.06	0.72	0.11	0.66
内蒙古	37.12	27.89	5.21	0.13	3.89
辽　宁	41.67	33.07	3.42	0.08	5.10
吉　林	38.39	32.27	1.58	0.11	4.42
黑龙江	56.14	41.68	6.76	0.32	7.38
上　海	126.94	90.96	22.34	0.14	13.50
江　苏	108.40	85.89	10.75	0.36	11.42
浙　江	79.16	62.75	6.32	0.34	9.76
安　徽	27.99	22.54	2.17	0.18	3.10
福　建	51.36	44.88	2.13	0.28	4.04
江　西	9.35	7.29	1.02	0.07	0.98
山　东	188.91	160.68	7.46	1.01	19.75
河　南	100.02	83.63	5.22	0.46	10.71
湖　北	37.41	29.85	3.68	0.78	3.10
湖　南	17.69	14.02	1.55	0.18	1.94
广　东	221.28	168.45	26.09	0.97	25.77
广　西	19.05	15.22	1.72	0.19	1.92
海　南	14.74	10.90	3.47	0.06	0.31
重　庆	12.27	9.36	1.46	0.05	1.40
四　川	22.99	17.88	2.48	0.09	2.37
贵　州	5.10	3.57	0.33	0.04	1.16
云　南	4.17	3.44	0.31	0.03	0.39
西　藏	0.04	0.03	0.01	0.00	0.00
陕　西	21.15	17.04	2.24	0.09	1.78
甘　肃	8.61	7.28	0.57	0.06	0.71
青　海	0.41	0.33	0.03	0.01	0.04
宁　夏	7.78	6.16	0.46	0.03	1.12
新　疆	13.16	10.90	1.48	0.04	0.74

单位:亿元

管理费用	利息支出	营业利润	利润总额	亏损企业亏损总额	本年应交增值税	全部从业人员平均人数(万人)
87.05	**21.52**	**59.92**	**66.18**	**29.14**	**71.31**	**90.05**
7.27	0.52	2.96	3.40	1.67	4.32	3.07
3.71	0.01	0.25	0.33	2.53	3.61	2.61
4.00	1.75	6.78	6.71	0.75	4.41	6.21
0.60	0.20	0.00	0.15	0.22	0.50	1.41
1.93	0.15	1.93	2.13	0.10	1.91	2.00
2.44	0.55	1.83	2.50	0.48	1.70	2.43
1.24	0.71	2.38	2.36	0.85	1.29	1.55
5.12	0.84	1.38	1.49	1.95	4.08	2.98
9.98	1.27	3.14	4.47	4.67	7.05	4.59
5.36	0.81	4.13	3.85	2.30	4.49	5.19
4.53	1.05	4.62	5.03	0.60	3.84	4.60
1.63	0.53	1.28	1.82	0.15	1.87	2.38
2.44	0.59	1.13	1.60	0.78	1.84	3.69
0.65	0.20	0.15	0.15	0.22	0.37	1.21
7.26	2.38	10.39	10.54	0.99	6.75	11.35
3.57	2.79	4.24	4.24	0.34	3.28	9.88
1.97	0.51	1.23	1.54	0.53	1.60	2.68
1.21	0.18	0.59	0.70	0.25	0.74	1.95
13.67	2.88	10.72	11.79	5.37	11.36	9.14
1.51	0.69	−0.27	−0.34	1.06	0.99	1.91
0.67	0.03	−0.21	0.11	0.15	0.76	0.49
0.57	0.25	0.69	0.60	0.16	0.71	0.83
1.80	0.40	0.25	0.70	0.45	1.06	2.35
0.51	0.06	0.64	0.66	0.06	0.32	0.58
0.64	0.16	−0.31	−0.25	0.36	0.27	0.64
0.01	0.00	−0.01	0.00	0.00	0.00	0.03
0.98	0.42	0.52	0.51	0.26	0.85	1.85
0.45	0.34	−0.05	−0.08	0.31	0.25	0.98
0.05	0.02	−0.01	−0.05	0.07	0.01	0.10
0.38	0.29	0.46	0.33	0.10	0.42	0.60
0.90	0.91	−0.90	−0.82	1.41	0.62	0.78

4—22 按地区分组的饮料制造业

地区	企业单位数（个）	亏损企业	工业总产值（1990年不变价格）	工业总产值（当年价格）	工业销售产值（当年价格）
全国	**3307**	**1001**	**1460.34**	**1824.34**	**1778.11**
北京	69	33	59.86	64.70	63.97
天津	71	17	35.97	45.83	43.90
河北	183	51	74.96	90.49	88.16
山西	63	9	15.00	18.19	17.11
内蒙古	56	12	12.83	22.38	21.87
辽宁	98	31	42.03	46.89	45.26
吉林	118	52	32.41	36.45	35.38
黑龙江	107	41	28.62	36.48	35.89
上海	55	22	70.11	71.58	70.97
江苏	178	46	128.00	144.20	141.09
浙江	205	47	161.59	149.01	145.69
安徽	122	51	48.85	71.70	72.71
福建	141	54	41.27	50.92	49.33
江西	119	39	12.08	16.94	16.95
山东	253	47	144.80	196.30	195.46
河南	208	41	64.23	82.33	78.91
湖北	175	39	73.03	84.15	83.07
湖南	103	30	23.03	30.81	30.21
广东	226	68	167.76	201.95	193.22
广西	83	40	15.83	19.87	19.68
海南	27	11	8.81	14.98	13.49
重庆	40	13	18.49	19.19	18.99
四川	213	50	113.91	199.25	193.63
贵州	98	40	14.79	27.64	25.16
云南	77	44	6.75	11.22	10.62
西藏	12	3	0.49	1.58	1.56
陕西	64	27	22.31	28.93	27.88
甘肃	84	24	10.80	18.57	17.77
青海	8	2	1.94	2.89	2.75
宁夏	12	6	2.42	3.92	3.49
新疆	39	11	7.38	15.02	13.96

工业企业主要经济指标(2001 年)

单位:亿元

工业增加值(当年价格)	资产合计	流动资产小计	应收帐款净额	流动资产年平均余额	固定资产原价	生产经营用
642.56	**2852.59**	**1297.49**	**222.65**	**1261.90**	**1526.57**	**1266.81**
24.49	131.88	57.22	6.36	52.68	64.58	52.23
13.49	60.21	25.47	3.94	24.46	31.22	25.64
30.87	148.05	69.25	10.61	63.16	80.03	60.05
7.31	40.16	19.75	2.64	18.94	21.27	18.55
8.79	41.42	22.64	4.31	20.92	19.18	17.06
19.76	78.32	28.62	4.17	30.92	52.31	44.59
14.29	60.00	22.72	5.30	23.17	42.20	36.14
14.91	67.93	22.21	3.92	22.36	49.21	26.55
24.75	90.00	41.69	8.03	40.58	57.18	54.21
41.29	144.50	66.52	10.78	66.14	81.35	65.14
48.48	179.72	82.97	10.86	78.23	109.25	104.79
24.74	134.20	78.06	20.00	77.88	56.87	49.18
18.70	76.60	24.79	5.04	22.96	54.30	49.54
6.76	34.90	15.17	2.49	15.07	19.00	15.81
65.85	295.37	140.05	20.04	134.01	145.69	126.75
24.34	127.10	58.62	12.55	59.57	61.61	44.64
32.86	96.47	40.22	6.09	39.15	55.92	38.66
12.20	69.82	34.70	6.75	34.87	29.52	23.56
60.99	236.87	96.81	23.73	104.25	153.50	130.07
6.49	32.37	8.62	1.18	9.39	26.15	22.84
3.16	28.10	10.67	2.54	11.18	17.54	15.46
7.53	35.05	13.67	2.03	14.13	20.72	19.38
86.37	345.57	176.70	24.00	163.05	144.66	119.79
14.95	94.10	47.11	7.67	41.64	29.75	19.68
3.94	28.67	12.92	2.32	12.43	15.01	12.83
0.80	5.62	0.71	0.36	0.74	2.24	2.17
8.88	52.65	19.44	4.29	18.27	34.57	29.47
6.79	62.10	32.71	6.09	35.61	25.00	18.60
1.22	6.08	2.75	0.31	2.66	3.03	2.65
1.42	9.22	5.04	1.48	3.82	4.69	4.38
6.15	39.51	19.66	2.75	19.65	19.02	16.39

4—22 续表 1

地　区	固定资产小计	累计折旧	本年折旧	固定资产净值	固定资产净值年平均余额
全　国	**1201.19**	**446.30**	**80.20**	**1080.27**	**1072.66**
北　京	50.43	18.25	5.32	46.33	46.18
天　津	23.68	9.23	1.89	21.99	20.56
河　北	61.63	21.22	3.02	58.81	56.54
山　西	16.82	7.02	1.24	14.26	13.93
内蒙古	13.63	6.24	0.82	12.95	12.74
辽　宁	40.78	13.25	2.15	39.07	37.20
吉　林	32.62	10.43	1.80	31.78	31.85
黑龙江	40.74	12.48	1.71	36.74	36.05
上　海	38.10	22.67	3.77	34.51	35.16
江　苏	62.81	22.98	3.56	58.37	57.41
浙　江	80.22	31.48	6.96	77.77	73.61
安　徽	46.12	16.06	2.38	40.80	40.49
福　建	39.41	16.65	4.76	37.65	37.32
江　西	14.82	5.30	0.72	13.70	13.30
山　东	113.90	43.36	7.12	102.32	101.70
河　南	50.59	17.12	2.00	44.48	52.97
湖　北	41.34	16.72	2.79	39.20	40.24
湖　南	24.30	8.90	1.40	20.62	20.99
广　东	109.35	60.31	10.33	93.20	101.75
广　西	19.75	6.91	1.24	19.24	18.65
海　南	13.63	4.86	0.81	12.68	12.78
重　庆	14.98	6.41	1.42	14.31	14.17
四　川	134.91	34.66	7.29	110.00	99.32
贵　州	34.05	8.32	1.14	21.43	22.35
云　南	12.18	3.76	0.61	11.25	11.01
西　藏	1.82	0.47	0.12	1.77	1.83
陕　西	27.92	8.68	2.04	25.88	25.28
甘　肃	19.83	5.97	0.71	19.03	17.56
青　海	2.53	0.58	0.14	2.45	2.53
宁　夏	3.83	1.17	0.16	3.52	3.41
新　疆	14.48	4.87	0.80	14.16	13.80

单位:亿元

负债合计	流动负债小计	所有者权益合计	实收资本	国家资本	港澳台资本	外商资本
1624.78	**1325.54**	**1227.80**	**772.59**	**226.74**	**107.42**	**182.14**
57.95	48.85	73.92	43.28	15.07	5.22	7.67
30.80	27.61	29.41	22.87	3.80	6.89	6.59
108.91	86.41	39.13	35.19	9.89	0.97	9.72
22.33	18.11	17.83	8.63	6.17	0.66	0.12
23.48	17.37	17.94	9.65	3.40	0.00	0.00
45.95	33.41	32.37	25.32	4.36	13.82	0.63
41.24	32.74	18.77	15.94	2.77	2.84	0.89
48.08	33.38	19.85	13.99	6.04	2.20	1.64
40.29	36.13	49.70	46.79	1.24	4.50	26.44
88.73	75.20	55.77	40.77	10.56	8.98	13.70
88.54	79.27	91.18	56.52	10.87	7.18	15.23
90.05	76.31	44.15	26.80	14.98	6.99	0.28
41.35	31.34	35.25	31.32	6.93	9.38	4.41
25.17	19.71	9.73	10.53	5.84	0.20	1.27
172.63	148.59	122.74	61.10	24.20	5.29	9.84
100.90	80.91	26.20	25.55	14.02	1.61	1.58
49.97	42.54	46.50	37.89	8.76	0.49	19.01
40.51	32.32	29.31	16.97	7.44	1.62	2.41
129.01	99.83	107.86	88.31	13.28	22.87	34.58
20.30	16.04	12.07	13.85	2.02	0.04	8.33
10.77	6.70	17.33	17.96	1.62	0.22	10.95
17.46	14.39	17.60	10.25	3.28	1.83	0.39
152.20	134.60	193.37	48.22	19.07	1.44	2.56
45.17	33.71	48.93	15.31	10.95	0.00	0.15
20.49	14.57	8.18	7.41	2.08	0.47	0.52
1.91	1.85	3.71	1.88	0.44	0.00	0.00
37.95	30.28	14.70	16.87	3.13	1.42	2.54
37.51	29.04	24.60	13.48	9.59	0.27	0.57
4.44	2.97	1.64	1.15	0.46	0.00	0.00
5.69	4.54	3.53	1.13	0.73	0.02	0.01
24.98	16.83	14.53	7.67	3.76	0.00	0.13

4—22 续表 2

地 区	产品销售收入	产品销售成本	产品销售费用	产品销售税金及附加	产品销售利润
全 国	**1727.21**	**1155.54**	**217.98**	**116.67**	**237.21**
北 京	62.67	40.61	8.05	4.85	9.16
天 津	44.03	28.90	6.90	1.93	6.30
河 北	78.21	58.50	6.28	6.28	7.15
山 西	18.72	12.78	1.67	2.28	2.00
内蒙古	20.85	12.46	1.99	2.88	3.51
辽 宁	43.67	26.90	4.69	4.03	8.05
吉 林	32.52	22.39	3.55	3.22	3.36
黑龙江	34.91	23.00	3.95	3.93	4.02
上 海	68.69	38.72	20.51	1.08	8.37
江 苏	137.37	105.23	13.31	5.99	12.85
浙 江	147.61	96.46	22.21	5.15	23.79
安 徽	68.53	46.50	6.94	7.89	7.20
福 建	48.86	35.97	5.10	3.31	4.71
江 西	15.17	9.91	1.76	1.92	1.58
山 东	190.83	134.46	16.90	15.89	23.58
河 南	67.23	52.43	5.95	4.01	4.80
湖 北	76.12	50.15	13.34	3.83	8.80
湖 南	26.30	17.24	2.43	1.83	4.79
广 东	189.94	124.53	33.25	7.01	25.15
广 西	18.90	14.10	1.40	1.35	2.06
海 南	12.47	7.71	2.45	0.55	1.75
重 庆	20.96	12.85	3.17	1.18	3.75
四 川	199.91	125.26	20.02	14.83	39.79
贵 州	29.89	10.00	4.17	5.21	10.51
云 南	11.36	7.74	1.32	0.74	1.56
西 藏	1.35	0.81	0.04	0.02	0.48
陕 西	27.09	19.59	3.58	1.92	2.01
甘 肃	12.66	8.00	1.05	1.28	2.33
青 海	2.64	1.61	0.12	0.42	0.50
宁 夏	3.39	2.23	0.44	0.31	0.42
新 疆	14.37	8.51	1.46	1.54	2.86

单位:亿元

管理费用	利息支出	营业利润	利润总额	亏损企业亏损总额	本年应交增值税	全部从业人员平均人数(万人)
121.73	**29.53**	**93.33**	**103.11**	**35.14**	**108.81**	**94.98**
4.49	0.92	3.96	4.88	2.10	4.17	2.47
3.10	0.05	2.95	3.65	1.11	2.87	1.39
4.25	2.13	0.74	1.57	1.99	4.05	5.01
1.60	0.39	0.12	0.26	0.26	1.34	1.82
2.07	0.56	0.95	1.28	0.08	1.70	2.52
3.56	0.86	3.34	4.36	0.71	3.27	2.81
2.30	0.79	0.29	0.14	0.93	2.39	2.91
2.97	0.69	0.75	1.24	1.13	2.51	3.05
6.78	0.71	1.24	2.24	4.18	5.32	1.38
8.05	2.04	3.10	3.70	3.00	5.34	6.58
8.82	1.99	14.17	14.67	0.79	9.19	4.24
5.13	1.62	0.82	0.51	1.80	4.38	5.37
3.01	1.23	0.71	0.94	1.37	3.05	2.05
1.21	0.41	0.00	0.22	0.45	1.20	1.93
12.09	3.13	9.02	9.69	2.12	12.12	12.28
3.43	1.79	−0.40	−0.08	1.55	2.69	7.03
4.66	0.48	3.82	3.20	0.97	4.52	4.24
2.69	0.62	1.55	1.70	0.86	1.76	2.39
12.13	2.03	12.96	12.88	2.69	12.27	4.69
1.68	0.64	−0.16	−0.32	1.16	1.29	1.17
1.52	0.28	−0.05	0.31	0.30	0.50	0.4
1.67	0.64	1.53	1.10	0.39	1.36	1.16
13.52	2.33	25.01	27.50	1.11	13.24	8.78
4.21	0.37	6.10	5.90	0.55	3.23	2.48
1.41	0.53	−0.40	−0.32	0.97	0.90	1.07
0.12	0.04	0.44	0.37	0.04	0.09	0.09
1.72	0.94	−0.51	−0.25	1.70	1.65	1.94
1.45	0.79	0.07	−0.01	0.34	0.92	1.85
0.26	0.16	0.11	0.16	0.03	0.22	0.3
0.46	0.08	−0.09	−0.03	0.28	0.18	0.48
1.36	0.32	1.19	1.61	0.22	1.10	1.1

4—23 按地区分组的烟草加工业

地区	企业单位数（个）	亏损企业	工业总产值（1990年不变价格）	工业总产值（当年价格）	工业销售产值（当年价格）
全国	**320**	**93**	**958.45**	**1694.72**	**1684.65**
北京	1	0	5.56	10.61	10.23
天津	1	1	4.39	4.52	4.44
河北	3	0	24.62	31.01	30.94
山西	2	1	5.54	6.61	6.49
内蒙古	2	0	6.44	6.90	6.86
辽宁	5	0	8.25	10.02	9.87
吉林	8	2	17.92	20.56	20.72
黑龙江	12	4	14.32	16.14	17.52
上海	3	0	35.92	116.84	111.08
江苏	6	0	31.09	71.91	72.58
浙江	4	0	28.17	69.62	66.41
安徽	17	3	46.73	64.69	63.87
福建	11	1	29.03	57.10	56.09
江西	9	0	18.64	32.54	31.72
山东	18	5	57.30	77.12	72.43
河南	38	14	73.81	94.60	94.40
湖北	23	12	66.99	94.36	91.71
湖南	16	6	65.02	149.19	149.24
广东	20	5	53.49	75.54	85.91
广西	10	6	18.81	24.05	23.91
海南	1	0	2.91	3.59	3.73
重庆	5	1	18.97	29.71	30.56
四川	14	5	37.72	59.08	62.36
贵州	35	10	81.67	94.48	89.18
云南	25	3	163.26	416.65	416.18
西藏	0	0	0.00	0.00	0.00
陕西	15	6	28.33	37.63	36.30
甘肃	11	5	10.89	16.55	16.94
青海	0	0	0.00	0.00	0.00
宁夏	2	2	0.60	0.68	0.67
新疆	3	1	2.07	2.44	2.32

工业企业主要经济指标(2001 年)

单位:亿元

工业增加值（当年价格）	资产合计	流动资产小计	应收帐款净额	流动资产年平均余额	固定资产原价	生产经营用
1093.07	**2450.41**	**1428.96**	**216.36**	**1231.15**	**972.76**	**813.11**
6.53	10.52	6.69	1.22	3.73	4.11	4.01
2.77	12.06	8.03	1.22	7.50	5.04	2.79
18.26	36.98	23.17	5.35	23.06	19.32	18.37
3.07	9.08	5.50	1.33	4.70	3.75	3.40
3.95	9.54	6.04	0.48	4.52	4.15	3.83
4.34	25.10	16.23	3.46	12.83	9.61	9.09
9.99	27.75	15.63	4.67	14.87	13.01	11.91
8.01	37.20	23.35	8.56	21.91	16.59	11.63
96.74	179.54	93.75	7.25	84.96	49.13	48.85
50.16	72.33	44.67	2.33	25.25	27.70	21.49
43.21	84.32	53.92	6.68	53.85	28.28	27.85
36.76	65.93	39.22	5.71	34.17	35.47	33.14
34.85	62.12	39.22	3.52	35.52	21.94	21.13
18.69	30.13	19.84	3.81	18.82	11.86	9.59
44.06	119.35	68.91	7.46	61.27	55.50	31.07
45.89	154.58	103.32	15.46	87.81	61.77	54.93
50.35	117.40	71.94	10.57	66.46	55.25	43.40
109.03	161.42	87.41	9.88	84.34	76.33	54.91
47.34	78.67	45.77	2.31	43.11	45.23	37.83
15.19	33.28	19.22	5.16	14.90	14.65	12.91
1.67	4.93	2.76	0.53	3.90	2.87	2.44
18.31	42.38	26.12	6.33	26.96	18.82	14.22
36.54	89.76	62.19	8.73	59.18	30.39	21.71
42.88	151.59	102.28	25.01	105.86	56.21	47.09
317.75	741.11	377.65	50.35	282.57	270.04	234.16
0.00	0.00	0.00	0.00	0.00	0.00	0.00
19.93	69.75	51.81	15.19	36.85	24.68	21.63
5.62	14.91	9.30	1.96	8.12	6.21	5.56
0.00	0.00	0.00	0.00	0.00	0.00	0.00
0.33	1.49	0.91	0.44	0.93	1.00	0.91
0.88	7.20	4.09	1.40	3.17	3.84	3.25

4—23续表1

地　区	固定资产小计	累计折旧	本年折旧	固定资产净值	固定资产净值年平均余额
全　国	**720.98**	**359.25**	**62.27**	**613.50**	**623.23**
北　京	3.49	1.70	0.28	2.41	2.47
天　津	4.00	1.72	0.22	3.32	3.84
河　北	13.49	7.53	1.02	11.79	12.63
山　西	3.53	0.93	0.14	2.82	2.61
内蒙古	3.46	1.51	0.20	2.64	2.53
辽　宁	8.43	2.82	0.53	6.79	6.12
吉　林	10.01	3.61	0.35	9.41	8.78
黑龙江	13.03	5.14	0.87	11.45	11.49
上　海	40.50	16.57	3.45	32.56	34.01
江　苏	26.54	10.77	1.12	16.93	16.98
浙　江	27.55	9.10	1.49	19.18	26.36
安　徽	24.59	14.11	2.16	21.36	22.61
福　建	18.19	8.58	2.17	13.36	12.77
江　西	9.24	3.07	0.76	8.79	8.14
山　东	33.43	24.30	4.24	31.20	30.91
河　南	46.24	22.26	4.07	39.52	39.31
湖　北	40.27	20.46	2.43	34.79	31.79
湖　南	52.76	35.65	5.26	40.69	41.85
广　东	29.20	20.18	2.49	25.05	27.96
广　西	12.24	3.86	0.56	10.79	10.90
海　南	1.92	1.45	0.15	1.42	1.48
重　庆	14.37	5.30	1.25	13.52	11.02
四　川	22.77	9.90	1.97	20.49	20.66
贵　州	42.70	16.32	3.28	39.88	40.67
云　南	194.19	99.65	19.94	170.39	173.65
西　藏	0.00	0.00	0.00	0.00	0.00
陕　西	16.07	9.76	1.32	14.92	14.10
甘　肃	5.34	1.52	0.33	4.69	4.60
青　海	0.00	0.00	0.00	0.00	0.00
宁　夏	0.58	0.43	0.06	0.57	0.58
新　疆	2.86	1.08	0.15	2.76	2.41

单位:亿元

负债合计	流动负债小计	所有者权益合计	实收资本	国家资本	港澳台资本	外商资本
1241.61	**1117.86**	**1208.81**	**341.96**	**320.61**	**1.15**	**2.31**
4.17	3.75	6.35	4.63	4.63	0.00	0.00
10.47	10.04	1.59	3.22	3.22	0.00	0.00
31.10	26.87	5.88	3.80	3.80	0.00	0.00
6.98	5.23	2.10	1.84	1.84	0.00	0.00
6.38	5.80	3.17	3.06	3.06	0.00	0.00
19.83	18.01	5.27	3.68	3.45	0.00	0.00
24.26	16.45	3.49	6.23	6.16	0.00	0.00
27.18	22.83	10.02	8.87	8.86	0.00	0.00
11.45	9.41	168.09	11.36	8.32	0.64	0.00
34.32	30.48	38.01	7.04	7.01	0.00	0.00
20.66	19.46	63.66	9.00	8.96	0.00	0.00
40.02	37.56	25.90	16.49	14.75	0.23	0.00
30.08	25.57	32.04	11.64	10.84	0.00	0.81
20.98	19.21	9.16	4.72	4.59	0.00	0.00
63.02	58.09	56.34	41.29	38.21	0.00	0.49
128.95	115.15	25.63	19.74	18.57	0.28	0.00
82.21	70.72	35.18	15.15	14.19	0.00	0.00
63.31	52.43	98.11	34.10	33.92	0.00	0.00
32.08	30.26	46.59	19.19	19.12	0.00	0.00
22.82	20.12	10.46	7.64	7.62	0.00	0.00
3.14	2.27	1.79	1.80	1.80	0.00	0.00
28.33	25.12	14.05	6.95	6.44	0.00	0.00
66.19	62.22	23.58	18.38	18.12	0.00	0.00
141.95	125.91	9.64	18.59	18.35	0.00	0.16
252.71	240.80	488.39	46.29	37.56	0.00	0.86
0.00	0.00	0.00	0.00	0.00	0.00	0.00
56.65	53.50	13.10	10.84	10.82	0.00	0.00
7.44	6.71	7.47	3.51	3.48	0.00	0.00
0.00	0.00	0.00	0.00	0.00	0.00	0.00
0.54	0.42	0.95	0.69	0.69	0.00	0.00
4.39	3.48	2.81	2.23	2.23	0.00	0.00

4—23 续表 2

地　区	产品销售收入	产品销售成本	产品销售费用	产品销售税金及附加	产品销售利润
全　国	**1756.97**	**742.79**	**64.68**	**645.16**	**304.34**
北　京	11.48	4.59	0.61	4.16	2.12
天　津	5.97	3.53	0.24	1.62	0.58
河　北	32.16	13.76	1.32	11.80	5.28
山　西	6.75	4.23	0.04	2.19	0.30
内蒙古	7.63	3.28	0.20	2.80	1.34
辽　宁	14.23	8.32	0.53	3.68	1.69
吉　林	18.76	9.06	0.94	5.04	3.72
黑龙江	16.69	10.14	0.53	4.99	1.03
上　海	110.96	34.45	3.97	47.13	25.41
江　苏	76.83	26.94	1.63	30.97	17.30
浙　江	94.88	30.62	6.63	34.46	23.18
安　徽	71.20	31.00	2.10	26.33	11.78
福　建	64.65	28.33	2.77	23.63	9.92
江　西	37.64	16.69	2.24	11.98	6.73
山　东	85.62	32.15	7.80	25.23	20.44
河　南	98.88	53.26	5.16	30.84	9.62
湖　北	89.98	49.59	4.80	26.11	9.49
湖　南	149.10	57.53	2.96	66.15	22.46
广　东	86.96	38.09	1.86	33.22	13.79
广　西	24.16	11.21	0.96	9.26	2.72
海　南	3.76	1.72	0.05	1.67	0.32
重　庆	30.67	13.02	0.98	10.02	6.65
四　川	61.77	28.34	2.21	22.14	9.09
贵　州	84.52	51.78	2.71	23.70	6.34
云　南	411.29	155.05	8.29	164.97	82.98
西　藏	0.00	0.00	0.00	0.00	0.00
陕　西	38.49	17.09	2.12	12.76	6.52
甘　肃	16.76	5.98	0.48	6.90	3.40
青　海	0.00	0.00	0.00	0.00	0.00
宁　夏	0.76	0.44	0.01	0.28	0.03
新　疆	4.40	2.59	0.54	1.13	0.15

单位:亿元

管理费用	利息支出	营业利润	利润总额	亏损企业亏损总额	本年应交增值税	全部从业人员平均人数（万人）
105.27	**30.59**	**162.36**	**176.80**	**16.83**	**177.02**	**24.74**
0.90	0.20	1.05	1.04	0.00	1.29	0.08
0.78	0.00	−0.35	−0.35	0.35	0.34	0.19
3.33	0.45	1.13	0.82	0.00	3.40	0.74
0.25	0.09	−0.01	0.18	0.02	0.58	0.16
0.68	0.31	−0.04	0.01	0.00	0.47	0.23
1.40	0.48	0.08	0.05	0.00	0.76	0.30
2.21	0.52	0.14	−0.16	0.29	1.87	0.51
1.64	0.64	−0.92	−0.63	0.90	1.49	0.66
5.91	−0.47	20.07	37.56	0.00	13.05	0.65
3.31	0.45	11.24	14.51	0.00	6.54	0.71
2.39	0.19	19.93	22.30	0.00	10.63	0.29
6.98	0.97	3.33	1.62	0.06	6.37	1.41
2.60	0.46	6.86	7.24	0.00	6.44	0.46
2.08	0.88	3.94	3.70	0.00	3.65	0.74
7.02	1.83	6.22	5.00	0.55	7.20	1.39
6.66	3.88	−1.96	−2.00	3.63	7.75	2.95
6.65	2.58	1.23	−0.42	5.61	8.72	1.96
8.29	0.85	13.46	13.81	0.24	17.09	1.81
4.62	0.52	8.83	9.21	0.51	8.27	0.95
1.47	0.59	1.17	1.11	0.20	2.62	0.50
0.23	0.12	0.36	0.53	0.00	0.34	0.05
2.97	1.18	2.34	2.27	0.12	2.95	0.56
3.79	2.08	3.12	3.06	0.60	5.53	0.82
4.43	4.95	−2.01	−1.18	2.01	7.96	2.13
20.31	4.48	60.21	54.76	0.19	44.90	2.93
0.00	0.00	0.00	0.00	0.00	0.00	0.00
3.26	2.05	0.37	0.35	1.29	4.47	1.12
0.67	0.19	2.63	2.47	0.23	2.01	0.29
0.00	0.00	0.00	0.00	0.00	0.00	0.00
0.05	0.00	−0.02	−0.02	0.02	0.08	0.06
0.39	0.11	−0.02	−0.03	0.04	0.25	0.08

4—24 按地区分组的纺织业

地　区	企业单位数（个）	亏损企业	工业总产值（1990年不变价格）	工业总产值（当年价格）	工业销售产值（当年价格）
全　国	**12065**	**2839**	**5309.73**	**5621.56**	**5400.99**
北　京	140	41	44.21	46.80	45.07
天　津	301	107	66.37	69.56	66.78
河　北	602	92	233.18	243.73	233.92
山　西	72	23	23.14	25.58	23.76
内蒙古	99	29	70.31	72.47	69.18
辽　宁	247	97	86.67	85.50	80.87
吉　林	80	29	27.94	25.46	23.62
黑龙江	89	26	27.38	30.27	26.00
上　海	672	150	204.04	236.70	230.09
江　苏	2348	522	1237.67	1350.47	1301.96
浙　江	2327	280	1215.12	1072.87	1040.96
安　徽	342	142	105.46	120.82	113.63
福　建	342	76	134.21	136.83	131.06
江　西	156	65	35.55	37.83	36.19
山　东	1112	185	632.72	738.60	718.84
河　南	609	141	164.32	215.22	207.89
湖　北	445	130	206.17	221.89	214.02
湖　南	188	73	45.23	50.97	48.93
广　东	1128	301	515.25	582.99	547.19
广　西	87	49	22.58	24.30	23.52
海　南	8	3	5.31	4.85	4.50
重　庆	81	38	24.73	24.07	22.40
四　川	214	71	70.62	73.85	69.70
贵　州	32	17	3.38	2.90	2.67
云　南	23	13	5.30	6.19	5.64
西　藏	15	2	0.08	0.09	0.08
陕　西	91	50	45.56	46.42	43.50
甘　肃	115	28	15.02	17.92	17.27
青　海	7	5	0.80	0.89	0.56
宁　夏	3	1	0.26	0.50	0.71
新　疆	90	53	41.15	55.01	50.46

工业企业主要经济指标(2001 年)

单位:亿元

工业增加值(当年价格)	资产合计	流动资产小计	应收帐款净额	流动资产年平均余额	固定资产原价	生产经营用
1387.52	**6196.26**	**2955.98**	**561.87**	**2901.29**	**3632.04**	**3090.40**
12.82	78.49	41.31	8.48	40.89	41.19	33.57
15.33	156.60	61.17	11.73	59.96	98.46	69.19
63.50	260.63	134.43	18.90	129.91	146.98	124.99
6.94	49.67	19.64	2.70	19.26	27.78	23.83
24.56	128.65	86.33	7.19	80.33	39.37	32.90
18.25	135.50	57.36	12.04	54.78	90.23	73.12
6.68	59.03	25.18	2.82	25.98	35.25	25.41
8.61	59.83	29.74	4.74	28.60	31.22	23.08
65.17	316.12	171.61	43.79	172.77	153.49	129.24
317.27	1134.40	557.28	105.94	544.05	671.58	591.86
212.53	895.96	384.26	77.44	375.90	583.69	546.25
33.97	181.41	99.42	17.42	96.57	91.92	81.07
36.53	153.51	61.33	16.82	61.23	102.59	91.91
10.56	66.03	26.15	4.18	26.43	38.17	30.14
203.47	824.72	390.78	56.26	376.03	463.52	403.21
59.86	278.60	150.67	24.22	148.41	135.68	106.39
65.28	228.60	108.87	17.08	105.57	142.72	109.00
13.75	63.34	29.40	3.99	27.55	38.58	28.49
143.43	598.70	289.32	85.45	300.97	376.53	308.03
6.84	41.97	19.21	3.63	18.78	23.56	18.99
1.73	14.38	5.43	1.57	5.55	7.54	4.94
6.06	35.32	13.60	2.31	13.06	23.97	19.52
18.32	105.91	47.27	6.51	43.22	60.62	50.66
0.81	14.75	5.14	1.04	3.78	9.57	8.21
1.79	18.94	7.80	0.76	7.52	10.80	7.66
0.06	1.45	0.32	0.06	0.30	0.69	0.50
13.43	100.76	40.33	6.73	38.74	69.71	52.99
5.43	40.79	20.53	4.20	22.37	19.21	13.20
0.09	5.03	2.07	0.34	2.07	1.71	1.37
0.20	1.50	1.04	0.23	1.10	0.65	0.55
14.27	145.69	69.00	13.30	69.59	95.07	80.13

4—24续表1

地　区	固定资产小计	累计折旧	本年折旧	固定资产净值	固定资产净值年平均余额
全　国	**2622.40**	**1212.35**	**179.31**	**2419.70**	**2394.28**
北　京	25.46	17.30	1.79	23.89	24.18
天　津	73.65	28.56	2.69	69.90	64.41
河　北	103.50	51.83	5.75	95.15	94.66
山　西	20.97	8.66	0.56	19.12	18.48
内蒙古	28.37	11.57	1.82	27.80	26.70
辽　宁	67.23	29.02	2.53	61.21	63.63
吉　林	29.03	8.68	1.34	26.57	25.25
黑龙江	24.42	8.68	1.00	22.54	23.03
上　海	101.69	60.84	9.79	92.65	93.92
江　苏	476.94	229.72	37.89	441.86	448.38
浙　江	434.84	182.76	38.22	400.93	392.07
安　徽	65.42	32.49	4.22	59.44	57.11
福　建	79.31	25.52	4.92	77.07	76.51
江　西	27.84	11.76	1.74	26.41	25.98
山　东	362.39	138.79	21.17	324.73	312.71
河　南	98.36	44.80	4.72	90.88	90.95
湖　北	96.61	52.76	5.59	89.96	90.31
湖　南	26.99	13.45	1.16	25.13	24.44
广　东	247.36	144.84	20.29	231.68	231.68
广　西	17.48	8.37	1.11	15.20	15.50
海　南	7.04	1.86	0.26	5.68	5.71
重　庆	17.88	7.83	0.88	16.14	16.24
四　川	42.58	20.80	1.73	39.82	38.95
贵　州	7.65	2.29	0.23	7.28	6.75
云　南	8.46	3.50	0.25	7.30	7.02
西　藏	0.63	0.07	0.00	0.62	0.35
陕　西	47.13	26.82	2.94	42.90	42.27
甘　肃	14.48	5.05	0.60	14.16	14.99
青　海	2.01	0.65	0.04	1.06	1.11
宁　夏	0.46	0.19	0.02	0.46	0.47
新　疆	66.23	32.89	4.06	62.18	60.51

单位:亿元

负债合计	流动负债小计	所有者权益合计	实收资本	国家资本	港澳台资本	外商资本
4181.95	**3309.54**	**2014.30**	**1565.23**	**370.78**	**252.10**	**174.64**
52.76	43.76	25.73	24.54	6.14	1.29	2.34
126.16	87.74	30.44	36.06	18.99	3.00	6.87
191.58	151.14	69.05	56.28	22.73	1.94	1.66
36.13	29.67	13.54	10.30	6.26	0.04	0.60
61.82	45.73	66.83	26.40	9.39	1.17	4.15
101.12	80.84	34.38	37.81	17.38	2.35	5.07
43.74	27.64	15.29	12.23	6.77	−0.07	2.44
47.68	35.27	12.16	10.71	5.27	1.19	0.18
173.64	144.14	142.48	99.51	6.25	17.22	21.79
757.60	616.54	376.80	266.89	48.40	23.36	45.71
532.43	430.13	363.53	225.88	10.52	25.07	15.02
145.27	115.68	36.13	29.80	16.71	0.45	0.11
62.08	54.37	91.43	80.22	3.06	51.01	4.57
52.99	42.31	13.04	13.78	7.20	1.49	0.08
562.86	436.27	261.86	182.79	33.77	11.74	23.16
229.91	191.72	48.69	41.18	18.49	1.67	0.34
178.46	124.95	50.14	50.36	25.13	1.36	0.28
48.53	36.65	14.81	15.67	5.78	0.64	0.28
381.95	312.87	216.74	208.01	19.02	103.31	37.51
35.56	26.68	6.41	8.80	6.51	0.32	0.20
7.85	3.83	6.53	3.27	0.03	0.63	0.00
33.00	25.62	2.32	9.30	4.55	0.00	0.15
76.80	62.25	29.10	25.70	8.59	0.24	0.59
10.77	6.08	3.98	4.60	3.94	0.00	0.00
15.09	12.13	3.85	4.86	3.04	0.00	0.00
0.45	0.30	1.00	0.43	0.40	0.00	0.00
76.56	60.83	24.20	29.85	25.60	0.35	0.04
27.22	23.67	13.57	10.77	4.36	0.00	0.04
3.99	3.13	1.03	0.39	0.24	0.00	0.00
1.68	1.16	−0.18	0.33	0.13	0.00	0.00
106.28	76.44	39.41	38.50	26.14	2.33	1.50

4—24续表2

地　区	产品销售收入	产品销售成本	产品销售费用	产品销售税金及附加	产品销售利润
全　国	**5209.10**	**4672.27**	**95.55**	**24.29**	**416.94**
北　京	45.26	39.91	1.94	0.12	3.28
天　津	64.40	57.53	1.34	0.26	5.27
河　北	212.71	188.27	4.27	1.24	18.93
山　西	19.13	17.10	0.45	0.11	1.48
内蒙古	72.98	62.91	1.33	0.29	8.45
辽　宁	73.80	66.76	1.61	0.27	5.15
吉　林	17.62	15.35	0.49	0.04	1.74
黑龙江	24.26	21.14	0.71	0.11	2.30
上　海	253.06	222.30	5.44	0.43	24.89
江　苏	1260.22	1140.34	20.15	5.50	94.23
浙　江	1043.20	936.33	11.60	6.22	89.05
安　徽	104.78	94.65	1.98	0.46	7.69
福　建	124.06	108.60	2.49	0.79	12.14
江　西	30.52	27.19	1.03	0.20	2.10
山　东	687.55	602.63	12.58	2.83	69.50
河　南	190.76	171.34	3.20	1.00	15.21
湖　北	188.03	168.26	4.92	1.42	13.42
湖　南	42.23	37.74	1.57	0.30	2.62
广　东	526.54	487.35	12.43	1.63	25.14
广　西	22.16	19.97	0.37	0.10	1.72
海　南	4.27	3.49	0.21	0.01	0.56
重　庆	21.78	20.06	0.43	0.12	1.17
四　川	65.20	59.09	1.24	0.31	4.56
贵　州	2.18	2.17	0.05	0.02	—0.06
云　南	5.50	5.19	0.10	0.03	0.18
西　藏	0.05	0.04	0.00	0.00	0.02
陕　西	40.53	36.22	0.75	0.21	3.34
甘　肃	13.54	12.25	0.50	0.12	0.67
青　海	0.63	0.60	0.01	0.00	0.02
宁　夏	0.74	0.71	0.01	0.00	0.03
新　疆	51.40	46.75	2.36	0.15	2.15

单位:亿元

管理费用	利息支出	营业利润	利润总额	亏损企业亏损总额	本年应交增值税	全部从业人员平均人数（万人）
242.43	**92.97**	**97.55**	**131.95**	**64.00**	**164.33**	**477.51**
5.29	1.49	-2.06	0.54	1.24	1.66	5.02
5.25	0.05	-1.06	0.51	2.73	2.56	7.81
9.06	4.35	5.88	6.26	3.65	7.36	26.66
1.65	0.46	-0.65	-0.45	0.56	0.98	5.99
2.48	1.88	4.45	4.75	0.60	2.86	5.69
5.41	1.39	-1.79	-0.34	2.57	2.27	13.62
1.57	1.03	-0.84	-0.67	0.80	0.58	4.22
2.28	0.80	-0.74	-0.44	1.18	1.33	6.53
17.51	3.85	5.48	9.05	3.74	6.86	16.62
53.47	18.19	26.41	30.80	6.03	41.18	83.13
31.64	17.07	42.76	47.69	3.24	29.79	56.37
6.91	2.23	-1.36	1.24	1.81	4.58	17.96
4.93	2.23	4.84	5.50	1.18	3.15	8.70
2.21	0.86	-0.99	-0.98	1.19	1.11	7.45
29.92	12.89	28.22	29.86	4.25	24.22	66.27
9.33	4.42	1.85	2.76	2.11	6.29	31.00
9.83	3.56	0.62	0.88	2.75	6.96	26.23
2.77	0.64	-0.77	-0.42	1.21	1.34	7.91
22.25	7.64	-2.68	4.12	10.22	9.04	31.16
1.60	0.65	-0.49	-0.41	0.67	1.29	4.53
0.22	0.18	0.21	0.33	0.01	0.23	0.23
1.56	0.65	-0.91	-0.76	1.09	0.94	5.00
3.79	1.74	-0.62	-0.29	1.45	2.59	13.75
0.41	0.08	-0.49	-0.48	0.49	0.13	1.73
1.15	0.40	-0.58	-0.77	1.00	0.27	2.27
0.04	0.00	-0.02	-0.04	0.04	0.01	0.08
4.11	2.02	-2.46	-1.86	2.54	2.49	9.83
1.08	0.35	-0.70	-0.68	1.01	0.40	2.72
0.11	0.08	-0.19	-0.14	0.19	0.02	0.19
0.05	0.03	-0.05	-0.06	0.07	0.02	0.13
4.53	1.76	-3.74	-3.56	4.39	1.82	8.72

4—25 按地区分组的造纸及纸制品业

地　区	企业单位数（个）	亏损企业	工业总产值（1990年不变价格）	工业总产值（当年价格）	工业销售产值（当年价格）
全　国	**5027**	**1064**	**1603.29**	**1804.28**	**1760.13**
北　京	90	24	18.45	19.88	19.38
天　津	166	28	28.29	33.04	32.44
河　北	283	61	80.87	92.08	89.47
山　西	33	7	4.01	4.26	4.10
内蒙古	16	2	7.95	10.03	9.15
辽　宁	115	35	26.86	30.49	30.15
吉　林	59	20	17.22	18.84	18.21
黑龙江	72	20	31.80	36.05	35.54
上　海	204	43	62.97	70.88	69.20
江　苏	352	74	201.57	222.63	220.89
浙　江	563	75	200.40	207.59	201.26
安　徽	91	26	22.27	21.79	20.84
福　建	297	85	79.77	92.64	89.32
江　西	83	21	12.21	14.86	14.66
山　东	398	53	237.73	273.54	267.87
河　南	480	51	80.41	106.28	103.41
湖　北	214	37	53.05	58.08	56.44
湖　南	177	42	42.76	51.87	51.28
广　东	738	182	269.87	293.55	286.19
广　西	95	36	26.88	29.23	28.02
海　南	14	6	1.07	1.39	1.33
重　庆	46	10	7.52	9.11	8.80
四　川	159	37	42.35	47.37	46.07
贵　州	28	10	3.08	3.60	3.18
云　南	53	17	11.69	18.92	19.25
西　藏	0	0	0.00	0.00	0.00
陕　西	85	29	12.95	14.28	12.84
甘　肃	77	18	5.39	5.66	5.16
青　海	2	1	0.39	0.36	0.33
宁　夏	16	7	8.91	10.30	9.76
新　疆	21	7	4.61	5.65	5.60

工业企业主要经济指标(2001 年)

单位:亿元

工业增加值(当年价格)	资产合计	流动资产小计	应收帐款净额	流动资产年平均余额	固定资产原价	生产经营用
474.87	**2709.75**	**1076.11**	**316.60**	**1074.15**	**1617.79**	**1407.90**
6.22	29.31	12.44	3.82	12.36	16.13	12.30
5.92	56.49	17.53	4.45	16.92	41.16	16.35
25.93	96.40	37.71	9.99	38.07	64.59	53.31
1.38	11.03	3.99	0.77	3.83	5.96	5.07
3.79	11.53	4.48	1.06	4.22	8.29	7.69
6.84	82.58	40.74	10.22	39.21	47.19	33.19
5.78	68.46	25.54	8.01	24.73	26.18	18.61
8.00	132.96	44.32	17.17	39.88	68.37	56.48
17.68	87.44	41.90	17.48	40.47	52.97	43.36
50.16	375.65	112.89	35.37	136.46	277.85	266.36
46.76	232.14	112.44	35.54	112.63	133.97	126.76
6.07	34.69	14.89	3.47	13.33	18.31	15.83
24.95	161.42	63.13	19.15	66.00	106.26	93.00
4.78	39.83	17.34	6.61	16.99	16.19	14.17
82.03	423.34	178.95	40.31	175.96	207.59	184.28
34.02	103.09	42.82	10.67	42.39	63.78	51.77
19.06	59.25	27.31	7.25	23.23	24.07	16.97
15.34	69.56	30.95	7.24	26.43	39.91	32.65
69.99	327.56	140.42	49.74	138.13	216.51	199.82
6.21	74.07	17.18	4.54	17.68	54.16	50.25
0.43	1.62	0.69	0.29	0.78	0.86	0.64
1.87	14.73	5.80	1.94	5.73	6.12	5.69
13.41	72.42	27.92	7.45	26.30	38.46	32.25
1.08	6.18	3.11	1.19	3.07	3.63	3.04
7.04	50.51	15.69	4.41	16.12	35.18	32.06
0.00	0.00	0.00	0.00	0.00	0.00	0.00
3.97	27.99	12.11	2.74	11.70	14.67	12.69
1.66	8.03	3.34	0.65	3.40	5.44	3.77
0.04	0.85	0.20	0.01	0.21	0.44	0.39
2.53	30.19	11.39	3.77	10.42	12.04	10.83
1.95	20.42	8.86	1.29	7.50	11.50	8.29

4—25 续表 1

地　区	固定资产小计	累计折旧	本年折旧	固定资产净值	固定资产净值年平均余额
全　国	**1374.47**	**382.63**	**76.46**	**1235.17**	**1179.21**
北　京	12.45	4.24	0.72	11.89	11.52
天　津	36.10	7.86	0.87	33.29	32.88
河　北	52.99	17.84	2.59	46.75	45.75
山　西	6.08	0.84	0.08	5.11	5.03
内蒙古	5.78	2.97	0.39	5.31	5.15
辽　宁	36.46	11.92	1.41	35.27	33.30
吉　林	32.20	9.25	0.75	16.94	18.26
黑龙江	61.47	11.12	2.09	57.25	54.44
上　海	38.93	16.37	3.61	36.60	37.20
江　苏	240.92	40.98	12.12	236.87	226.64
浙　江	103.62	35.47	7.56	98.50	96.10
安　徽	16.25	6.31	0.80	12.01	11.90
福　建	83.16	27.67	5.65	78.59	69.12
江　西	15.91	3.67	0.43	12.52	12.47
山　东	194.44	47.69	12.29	159.90	138.41
河　南	52.13	17.31	3.19	46.47	47.81
湖　北	25.77	5.48	0.88	18.59	17.14
湖　南	26.86	13.62	1.83	26.30	24.95
广　东	165.68	57.87	12.08	158.64	156.85
广　西	51.09	10.96	1.74	43.20	43.78
海　南	0.75	0.30	0.05	0.57	0.53
重　庆	5.54	2.10	0.25	4.02	4.49
四　川	33.85	11.09	1.75	27.37	27.01
贵　州	2.40	1.44	0.36	2.18	2.05
云　南	29.70	7.03	1.09	28.15	25.19
西　藏	0.00	0.00	0.00	0.00	0.00
陕　西	12.74	3.13	0.66	11.55	10.81
甘　肃	4.00	1.60	0.20	3.84	3.88
青　海	0.64	0.09	0.01	0.36	0.34
宁　夏	17.44	2.75	0.54	9.29	8.33
新　疆	9.13	3.66	0.45	7.84	7.90

单位:亿元

负债合计	流动负债小计	所有者权益合计	实收资本			
				国家资本	港澳台资本	外商资本
1733.11	**1177.61**	**976.64**	**717.00**	**193.55**	**95.28**	**165.22**
15.91	13.98	13.40	10.18	0.62	1.14	4.54
25.59	20.29	30.90	10.38	5.05	0.81	2.02
64.60	47.06	31.81	24.17	10.08	0.49	0.91
8.81	5.53	2.23	1.81	0.95	0.00	0.00
7.43	5.41	4.11	3.34	1.70	0.03	0.00
55.70	47.98	26.89	15.36	8.23	1.27	1.27
47.78	28.28	20.67	12.93	8.81	0.00	0.34
86.33	49.63	46.62	35.29	27.60	0.36	1.22
48.66	37.69	38.78	32.47	1.20	2.78	19.50
275.56	171.20	100.09	119.47	11.46	4.88	89.69
138.18	108.48	93.96	60.67	4.90	5.30	15.31
26.18	19.54	8.51	7.24	3.34	0.00	0.21
84.85	57.27	76.57	54.96	12.93	17.38	4.38
29.72	21.72	10.11	6.95	4.41	0.48	0.06
262.42	166.29	160.93	77.06	23.81	2.82	10.94
62.41	42.99	40.68	30.82	6.45	0.76	0.27
32.67	23.60	26.58	16.38	2.19	1.22	1.39
38.70	26.35	30.85	21.65	13.42	3.46	0.78
209.67	153.61	117.89	104.44	16.20	48.78	10.79
52.84	24.34	21.22	20.22	15.62	0.70	0.15
1.40	1.08	0.22	0.36	0.18	0.07	0.00
7.90	5.88	6.82	4.54	0.83	0.06	0.00
50.88	36.17	21.54	14.39	3.16	2.21	0.61
5.67	4.66	0.50	1.04	0.50	0.01	0.00
32.17	16.57	18.34	15.30	2.07	0.24	0.69
0.00	0.00	0.00	0.00	0.00	0.00	0.00
20.96	14.02	7.03	7.36	3.34	0.00	0.13
6.26	4.83	1.77	1.40	0.20	0.04	0.00
0.63	0.27	0.22	0.11	0.10	0.00	0.00
20.99	13.80	9.20	2.39	1.34	0.00	0.01
12.24	9.09	8.18	4.33	2.85	0.00	0.00

4—25续表2

地　区	产品销售收入	产品销售成本	产品销售费用	产品销售税金及附加	产品销售利润
全　国	**1685.40**	**1428.47**	**62.79**	**8.25**	**185.84**
北　京	18.94	15.05	0.64	0.02	3.23
天　津	30.08	25.82	1.16	0.08	3.03
河　北	82.93	68.97	2.24	0.52	11.20
山　西	3.12	2.75	0.10	0.03	0.24
内蒙古	8.80	7.57	0.26	0.05	0.93
辽　宁	28.48	23.51	1.09	0.16	3.72
吉　林	16.84	14.33	0.35	0.08	2.08
黑龙江	32.83	27.64	1.37	0.19	3.62
上　海	69.98	56.44	4.60	0.11	8.83
江　苏	214.38	183.37	8.72	0.64	21.64
浙　江	197.12	170.39	4.01	1.33	21.39
安　徽	19.82	16.92	0.54	0.10	2.25
福　建	89.06	77.97	2.35	0.57	8.13
江　西	13.44	11.39	0.54	0.09	1.42
山　东	254.76	209.24	10.89	1.01	33.63
河　南	93.28	79.49	3.00	0.76	10.04
湖　北	50.92	43.03	3.01	0.49	4.39
湖　南	48.21	41.41	1.67	0.31	4.82
广　东	275.14	236.61	11.45	0.88	26.19
广　西	27.27	24.88	0.79	0.14	1.46
海　南	1.18	1.09	0.02	0.00	0.07
重　庆	8.70	7.60	0.33	0.04	0.72
四　川	43.53	36.42	1.70	0.27	5.14
贵　州	3.21	2.78	0.14	0.02	0.27
云　南	19.29	15.15	0.55	0.09	3.50
西　藏	0.00	0.00	0.00	0.00	0.00
陕　西	12.15	10.16	0.63	0.12	1.25
甘　肃	4.46	3.83	0.14	0.04	0.45
青　海	0.17	0.16	0.00	0.00	0.00
宁　夏	11.64	9.85	0.19	0.07	1.54
新　疆	5.66	4.65	0.30	0.03	0.67

单位:亿元

管理费用	利息支出	营业利润	利润总额	亏损企业亏损总额	本年应交增值税	全部从业人员平均人数（万人）
90.77	**46.06**	**55.61**	**62.04**	**27.79**	**71.74**	**113.81**
1.85	0.37	1.22	2.12	0.31	0.96	1.14
1.67	0.01	1.04	0.77	1.13	1.19	2.02
3.94	1.62	5.69	5.73	0.81	3.52	7.16
0.21	0.06	0.01	−0.02	0.12	0.15	0.62
0.59	0.24	0.12	0.31	0.00	0.55	0.97
2.87	0.99	1.61	0.88	0.27	1.45	3.80
2.06	0.73	−0.98	−0.40	0.92	1.02	2.53
3.24	2.04	−0.65	−0.02	1.15	1.97	3.76
5.40	1.01	2.86	3.75	1.17	3.31	2.52
10.83	11.00	1.05	1.59	3.38	7.68	7.50
8.06	4.88	8.93	9.84	0.70	8.77	8.73
1.52	0.49	0.31	0.47	0.43	0.87	2.21
4.48	1.53	2.12	3.26	3.08	4.12	4.92
0.99	0.82	−0.77	−0.76	1.16	0.62	1.74
12.74	5.18	16.91	17.92	1.29	11.99	19.27
2.63	1.95	5.40	5.43	0.69	3.37	10.44
2.57	0.75	1.63	1.75	0.47	2.17	3.94
2.75	0.78	1.81	2.01	0.32	2.34	3.74
13.72	6.10	6.33	5.91	4.60	8.40	11.83
1.71	1.84	−2.05	−2.35	2.80	1.59	2.76
0.07	0.04	−0.04	−0.19	0.23	0.05	0.09
0.58	0.21	−0.06	0.48	0.14	0.33	0.73
2.51	1.68	1.21	1.44	0.53	2.33	4.37
0.24	0.11	−0.08	−0.08	0.13	0.28	0.52
1.48	0.53	1.04	1.20	1.21	1.21	1.32
0.00	0.00	0.00	0.00	0.00	0.00	0.00
0.58	0.39	0.28	0.12	0.33	0.37	1.91
0.24	0.17	0.04	0.06	0.11	0.21	1.10
0.02	0.00	0.00	0.01	0.00	0.01	0.06
0.63	0.28	0.66	0.56	0.10	0.51	1.33
0.57	0.25	−0.02	0.24	0.22	0.40	0.77

4—26 按地区分组的石油加工及炼焦业

地区	企业单位数（个）	亏损企业	工业总产值（1990年不变价格）	工业总产值（当年价格）	工业销售产值（当年价格）
全国	**1027**	**229**	**2007.81**	**4587.76**	**4549.59**
北京	36	10	112.17	240.02	241.85
天津	29	7	32.07	69.39	65.02
河北	64	11	54.35	146.04	147.21
山西	206	39	66.70	90.47	84.58
内蒙古	9	1	8.60	26.06	25.92
辽宁	90	21	252.19	729.07	711.20
吉林	16	7	15.01	50.71	50.84
黑龙江	41	12	160.45	373.46	366.50
上海	37	6	181.95	357.39	358.29
江苏	81	17	237.94	265.65	265.36
浙江	21	3	68.56	230.60	228.31
安徽	10	3	27.22	68.61	68.98
福建	10	2	24.49	76.52	76.25
江西	11	3	24.47	70.27	70.12
山东	85	16	161.07	376.61	375.16
河南	55	9	66.64	136.27	138.37
湖北	18	4	46.70	145.37	144.69
湖南	11	5	58.34	137.50	141.62
广东	49	10	202.25	466.44	467.98
广西	9	3	4.12	15.47	15.39
海南	1	0	1.69	3.23	2.31
重庆	6	1	2.39	2.53	2.44
四川	16	3	6.36	6.50	6.37
贵州	7	3	0.20	0.19	0.17
云南	10	3	1.46	1.71	1.65
西藏	0	0	0.00	0.00	0.00
陕西	35	13	22.56	75.52	73.01
甘肃	35	6	70.57	189.81	184.47
青海	0	0	0.00	0.00	0.00
宁夏	8	3	7.09	21.21	21.40
新疆	21	8	90.21	215.14	214.14

工业企业主要经济指标(2001 年)

单位:亿元

工业增加值（当年价格）	资产合计	流动资产小计		流动资产年平均余额	固定资产原价	
			应收帐款净额			生产经营用
883.30	**3941.22**	**1259.80**	**208.61**	**1362.99**	**3605.28**	**3229.63**
31.77	276.43	88.57	23.88	106.36	280.08	247.05
8.51	51.35	19.94	3.32	9.87	35.94	32.61
15.26	172.05	52.67	11.49	48.96	133.24	112.28
29.40	186.19	82.39	20.46	78.83	100.59	86.80
3.33	19.10	6.87	1.75	7.30	16.33	15.81
112.39	528.53	148.98	15.84	148.32	531.56	508.95
14.41	32.50	12.07	2.70	12.61	31.48	26.98
71.25	326.12	99.50	9.83	100.96	379.02	361.88
68.73	358.34	89.94	15.30	111.57	324.67	279.47
55.39	178.38	66.18	16.43	67.31	154.70	141.63
37.28	122.34	33.12	6.14	51.51	109.27	104.21
10.05	54.36	13.22	1.35	17.42	73.60	72.76
13.97	42.15	13.59	1.82	13.96	44.49	41.74
16.45	54.99	14.60	4.36	17.84	55.13	54.87
101.21	263.60	109.24	20.50	114.69	210.08	181.55
23.26	123.17	29.23	2.83	39.51	110.00	99.85
21.84	85.81	32.74	7.16	44.18	85.75	80.93
30.48	128.84	49.28	3.96	53.89	101.37	96.13
90.14	393.86	105.14	13.75	126.21	380.93	251.74
4.33	6.66	3.08	0.64	3.13	5.90	5.83
1.14	1.39	0.73	0.00	0.61	0.67	0.67
0.55	2.79	1.73	0.25	1.65	1.60	1.57
1.47	12.66	5.68	1.15	5.35	6.04	4.84
0.07	0.39	0.13	0.01	0.12	0.25	0.14
0.71	3.42	1.09	0.27	1.18	2.05	1.81
0.00	0.00	0.00	0.00	0.00	0.00	0.00
19.13	62.86	26.03	8.81	25.38	39.14	36.77
56.39	163.59	45.45	7.95	42.22	151.55	145.57
0.00	0.00	0.00	0.00	0.00	0.00	0.00
4.11	23.09	7.37	0.96	9.14	13.77	12.91
40.26	266.24	101.25	5.72	102.89	226.10	222.27

4—26 续表 1

地 区	固定资产小计	累计折旧	本年折旧	固定资产净值	固定资产净值年平均余额
全 国	**2424.08**	**1422.57**	**194.19**	**2182.70**	**2158.36**
北 京	170.06	133.04	9.89	147.04	119.89
天 津	27.10	9.92	2.54	26.01	26.49
河 北	106.84	39.01	7.89	94.23	78.12
山 西	89.28	25.70	4.95	74.89	71.13
内蒙古	11.84	6.15	0.97	10.18	9.97
辽 宁	358.90	205.52	29.79	326.04	327.05
吉 林	18.71	13.11	1.68	18.37	18.84
黑龙江	219.39	164.32	19.59	214.70	217.82
上 海	218.04	156.85	17.37	167.82	160.58
江 苏	93.82	74.55	6.23	80.15	81.36
浙 江	78.20	41.45	8.94	67.82	67.83
安 徽	40.87	35.43	4.12	38.18	37.88
福 建	23.80	20.70	2.68	23.79	27.09
江 西	38.02	20.03	3.10	35.10	36.13
山 东	138.49	93.77	11.64	116.31	119.08
河 南	81.40	32.17	6.52	77.83	81.51
湖 北	46.54	39.53	6.22	46.22	43.85
湖 南	74.18	38.23	5.28	63.14	62.03
广 东	271.25	120.84	19.22	260.09	271.62
广 西	3.46	2.45	0.37	3.44	3.59
海 南	0.62	0.05	0.04	0.62	0.59
重 庆	1.04	0.69	0.09	0.92	0.95
四 川	5.39	1.59	0.31	4.45	4.53
贵 州	0.23	0.02	0.02	0.23	0.20
云 南	1.75	0.38	0.11	1.67	1.73
西 藏	0.00	0.00	0.00	0.00	0.00
陕 西	31.21	11.03	2.79	28.10	28.72
甘 肃	103.26	52.40	6.85	99.15	104.25
青 海	0.00	0.00	0.00	0.00	0.00
宁 夏	12.29	3.75	0.64	10.01	6.36
新 疆	158.08	79.90	14.36	146.19	149.19

单位：亿元

负债合计	流动负债小计	所有者权益合计	实收资本	国家资本	港澳台资本	外商资本
2219.28	**1450.05**	**1717.40**	**1001.11**	**370.54**	**38.86**	**35.97**
153.40	108.66	123.03	63.93	9.63	0.02	10.29
28.33	19.68	23.02	19.91	11.95	0.00	5.72
113.49	74.85	58.56	47.67	13.36	0.01	0.09
130.73	97.37	50.91	35.85	7.80	0.60	1.84
11.26	7.86	7.84	7.70	5.52	0.00	0.00
257.07	187.71	271.46	132.95	107.62	2.46	2.29
14.33	10.24	18.17	8.06	7.59	0.00	0.07
178.20	122.30	147.92	17.90	6.29	0.10	0.00
153.97	92.68	204.36	136.30	40.29	23.51	0.96
96.55	75.58	81.83	63.57	6.39	1.57	6.17
37.22	24.92	85.12	31.79	1.39	7.27	3.87
46.84	38.63	7.52	11.26	10.87	0.00	0.05
15.40	8.00	26.75	25.56	22.31	0.13	1.99
39.48	22.19	15.51	11.65	11.42	0.00	0.00
169.68	97.55	93.92	83.32	9.38	0.33	0.34
94.91	30.66	28.26	20.66	0.56	1.32	0.00
42.57	31.00	43.24	16.20	8.60	0.00	0.28
98.82	56.08	30.02	8.95	7.08	0.02	0.00
181.93	96.87	211.93	118.40	0.31	1.33	2.00
2.96	2.32	3.70	2.52	2.47	0.02	0.00
0.81	0.61	0.58	0.05	0.03	0.00	0.00
0.99	0.91	1.80	1.67	0.03	0.00	0.00
7.41	4.90	5.25	2.46	0.15	0.00	0.00
0.23	0.14	0.16	0.15	0.11	0.00	0.00
2.31	1.42	1.11	1.14	0.13	0.00	0.00
0.00	0.00	0.00	0.00	0.00	0.00	0.00
49.37	34.80	13.49	7.32	4.99	0.15	0.01
108.56	70.25	55.03	49.93	2.77	0.00	0.00
0.00	0.00	0.00	0.00	0.00	0.00	0.00
15.39	10.88	7.69	5.19	4.96	0.00	0.00
167.05	120.99	99.20	69.05	66.56	0.02	0.00

4—26续表2

地 区	产品销售收入	产品销售成本	产品销售费用	产品销售税金及附加	产品销售利润
全 国	**4629.34**	**4186.30**	**57.94**	**195.07**	**190.02**
北 京	268.49	245.52	4.45	8.10	10.42
天 津	66.42	60.03	1.61	2.33	2.44
河 北	148.75	133.95	1.09	7.50	6.21
山 西	84.58	61.85	13.27	1.36	8.10
内蒙古	25.85	24.28	0.30	1.39	—0.12
辽 宁	745.27	680.85	5.64	30.74	28.03
吉 林	49.68	44.37	0.11	3.88	1.33
黑龙江	367.47	328.08	1.21	19.14	19.04
上 海	359.33	319.29	5.36	13.45	21.23
江 苏	271.78	246.77	3.49	8.44	13.08
浙 江	232.05	202.66	3.58	10.29	15.51
安 徽	69.05	63.22	0.69	3.92	1.23
福 建	74.37	64.32	1.03	4.16	4.86
江 西	69.37	64.40	0.37	3.91	0.68
山 东	388.32	360.91	2.15	14.36	10.91
河 南	132.04	123.09	1.70	5.87	1.38
湖 北	146.96	136.92	0.37	7.22	2.45
湖 南	123.08	112.83	0.70	6.33	3.22
广 东	496.82	458.55	4.24	16.57	17.46
广 西	15.13	12.44	0.19	0.95	1.54
海 南	2.31	1.90	0.01	0.00	0.40
重 庆	2.48	2.02	0.11	0.01	0.35
四 川	6.12	5.22	0.16	0.05	0.70
贵 州	0.20	0.15	0.03	0.00	0.02
云 南	1.49	1.31	0.07	0.02	0.09
西 藏	0.00	0.00	0.00	0.00	0.00
陕 西	72.92	62.22	0.73	5.12	4.85
甘 肃	167.39	153.96	1.07	6.94	5.42
青 海	0.00	0.00	0.00	0.00	0.00
宁 夏	21.52	19.26	0.43	1.71	0.12
新 疆	220.08	195.93	3.80	11.30	9.06

单位:亿元

管理费用	利息支出	营业利润	利润总额	亏损企业亏损总额	本年应交增值税	全部从业人员平均人数(万人)
184.53	**58.21**	**−37.87**	**−12.05**	**64.07**	**150.39**	**59.20**
19.63	2.90	−12.16	−7.42	7.99	6.89	4.05
1.69	0.19	−0.22	0.22	2.18	1.36	0.50
7.95	3.32	−4.98	−2.40	4.10	4.44	2.74
4.87	2.69	1.36	2.00	1.03	6.92	8.36
0.85	0.31	−1.23	0.28	0.00	0.54	0.42
20.67	6.77	2.55	2.01	6.98	22.68	6.07
1.35	0.11	−0.13	−0.16	0.25	1.39	0.88
13.83	3.40	0.53	0.71	3.06	11.90	4.37
16.13	4.21	2.06	2.97	0.04	14.29	1.30
13.45	2.74	−2.52	−2.17	5.78	8.17	3.31
6.92	1.50	7.05	7.41	0.44	5.48	1.25
2.92	1.83	−2.97	−3.14	3.22	3.23	0.88
2.11	0.69	2.05	2.36	0.36	0.52	0.32
3.25	0.92	−1.48	−1.74	1.87	3.50	0.82
11.30	4.43	−2.14	−1.06	5.88	12.42	7.61
4.65	3.88	−5.17	−3.81	4.48	4.63	1.62
4.53	1.22	−2.55	−2.32	2.53	5.69	1.15
5.95	2.60	−4.57	−2.79	3.14	5.75	2.10
17.77	4.83	−3.03	−2.99	4.69	12.43	3.84
0.63	0.17	0.75	0.73	0.01	1.54	0.19
0.04	0.01	0.36	0.48	0.00	0.15	0.01
0.29	0.01	0.07	0.07	0.00	0.12	0.12
0.31	0.27	0.21	0.28	0.01	0.32	0.62
0.02	0.00	−0.01	−0.01	0.01	0.02	0.03
0.16	0.05	−0.04	0.00	0.08	0.14	0.18
0.00	0.00	0.00	0.00	0.00	0.00	0.00
2.37	1.55	1.02	0.95	0.34	3.50	1.33
9.82	4.69	−9.33	0.00	0.56	5.03	2.66
0.00	0.00	0.00	0.00	0.00	0.00	0.00
1.01	0.50	−1.40	−1.30	1.43	0.76	0.59
10.04	2.40	−1.96	−1.22	3.60	6.59	1.86

4—27 按地区分组的化学原料及化学制品制造业

地　区	企业单位数（个）	亏损企业	工业总产值（1990年不变价格）	工业总产值（当年价格）	工业销售产值（当年价格）
全　国	**12031**	**2646**	**6156.48**	**6303.66**	**6130.17**
北　京	281	60	130.78	129.49	125.34
天　津	531	95	256.02	325.73	320.29
河　北	619	108	285.03	265.65	257.87
山　西	268	59	99.17	104.02	101.87
内蒙古	100	20	46.58	44.75	43.64
辽　宁	425	152	270.95	296.66	290.14
吉　林	180	49	177.59	196.65	193.13
黑龙江	167	40	48.52	59.07	57.53
上　海	705	130	423.34	448.74	443.96
江　苏	1874	348	1055.99	1132.13	1096.31
浙　江	843	104	545.52	439.40	428.24
安　徽	284	79	125.47	119.23	115.10
福　建	268	63	124.61	106.92	106.52
江　西	210	53	64.14	62.65	61.31
山　东	913	104	580.43	633.28	621.13
河　南	698	124	199.84	235.84	231.98
湖　北	488	104	210.53	204.89	200.49
湖　南	396	122	128.46	142.94	141.26
广　东	1058	256	719.96	678.11	629.54
广　西	255	96	79.45	86.89	84.03
海　南	42	17	15.41	15.66	15.74
重　庆	152	42	81.84	79.37	75.80
四　川	394	91	177.29	172.92	171.56
贵　州	178	85	66.05	62.87	61.15
云　南	194	82	100.54	103.08	101.81
西　藏	9	1	0.03	0.11	0.11
陕　西	143	72	56.42	59.07	57.93
甘　肃	209	45	30.05	34.25	34.51
青　海	26	10	11.59	13.25	12.50
宁　夏	52	19	27.44	30.29	30.19
新　疆	69	16	17.43	19.76	19.20

工业企业主要经济指标(2001 年)

单位:亿元

工业增加值（当年价格）	资产合计	流动资产小计	应收帐款净额	流动资产年平均余额	固定资产原价	生产经营用
1601.27	**9039.36**	**3615.41**	**907.77**	**3589.02**	**6027.42**	**5286.27**
39.12	264.35	81.26	14.17	81.67	160.37	145.67
59.62	464.25	145.04	33.82	150.93	381.89	332.04
67.29	402.32	167.86	38.83	168.46	229.94	188.93
30.00	265.44	100.54	26.10	100.20	167.26	132.55
18.46	127.91	43.75	12.06	41.28	86.38	79.18
55.25	627.33	202.41	38.16	189.90	519.38	462.87
45.58	482.46	144.21	27.09	162.55	359.76	328.29
13.50	94.46	41.16	10.79	36.68	62.20	50.76
118.00	610.25	304.30	100.35	304.71	358.30	308.21
256.40	1042.07	457.96	130.00	462.42	685.92	612.66
103.68	432.35	220.17	60.11	207.28	221.59	200.48
32.58	173.37	65.75	18.14	65.77	113.63	107.11
23.50	195.13	61.35	13.30	62.12	148.78	134.78
18.29	122.41	43.45	12.58	44.36	71.26	54.76
182.85	717.08	280.83	59.62	272.89	530.25	470.49
59.43	350.29	127.76	27.21	125.22	252.56	215.01
62.91	273.13	114.41	29.33	118.38	173.55	142.40
36.04	252.44	92.75	24.80	81.39	199.79	179.73
183.07	716.10	381.04	104.29	374.60	356.20	302.79
23.15	145.13	52.19	11.24	50.59	92.34	78.28
5.23	34.04	12.88	2.36	17.33	26.65	25.41
26.45	144.15	56.84	19.15	56.56	102.79	92.47
52.99	320.15	126.03	23.59	125.59	218.22	193.13
16.79	126.53	58.15	15.14	55.07	67.60	50.20
25.80	266.71	100.63	22.06	99.92	159.30	144.51
0.06	0.25	0.12	0.08	0.10	0.16	0.12
16.02	147.76	40.09	11.17	38.30	112.32	101.08
9.67	88.87	36.10	9.86	39.25	56.66	49.89
5.63	46.65	19.90	3.41	16.91	28.32	24.00
7.74	64.64	20.36	4.59	23.18	59.07	55.26
6.16	41.35	16.16	4.37	15.41	24.97	23.19

4—27 续表 1

地　区	固定资产小计	累计折旧	本年折旧	固定资产净值	固定资产净值年平均余额
全　国	**4478.44**	**2083.53**	**297.07**	**3943.89**	**3886.10**
北　京	126.16	45.75	9.51	114.62	117.55
天　津	281.19	118.24	20.54	263.65	235.44
河　北	181.12	74.82	10.73	155.12	152.94
山　西	139.67	56.33	5.60	110.93	106.06
内蒙古	70.68	18.15	3.93	68.23	69.20
辽　宁	371.87	186.78	19.54	332.61	326.19
吉　林	293.25	90.02	13.48	269.74	275.80
黑龙江	47.61	17.84	2.59	44.35	41.69
上　海	229.75	147.12	20.54	211.17	215.61
江　苏	494.56	279.26	42.19	406.66	405.36
浙　江	169.76	73.91	13.65	147.68	138.94
安　徽	91.98	40.15	4.62	73.48	72.14
福　建	116.12	38.95	9.79	109.83	107.77
江　西	60.60	19.44	2.49	51.83	50.74
山　东	377.08	196.99	27.98	333.26	324.13
河　南	197.36	88.30	10.58	164.27	160.52
湖　北	125.34	63.11	8.13	110.44	111.70
湖　南	134.55	79.85	7.11	119.94	121.15
广　东	262.40	118.29	21.03	237.90	238.33
广　西	72.54	25.53	3.85	66.81	70.19
海　南	18.90	7.31	1.44	19.34	25.48
重　庆	68.35	45.74	5.89	57.05	61.32
四　川	153.57	85.78	9.39	132.44	129.00
贵　州	56.23	26.18	3.32	41.42	42.09
云　南	121.85	53.57	7.05	105.73	98.66
西　藏	0.13	0.03	0.01	0.13	0.12
陕　西	92.20	28.86	4.05	83.46	75.64
甘　肃	41.90	19.04	1.95	37.62	38.87
青　海	23.74	8.57	1.30	19.76	18.22
宁　夏	38.94	21.83	3.18	37.23	37.67
新　疆	19.05	7.78	1.63	17.19	17.57

单位:亿元

负债合计		所有者权益合计				
	流动负债小计		实收资本			
				国家资本	港澳台资本	外商资本
5501.46	**3743.63**	**3490.91**	**2434.64**	**833.54**	**113.05**	**361.76**
186.20	79.20	78.15	46.79	17.37	2.51	6.91
282.25	151.07	139.36	122.10	24.14	3.32	25.78
270.37	180.59	131.95	84.02	49.47	1.31	1.60
165.67	109.31	95.31	63.47	41.05	0.04	0.27
75.83	46.03	52.08	44.81	32.91	0.03	0.07
367.19	235.20	260.13	170.70	110.49	3.28	6.85
288.62	196.11	193.85	162.04	6.68	1.50	5.40
63.46	41.04	31.00	24.03	14.22	0.73	0.16
282.63	234.58	327.62	246.17	37.56	18.86	103.69
655.27	509.54	386.80	279.92	58.79	10.33	82.33
250.93	206.60	181.42	100.50	23.57	4.06	19.50
116.71	75.71	56.66	44.81	29.93	0.95	3.77
131.40	71.17	63.74	38.28	17.26	5.54	6.10
84.08	56.74	38.45	29.48	19.58	0.34	0.24
421.09	283.75	295.99	147.44	40.74	2.79	14.11
243.07	169.47	107.22	88.23	36.65	0.66	0.56
163.20	106.92	109.94	68.78	32.50	2.23	3.33
168.33	108.20	84.10	73.11	32.61	1.08	1.90
398.85	315.82	317.25	189.23	28.34	46.47	59.58
85.59	57.37	59.54	37.34	24.36	1.08	3.05
18.27	5.49	15.77	9.80	5.74	0.11	0.58
91.37	64.44	52.78	37.35	14.65	0.87	4.30
187.22	121.65	132.93	87.16	28.69	2.94	5.45
79.16	52.09	47.37	34.56	19.43	0.14	1.33
165.34	111.25	101.37	68.81	29.15	0.62	4.47
0.18	0.12	0.07	0.04	0.02	0.00	0.00
112.87	50.88	34.89	38.28	14.10	0.33	0.13
56.86	43.33	32.01	48.44	12.09	0.59	0.00
26.23	14.56	20.41	13.74	6.13	0.19	0.00
40.59	28.07	24.05	19.82	14.31	0.06	0.05
22.64	17.35	18.71	15.41	11.01	0.10	0.25

4—27 续表 2

地　区	产品销售收入	产品销售成本	产品销售费用	产品销售税金及附加	产品销售利润
全　国	**6033.80**	**5040.14**	**296.43**	**48.63**	**648.48**
北　京	125.13	103.87	6.31	1.29	13.67
天　津	334.49	296.50	7.73	5.33	24.93
河　北	238.78	198.32	10.47	1.19	28.80
山　西	98.74	80.33	4.13	0.58	13.70
内蒙古	38.93	31.77	1.91	0.21	5.04
辽　宁	294.95	264.38	7.34	3.76	19.47
吉　林	198.11	182.26	2.74	5.04	8.07
黑龙江	56.50	49.67	1.44	1.31	4.08
上　海	461.32	356.42	37.58	3.09	64.23
江　苏	1058.24	917.49	33.53	8.38	98.85
浙　江	454.72	370.37	21.16	2.60	60.59
安　徽	109.68	94.63	4.61	0.42	10.04
福　建	107.41	90.47	8.23	0.52	8.20
江　西	55.32	46.18	2.83	0.31	6.00
山　东	585.86	496.55	16.02	2.66	70.63
河　南	208.48	180.93	7.10	1.04	19.40
湖　北	193.61	164.36	10.65	1.47	17.12
湖　南	133.45	115.09	5.55	0.89	11.92
广　东	641.90	477.43	74.06	4.58	85.83
广　西	82.54	68.78	4.10	0.43	9.23
海　南	15.45	12.26	0.87	0.10	2.22
重　庆	73.22	54.85	6.23	0.50	11.65
四　川	166.06	134.86	7.96	0.95	22.17
贵　州	54.35	44.80	2.78	0.26	6.50
云　南	100.79	84.80	4.78	0.56	10.65
西　藏	0.11	0.08	0.00	0.00	0.02
陕　西	55.81	46.08	2.54	0.25	6.95
甘　肃	30.60	28.35	0.98	0.32	0.95
青　海	10.35	6.52	0.92	0.27	2.65
宁　夏	29.52	26.26	1.04	0.16	2.06
新　疆	19.37	15.50	0.84	0.18	2.85

单位:亿元

管理费用	利息支出	营业利润	利润总额	亏损企业亏损总额	本年应交增值税	全部从业人员平均人数（万人）
439.41	**122.63**	**103.68**	**159.78**	**130.99**	**238.81**	**318.57**
11.96	2.60	0.03	−0.71	9.03	6.17	4.48
23.63	0.35	−5.37	−1.81	12.55	13.39	10.99
16.87	6.76	6.25	7.60	4.01	8.81	17.44
9.51	3.16	1.32	1.86	2.08	5.00	12.78
3.17	1.99	−0.02	0.98	1.41	2.26	4.23
22.76	7.02	−9.36	−7.33	14.91	11.17	16.54
26.81	9.82	−28.77	−9.32	11.62	7.49	9.32
3.65	0.88	0.06	0.84	0.86	2.17	4.13
43.88	6.12	17.18	20.68	8.53	19.68	11.36
60.60	16.57	23.40	26.93	12.37	38.17	38.44
28.73	6.24	29.16	32.89	1.18	18.02	15.71
7.09	2.13	1.20	2.38	0.92	3.86	9.62
7.03	4.81	−3.16	−6.15	9.48	4.75	5.37
4.30	1.67	0.22	0.70	1.16	2.24	5.38
29.78	10.76	31.21	31.91	2.61	20.65	31.11
12.16	5.91	1.85	3.13	4.52	6.54	20.16
13.96	4.32	0.48	0.81	5.58	5.97	14.75
14.07	2.78	−4.28	1.18	2.80	4.62	12.63
40.64	7.59	39.13	37.91	7.78	29.07	15.06
6.77	1.98	1.45	3.47	1.75	3.60	6.29
1.00	1.18	1.40	1.73	0.53	0.82	0.60
7.04	2.63	2.75	2.93	1.58	3.99	6.45
15.49	4.55	2.64	4.81	1.87	7.02	14.99
4.26	1.15	1.23	2.10	1.04	2.70	5.28
10.47	4.18	−3.54	0.71	4.11	4.15	8.46
0.01	0.00	0.01	0.41	0.00	0.01	0.02
5.50	2.36	−0.75	0.37	1.89	2.07	6.94
2.42	1.18	−2.64	−2.03	2.39	1.17	4.82
1.69	0.50	0.87	1.18	0.33	0.63	1.22
1.97	1.03	−0.90	−0.74	1.43	1.35	2.23
2.23	0.39	0.64	0.36	0.70	1.29	1.78

4—28 按地区分组的医药制造业

地 区	企业单位数（个）	亏损企业	工业总产值（1990年不变价格）	工业总产值（当年价格）	工业销售产值（当年价格）
全 国	**3488**	**829**	**2646.30**	**2040.86**	**1922.87**
北 京	134	35	68.13	63.60	58.99
天 津	99	21	78.72	74.75	72.23
河 北	166	47	220.53	141.50	137.85
山 西	81	18	29.43	27.08	23.04
内蒙古	40	8	12.32	11.91	11.92
辽 宁	132	50	88.93	61.42	54.83
吉 林	181	50	100.17	84.64	73.40
黑龙江	73	13	114.82	77.77	71.38
上 海	165	26	237.67	138.65	135.18
江 苏	261	54	174.32	182.15	176.25
浙 江	256	43	310.64	180.02	172.34
安 徽	89	30	43.32	27.92	25.46
福 建	64	17	35.17	27.44	25.22
江 西	95	25	45.71	44.53	42.04
山 东	183	27	179.52	126.50	121.94
河 南	202	50	103.66	70.81	67.83
湖 北	188	32	120.79	98.72	93.55
湖 南	101	28	37.57	32.83	32.26
广 东	232	59	260.56	207.75	191.42
广 西	109	42	47.72	40.39	38.02
海 南	40	13	22.81	23.09	21.43
重 庆	53	12	50.92	39.30	39.93
四 川	151	26	93.74	81.89	76.85
贵 州	82	22	35.22	34.23	27.48
云 南	73	17	34.72	29.88	28.38
西 藏	14	4	1.23	3.03	2.57
陕 西	135	40	69.80	81.47	75.37
甘 肃	43	9	16.23	15.81	14.66
青 海	9	2	3.60	4.25	3.76
宁 夏	8	2	4.07	3.01	2.91
新 疆	29	7	4.25	4.51	4.36

工业企业主要经济指标(2001 年)

单位:亿元

工业增加值(当年价格)	资产合计	流动资产小计	应收帐款净额	流动资产年平均余额	固定资产原价	生产经营用
722.43	**3281.05**	**1723.59**	**483.72**	**1639.92**	**1218.84**	**1041.14**
27.51	159.99	74.34	12.28	72.14	46.28	42.58
27.21	167.97	81.51	20.29	77.33	48.49	40.94
44.85	301.45	138.01	42.45	135.68	119.15	112.68
10.49	39.66	19.95	5.54	18.64	15.82	14.40
4.71	18.34	8.97	2.48	8.25	9.17	8.36
19.13	130.45	66.46	20.09	66.63	55.23	42.49
41.91	176.20	103.28	35.13	98.99	47.82	38.40
25.59	99.64	56.93	15.80	55.48	44.70	38.40
41.63	195.75	97.78	37.34	97.61	91.78	77.39
59.24	216.33	112.82	38.74	108.18	93.22	81.96
49.45	230.10	128.71	32.36	122.70	85.20	79.39
8.28	51.48	24.37	8.13	24.80	22.93	20.73
13.02	38.20	22.73	6.39	21.18	14.46	13.14
16.03	51.92	23.87	8.34	25.25	20.19	16.67
44.09	182.56	97.32	26.25	92.00	82.80	75.80
23.27	113.43	60.46	13.84	60.37	51.92	38.22
37.13	139.04	79.45	16.87	55.63	47.32	31.49
11.12	55.37	27.40	9.88	28.06	24.18	19.69
79.15	345.54	190.36	51.17	184.66	109.65	88.91
16.58	61.78	33.60	7.57	30.98	21.71	19.17
7.08	33.30	17.30	4.05	16.25	11.83	9.17
12.07	80.60	40.90	12.99	43.30	31.61	29.46
31.21	124.53	69.67	19.98	64.52	43.92	37.48
13.67	51.09	27.58	7.45	23.62	10.08	7.37
12.18	54.43	30.42	4.61	27.99	15.97	12.25
1.79	5.77	4.12	0.71	3.60	1.34	1.28
35.56	107.67	59.64	17.12	55.08	32.67	27.79
4.70	24.37	13.95	3.41	9.81	9.23	6.66
1.18	8.00	4.54	0.79	4.49	2.31	1.99
1.15	6.32	2.58	0.58	2.30	2.75	2.40
1.44	9.77	4.56	1.06	4.39	5.12	4.49

4—28续表1

地　区	固定资产小计	累计折旧	本年折旧	固定资产净值	固定资产净值年平均余额
全　国	**1030.34**	**356.89**	**63.88**	**861.94**	**842.61**
北　京	38.90	13.75	2.54	32.53	31.74
天　津	40.49	13.83	2.44	34.67	33.27
河　北	111.74	32.93	4.71	86.22	86.36
山　西	12.83	4.68	1.59	11.14	10.75
内蒙古	7.51	2.66	0.35	6.51	5.79
辽　宁	45.08	16.93	2.10	38.30	37.02
吉　林	44.66	11.24	1.88	36.58	37.98
黑龙江	37.49	12.69	1.88	32.01	25.94
上　海	71.12	29.60	6.65	62.18	62.52
江　苏	80.02	27.84	6.05	65.39	60.26
浙　江	73.78	24.12	4.93	61.08	60.41
安　徽	23.04	6.15	1.04	16.78	15.33
福　建	11.28	4.86	0.89	9.60	8.81
江　西	18.85	6.21	0.74	13.98	13.13
山　东	67.33	26.76	4.33	56.04	51.33
河　南	42.59	15.08	2.12	36.84	37.25
湖　北	37.74	15.39	4.10	31.92	38.65
湖　南	21.35	6.47	1.18	17.72	17.12
广　东	86.98	35.67	6.14	73.99	76.15
广　西	17.54	6.14	0.94	15.57	15.07
海　南	9.94	2.31	0.56	9.51	9.23
重　庆	27.07	8.72	0.87	22.89	23.55
四　川	34.81	12.47	2.25	31.44	30.47
贵　州	8.83	2.52	0.48	7.56	7.01
云　南	14.45	4.29	0.89	11.68	11.89
西　藏	1.32	0.18	0.04	1.15	0.79
陕　西	26.89	8.22	1.21	24.44	21.71
甘　肃	7.80	2.73	0.30	6.50	5.84
青　海	2.29	0.50	0.35	1.81	1.63
宁　夏	2.74	0.40	0.14	2.35	1.91
新　疆	3.88	1.55	0.19	3.57	3.69

单位:亿元

负债合计	流动负债小计	所有者权益合计	实收资本	国家资本	港澳台资本	外商资本
1799.57	**1447.74**	**1478.43**	**808.30**	**200.15**	**48.47**	**94.86**
65.38	58.11	94.61	45.09	14.84	1.23	6.70
72.45	61.86	92.48	50.46	14.84	0.32	17.71
203.57	142.55	97.88	49.23	17.01	8.97	3.21
26.10	20.50	13.56	9.48	5.10	1.54	0.19
10.45	8.40	7.89	6.72	4.08	0.09	0.01
85.35	66.17	45.10	34.37	8.90	2.15	8.61
78.58	70.23	97.62	50.37	8.00	0.90	0.90
59.24	52.54	40.41	16.78	5.93	0.04	0.25
116.31	100.60	79.45	59.67	3.21	5.26	15.92
113.69	94.01	102.64	57.89	14.16	5.03	13.36
134.25	109.44	95.85	54.10	9.34	1.17	5.16
30.06	24.86	21.42	13.45	3.17	1.24	1.45
21.28	16.39	16.92	11.20	3.16	0.97	0.78
31.68	25.52	20.23	12.98	4.82	0.19	0.11
106.94	74.37	75.63	37.18	12.51	2.53	1.93
71.17	57.77	42.26	23.93	6.78	0.50	0.89
71.55	54.97	67.49	32.93	8.06	0.57	1.32
31.30	23.82	24.08	14.55	4.09	0.55	0.04
167.67	146.10	177.87	83.34	18.06	12.07	9.72
31.83	28.79	29.95	13.50	5.09	0.21	0.27
16.65	11.47	16.66	11.86	0.75	0.68	0.89
49.66	38.30	30.94	18.96	7.43	0.07	0.81
63.88	54.26	60.64	34.30	3.62	0.79	1.83
27.36	22.04	23.72	7.71	0.65	0.25	0.17
23.02	17.16	31.42	16.53	2.70	0.91	0.48
1.80	1.15	3.97	2.32	1.32	0.00	0.00
59.72	44.43	47.95	27.51	8.34	0.18	1.98
14.48	11.26	9.89	4.57	1.83	0.04	0.09
3.86	2.63	4.14	3.15	0.41	0.00	0.00
4.35	2.80	1.97	1.39	0.13	0.00	0.00
5.95	5.23	3.82	2.76	1.85	0.00	0.09

4—28续表2

地 区	产品销售收入	产品销售成本	产品销售费用	产品销售税金及附加	产品销售利润
全 国	**1924.39**	**1229.84**	**307.10**	**12.01**	**375.42**
北 京	66.97	35.09	14.21	0.44	17.23
天 津	105.96	72.51	15.60	0.63	17.23
河 北	152.56	117.78	10.65	0.70	23.43
山 西	20.13	11.06	4.51	0.12	4.44
内蒙古	10.00	6.59	1.29	0.05	2.06
辽 宁	52.41	34.82	8.01	0.20	9.38
吉 林	56.99	26.39	11.95	0.72	17.92
黑龙江	79.08	46.00	14.93	0.67	17.48
上 海	145.62	101.17	19.16	0.37	24.92
江 苏	184.12	111.14	36.73	1.13	35.12
浙 江	168.08	117.80	18.05	0.89	31.33
安 徽	24.26	16.79	3.00	0.17	4.30
福 建	23.00	14.64	3.40	0.18	4.79
江 西	38.61	24.43	8.21	0.24	5.74
山 东	131.47	90.31	17.75	0.63	22.78
河 南	59.53	42.06	8.50	0.36	8.61
湖 北	93.51	66.98	10.02	0.64	15.87
湖 南	25.99	14.36	4.99	0.33	6.30
广 东	179.04	109.24	29.92	1.22	38.66
广 西	36.17	20.04	7.38	0.35	8.40
海 南	18.05	9.23	4.81	0.09	3.91
重 庆	35.69	21.08	7.15	0.36	7.10
四 川	75.99	41.54	17.99	0.59	15.87
贵 州	23.00	13.00	5.54	0.22	4.24
云 南	28.75	17.96	4.82	0.18	5.79
西 藏	2.52	0.46	0.51	0.09	1.46
陕 西	66.27	34.99	14.92	0.33	16.03
甘 肃	10.85	6.22	1.71	0.05	2.87
青 海	2.96	1.46	0.55	0.03	0.92
宁 夏	2.50	1.88	0.17	0.01	0.44
新 疆	4.33	2.81	0.68	0.03	0.80

单位:亿元

管理费用	利息支出	营业利润	利润总额	亏损企业亏损总额	本年应交增值税	全部从业人员平均人数（万人）
196.83	**39.89**	**148.30**	**168.05**	**21.11**	**132.72**	**102.99**
12.27	1.51	6.16	10.58	0.71	5.59	3.08
10.52	−0.09	6.11	8.71	1.61	6.95	3.78
9.57	4.16	9.91	9.41	1.05	7.46	7.37
2.20	0.55	1.66	1.61	0.37	1.79	2.04
1.13	0.26	0.89	0.96	0.11	0.65	1.19
6.97	2.08	0.72	1.55	1.29	2.91	3.85
6.93	1.45	9.67	10.59	0.61	5.11	4.40
10.00	0.95	6.45	6.36	0.14	6.01	4.30
15.46	3.43	7.56	8.78	1.70	8.56	5.08
17.88	2.79	14.59	15.12	1.66	13.93	7.78
14.31	3.19	15.48	16.12	1.00	9.93	6.46
2.44	0.76	0.93	1.33	0.99	1.20	2.59
2.78	0.52	1.58	1.56	0.73	1.58	1.71
3.27	0.87	1.64	2.23	0.55	3.09	2.84
10.96	2.39	9.65	10.41	0.54	8.29	7.14
3.89	1.87	2.85	3.00	0.62	3.69	6.10
7.83	1.47	6.85	8.81	0.77	5.20	6.15
3.37	0.61	2.23	2.11	0.62	2.25	2.31
21.26	4.87	14.66	15.58	3.06	13.19	6.22
4.54	0.65	3.29	3.74	0.37	3.39	2.53
1.71	0.58	1.60	1.93	0.10	1.50	0.53
4.17	0.86	2.16	2.74	0.84	2.72	2.25
7.69	1.63	6.63	7.28	0.41	5.69	4.56
1.92	0.33	1.97	2.07	0.26	1.48	1.31
3.37	0.36	2.23	3.65	0.27	2.38	1.75
0.29	0.03	1.14	0.88	0.04	0.28	0.15
7.09	1.18	8.21	9.27	0.45	6.40	3.48
1.73	0.35	0.81	0.88	0.14	0.79	1.12
0.41	0.07	0.45	0.47	0.03	0.14	0.36
0.25	0.10	0.11	0.20	0.01	0.16	0.19
0.60	0.12	0.09	0.14	0.08	0.40	0.38

4—29 按地区分组的化学纤维制造业

地　区	企业单位数（个）	亏损企业	工业总产值（1990年不变价格）	工业总产值（当年价格）	工业销售产值（当年价格）
全　国	**885**	**260**	**1263.06**	**1022.49**	**985.40**
北　京	14	2	2.80	2.52	2.56
天　津	23	6	6.67	6.62	6.43
河　北	30	12	26.38	24.69	25.21
山　西	6	3	6.71	4.64	4.40
内蒙古	1	1	0.44	0.33	0.27
辽　宁	25	13	23.49	16.80	16.06
吉　林	9	4	28.96	26.30	26.12
黑龙江	2	0	28.45	17.39	17.34
上　海	52	14	50.20	52.91	48.65
江　苏	210	70	270.43	289.62	279.88
浙　江	136	25	338.35	193.48	186.69
安　徽	21	5	10.05	9.18	8.84
福　建	37	11	84.04	57.15	50.65
江　西	9	1	18.07	11.04	10.85
山　东	108	22	141.01	125.31	120.94
河　南	28	11	45.94	45.85	45.37
湖　北	24	7	25.64	18.94	18.53
湖　南	17	5	18.50	16.57	16.77
广　东	87	28	83.08	61.02	58.48
广　西	6	3	5.13	2.84	2.81
海　南	6	4	8.00	4.80	4.18
重　庆	6	0	12.31	14.15	14.02
四　川	13	7	21.56	15.09	15.56
贵　州	2	1	0.39	0.15	0.13
云　南	0	0	0.00	0.00	0.00
西　藏	1	0	0.12	0.12	0.04
陕　西	4	1	2.93	2.95	2.86
甘　肃	3	0	0.12	0.12	0.11
青　海	0	0	0.00	0.00	0.00
宁　夏	1	1	0.63	0.35	0.32
新　疆	4	3	2.66	1.54	1.34

工业企业主要经济指标(2001 年)

单位:亿元

工业增加值（当年价格）	资产合计	流动资产小计	应收帐款净额	流动资产年平均余额	固定资产原价	生产经营用
222.10	**1531.20**	**504.77**	**77.92**	**509.32**	**1152.07**	**1042.51**
0.47	6.70	2.15	0.36	2.10	3.73	3.40
2.57	30.07	17.42	1.05	16.81	5.43	3.02
5.08	68.71	13.86	1.99	15.75	52.94	44.05
0.76	4.86	1.78	0.38	1.89	3.18	2.14
0.01	0.05	0.05	0.00	0.03	0.00	0.00
2.34	54.38	18.52	5.95	19.81	36.38	32.72
5.50	55.96	16.13	3.03	17.22	39.18	36.84
3.78	31.91	16.42	1.59	13.20	19.02	17.98
16.91	71.23	22.82	4.83	21.30	60.48	53.67
63.26	308.47	105.12	14.49	112.96	262.75	249.89
29.95	166.43	54.41	5.73	52.33	132.51	124.57
2.91	23.61	6.84	1.41	8.64	15.96	15.08
13.42	97.39	27.82	3.43	26.41	74.25	71.45
1.45	32.11	6.40	0.47	6.98	19.61	15.05
32.37	181.96	64.11	7.91	60.45	130.78	117.97
8.35	117.24	45.83	9.71	47.51	90.86	78.83
4.07	45.28	15.22	4.02	13.21	34.71	19.50
2.74	30.36	8.06	0.80	9.90	25.55	24.19
13.69	82.99	28.09	5.84	29.69	64.78	60.99
0.47	11.31	4.28	0.29	4.20	5.01	4.61
1.25	18.25	2.76	0.94	2.32	13.71	13.05
6.21	28.44	7.48	0.71	7.76	28.24	24.39
2.93	51.19	15.75	2.48	15.78	23.21	20.80
0.00	0.03	0.03	0.00	0.03	0.00	0.00
0.00	0.00	0.00	0.00	0.00	0.00	0.00
0.06	0.00	0.00	0.00	0.00	0.00	0.00
1.18	3.27	1.70	0.31	1.30	2.93	2.85
0.04	0.05	0.03	0.01	0.04	0.03	0.02
0.00	0.00	0.00	0.00	0.00	0.00	0.00
0.01	1.91	0.38	0.12	0.42	1.52	1.31
0.31	7.05	1.29	0.06	1.29	5.33	4.15

4—29 续表 1

地　区	固定资产小计	累计折旧	本年折旧	固定资产净值	固定资产净值年平均余额
全　国	**858.66**	**380.61**	**55.30**	**771.46**	**750.00**
北　京	3.10	0.87	0.20	2.86	2.86
天　津	4.20	1.53	0.15	3.90	3.63
河　北	48.15	15.18	2.49	37.76	35.08
山　西	2.24	0.98	0.03	2.20	1.84
内蒙古	0.00	0.00	0.00	0.00	0.00
辽　宁	28.59	11.05	1.09	25.33	24.24
吉　林	33.37	9.46	1.71	29.72	31.36
黑龙江	15.24	6.92	0.62	12.10	13.07
上　海	42.46	18.62	3.85	41.85	39.33
江　苏	177.13	98.50	14.99	164.25	165.20
浙　江	97.98	41.25	8.54	91.27	84.19
安　徽	12.43	4.57	0.60	11.38	11.10
福　建	58.18	20.10	2.93	54.16	48.59
江　西	17.21	4.84	0.58	14.77	14.01
山　东	93.67	48.44	4.58	82.33	79.08
河　南	64.55	32.00	3.70	58.86	58.11
湖　北	26.86	10.17	1.52	24.54	24.26
湖　南	19.52	8.14	1.42	17.41	17.39
广　东	45.27	20.61	2.79	44.17	46.10
广　西	3.80	1.70	0.17	3.31	3.38
海　南	13.73	3.34	0.44	10.37	9.76
重　庆	16.24	14.92	1.81	13.33	13.24
四　川	28.10	4.12	0.63	19.09	18.11
贵　州	0.00	0.00	0.00	0.00	0.00
云　南	0.00	0.00	0.00	0.00	0.00
西　藏	0.00	0.00	0.00	0.00	0.00
陕　西	1.54	1.40	0.22	1.54	1.54
甘　肃	0.02	0.01	0.00	0.01	0.01
青　海	0.00	0.00	0.00	0.00	0.00
宁　夏	0.87	0.65	0.00	0.87	0.87
新　疆	4.19	1.23	0.24	4.10	3.66

单位:亿元

负债合计	流动负债小计	所有者权益合计	实收资本	国家资本	港澳台资本	外商资本
917.77	**563.78**	**613.43**	**438.05**	**112.12**	**73.95**	**46.72**
6.26	3.24	0.44	1.36	0.15	0.00	0.00
15.41	11.20	14.66	4.63	1.31	0.34	0.10
47.21	25.60	21.51	20.20	9.26	0.08	0.00
2.86	2.37	1.99	1.97	1.03	0.00	0.00
0.03	0.03	0.02	0.05	0.00	0.00	0.00
37.35	24.50	17.03	12.49	6.61	0.31	0.95
34.60	16.37	21.36	11.90	5.18	0.00	0.00
20.08	14.11	11.82	5.73	1.73	1.15	0.06
37.21	23.73	34.02	28.74	2.81	10.42	8.32
149.07	106.32	159.40	105.90	12.91	16.80	18.81
97.30	65.52	69.13	49.79	13.07	7.46	1.75
12.41	8.44	11.20	6.72	3.94	0.00	0.34
49.77	34.30	47.61	32.46	3.25	26.40	0.18
23.59	11.26	8.52	7.55	4.90	0.10	0.00
114.89	69.55	67.07	39.18	5.29	2.20	9.72
83.38	41.84	33.86	27.14	22.48	0.61	0.06
32.01	15.02	13.26	9.47	4.09	2.01	0.00
21.34	9.57	9.02	7.07	2.22	0.23	0.04
58.14	34.19	24.86	26.52	7.07	5.34	6.12
10.10	4.56	1.21	0.74	0.71	0.01	0.00
14.92	9.80	3.32	4.76	1.37	0.00	0.00
7.65	5.75	20.79	16.87	0.07	0.00	0.01
33.62	23.28	17.57	14.26	1.38	0.48	0.00
0.03	0.03	0.01	0.01	0.00	0.00	0.00
0.00	0.00	0.00	0.00	0.00	0.00	0.00
0.00	0.00	0.00	0.00	0.00	0.00	0.00
0.67	0.66	2.60	0.90	0.00	0.00	0.26
0.06	0.04	0.00	0.01	0.01	0.00	0.00
0.00	0.00	0.00	0.00	0.00	0.00	0.00
2.36	1.08	-0.45	0.38	0.33	0.00	0.00
5.44	1.42	1.61	1.25	0.97	0.00	0.00

4—29续表2

地 区	产品销售收入	产品销售成本	产品销售费用	产品销售税金及附加	产品销售利润
全 国	**957.29**	**861.58**	**14.42**	**3.71**	**77.58**
北 京	2.61	2.36	0.06	0.01	0.18
天 津	8.00	6.12	0.15	0.08	1.65
河 北	20.79	19.24	0.30	0.10	1.15
山 西	3.83	3.60	0.06	0.02	0.16
内蒙古	0.32	0.32	0.00	0.00	—0.01
辽 宁	15.22	14.39	0.29	0.05	0.49
吉 林	24.28	20.44	0.71	0.08	3.06
黑龙江	16.77	15.58	0.34	0.02	0.83
上 海	48.87	41.21	1.37	0.07	6.22
江 苏	278.32	255.14	3.28	1.04	18.87
浙 江	184.96	170.61	1.08	0.83	12.44
安 徽	9.17	7.41	0.18	0.07	1.52
福 建	49.43	44.47	0.66	0.18	4.13
江 西	10.03	9.84	0.07	0.02	0.10
山 东	119.63	105.34	2.32	0.40	11.55
河 南	35.27	31.09	0.74	0.32	3.13
湖 北	23.61	21.56	0.35	0.05	1.66
湖 南	16.60	15.10	0.36	0.07	1.07
广 东	49.04	44.00	1.10	0.09	3.85
广 西	3.07	2.94	0.04	0.01	0.08
海 南	3.56	3.07	0.03	0.01	0.44
重 庆	13.40	9.92	0.54	0.07	2.88
四 川	15.82	13.98	0.27	0.13	1.44
贵 州	0.02	0.02	0.00	0.00	0.00
云 南	0.00	0.00	0.00	0.00	0.00
西 藏	0.00	0.00	0.00	0.00	0.00
陕 西	2.81	2.09	0.01	0.01	0.71
甘 肃	0.08	0.07	0.00	0.00	0.01
青 海	0.00	0.00	0.00	0.00	0.00
宁 夏	0.35	0.31	0.01	0.00	0.03
新 疆	1.42	1.38	0.09	0.01	—0.06

单位:亿元

管理费用	利息支出	营业利润	利润总额	亏损企业亏损总额	本年应交增值税	全部从业人员平均人数（万人）
40.81	**23.08**	**17.65**	**20.54**	**20.15**	**30.83**	**40.27**
0.30	0.31	−0.36	−0.37	0.45	0.09	0.24
0.52	0.00	0.65	1.24	0.08	1.03	0.61
2.48	0.87	−2.42	−2.00	2.36	1.05	2.00
0.26	0.06	−0.15	−0.09	0.09	0.15	0.31
0.01	0.00	−0.01	−0.01	0.01	0.00	0.04
1.25	0.45	−1.02	−1.07	1.10	0.42	1.81
1.73	1.03	0.34	0.19	0.32	1.28	1.53
0.59	0.53	0.21	0.17	0.00	0.55	0.41
2.33	1.08	3.13	3.13	0.92	1.76	1.24
8.96	3.82	6.05	7.07	4.36	8.18	8.63
3.92	2.93	6.27	6.94	1.08	4.31	4.62
0.68	0.42	0.47	0.65	0.32	0.56	0.82
1.39	1.46	1.60	1.75	0.56	1.70	1.39
0.64	0.71	−1.02	−0.82	0.96	0.27	0.81
4.56	1.99	4.98	5.10	1.35	3.34	4.99
2.94	3.38	−2.60	−2.75	3.04	1.58	3.29
0.94	0.96	0.17	0.13	0.35	0.73	1.57
0.97	0.62	0.19	0.34	0.38	0.64	1.22
2.24	1.46	0.37	0.24	1.05	1.15	2.14
0.19	0.03	−0.14	−0.13	0.13	0.09	0.30
0.19	0.27	0.03	−0.01	0.26	0.18	0.23
2.31	0.16	0.88	0.63	0.00	1.01	0.96
1.12	0.48	−0.19	−0.12	0.68	0.53	0.86
0.00	0.00	0.00	0.00	0.00	0.00	0.03
0.00	0.00	0.00	0.00	0.00	0.00	0.00
0.00	0.00	0.00	0.00	0.00	0.00	0.01
0.09	0.00	0.54	0.61	0.01	0.16	0.03
0.00	0.00	0.00	0.00	0.00	0.00	0.02
0.00	0.00	0.00	0.00	0.00	0.00	0.00
0.05	0.05	−0.08	−0.08	0.08	0.01	0.03
0.13	0.02	−0.20	−0.21	0.21	0.09	0.12

4—30 按地区分组的非金属矿物制品业

地区	企业单位数（个）	亏损企业	工业总产值（1990年不变价格）	工业总产值（当年价格）	工业销售产值（当年价格）
全国	**14707**	**3501**	**3614.92**	**4026.02**	**3872.48**
北京	302	67	73.39	91.46	88.62
天津	222	54	38.35	46.98	44.18
河北	922	175	214.91	235.85	228.32
山西	338	63	46.61	54.80	51.04
内蒙古	135	25	19.75	26.48	26.00
辽宁	557	161	176.14	196.83	187.70
吉林	222	43	36.43	50.58	46.70
黑龙江	208	52	31.38	44.85	43.52
上海	391	70	140.99	167.65	161.80
江苏	1162	209	405.98	447.07	432.18
浙江	649	85	225.40	250.71	243.25
安徽	359	122	80.45	86.86	84.29
福建	733	193	152.31	145.89	140.80
江西	357	117	43.92	50.47	48.13
山东	1128	116	474.85	511.11	494.33
河南	1274	171	263.41	331.36	319.85
湖北	742	129	151.24	162.78	157.03
湖南	666	258	90.47	111.93	109.29
广东	1571	530	534.20	534.51	506.86
广西	369	201	57.29	63.30	61.26
海南	43	26	6.27	9.24	8.98
重庆	262	75	51.97	54.91	52.18
四川	623	146	145.51	133.73	129.21
贵州	259	93	23.70	30.47	29.09
云南	228	116	28.66	40.75	39.31
西藏	33	5	1.10	3.04	2.88
陕西	236	91	29.82	39.41	37.60
甘肃	500	56	35.59	47.34	44.39
青海	47	11	4.95	7.56	7.12
宁夏	53	17	8.26	10.79	9.73
新疆	116	24	21.61	37.29	36.83

工业企业主要经济指标(2001 年)

单位:亿元

工业增加值(当年价格)	资产合计	流动资产小计	应收帐款净额	流动资产年平均余额	固定资产原价	生产经营用
1211.88	**6298.80**	**2543.47**	**714.89**	**2475.74**	**4020.93**	**3351.56**
30.56	222.78	97.46	28.87	94.47	108.95	86.45
11.61	105.87	41.50	12.93	39.89	60.29	46.49
79.59	403.36	157.82	41.52	152.05	259.05	212.94
18.04	164.15	63.40	16.16	60.66	98.80	80.67
11.57	66.86	23.96	5.87	23.52	44.65	32.64
53.40	336.38	148.54	48.72	149.32	200.25	165.30
15.73	120.06	54.46	19.20	53.88	68.40	48.22
13.59	99.14	42.59	13.51	40.10	68.44	59.83
45.65	250.92	127.12	45.51	128.22	139.18	115.54
115.04	502.08	212.70	66.67	205.09	329.09	284.29
70.15	327.52	139.44	35.53	135.57	205.99	193.23
29.53	177.96	62.53	13.96	62.73	127.32	116.07
48.03	233.69	92.37	29.39	84.48	153.00	108.88
16.77	125.10	45.23	9.33	42.58	81.72	60.41
148.97	542.01	223.29	48.18	211.30	357.52	317.99
107.96	424.72	180.18	47.27	177.24	250.51	207.09
54.58	202.05	69.49	17.53	68.29	142.61	103.52
32.47	186.00	66.47	20.02	66.03	133.71	103.04
150.75	771.61	315.73	80.96	316.40	490.44	417.53
18.42	153.60	44.33	12.24	42.79	110.97	88.73
1.75	25.95	4.90	1.59	4.17	24.55	22.72
17.91	117.69	43.33	11.87	42.29	81.71	70.57
45.30	237.77	94.85	28.63	88.15	152.16	130.26
9.64	71.89	26.83	6.90	26.48	45.10	36.65
15.07	102.48	38.82	13.16	37.66	81.11	71.49
1.69	7.16	2.28	0.70	2.01	5.53	4.78
13.37	88.83	34.03	9.16	33.13	59.17	52.03
14.26	97.00	40.56	14.10	41.24	56.86	45.96
2.22	14.78	5.47	1.71	5.05	9.63	5.32
3.30	29.66	11.35	4.27	10.61	19.33	14.49
14.96	89.75	32.43	9.45	30.33	54.88	48.40

4—30续表1

地　区	固定资产小计	累计折旧	本年折旧	固定资产净值	固定资产净值年平均余额
全　国	**3068.05**	**1274.70**	**191.36**	**2746.23**	**2757.65**
北　京	84.11	37.56	5.40	71.39	70.54
天　津	46.66	16.72	2.76	43.56	40.71
河　北	206.49	72.36	9.50	186.69	191.82
山　西	89.71	25.51	3.26	73.29	75.91
内蒙古	36.47	12.89	1.70	31.76	31.82
辽　宁	150.06	63.88	7.88	136.37	138.27
吉　林	54.45	20.47	2.76	47.93	48.94
黑龙江	51.00	20.49	2.43	47.95	46.98
上　海	91.34	56.40	7.80	82.78	84.19
江　苏	243.31	100.33	18.39	228.76	222.99
浙　江	153.21	66.62	12.37	139.37	138.35
安　徽	100.39	42.03	5.97	85.29	84.59
福　建	112.14	48.27	8.17	104.73	104.29
江　西	66.06	21.46	3.21	60.26	59.05
山　东	273.34	109.26	16.48	248.26	244.90
河　南	197.95	78.10	11.09	172.41	173.95
湖　北	107.41	44.18	6.02	98.43	100.87
湖　南	99.99	46.48	4.46	87.23	87.62
广　东	372.00	167.24	29.44	323.20	338.99
广　西	85.78	32.99	3.38	77.98	79.89
海　南	19.91	5.10	0.82	19.45	18.86
重　庆	62.39	23.09	4.35	58.62	58.97
四　川	111.21	52.86	7.91	99.31	98.69
贵　州	35.88	14.02	1.67	31.08	30.84
云　南	57.01	29.86	4.17	51.26	49.78
西　藏	4.50	1.22	0.16	4.31	4.01
陕　西	46.56	19.46	3.11	39.71	37.94
甘　肃	42.43	20.23	2.29	36.63	37.27
青　海	8.14	2.91	0.33	6.72	6.77
宁　夏	16.27	5.94	0.78	13.38	12.57
新　疆	41.90	16.76	3.31	38.13	37.27

单位:亿元

负债合计	流动负债小计	所有者权益合计	实收资本	国家资本	港澳台资本	外商资本
3970.22	**2850.61**	**2319.09**	**1837.42**	**477.58**	**183.60**	**234.30**
133.77	109.76	89.01	72.39	13.92	1.71	11.67
63.01	48.10	42.87	36.23	3.38	1.00	16.06
252.41	174.73	150.95	101.12	34.71	3.97	11.87
113.55	68.08	41.34	31.03	17.65	2.50	0.15
36.89	24.20	29.97	20.33	6.54	0.38	0.74
222.92	177.86	113.46	108.91	25.29	3.20	16.69
85.85	71.95	34.21	28.84	12.53	0.05	1.05
61.27	47.08	37.87	23.86	11.27	0.17	0.59
128.63	107.03	122.29	98.54	13.92	15.09	33.76
312.40	241.87	189.68	169.65	21.55	37.82	43.80
192.27	150.33	135.26	87.27	10.86	8.94	4.39
102.98	68.52	74.98	62.43	23.33	1.38	4.22
111.31	85.61	122.15	99.04	8.11	17.52	22.19
90.92	54.57	34.17	32.56	12.95	9.40	0.59
352.55	249.67	189.46	145.50	31.74	12.15	18.42
271.12	187.29	153.60	109.84	35.95	1.29	5.68
129.74	79.63	72.31	53.86	20.74	1.71	2.71
128.16	85.41	57.83	47.55	26.42	0.33	0.33
500.34	344.52	271.26	223.96	28.56	58.90	27.55
107.79	74.93	45.81	50.06	31.19	2.03	1.93
14.34	7.24	11.61	16.17	13.08	0.04	0.66
85.13	56.98	32.56	29.41	4.32	0.97	3.53
141.60	103.19	96.16	61.83	14.79	0.78	3.21
43.52	29.07	28.37	17.94	8.50	0.15	1.50
71.60	47.93	30.88	29.77	10.58	0.49	0.03
2.39	1.67	4.77	3.68	2.37	0.00	0.00
69.69	46.96	19.14	20.57	7.68	0.39	0.13
61.39	44.42	35.61	20.10	12.86	0.00	0.01
10.90	7.30	3.88	2.90	1.32	0.07	0.08
22.82	17.00	6.84	5.62	2.02	0.01	0.46
48.97	37.73	40.79	26.46	9.43	1.16	0.30

4—30 续表 2

地　区	产品销售收入	产品销售成本	产品销售费用	产品销售税金及附加	产品销售利润
全　国	**3671.10**	**3020.10**	**172.04**	**30.74**	**447.92**
北　京	90.06	72.27	3.14	0.38	14.27
天　津	44.68	37.17	2.20	0.27	5.04
河　北	206.68	164.57	10.65	1.81	29.64
山　西	49.78	38.80	2.82	0.56	7.59
内蒙古	24.14	17.78	1.73	0.19	4.44
辽　宁	175.93	140.51	11.36	1.22	22.84
吉　林	50.17	38.80	2.28	0.52	8.58
黑龙江	43.28	34.86	1.96	0.50	5.96
上　海	155.67	127.62	7.82	0.43	19.79
江　苏	416.07	354.05	16.03	2.60	43.38
浙　江	240.46	196.85	8.75	1.98	32.89
安　徽	80.84	63.76	4.88	0.77	11.43
福　建	143.68	116.45	7.85	1.96	17.41
江　西	44.21	35.19	3.13	0.56	5.33
山　东	447.69	375.56	14.22	3.29	54.61
河　南	296.03	241.53	16.95	2.44	35.07
湖　北	146.69	120.24	7.99	1.78	16.68
湖　南	101.68	84.70	6.24	1.45	9.30
广　东	476.75	413.85	18.12	3.45	41.33
广　西	62.76	53.89	3.68	0.72	4.47
海　南	8.62	7.69	1.08	0.06	−0.20
重　庆	49.87	40.07	2.45	0.54	6.81
四　川	123.42	98.33	6.39	1.30	17.18
贵　州	27.18	21.07	1.57	0.32	4.23
云　南	38.25	30.28	1.78	0.35	5.84
西　藏	3.48	2.72	0.09	0.02	0.61
陕　西	33.79	26.10	1.93	0.40	5.36
甘　肃	37.78	29.45	1.70	0.49	6.14
青　海	6.01	4.31	0.31	0.12	1.27
宁　夏	10.76	7.88	0.81	0.09	1.98
新　疆	34.70	23.76	2.12	0.20	8.63

单位:亿元

管理费用	利息支出	营业利润	利润总额	亏损企业亏损总额	本年应交增值税	全部从业人员平均人数（万人）
267.35	**91.62**	**96.02**	**125.76**	**70.87**	**178.61**	**392.61**
10.79	2.04	2.95	4.23	1.09	4.53	7.70
3.72	0.04	0.71	1.35	1.19	1.91	3.21
17.12	6.21	6.49	7.93	5.33	11.09	27.63
5.18	2.30	0.21	0.03	2.07	3.48	10.86
2.82	1.10	0.66	1.39	0.24	1.68	3.63
13.77	6.38	3.27	3.14	6.11	8.56	16.09
5.32	1.60	2.09	2.66	0.33	2.47	6.62
4.98	1.11	−0.05	0.62	1.18	2.95	6.79
13.53	2.19	5.32	6.74	3.28	6.46	6.34
24.38	6.81	12.79	13.64	3.36	17.54	29.13
14.71	6.39	12.08	17.26	1.57	12.67	14.50
6.24	2.33	3.12	3.41	2.12	5.01	10.97
8.68	2.79	5.84	7.26	3.70	6.10	12.66
4.64	2.15	−1.32	−0.20	1.02	2.83	10.06
22.26	8.85	23.35	25.99	1.83	21.52	38.63
15.59	8.22	11.20	13.36	3.54	12.60	35.83
10.83	3.01	3.51	4.37	1.62	5.77	19.52
9.20	2.58	−2.10	−0.57	3.42	5.47	20.27
28.65	9.24	3.55	3.75	12.71	16.82	35.02
5.32	1.61	−2.39	−1.85	3.08	3.93	11.51
0.70	0.40	−0.87	−1.41	1.48	0.36	0.67
4.93	2.58	−0.57	0.24	2.39	3.86	8.16
11.37	3.96	2.10	3.09	1.91	8.03	21.70
3.74	0.64	−0.14	−0.11	1.23	1.88	5.77
5.03	1.92	−1.11	−0.72	2.02	2.97	6.12
0.34	0.02	0.25	0.33	0.06	0.19	0.44
3.84	1.82	−0.14	−0.28	1.92	2.25	7.40
3.78	1.24	1.26	1.37	0.37	2.26	9.29
0.92	0.26	0.03	0.28	0.16	0.45	1.12
1.36	0.56	0.03	0.50	0.30	0.74	1.60
3.57	1.28	3.90	7.97	0.22	2.21	3.35

4—31 按地区分组的黑色金属冶炼及压延

地 区	企业单位数（个）	亏损企业	工业总产值（1990年不变价格）	工业总产值（当年价格）	工业销售产值（当年价格）
全 国	**3176**	**813**	**4196.71**	**5707.31**	**5650.71**
北 京	16	4	198.96	289.52	288.92
天 津	142	22	215.01	259.43	257.64
河 北	286	50	442.64	643.8	641.02
山 西	305	51	212.97	263.23	257.15
内蒙古	54	21	94.51	151.9	150.34
辽 宁	218	73	380.21	549.58	543.56
吉 林	47	18	58.34	92.59	90.88
黑龙江	24	10	22.56	34.75	33.17
上 海	132	22	525.65	678.2	675.16
江 苏	345	73	511.42	576.44	567.05
浙 江	149	17	119.22	135.17	133.65
安 徽	50	13	82.26	132.77	132.29
福 建	87	32	68.71	90.84	89.77
江 西	40	4	63.74	89.86	89.39
山 东	92	11	187.28	281.49	277.29
河 南	144	29	118.15	174.72	170.47
湖 北	80	20	184.82	267.25	266.6
湖 南	129	42	91.96	126.26	125.73
广 东	193	20	149.83	198.98	194.71
广 西	78	39	40.99	53.19	52.65
海 南	6	2	2.23	3.87	3.67
重 庆	57	19	36.09	57.52	57.29
四 川	151	49	181.04	266.19	263.81
贵 州	124	84	51.76	64.69	62.12
云 南	46	21	39.64	58.39	58.29
西 藏	1	0	0.02	0.02	0.02
陕 西	42	16	16.55	21.67	20.99
甘 肃	72	16	42.94	61.32	60.23
青 海	23	15	15.45	21.48	20.48
宁 夏	22	14	10.14	11.1	9.83
新 疆	21	6	31.64	51.07	56.54

加工业工业企业主要经济指标(2001年)

单位:亿元

工业增加值(当年价格)	资产合计	流动资产小计	应收帐款净额	流动资产年平均余额	固定资产原价	生产经营用
1530.15	**9796.23**	**3404**	**624.48**	**3384.32**	**6993.08**	**5861.88**
61.63	404.18	116.44	13.13	117.32	339.08	338.66
40.84	323.97	149.2	40.48	129.72	198.09	178.03
198.56	832.87	315.64	47.31	298.49	548.47	487.13
74.52	384.58	140.54	23.57	143.01	282.56	273.92
48.12	329.77	99.87	10.28	88.07	224.88	204.6
152.28	1372.12	496.32	118.99	499.61	1092.42	805.61
17.4	127.13	54.41	18.91	52.87	67.59	62.47
6.83	68.67	39.24	10.82	39.96	24.2	20.14
191.09	1940.03	408.71	54.69	432.46	1379.57	1189.94
117.33	587.37	258.59	40.8	258.91	307.48	269.3
27.21	161.4	81.07	11.07	78.84	89.43	82.75
41.76	216.48	70.84	5.92	75.82	186.97	179.15
20.79	85.43	37.4	5.35	36.24	52.66	39.63
21.35	126.45	44.44	7.76	41.78	88.61	81.14
74.29	378.46	153.23	27.29	143.97	230.43	192.78
52.34	224.32	109.56	14.8	101.36	152.74	137.54
92.86	574.21	211.36	36.91	210.97	520.76	295.94
42.68	204.73	73.18	17.1	68.56	165.27	144.56
48.23	247.41	91.57	13.56	92.51	170.18	156.25
15.45	94.94	33.29	4.22	32.08	67.26	42.82
1.28	4.8	1.61	0.04	1.48	3.99	3.91
15.62	97.14	43.88	14.25	45.89	71.63	65.72
78.98	448.89	164.03	38.56	165.29	361.21	276.64
16.39	107.67	47.52	14.58	50.82	62.55	56.83
22.79	134.96	56.09	12.36	54.91	85.17	79.88
0.01	0.16	0.03	0.01	0.02	0.17	0.09
5.96	60.86	27.24	6.65	24.32	33.06	26.11
19.73	149.22	34.44	5.56	53.24	108.74	95.17
6.26	47.65	23.01	6.62	24.83	28.78	26.86
3.02	11.27	3.85	0.67	4.23	7.62	7.17
14.55	49.09	17.4	2.19	16.78	41.47	41.18

4—31 续表 1

地　区	固定资产小计	累计折旧	本年折旧	固定资产净值	固定资产净值年平均余额
全　国	**4989.79**	**2689.89**	**329.46**	**4303.18**	**4058.95**
北　京	227.68	155.94	11.22	183.14	183.41
天　津	138.24	65.49	10.16	132.6	109.56
河　北	455.28	157.29	23.47	391.19	337.85
山　西	214.78	94.46	12.52	188.11	186.69
内蒙古	179.68	106.23	8.88	118.65	125.9
辽　宁	809.65	397.54	41.59	694.88	671.32
吉　林	53.9	20.17	3.52	47.42	45.1
黑龙江	21.56	7.29	0.71	16.91	16.24
上　海	818.68	635.87	72.63	743.7	619.37
江　苏	255.38	94.81	18.82	212.67	202.37
浙　江	68.92	28.51	3.61	60.92	58.83
安　徽	135.76	59.99	7.96	126.98	123.58
福　建	40.44	15.59	2.75	37.07	36.35
江　西	56.76	36.91	12.95	51.69	48.06
山　东	175.9	87.94	11.87	142.49	142.95
河　南	96.48	65.84	7.82	86.9	84.42
湖　北	337.46	234.82	23.68	285.94	288.13
湖　南	118.73	56.74	9.93	108.53	104.81
广　东	138.69	43.65	7.5	126.53	123.1
广　西	57.47	17.82	1.83	49.45	48.57
海　南	2.69	1.32	0.2	2.67	2.63
重　庆	47.63	33.32	2.13	38.31	38.13
四　川	222.04	159.99	14.6	201.23	200.89
贵　州	49.58	22.34	3.56	40.22	42.25
云　南	72.44	24.62	4.34	60.55	64.78
西　藏	0.13	0.04	0	0.13	0.06
陕　西	29.33	7.76	1.63	25.3	25.64
甘　肃	106.8	35.89	5.3	72.85	74.54
青　海	20.12	9	0.56	19.78	17.51
宁　夏	6.62	1.8	0.26	5.82	5.92
新　疆	30.97	10.91	3.45	30.55	29.99

单位:亿元

负债合计	流动负债小计	所有者权益合计	实收资本	国家资本	港澳台资本	外商资本
4973.78	**3524.63**	**4788.28**	**2678.11**	**1881.03**	**74.99**	**54.03**
163.96	135.57	240.22	111.54	66.95	0	1.35
215.66	164.48	108.31	88.73	77.33	0.73	1.76
510.89	351.13	321.98	143.65	96.35	3.98	1.41
200.42	139.08	150.09	84.18	44.79	1.22	0.04
151.76	106.52	178.01	120.4	63.82	0.18	0
723.69	515.12	648.43	268.28	224	3.75	2.83
83.63	71.46	43.5	38.26	2.4	0.33	0
51.33	44.07	17.34	17.42	8.16	0	0
644.88	322.35	1295.15	795.15	693.08	2.08	5.41
331.82	266.17	255.56	164.47	33.52	19.61	17.41
71.28	60.38	90.12	48.13	14.36	5.14	5.52
74.07	49.22	142.42	79.42	52.78	17.33	0.08
50.74	44.05	34.7	27.84	9	1	8.17
68.08	57.33	58.28	48.93	48.06	0	0.01
233.31	161.04	145.15	85.28	64.87	0.82	0.31
109.71	91.58	114.61	62.65	30.31	0	0
295.56	200.51	278.65	102.18	95	0.15	0.26
122.6	88.82	82.12	30.66	25.34	0.59	0.05
149.35	101.02	98.06	55.04	16.36	16.8	3.26
44.2	34.92	50.75	25.12	22.79	0.25	0.72
7.85	2.63	−3.05	0.88	0.78	0	0
62.93	53.36	34.21	39.86	24.14	0	4.16
270.54	210.17	178.34	67.76	49.78	0.41	0
82.75	62.86	24.93	29.1	15.24	0.03	0
72.68	55.69	62.27	37.36	34.11	0	0
0.13	0.13	0.03	0.03	0.03	0	0
42.67	31.13	18.19	17.17	9.19	0.02	1.24
76.75	51.87	72.47	46.27	27.59	0.53	0.06
30.55	25.31	17.1	15.31	8.22	0	0
9.35	6.66	1.92	2.75	0.13	0.04	0
20.65	20	28.44	24.3	22.57	0	0

4—31续表2

地　区	产品销售收入	产品销售成本	产品销售费用	产品销售税金及附加	产品销售利润
全　国	**5600.65**	**4855.22**	**93.61**	**33.08**	**618.65**
北　京	219.09	189.10	2.07	1.28	26.64
天　津	240.34	203.56	13.05	0.77	22.96
河　北	606.37	517.87	9.76	3.17	75.57
山　西	246.69	214.27	3.63	2.63	26.17
内蒙古	153.39	138.61	1.63	0.91	12.24
辽　宁	571.32	495.05	6.67	4.34	65.26
吉　林	94.05	87.77	0.55	0.32	5.40
黑龙江	32.15	30.18	0.24	0.14	1.59
上　海	712.98	617.04	7.09	3.66	85.19
江　苏	574.85	522.93	7.36	1.96	42.60
浙　江	133.05	118.38	0.98	0.77	12.93
安　徽	126.34	109.63	1.47	0.99	14.25
福　建	88.46	78.19	1.22	0.54	8.51
江　西	91.40	78.02	1.35	0.59	11.45
山　东	278.12	235.74	5.78	1.65	34.95
河　南	173.51	151.69	3.33	1.07	17.43
湖　北	262.15	213.23	4.77	2.30	41.85
湖　南	127.36	108.54	2.08	0.97	15.77
广　东	201.17	182.62	2.53	0.50	15.52
广　西	53.31	44.36	0.97	0.34	7.65
海　南	2.66	2.71	0.02	0.00	−0.07
重　庆	59.53	52.08	1.33	0.09	6.03
四　川	263.92	224.65	7.66	2.20	29.40
贵　州	60.51	52.74	2.56	0.48	4.63
云　南	59.66	47.67	1.21	0.56	10.21
西　藏	0.00	0.00	0.00	0.00	0.00
陕　西	24.64	21.04	0.51	0.13	2.97
甘　肃	57.86	42.96	1.64	0.49	12.77
青　海	19.37	16.13	0.73	0.08	2.45
宁　夏	9.41	8.54	0.58	0.06	0.23
新　疆	56.98	49.92	0.84	0.12	6.10

单位:亿元

管理费用	利息支出	营业利润	利润总额	亏损企业亏损总额	本年应交增值税	全部从业人员平均人数(万人)
346.53	**106.25**	**193.51**	**201.72**	**32.28**	**271.11**	**249.34**
17.51	7.08	4.49	5.56	0.20	11.60	9.00
8.26	0.14	10.00	9.90	0.53	6.10	7.37
30.86	12.36	34.05	33.52	1.07	29.96	25.50
12.40	2.75	8.47	7.72	1.44	13.19	17.65
7.68	2.25	2.48	3.54	0.30	7.63	9.68
45.11	14.13	9.41	13.09	4.32	30.68	33.51
3.80	1.47	0.74	0.61	1.71	3.10	4.73
1.18	0.93	0.19	0.52	0.38	1.52	2.72
51.86	14.69	29.02	34.80	6.10	34.31	9.37
19.42	8.02	18.36	19.35	2.30	15.21	12.82
6.28	1.24	5.67	6.62	0.39	5.01	4.00
7.25	1.54	5.84	3.14	0.09	8.93	7.27
5.00	1.43	2.01	2.25	1.07	3.32	2.64
7.40	1.57	3.52	3.23	0.02	6.24	5.39
20.43	6.27	10.12	11.95	0.40	13.24	11.25
11.99	1.88	4.65	5.73	1.23	8.93	10.70
24.65	6.05	12.60	10.98	1.01	17.60	13.77
8.59	2.62	4.55	4.85	0.90	8.90	9.40
6.08	3.01	6.51	5.28	0.38	6.81	4.23
2.85	0.92	3.87	3.89	0.59	3.57	3.80
0.11	0.02	−0.18	−0.16	0.17	0.05	0.13
4.29	1.00	1.00	1.10	1.61	3.18	3.85
21.35	6.45	6.42	8.26	0.85	14.33	18.58
4.29	1.28	−0.61	−0.90	1.62	3.59	6.31
5.93	1.67	2.54	2.69	0.42	4.56	4.36
0.00	0.01	0.00	0.00	0.00	0.00	0.01
1.83	1.72	−0.23	−0.14	1.27	1.48	2.41
5.91	1.92	5.10	0.24	1.07	4.32	5.20
1.54	1.12	−0.19	−0.23	0.47	0.75	1.53
0.30	0.25	−0.26	−0.17	0.25	0.39	0.87
2.38	0.46	3.36	4.50	0.13	2.63	1.31

4—32 按地区分组的有色金属冶炼及

地 区	企业单位数（个）	亏损企业	工业总产值（1990年不变价格）	工业总产值（当年价格）	工业销售产值（当年价格）
全 国	**2823**	**719**	**2120.56**	**2369.17**	**2305.54**
北 京	46	12	16.29	16.24	15.14
天 津	91	26	37.21	41.83	41.18
河 北	98	16	59.26	61.49	60.71
山 西	85	34	75.15	87.52	84.81
内蒙古	46	14	36.08	37.48	36.15
辽 宁	170	55	112.75	120.38	117.28
吉 林	21	1	16.19	18.63	17.68
黑龙江	9	1	10.97	13.91	13.41
上 海	141	28	90.81	94.32	93.82
江 苏	355	68	226.07	247.11	239.23
浙 江	262	42	185.43	174.50	169.58
安 徽	41	6	60.78	68.17	67.11
福 建	44	13	40.13	46.88	45.47
江 西	75	25	81.34	83.95	81.26
山 东	72	12	108.37	120.75	118.21
河 南	195	34	148.33	195.34	190.55
湖 北	67	20	50.79	61.15	59.71
湖 南	178	22	99.67	125.14	123.37
广 东	237	64	183.69	163.76	154.96
广 西	96	41	73.19	85.42	81.89
海 南	4	3	1.15	1.12	1.02
重 庆	31	11	30.97	36.79	35.82
四 川	100	27	52.02	56.85	54.90
贵 州	142	55	44.14	55.92	55.76
云 南	78	35	89.81	103.70	102.58
西 藏	0	0	0.00	0.00	0.00
陕 西	44	23	22.32	25.41	23.47
甘 肃	51	17	104.21	137.49	134.06
青 海	11	2	27.54	37.70	37.53
宁 夏	15	6	25.35	38.59	37.06
新 疆	18	6	10.53	11.64	11.80

压延加工业企业主要经济指标(2001 年)

工业增加值(当年价格)	资产合计	流动资产小计	应收帐款净额	流动资产年平均余额	固定资产原价	生产经营用
591.18	**3170.47**	**1389.45**	**267.60**	**1362.95**	**1942.40**	**1538.23**
3.61	34.30	20.59	2.52	22.23	8.49	6.07
5.00	40.33	22.11	3.40	20.87	15.98	13.26
11.66	65.06	26.13	7.79	25.56	46.83	42.22
26.44	201.22	66.64	13.70	65.16	148.04	119.03
9.57	59.81	23.94	4.32	25.36	36.11	33.48
49.10	216.54	102.85	21.41	96.16	115.70	89.57
4.89	28.36	9.26	1.86	10.03	19.72	17.98
2.69	21.41	13.58	4.94	13.34	13.75	12.68
15.06	95.04	48.95	11.47	47.42	39.99	32.79
47.07	160.79	91.69	25.46	89.85	74.26	65.74
25.70	104.55	60.01	15.39	55.80	46.65	41.79
15.45	109.77	48.96	5.56	51.69	51.55	47.03
12.32	58.72	25.31	4.79	26.35	33.14	32.15
20.77	162.50	67.61	9.60	62.73	137.31	118.10
34.52	145.41	70.58	14.17	65.22	91.45	74.50
55.43	274.82	101.95	17.81	103.74	163.87	132.77
14.38	69.25	26.11	4.40	26.75	53.08	36.05
30.02	133.16	54.29	11.37	55.50	81.39	71.14
36.90	183.84	83.12	23.27	85.98	109.57	99.75
28.63	127.77	50.17	6.71	47.65	86.04	65.49
0.13	1.79	0.70	0.12	0.61	1.16	1.00
7.67	70.73	19.91	6.62	18.58	57.88	52.76
14.46	90.46	40.17	5.91	36.10	43.65	38.67
19.19	92.35	32.55	7.25	33.77	76.56	63.94
25.25	180.34	79.62	9.35	79.12	109.60	88.72
0.00	0.00	0.00	0.00	0.00	0.00	0.00
6.89	51.78	25.06	4.41	21.27	29.63	24.66
46.83	243.40	113.16	15.05	108.16	165.13	43.20
8.88	66.45	29.32	4.40	27.78	44.92	37.72
9.88	51.63	23.35	2.79	27.11	24.03	21.19
2.82	28.87	11.78	1.80	13.06	16.90	14.78

4—32 续表 1

地　区	固定资产小计	累计折旧	本年折旧	固定资产净值	固定资产净值年平均余额
全　国	**1501.22**	**650.56**	**87.46**	**1291.85**	**1270.87**
北　京	7.20	3.17	0.36	5.32	5.51
天　津	13.96	3.41	0.89	12.57	11.81
河　北	34.42	13.95	2.08	32.88	33.09
山　西	122.26	37.91	5.77	110.14	107.66
内蒙古	28.77	12.45	1.50	23.66	24.26
辽　宁	91.46	30.71	3.48	84.99	83.43
吉　林	17.55	6.49	1.59	13.23	12.78
黑龙江	7.27	7.08	0.23	6.67	6.67
上　海	29.05	14.16	2.73	25.82	24.81
江　苏	55.01	23.09	3.89	51.17	48.81
浙　江	36.66	13.57	3.26	33.09	32.84
安　徽	47.92	16.11	2.43	35.44	35.91
福　建	26.04	8.97	2.59	24.17	23.51
江　西	86.91	59.04	3.79	78.27	77.72
山　东	64.15	34.21	3.70	57.24	56.44
河　南	139.79	50.29	8.56	113.58	110.78
湖　北	38.41	17.64	1.66	35.44	34.93
湖　南	60.98	28.69	4.11	52.70	51.92
广　东	83.65	33.29	5.65	76.28	77.71
广　西	68.80	27.55	4.83	58.49	61.17
海　南	0.91	0.25	0.03	0.91	0.92
重　庆	42.64	16.81	1.65	41.07	41.79
四　川	44.79	12.70	2.05	30.95	29.43
贵　州	56.62	38.95	5.03	37.61	38.42
云　南	92.11	32.15	3.51	77.44	68.67
西　藏	0.00	0.00	0.00	0.00	0.00
陕　西	23.11	11.77	1.02	17.86	16.82
甘　肃	119.95	65.32	7.40	99.81	99.29
青　海	30.78	16.19	1.77	28.73	28.68
宁　夏	16.54	8.87	1.12	15.16	13.83
新　疆	13.51	5.74	0.78	11.16	11.24

单位:亿元

负债合计	流动负债小计	所有者权益合计	实收资本	国家资本	港澳台资本	外商资本
2022.80	**1437.84**	**1147.18**	**822.63**	**362.98**	**41.33**	**42.14**
12.04	9.88	22.26	11.53	6.00	0.07	0.14
24.29	22.29	16.04	10.92	1.94	1.14	3.58
47.53	22.64	17.52	24.09	7.93	6.67	3.85
115.91	65.17	85.31	51.85	14.01	0.31	0.83
31.62	22.96	28.19	16.64	7.56	0.53	0.56
151.37	114.24	65.17	38.45	20.56	1.37	0.59
19.71	14.07	8.65	7.03	2.37	0.00	0.00
14.74	12.06	6.67	4.83	4.51	0.09	0.04
68.18	49.21	26.86	21.81	3.69	0.43	7.88
101.98	90.10	58.81	40.07	6.21	2.81	7.20
63.08	54.02	41.47	25.80	1.98	0.39	1.47
80.74	54.86	29.03	15.48	13.78	0.17	0.00
29.98	23.69	28.74	21.52	2.30	6.77	0.47
93.63	65.72	68.38	32.25	25.78	0.11	0.33
87.52	73.57	57.90	27.06	6.40	0.80	1.88
181.42	110.23	93.40	66.78	44.19	2.08	0.05
43.73	34.14	25.52	24.72	19.65	0.12	0.37
84.16	60.73	49.01	40.30	21.49	1.49	1.02
127.55	110.29	56.29	58.96	2.66	12.83	7.90
88.54	64.36	39.23	36.99	28.67	0.22	0.34
1.24	0.68	0.55	1.32	0.79	0.10	0.00
35.35	26.82	35.38	34.81	3.88	0.28	0.00
62.70	41.52	27.76	25.94	8.04	0.44	0.02
47.87	39.36	44.48	33.20	21.58	0.38	0.00
108.98	84.68	71.37	36.86	14.60	0.16	3.32
0.00	0.00	0.00	0.00	0.00	0.00	0.00
36.18	23.87	15.60	12.17	7.82	0.08	0.10
170.89	92.18	72.50	68.40	43.20	0.82	0.04
48.58	21.07	17.87	15.21	10.93	0.68	0.01
21.54	15.63	30.10	12.30	6.78	0.00	0.08
21.75	17.79	7.12	5.35	3.67	0.00	0.05

4—32 续表 2

地　区	产品销售收入	产品销售成本	产品销售费用	产品销售税金及附加	产品销售利润
全　国	**2260.62**	**1988.32**	**39.53**	**9.62**	**223.14**
北　京	16.40	13.81	0.22	0.06	2.30
天　津	41.56	37.28	1.57	0.03	2.68
河　北	57.89	52.29	1.30	0.15	4.15
山　西	85.04	68.43	1.49	0.74	14.38
内蒙古	36.89	31.47	0.93	0.12	4.37
辽　宁	113.22	104.23	1.89	0.44	6.67
吉　林	15.09	13.08	0.19	0.08	1.74
黑龙江	13.40	11.65	0.24	0.07	1.44
上　海	93.88	86.13	1.22	0.13	6.41
江　苏	229.95	212.19	3.04	0.79	13.93
浙　江	165.76	152.53	1.83	0.79	10.60
安　徽	89.49	84.15	0.88	0.18	4.28
福　建	45.05	36.46	0.83	0.17	7.59
江　西	82.29	72.95	1.17	0.22	7.96
山　东	113.35	95.99	2.92	0.37	14.07
河　南	183.31	155.64	3.60	0.74	23.34
湖　北	55.62	49.82	0.89	0.27	4.64
湖　南	118.11	103.69	2.62	0.74	11.06
广　东	150.12	135.49	2.18	0.56	11.88
广　西	77.69	64.76	1.06	0.46	11.41
海　南	0.68	0.65	0.02	0.00	0.00
重　庆	33.84	29.25	0.56	0.11	3.92
四　川	52.89	45.62	1.44	0.24	5.60
贵　州	52.76	43.83	1.06	0.43	7.44
云　南	115.20	103.71	2.42	0.51	8.56
西　藏	0.00	0.00	0.00	0.00	0.00
陕　西	22.82	19.90	0.52	0.10	2.31
甘　肃	118.69	96.99	1.89	0.90	18.91
青　海	37.12	30.75	0.94	0.11	5.32
宁　夏	31.10	25.96	0.48	0.06	4.60
新　疆	11.42	9.62	0.16	0.05	1.60

单位:亿元

管理费用	利息支出	营业利润	利润总额	亏损企业亏损总额	本年应交增值税	全部从业人员平均人数(万人)
122.88	**51.45**	**51.72**	**68.81**	**23.70**	**82.42**	**109.29**
1.53	0.23	0.73	1.33	0.12	0.32	0.64
1.44	0.02	0.70	0.81	0.93	1.12	1.11
2.20	2.27	−0.17	−0.12	1.41	1.13	2.48
5.54	3.00	4.73	5.28	0.64	4.81	6.86
3.13	0.60	0.94	1.01	0.51	1.21	2.26
6.25	4.35	−3.00	0.35	2.15	4.29	6.15
1.52	0.40	−0.08	0.16	0.01	0.35	1.42
1.01	0.41	0.11	0.18	0.02	0.38	1.15
3.76	1.47	1.09	0.39	2.34	1.92	2.26
6.72	3.31	4.33	5.45	1.46	5.24	5.33
3.37	2.07	5.42	5.98	0.49	3.85	3.44
3.20	2.95	−1.19	−0.54	1.53	1.87	3.30
2.87	0.97	3.80	3.90	0.19	1.23	1.10
5.61	1.03	−0.35	0.65	0.75	3.03	5.23
6.65	2.40	5.75	6.12	0.39	3.67	4.79
10.47	4.80	8.31	10.99	0.52	6.94	9.22
3.24	1.35	0.73	0.68	0.58	2.05	3.84
7.62	2.28	1.83	4.41	0.20	5.47	6.92
7.10	3.25	1.19	0.99	2.05	4.95	5.31
5.38	2.39	4.03	4.10	1.58	5.53	4.92
0.04	0.01	−0.04	−0.04	0.04	0.02	0.02
1.85	1.51	0.78	0.78	0.31	0.82	1.34
3.79	1.23	0.54	2.08	0.55	1.91	3.59
4.30	0.76	2.81	2.67	0.93	3.62	4.12
5.55	2.71	0.51	2.70	1.31	4.95	5.90
0.00	0.00	0.00	0.00	0.00	0.00	0.00
1.79	1.13	−0.50	−0.09	0.64	0.92	2.38
12.14	2.56	4.01	2.57	1.69	7.18	10.90
1.74	0.89	2.60	3.18	0.02	1.86	1.28
2.05	0.56	2.07	2.57	0.11	1.09	1.28
1.03	0.54	0.04	0.26	0.23	0.67	0.75

4—33　按地区分组的金属制品业

地　区	企业单位数（个）	亏损企业	工业总产值（1990年不变价格）	工业总产值（当年价格）	工业销售产值（当年价格）
全　国	**9274**	**1742**	**2699.06**	**2852.27**	**2761.58**
北　京	315	65	61.69	57.81	55.68
天　津	533	125	107.56	121.79	120.61
河　北	454	82	119.76	123.19	119.83
山　西	94	18	26.28	25.96	23.98
内蒙古	27	10	6.41	7.43	7.16
辽　宁	285	83	112.14	113.43	107.45
吉　林	75	25	11.30	13.32	13.25
黑龙江	81	21	14.99	17.16	16.35
上　海	899	162	241.23	274.58	268.94
江　苏	1231	207	412.05	450.27	432.15
浙　江	1196	103	330.39	317.16	302.20
安　徽	118	31	17.20	16.51	15.76
福　建	230	65	68.67	68.07	66.26
江　西	68	19	10.93	11.49	11.18
山　东	551	73	218.85	239.84	235.00
河　南	299	50	42.34	54.46	53.04
湖　北	229	32	86.89	92.84	89.91
湖　南	161	41	20.71	26.25	25.45
广　东	1733	328	666.14	683.98	667.39
广　西	68	27	15.98	15.89	15.18
海　南	14	6	8.62	10.17	9.86
重　庆	82	25	15.02	15.29	14.79
四　川	131	30	32.02	32.55	31.43
贵　州	36	11	8.20	10.53	9.98
云　南	45	17	6.80	8.56	7.46
西　藏	6	3	0.02	0.02	0.02
陕　西	68	22	11.38	13.46	12.72
甘　肃	180	40	11.33	13.58	12.58
青　海	19	6	2.30	2.15	1.92
宁　夏	8	4	4.76	6.71	6.63
新　疆	38	11	7.12	7.83	7.39

工业企业主要经济指标(2001 年)

单位:亿元

工业增加值(当年价格)	资产合计	流动资产小计	应收帐款净额	流动资产年平均余额	固定资产原价	生产经营用
713.28	**2745.78**	**1518.05**	**444.82**	**1487.27**	**1331.07**	**1104.32**
16.93	83.62	48.30	9.94	45.90	38.12	29.13
20.50	133.87	79.72	20.49	78.84	54.73	45.58
38.37	112.33	61.91	15.76	59.38	55.34	42.27
6.89	33.46	19.99	4.48	19.85	15.50	12.66
2.99	9.57	5.02	1.15	4.87	5.04	3.64
27.90	177.00	86.11	22.73	79.83	105.56	95.21
4.32	32.73	11.89	3.90	12.09	18.78	15.79
3.93	35.60	20.68	6.41	18.19	15.58	10.78
71.71	300.89	172.87	56.72	167.03	147.40	117.54
104.76	358.69	206.92	68.15	202.10	161.38	141.72
65.65	234.62	139.28	41.53	133.70	92.91	85.89
4.51	21.89	10.97	4.04	10.20	10.73	9.50
15.85	85.79	42.20	12.32	41.07	51.39	45.55
3.36	15.62	7.79	2.09	7.38	7.85	6.12
67.48	177.04	101.28	26.92	97.66	85.18	71.35
16.38	41.60	21.52	4.83	20.94	22.11	17.97
27.97	80.66	38.13	12.44	38.83	44.31	32.99
6.52	26.87	12.50	3.74	11.82	15.01	12.14
167.77	588.06	323.07	100.10	333.90	295.10	239.17
4.18	14.68	8.77	2.29	8.44	6.06	5.00
1.56	10.57	5.13	1.19	5.94	6.54	2.17
4.12	21.73	11.95	3.51	11.41	9.87	7.27
11.11	49.80	29.25	6.15	26.90	19.34	16.56
3.11	18.56	9.96	3.19	10.16	7.32	5.92
2.44	11.95	6.50	1.03	6.18	5.57	4.60
0.00	0.08	0.05	0.01	0.06	0.03	0.02
4.09	25.62	14.51	4.11	13.69	12.96	11.15
4.11	13.09	6.37	1.65	6.23	6.69	4.18
0.86	4.37	2.22	0.79	2.04	2.14	1.34
1.44	15.33	7.99	2.00	7.73	8.02	7.14
2.46	10.09	5.21	1.17	4.92	4.53	3.98

4—33 续表 1

地　区	固定资产小计	累计折旧	本年折旧	固定资产净值	固定资产净值年平均余额
全　国	**985.68**	**420.20**	**68.71**	**910.87**	**905.33**
北　京	28.12	12.54	2.58	25.58	25.31
天　津	41.29	18.51	2.43	36.21	33.74
河　北	43.02	14.95	1.99	40.39	40.20
山　西	11.16	5.02	0.40	10.48	10.50
内蒙古	3.71	1.41	0.13	3.62	3.53
辽　宁	83.00	26.15	4.02	79.41	79.25
吉　林	16.35	3.37	0.19	15.41	15.31
黑龙江	11.64	5.47	0.30	10.11	9.49
上　海	103.03	51.51	9.04	95.90	96.92
江　苏	123.48	52.05	8.93	109.33	107.37
浙　江	71.18	27.98	5.56	64.93	63.92
安　徽	9.09	2.85	0.46	7.88	8.00
福　建	38.11	13.82	2.82	37.57	37.60
江　西	6.06	2.60	0.27	5.24	5.20
山　东	61.79	28.49	4.53	56.69	57.21
河　南	17.39	6.13	0.93	15.98	16.75
湖　北	33.06	13.35	1.88	30.96	29.17
湖　南	11.80	4.39	0.62	10.61	9.33
广　东	206.19	99.42	17.51	195.68	197.42
广　西	4.72	1.97	0.30	4.09	4.41
海　南	4.88	1.73	0.19	4.81	4.87
重　庆	7.31	3.44	0.38	6.43	6.15
四　川	13.45	7.01	0.91	12.34	12.70
贵　州	5.99	2.57	0.58	4.75	5.61
云　南	4.66	1.62	0.34	3.95	3.79
西　藏	0.02	0.01	0.00	0.02	0.02
陕　西	8.63	5.53	0.60	7.42	7.21
甘　肃	5.00	2.00	0.19	4.69	4.74
青　海	1.79	0.52	0.03	1.62	1.25
宁　夏	6.30	2.61	0.33	5.41	4.97
新　疆	3.47	1.18	0.27	3.35	3.36

单位:亿元

负债合计	流动负债小计	所有者权益合计	实收资本	国家资本	港澳台资本	外商资本
1685.24	**1438.88**	**1060.54**	**861.29**	**101.83**	**183.75**	**161.86**
52.50	45.49	31.12	30.42	3.24	6.20	5.77
100.78	82.67	33.09	35.11	7.36	5.14	7.53
70.11	58.74	42.22	31.25	6.90	0.90	5.49
23.97	19.66	9.50	8.46	1.88	0.33	0.00
6.49	5.65	3.08	3.37	1.12	0.32	0.00
99.34	79.32	77.66	66.59	9.84	12.09	10.70
20.39	17.84	12.34	9.64	2.25	0.00	0.32
26.69	22.93	8.91	7.66	1.84	0.01	0.01
155.83	138.66	145.06	106.75	14.95	20.27	34.03
232.20	208.04	126.49	99.62	7.33	14.19	25.47
136.65	126.65	97.97	63.06	1.20	5.43	5.52
14.16	11.93	7.73	8.18	1.07	0.17	2.17
46.28	38.54	39.51	36.43	1.45	16.62	10.42
11.40	8.33	4.22	4.97	1.33	0.60	0.00
113.13	93.60	63.91	49.87	3.82	4.76	9.12
28.85	23.99	12.75	11.34	1.41	0.30	0.01
50.22	38.37	30.43	26.07	4.73	2.54	0.17
18.72	14.63	8.14	7.71	2.43	0.30	0.03
350.64	302.55	237.41	201.49	7.25	91.74	42.40
9.92	9.08	4.76	3.10	0.87	0.16	0.09
8.38	4.09	2.19	2.42	0.16	0.00	1.07
16.40	13.48	5.33	5.87	1.41	0.08	0.11
29.48	24.70	20.32	13.51	3.59	0.28	1.15
10.17	8.24	8.40	8.56	5.97	0.03	0.11
7.30	5.26	4.64	3.66	1.52	0.31	0.00
0.06	0.06	0.01	0.01	0.00	0.00	0.00
16.89	12.70	8.73	7.08	3.72	0.89	0.14
9.00	7.64	4.09	2.99	1.24	0.00	0.00
2.89	2.08	1.48	1.22	0.63	0.00	0.00
8.73	7.77	6.59	2.05	0.53	0.00	0.00
7.65	6.12	2.44	2.84	0.79	0.05	0.00

4—33续表2

地　区	产品销售收入	产品销售成本	产品销售费用	产品销售税金及附加	产品销售利润
全　国	**2635.49**	**2260.54**	**99.60**	**14.51**	**260.82**
北　京	57.66	47.41	2.85	0.35	7.06
天　津	115.73	101.48	3.13	0.36	10.76
河　北	113.32	97.52	4.04	0.74	11.01
山　西	20.46	18.13	0.60	0.27	1.46
内蒙古	6.25	5.59	0.26	0.06	0.34
辽　宁	101.22	85.62	2.92	0.40	12.28
吉　林	12.47	9.85	0.42	0.12	2.08
黑龙江	16.01	13.78	0.54	0.08	1.61
上　海	272.60	226.06	10.38	0.60	35.55
江　苏	404.88	345.66	15.88	2.15	41.18
浙　江	292.95	255.38	8.07	1.90	27.60
安　徽	15.36	12.83	0.69	0.16	1.68
福　建	65.77	59.21	1.94	0.22	4.37
江　西	10.64	8.83	0.63	0.10	1.08
山　东	211.65	178.79	7.18	1.01	24.67
河　南	49.10	41.87	2.06	0.35	4.82
湖　北	82.44	69.82	2.79	0.71	9.11
湖　南	23.46	20.15	1.00	0.30	2.01
广　东	644.25	562.17	29.52	3.89	48.68
广　西	12.55	11.11	0.39	0.06	0.99
海　南	8.46	7.49	0.26	0.02	0.69
重　庆	14.68	12.37	0.60	0.09	1.62
四　川	28.75	23.81	1.40	0.19	3.35
贵　州	10.39	8.74	0.51	0.07	1.07
云　南	7.47	6.42	0.26	0.03	0.76
西　藏	0.02	0.02	0.00	0.00	0.00
陕　西	11.61	9.32	0.54	0.08	1.66
甘　肃	9.68	8.04	0.25	0.10	1.29
青　海	1.70	1.53	0.05	0.00	0.11
宁　夏	6.92	5.46	0.28	0.04	1.14
新　疆	7.10	6.11	0.15	0.03	0.80

单位:亿元

管理费用	利息支出	营业利润	利润总额	亏损企业亏损总额	本年应交增值税	全部从业人员平均人数(万人)
140.16	**33.95**	**89.19**	**97.06**	**27.53**	**81.43**	**165.16**
4.70	0.74	2.02	2.36	1.16	1.99	3.78
5.54	0.05	4.15	4.19	1.83	3.39	7.26
4.58	1.77	4.77	4.88	1.23	3.56	8.98
1.28	0.44	−0.18	0.08	0.27	0.67	4.74
0.46	0.19	−0.28	−0.05	0.19	0.11	0.71
6.20	2.20	4.02	4.16	2.05	2.94	5.90
1.05	0.34	0.82	0.37	0.30	0.56	1.40
1.51	0.33	−0.20	−0.10	0.90	0.78	2.72
19.84	3.00	14.50	15.15	3.33	8.23	11.28
21.50	5.29	14.85	15.17	2.27	14.51	20.65
13.07	3.24	11.92	13.20	0.78	8.87	18.17
1.14	0.29	0.33	0.48	0.26	0.65	1.88
2.91	1.29	0.69	0.79	1.63	1.27	3.31
0.59	0.19	0.26	0.28	0.18	0.40	1.24
10.32	3.28	10.18	11.02	0.85	8.28	15.05
1.80	1.20	1.87	1.82	0.38	1.27	4.65
4.46	1.44	3.22	3.69	0.68	2.67	5.21
1.55	0.44	0.04	0.12	0.56	0.71	2.44
28.76	5.49	14.12	16.52	6.64	15.68	32.49
0.63	0.18	0.19	0.21	0.27	0.40	1.60
0.26	0.25	0.26	0.52	0.01	0.32	0.18
1.15	0.36	0.19	0.29	0.43	0.45	1.59
2.28	0.71	0.43	0.71	0.26	1.21	3.19
0.84	0.15	0.14	0.34	0.10	0.44	1.15
0.66	0.10	0.05	0.22	0.11	0.52	0.73
0.00	0.00	−0.01	−0.01	0.01	0.00	0.01
1.22	0.28	0.18	0.13	0.18	0.57	1.74
0.65	0.20	0.30	−0.03	0.28	0.24	1.53
0.15	0.03	−0.03	−0.02	0.07	0.03	0.22
0.55	0.31	0.25	0.26	0.09	0.29	0.82
0.53	0.15	0.15	0.30	0.22	0.42	0.55

4—34 按地区分组的普通机械制造业

地 区	企业单位数（个）	亏损企业	工业总产值（1990年不变价格）	工业总产值（当年价格）	工业销售产值（当年价格）
全 国	**10027**	**2084**	**3422.73**	**3505.33**	**3386.30**
北 京	237	64	63.30	63.93	63.21
天 津	378	91	91.56	91.87	90.13
河 北	435	99	94.85	97.72	94.81
山 西	172	48	31.93	32.72	30.86
内蒙古	38	14	5.71	6.77	6.51
辽 宁	511	178	233.06	232.48	225.10
吉 林	124	45	18.92	20.15	18.88
黑龙江	109	37	52.66	48.03	47.29
上 海	801	142	366.13	366.38	364.03
江 苏	1696	266	714.74	784.29	755.19
浙 江	1669	129	527.21	492.24	471.69
安 徽	226	75	56.01	55.28	53.76
福 建	206	35	48.32	51.29	49.77
江 西	123	38	21.61	22.05	21.05
山 东	874	104	397.89	423.82	407.59
河 南	487	92	95.69	115.65	112.18
湖 北	312	86	91.12	88.24	84.74
湖 南	245	87	40.65	42.66	41.82
广 东	530	119	208.65	205.55	197.67
广 西	109	58	59.85	58.91	56.38
海 南	6	2	0.43	0.57	0.49
重 庆	110	28	36.06	35.39	33.18
四 川	210	67	73.66	73.81	71.88
贵 州	58	31	6.66	6.27	5.73
云 南	52	27	15.84	15.09	13.69
西 藏	1	0	0.00	0.00	0.00
陕 西	120	52	42.48	41.44	39.24
甘 肃	141	51	14.37	15.48	14.88
青 海	6	5	1.56	1.74	1.77
宁 夏	18	7	9.53	12.79	10.23
新 疆	23	7	2.30	2.76	2.54

工业企业主要经济指标(2001 年)

单位:亿元

工业增加值（当年价格）	资产合计	流动资产小计	应收帐款净额	流动资产年平均余额	固定资产原价	生产经营用
971.63	**5027.40**	**2858.12**	**890.68**	**2767.40**	**2305.71**	**1889.72**
22.82	154.04	91.80	23.99	90.97	67.70	49.65
24.34	165.00	74.64	22.88	69.29	81.04	68.33
33.24	156.32	82.98	21.57	79.90	80.69	61.37
9.53	73.44	37.54	9.04	35.20	39.85	32.25
2.69	15.57	9.22	2.29	9.10	6.88	4.59
64.62	481.17	265.91	81.36	255.48	238.09	197.63
5.93	71.93	41.60	12.99	37.74	30.76	22.96
13.59	163.66	99.74	35.00	101.89	71.49	48.21
106.71	549.29	328.73	117.40	324.35	238.73	203.95
189.61	815.26	495.99	166.00	492.40	351.55	296.63
125.49	500.54	289.99	102.50	273.78	211.05	192.61
17.97	98.75	54.95	18.08	52.27	47.62	40.11
14.56	63.94	34.36	9.74	31.82	34.06	28.57
6.85	56.98	28.28	7.43	27.31	27.96	21.61
118.18	377.70	216.00	59.64	209.93	180.49	151.29
35.28	168.73	98.34	31.91	97.98	81.19	65.00
35.49	154.03	80.25	19.00	71.76	77.77	50.70
11.39	101.34	50.09	14.11	42.27	56.56	44.13
54.10	248.11	137.15	35.67	133.54	105.81	83.21
14.57	124.09	63.28	16.14	60.61	55.80	50.53
0.29	0.82	0.26	0.08	0.22	0.68	0.55
11.10	64.05	35.20	13.16	34.24	36.71	30.42
23.84	171.45	104.03	28.33	101.29	70.01	58.91
1.82	23.18	12.43	3.96	12.87	12.63	10.09
4.83	40.86	20.95	3.87	20.83	14.36	12.10
0.00	0.00	0.00	0.00	0.00	0.00	0.00
13.53	99.62	53.23	14.14	51.00	46.88	36.13
4.54	36.84	21.39	7.46	19.99	16.09	9.38
0.50	9.10	3.99	1.53	4.00	4.14	1.80
3.36	31.05	20.10	9.74	19.71	13.64	12.74
0.88	10.54	5.70	1.67	5.65	5.48	4.29

4—34 续表 1

地　区	固定资产小计	累计折旧	本年折旧	固定资产净值	固定资产净值年平均余额
全　国	**1631.46**	**850.37**	**111.52**	**1455.34**	**1447.54**
北　京	48.89	25.10	3.18	42.60	43.39
天　津	55.68	28.19	4.26	52.85	49.97
河　北	58.23	28.32	3.46	52.37	53.72
山　西	29.66	13.38	1.46	26.47	26.23
内蒙古	4.98	2.93	0.21	3.95	4.67
辽　宁	171.89	90.89	10.21	147.21	143.30
吉　林	25.22	9.08	1.70	21.68	21.47
黑龙江	50.71	28.82	2.58	42.68	42.64
上　海	161.82	91.73	14.37	147.00	147.67
江　苏	243.91	129.68	19.95	221.87	216.34
浙　江	156.52	67.25	13.03	143.80	142.29
安　徽	34.65	17.63	2.13	29.98	30.63
福　建	24.29	10.81	1.94	23.24	23.08
江　西	20.99	9.74	1.01	18.23	17.52
山　东	123.19	68.65	8.24	111.83	110.57
河　南	57.75	29.31	2.86	51.88	52.94
湖　北	51.87	31.04	2.32	46.73	49.14
湖　南	40.35	21.16	1.58	35.40	35.40
广　东	76.33	36.07	5.73	69.74	69.77
广　西	41.23	22.02	3.06	33.78	33.92
海　南	0.31	0.38	0.03	0.30	0.40
重　庆	23.36	14.84	1.59	21.87	20.88
四　川	44.36	31.69	2.91	38.33	39.12
贵　州	9.07	4.88	0.60	7.75	8.34
云　南	13.03	5.27	0.59	9.09	9.21
西　藏	0.00	0.00	0.00	0.00	0.00
陕　西	34.67	17.30	1.38	29.58	29.56
甘　肃	11.52	5.66	0.43	10.43	10.66
青　海	3.77	1.48	0.05	2.66	2.15
宁　夏	8.65	5.63	0.52	8.01	8.23
新　疆	4.58	1.44	0.14	4.05	4.32

单位:亿元

负债合计	流动负债小计	所有者权益合计	实收资本	国家资本	港澳台资本	外商资本
3165.13	**2640.16**	**1862.26**	**1307.10**	**363.94**	**66.87**	**272.01**
105.75	90.79	48.29	51.23	6.55	1.09	23.98
83.48	65.13	81.52	73.05	21.99	13.07	25.46
111.81	91.11	44.51	37.73	16.17	0.69	4.22
51.46	38.30	21.98	23.05	5.78	0.03	3.21
10.89	9.71	4.68	3.30	0.80	0.01	0.05
311.87	250.22	169.30	116.20	38.71	0.92	27.38
46.80	40.60	25.12	10.01	4.79	0.00	0.84
135.52	117.98	28.14	30.25	18.12	0.04	0.07
310.44	278.52	238.85	167.08	8.90	10.49	64.07
492.58	423.44	322.68	195.17	43.99	6.94	47.41
276.49	241.28	224.06	126.10	11.64	12.95	8.24
57.87	44.21	40.87	23.10	9.52	0.14	1.69
35.50	31.11	28.44	30.68	5.13	2.52	13.60
43.11	32.89	13.87	11.26	7.54	0.17	0.02
253.90	204.27	123.81	85.15	25.94	1.75	11.31
116.26	91.81	52.47	37.79	12.51	0.10	1.00
100.66	78.82	53.37	48.20	31.94	1.59	4.70
69.95	54.96	31.38	25.20	11.83	0.02	1.22
142.24	123.45	105.87	69.47	7.64	13.16	20.59
66.73	54.53	57.36	32.35	18.70	0.65	5.74
0.59	0.24	0.24	0.16	0.07	0.00	0.00
46.75	36.40	17.29	19.17	6.34	0.13	2.41
112.86	93.78	58.59	36.55	15.05	0.30	3.71
20.16	16.10	3.02	5.36	4.25	0.00	0.16
20.77	17.76	20.09	10.08	6.10	0.07	0.65
0.00	0.00	0.00	0.00	0.00	0.00	0.00
72.89	56.96	26.73	21.94	12.75	0.02	0.00
28.66	20.12	8.18	7.03	5.06	0.00	0.00
5.56	5.14	3.54	2.26	1.24	0.00	0.00
24.94	22.31	6.11	5.78	3.15	0.01	0.29
8.64	8.24	1.89	2.41	1.73	0.00	0.00

4—34 续表 2

地　区	产品销售收入	产品销售成本	产品销售费用	产品销售税金及附加	产品销售利润
全　国	**3222.11**	**2622.70**	**135.84**	**16.58**	**446.84**
北　京	65.09	52.37	3.21	0.20	9.30
天　津	90.62	72.12	3.63	0.31	14.57
河　北	83.07	66.03	4.20	0.54	12.30
山　西	28.55	23.22	1.50	0.17	3.67
内蒙古	5.76	4.60	0.24	0.05	0.88
辽　宁	221.41	172.98	11.16	1.03	36.24
吉　林	19.25	15.93	0.73	0.10	2.49
黑龙江	43.97	36.95	1.07	0.21	5.74
上　海	357.57	288.79	12.50	0.72	55.55
江　苏	726.12	602.29	29.50	3.88	90.45
浙　江	459.82	375.19	14.91	2.98	66.73
安　徽	50.24	39.96	2.84	0.23	7.20
福　建	49.61	40.49	2.44	0.31	6.36
江　西	18.87	15.50	1.05	0.14	2.18
山　东	358.95	297.24	13.89	1.87	45.95
河　南	101.54	84.23	5.69	0.79	10.72
湖　北	68.88	56.20	3.15	0.52	9.01
湖　南	38.26	29.94	2.37	0.33	5.62
广　东	186.54	155.27	9.14	0.80	21.32
广　西	57.84	45.65	2.92	0.22	9.05
海　南	0.35	0.26	0.05	0.00	0.03
重　庆	32.98	25.37	1.40	0.17	6.03
四　川	71.59	54.89	4.53	0.46	11.67
贵　州	5.19	4.28	0.23	0.04	0.64
云　南	13.65	10.53	0.58	0.07	2.47
西　藏	0.00	0.00	0.00	0.00	0.00
陕　西	38.26	29.46	1.61	0.23	6.97
甘　肃	13.30	11.16	0.60	0.14	1.40
青　海	1.74	1.53	0.07	0.01	0.13
宁　夏	10.25	8.02	0.41	0.03	1.79
新　疆	2.84	2.24	0.19	0.03	0.39

单位:亿元

管理费用	利息支出	营业利润	利润总额	亏损企业亏损总额	本年应交增值税	全部从业人员平均人数（万人）
293.53	**67.01**	**103.98**	**123.62**	**56.64**	**133.99**	**271.99**
11.46	3.18	−4.02	−1.96	5.98	3.29	5.52
8.52	0.10	5.09	5.55	1.81	3.82	5.44
7.71	2.60	2.74	2.83	2.76	3.69	12.92
3.48	1.02	−0.71	−0.71	1.42	1.34	6.26
1.00	0.15	−0.21	−0.27	0.40	0.26	1.54
25.48	7.18	5.12	6.41	5.15	10.21	19.27
2.47	0.68	−0.51	−0.49	1.08	0.83	3.59
5.80	2.43	−2.15	−2.14	3.75	1.90	8.86
34.83	5.41	18.51	21.03	4.82	13.93	15.07
56.02	9.49	28.19	30.79	4.76	27.79	43.86
29.71	6.98	31.25	33.57	1.54	19.46	29.47
4.78	1.53	1.13	1.39	1.04	2.63	7.12
4.14	1.09	1.30	1.58	0.55	1.58	3.42
2.33	0.90	−0.95	−0.48	0.80	0.80	4.21
24.05	6.47	16.74	16.70	2.07	14.09	28.44
7.36	2.68	1.49	2.44	1.45	3.45	16.14
7.92	1.64	−0.35	−0.01	1.93	2.86	10.42
5.56	1.39	−1.03	−0.84	2.00	1.94	6.85
16.06	2.75	3.67	7.39	1.96	7.81	9.86
7.15	1.54	0.88	0.71	1.66	2.94	4.36
0.04	0.00	0.00	0.01	0.01	0.02	0.09
5.41	1.00	−0.11	0.48	0.72	1.68	4.23
9.56	2.15	0.28	1.07	3.52	3.28	9.44
1.18	0.32	−0.75	−0.77	0.83	0.32	2.11
1.89	0.28	0.59	0.62	0.49	0.86	1.95
0.00	0.00	0.00	0.00	0.00	0.00	0.00
4.79	2.52	0.22	0.56	1.62	1.88	5.36
2.19	0.73	−1.44	−1.01	1.27	0.57	3.71
0.31	0.07	−0.25	−0.21	0.21	0.08	0.48
1.67	0.68	−0.54	−0.43	0.73	0.53	1.49
0.64	0.06	−0.20	−0.19	0.29	0.16	0.50

4—35 按地区分组的专用设备制造业

地　区	企业单位数（个）	亏损企业	工业总产值（1990年不变价格）	工业总产值（当年价格）	工业销售产值（当年价格）
全　国	**6391**	**1676**	**2258.33**	**2352.25**	**2253.07**
北　京	249	62	92.88	87.20	82.15
天　津	235	73	44.82	48.68	44.88
河　北	277	84	86.68	89.04	86.76
山　西	95	31	31.51	31.72	30.20
内蒙古	20	7	2.55	2.90	2.80
辽　宁	269	97	94.03	96.21	87.20
吉　林	106	46	14.35	14.41	13.42
黑龙江	112	45	27.80	27.73	24.37
上　海	470	92	176.44	184.18	179.21
江　苏	1065	236	369.74	407.38	389.70
浙　江	611	86	240.02	219.80	210.09
安　徽	116	40	42.50	41.59	39.26
福　建	125	40	44.52	47.78	44.77
江　西	86	34	14.20	14.36	13.74
山　东	565	82	419.40	444.36	433.43
河　南	523	108	150.73	174.86	169.55
湖　北	245	62	80.37	82.09	78.16
湖　南	165	56	41.04	44.69	43.23
广　东	370	94	110.83	115.68	109.68
广　西	105	53	18.79	17.07	16.28
海　南	13	10	0.97	1.02	1.01
重　庆	33	9	5.03	4.88	4.64
四　川	133	43	54.21	58.78	56.85
贵　州	45	26	4.84	5.03	4.90
云　南	65	36	14.28	14.05	13.55
西　藏	7	1	0.13	0.16	0.13
陕　西	132	61	48.90	45.91	43.60
甘　肃	87	32	14.26	17.50	16.91
青　海	9	5	1.51	1.52	1.23
宁　夏	16	7	3.86	4.17	4.07
新　疆	42	18	7.14	7.51	7.29

工业企业主要经济指标(2001 年)

单位:亿元

工业增加值(当年价格)	资产合计	流动资产小计	应收帐款净额	流动资产年平均余额	固定资产原价	生产经营用
636.88	**3321.38**	**1905.90**	**503.92**	**1846.62**	**1523.63**	**1187.92**
25.88	144.38	84.71	15.50	83.04	50.24	42.16
13.56	72.36	44.50	10.19	42.37	31.56	23.25
29.94	161.49	90.62	27.73	89.89	85.85	65.36
6.36	93.00	49.26	12.22	50.55	46.75	39.56
1.02	6.76	2.89	0.57	2.81	3.85	3.46
25.04	255.76	135.05	44.11	131.37	115.85	84.90
4.41	34.77	18.97	4.34	18.08	17.31	12.97
5.41	100.19	65.19	19.86	59.62	48.74	35.18
53.91	303.53	175.29	44.09	170.62	122.11	99.09
100.16	379.92	233.01	68.09	227.03	163.21	139.05
51.55	211.02	123.88	34.84	119.84	85.64	77.62
10.78	48.26	27.04	6.85	25.74	25.57	20.75
10.36	69.13	40.49	8.70	39.59	26.35	21.58
4.85	35.60	19.66	3.69	19.31	15.99	12.31
113.62	371.29	222.56	51.53	212.46	153.17	127.38
53.91	243.40	131.45	29.93	124.86	139.04	91.73
25.69	109.21	51.16	12.70	50.07	59.42	38.42
15.40	87.62	50.28	12.68	49.43	43.81	31.49
34.45	155.90	92.26	25.46	88.23	68.49	52.71
4.33	36.02	20.80	5.55	20.49	17.30	13.01
0.23	1.47	0.60	0.10	0.59	0.77	0.53
1.75	11.12	6.17	1.33	5.85	6.49	5.07
15.35	112.31	65.11	17.43	61.92	60.90	50.17
1.20	15.38	10.39	2.38	10.25	8.26	6.92
4.12	44.42	25.44	6.00	24.77	16.09	13.11
0.08	0.89	0.12	0.03	0.11	0.55	0.26
15.89	113.68	63.53	16.32	62.75	61.05	48.95
5.01	61.30	31.81	11.33	31.30	30.32	17.54
0.44	8.60	5.22	1.51	4.90	3.40	2.35
0.88	9.32	6.73	3.32	6.69	4.49	3.77
1.31	23.28	11.73	5.55	12.10	11.06	7.28

4—35 续表 1

地　　区	固定资产小计	累计折旧	本年折旧	固定资产净值	固定资产净值年平均余额
全　国	**1059.52**	**576.38**	**63.04**	**947.25**	**945.55**
北　京	38.18	17.60	2.72	32.64	32.22
天　津	21.43	11.64	1.38	19.92	19.23
河　北	59.35	32.92	3.30	52.93	53.42
山　西	31.83	17.71	1.41	29.04	29.53
内蒙古	2.87	1.11	0.10	2.74	2.76
辽　宁	84.01	40.28	3.39	75.58	75.82
吉　林	12.23	5.68	0.40	11.62	12.51
黑龙江	29.95	21.85	1.60	26.89	26.80
上　海	78.07	51.22	6.03	70.89	71.97
江　苏	111.06	61.16	9.46	102.04	101.93
浙　江	66.55	28.27	4.88	57.37	58.41
安　徽	17.89	11.19	1.14	14.38	17.14
福　建	19.30	8.66	1.06	17.68	17.87
江　西	12.79	4.75	0.53	11.24	11.61
山　东	112.71	51.13	6.96	102.03	100.46
河　南	93.35	56.58	3.81	82.47	78.20
湖　北	40.97	21.65	2.10	37.77	40.32
湖　南	31.64	16.71	1.63	27.10	27.26
广　东	48.09	23.90	3.41	44.58	41.94
广　西	12.68	6.02	0.52	11.28	11.33
海　南	0.47	0.34	0.02	0.43	0.52
重　庆	4.26	2.79	0.20	3.70	3.78
四　川	34.74	29.66	2.07	31.24	29.93
贵　州	4.59	4.12	0.34	4.15	4.17
云　南	11.61	6.76	0.38	9.32	9.97
西　藏	0.41	0.15	0.01	0.40	0.42
陕　西	43.08	24.32	2.46	36.73	34.77
甘　肃	21.33	11.40	1.11	18.92	19.91
青　海	2.53	1.34	0.10	2.06	1.81
宁　夏	2.37	2.27	0.09	2.22	2.21
新　疆	9.20	3.18	0.42	7.88	7.33

单位:亿元

负债合计	流动负债小计	所有者权益合计	实收资本	国家资本	港澳台资本	外商资本
2122.02	**1803.77**	**1194.44**	**871.72**	**313.72**	**35.17**	**98.04**
77.02	66.79	67.36	38.64	5.38	0.81	7.16
45.78	39.87	26.58	21.17	8.72	0.43	5.14
122.80	101.32	38.69	47.58	34.36	0.41	4.02
53.84	47.02	34.24	23.74	8.60	0.01	1.81
3.51	3.12	3.24	1.95	0.38	0.00	0.08
172.27	146.66	83.49	69.36	30.06	0.41	5.17
26.53	24.75	8.24	8.88	5.05	0.04	0.45
67.08	58.42	33.11	25.17	16.99	0.13	1.28
178.38	162.38	125.15	92.35	19.00	6.99	20.79
247.42	218.76	132.50	102.86	17.38	3.50	21.45
123.10	106.01	87.93	55.31	7.67	2.70	4.61
32.97	26.40	15.29	13.48	6.30	0.40	3.55
34.88	32.10	34.26	19.45	5.80	3.48	1.84
21.75	17.47	13.86	6.92	3.12	0.15	0.04
235.80	198.62	135.49	72.67	16.92	0.87	6.34
157.14	125.97	86.25	55.72	26.62	0.14	0.67
62.82	48.92	46.39	30.26	15.21	0.24	0.22
57.86	48.84	29.76	22.09	12.13	0.05	0.04
91.54	78.99	64.35	50.50	8.98	13.65	8.41
24.84	20.93	11.17	7.29	4.50	0.20	0.25
0.84	0.66	0.63	0.66	0.25	0.01	0.00
7.41	6.03	3.71	3.74	1.56	0.00	0.40
77.59	67.54	34.72	21.53	9.83	0.30	0.65
14.07	12.11	1.31	4.96	3.18	0.14	0.87
31.29	23.88	13.13	11.44	4.40	0.08	0.30
0.25	0.19	0.64	0.38	0.17	0.00	0.00
85.12	59.77	28.56	34.33	25.31	0.02	1.52
39.29	34.73	22.01	17.54	7.18	0.00	0.55
5.53	5.28	3.07	2.24	1.22	0.00	0.06
6.96	5.80	2.36	2.72	2.08	0.00	0.00
16.32	14.45	6.96	6.79	5.38	0.00	0.35

4—35 续表 2

地　区	产品销售收入	产品销售成本	产品销售费用	产品销售税金及附加	产品销售利润
全　国	**2158.28**	**1771.23**	**89.63**	**11.64**	**285.77**
北　京	87.88	65.05	4.38	0.34	18.12
天　津	45.11	34.80	2.09	0.66	7.56
河　北	77.55	62.47	3.20	0.41	11.47
山　西	28.76	23.36	1.02	0.18	4.21
内蒙古	2.17	1.74	0.07	0.01	0.35
辽　宁	85.60	70.29	3.11	0.44	11.76
吉　林	13.17	10.85	0.48	0.10	1.74
黑龙江	20.67	16.07	1.30	0.12	3.18
上　海	187.39	149.22	9.00	0.58	28.60
江　苏	357.21	300.05	14.32	1.97	40.88
浙　江	202.21	165.94	6.57	1.27	28.43
安　徽	37.01	30.55	1.01	0.11	5.34
福　建	44.36	35.73	2.37	0.28	5.97
江　西	13.11	9.58	0.62	0.09	2.82
山　东	407.35	352.20	13.67	1.42	40.06
河　南	159.45	134.04	7.24	0.96	17.21
湖　北	75.10	61.52	3.45	0.63	9.49
湖　南	40.66	28.50	2.57	0.56	9.02
广　东	108.10	87.40	5.70	0.63	14.38
广　西	15.74	12.62	0.84	0.07	2.21
海　南	0.90	0.76	0.04	0.00	0.10
重　庆	4.70	3.44	0.31	0.04	0.91
四　川	57.75	47.98	2.43	0.23	7.11
贵　州	4.67	3.57	0.27	0.02	0.81
云　南	13.26	10.00	0.34	0.08	2.84
西　藏	0.13	0.11	0.00	0.00	0.02
陕　西	40.92	30.92	2.08	0.19	7.72
甘　肃	12.73	10.63	0.42	0.18	1.49
青　海	3.52	2.76	0.12	0.01	0.63
宁　夏	4.01	3.28	0.14	0.01	0.58
新　疆	7.07	5.81	0.45	0.05	0.76

单位：亿元

管理费用	利息支出	营业利润	利润总额	亏损企业亏损总额	本年应交增值税	全部从业人员平均人数（万人）
203.18	**40.74**	**62.36**	**77.08**	**46.55**	**80.68**	**185.61**
11.06	0.83	7.25	9.02	1.13	3.31	3.77
5.84	0.25	2.46	3.48	1.05	1.88	4.11
9.56	2.53	0.05	0.37	3.44	3.42	10.72
3.62	1.11	0.17	0.43	0.74	1.38	5.03
0.31	0.05	−0.01	−0.01	0.07	0.06	0.46
11.16	3.81	−1.56	0.07	3.75	3.03	9.68
2.01	0.37	−0.59	−0.68	1.06	0.50	2.90
5.44	1.23	−3.16	−3.11	4.27	0.89	4.73
23.05	2.79	5.16	7.71	3.18	7.88	10.72
27.57	4.51	10.65	11.66	4.68	13.51	23.48
13.01	2.81	13.37	14.24	1.10	7.46	10.82
3.07	0.63	1.91	2.10	0.91	1.44	3.24
3.68	0.67	1.89	2.35	0.68	1.44	2.48
1.51	0.53	0.86	1.17	0.36	0.51	2.37
19.63	4.67	18.29	20.26	2.07	12.40	24.86
14.17	3.66	1.79	2.53	2.90	5.05	19.20
6.88	1.03	2.58	2.27	1.45	2.52	8.63
6.06	1.07	2.16	2.24	1.87	2.63	5.98
10.24	1.52	3.76	3.96	1.82	3.84	6.59
2.26	0.42	−0.30	−0.26	0.78	0.58	2.21
0.13	0.01	−0.03	0.02	0.03	0.05	0.21
1.04	0.18	−0.28	−0.13	0.33	0.33	0.91
6.70	1.45	−0.67	0.20	1.32	1.87	6.34
1.57	0.39	−1.07	−0.98	1.06	0.23	1.29
3.20	0.44	−0.46	−0.16	0.58	0.79	2.41
0.02	0.01	−0.01	0.00	0.01	0.01	0.04
6.30	2.35	−0.48	−0.51	3.12	2.24	6.37
2.06	0.81	−0.90	−1.32	1.82	0.78	4.23
0.29	0.11	0.26	0.13	0.10	0.16	0.23
0.65	0.21	−0.24	0.41	0.17	0.21	0.76
1.07	0.30	−0.49	−0.40	0.73	0.31	0.82

4—36 按地区分组的交通运输设备

地 区	企业单位数（个）	亏损企业	工业总产值（1990年不变价格）	工业总产值（当年价格）	工业销售产值（当年价格）
全 国	**7114**	**1722**	**6730.56**	**6474.95**	**6371.06**
北 京	285	102	145.31	160.95	159.65
天 津	395	120	158.46	152.65	150.14
河 北	261	54	108.30	126.97	126.22
山 西	54	11	35.25	37.79	36.54
内蒙古	19	7	9.40	10.97	10.38
辽 宁	262	85	322.41	309.57	309.03
吉 林	215	51	736.50	744.47	730.01
黑龙江	66	24	125.38	119.43	119.66
上 海	495	90	985.89	880.78	881.34
江 苏	748	160	544.07	577.42	560.77
浙 江	968	90	427.94	392.14	379.00
安 徽	121	41	172.06	163.31	162.85
福 建	175	46	159.18	154.44	151.34
江 西	122	50	133.78	119.26	119.26
山 东	416	64	333.52	338.40	332.72
河 南	266	62	94.63	118.40	114.60
湖 北	367	94	559.23	518.40	513.81
湖 南	186	67	115.26	126.67	118.82
广 东	546	155	574.52	544.61	535.02
广 西	152	59	119.29	107.04	104.26
海 南	32	15	40.12	31.96	31.26
重 庆	404	86	480.65	386.44	380.61
四 川	190	57	123.89	127.40	123.69
贵 州	86	25	47.55	52.50	49.93
云 南	57	29	24.96	22.39	22.54
西 藏	23	3	0.30	0.25	0.25
陕 西	94	32	140.14	134.56	132.36
甘 肃	61	22	4.90	5.90	5.26
青 海	10	4	0.58	0.61	0.53
宁 夏	4	0	0.17	0.17	0.17
新 疆	34	17	6.90	9.10	9.09

制造业工业企业主要经济指标(2001年)

单位:亿元

工业增加值(当年价格)	资产合计	流动资产小计	应收帐款净额	流动资产年平均余额	固定资产原价	生产经营用
1633.70	**8858.60**	**4759.00**	**1089.40**	**4582.80**	**3908.20**	**3248.30**
34.60	252.70	133.10	30.30	129.80	131.40	98.30
25.50	316.70	168.80	49.70	194.00	141.30	115.50
36.60	174.20	83.40	27.00	81.00	85.60	63.20
11.10	65.70	32.40	8.60	30.60	32.70	25.80
2.40	36.60	18.40	4.20	17.50	14.70	13.30
72.80	602.20	356.60	50.10	330.90	259.20	206.90
200.60	843.90	416.40	94.90	397.40	351.90	274.80
28.50	183.60	100.70	24.30	119.70	90.70	76.60
256.50	1125.70	630.30	122.80	585.10	492.50	446.30
128.70	679.40	358.10	92.10	350.60	314.00	273.90
82.70	402.80	216.90	62.70	203.50	148.80	136.00
45.70	207.30	119.70	20.80	105.30	77.10	68.30
38.80	140.20	77.50	17.40	70.90	60.20	51.00
30.10	198.00	112.30	13.40	107.30	97.10	84.90
83.70	436.80	234.90	68.00	217.50	169.10	134.90
32.70	162.10	86.40	23.10	83.90	82.30	65.50
149.40	844.90	374.70	88.80	351.10	392.30	314.20
30.90	204.80	109.50	28.40	104.20	102.60	80.50
133.20	613.30	378.10	80.50	368.40	234.40	193.60
21.50	102.30	55.80	11.20	54.00	49.50	41.70
6.40	25.40	10.00	1.00	8.90	15.10	13.40
84.80	474.80	274.90	80.50	275.60	206.90	180.50
35.70	246.40	129.90	29.30	129.00	122.80	97.50
16.10	131.10	67.60	18.00	65.30	64.60	56.30
4.60	41.40	21.30	2.50	20.00	18.50	16.10
0.10	1.20	0.60	0.10	0.50	0.70	0.60
36.40	306.40	172.70	35.00	163.70	128.60	107.10
1.80	22.80	8.60	2.80	8.40	15.60	6.80
0.20	2.60	1.60	0.50	1.30	1.50	1.10
0.10	0.70	0.30	0.10	0.20	0.50	0.40
1.50	12.90	7.70	1.50	7.30	6.00	3.60

4—36 续表 1

地　区	固定资产小计	累计折旧	本年折旧	固定资产净值	固定资产净值年平均余额
全　国	**2988.56**	**1383.68**	**209.20**	**2524.47**	**2529.44**
北　京	95.48	49.66	6.19	81.70	79.42
天　津	93.74	57.54	7.51	83.75	85.21
河　北	63.07	26.12	3.46	59.50	58.87
山　西	27.46	10.82	1.40	21.90	21.73
内蒙古	12.93	3.15	0.37	11.55	11.38
辽　宁	210.75	85.28	13.64	173.96	162.67
吉　林	281.64	143.35	28.08	208.50	220.34
黑龙江	71.33	32.32	4.49	58.36	55.46
上　海	337.00	172.32	35.64	320.16	312.36
江　苏	239.92	100.75	16.19	213.26	214.04
浙　江	121.99	42.28	8.69	106.51	101.83
安　徽	72.78	20.17	4.16	56.96	59.02
福　建	46.86	15.36	3.74	44.84	43.01
江　西	72.91	31.61	4.66	65.47	59.41
山　东	142.24	52.98	8.04	116.11	117.21
河　南	61.62	24.21	3.22	58.11	56.43
湖　北	302.29	178.43	15.00	213.90	260.01
湖　南	74.15	35.19	3.72	67.37	65.52
广　东	177.77	79.79	12.16	154.63	155.89
广　西	34.75	17.43	2.66	32.01	31.06
海　南	11.24	4.37	0.95	10.74	11.54
重　庆	160.85	63.44	9.15	143.49	134.08
四　川	89.80	47.11	5.00	75.73	75.16
贵　州	48.57	25.35	2.92	39.23	35.53
云　南	15.06	5.69	0.66	12.83	12.37
西　藏	0.50	0.17	0.02	0.49	0.50
陕　西	102.66	52.66	6.99	75.95	71.47
甘　肃	13.27	3.36	0.19	12.24	12.66
青　海	0.87	0.76	0.04	0.72	0.68
宁　夏	0.44	0.10	0.02	0.43	0.48
新　疆	4.62	1.90	0.25	4.09	4.09

单位:亿元

负债合计	流动负债小计	所有者权益合计	实收资本	国家资本	港澳台资本	外商资本
5416.21	**4451.07**	**3423.55**	**2330.34**	**688.18**	**113.06**	**362.85**
167.03	137.35	85.61	67.39	13.96	2.36	9.92
217.44	195.27	99.30	111.62	58.96	1.53	18.81
107.05	86.47	67.12	57.57	24.17	3.96	4.88
38.71	32.33	27.03	20.69	7.81	0.01	0.94
19.24	10.30	17.41	12.45	10.35	0.00	0.45
435.19	379.52	167.02	151.57	29.67	2.47	20.24
497.03	388.16	346.82	146.08	70.69	1.51	22.02
119.50	92.48	64.10	36.67	14.10	0.02	0.62
531.46	459.14	594.19	327.80	27.66	15.85	102.71
424.70	344.01	254.72	171.33	47.50	17.12	45.44
220.52	190.90	182.23	114.43	13.88	5.00	6.85
125.90	107.38	81.39	59.90	21.19	0.19	4.32
85.48	62.08	54.76	40.81	9.91	12.19	11.06
125.34	105.75	65.63	38.73	27.11	0.61	5.20
303.15	236.31	133.63	93.67	43.21	2.50	10.47
110.47	85.17	51.67	34.85	12.08	0.22	3.19
511.57	379.16	333.33	265.55	80.55	1.14	24.92
130.99	107.06	73.86	53.10	15.35	3.28	5.58
392.37	341.65	220.91	144.11	33.58	30.79	25.86
60.93	55.13	41.38	23.12	15.73	0.27	2.19
19.17	11.89	6.18	7.67	4.64	0.85	1.87
269.64	240.22	205.13	132.38	31.99	6.43	25.19
156.90	129.39	89.50	72.49	31.01	0.10	6.58
80.85	65.66	50.20	40.71	11.16	4.59	2.35
33.26	24.91	8.13	9.80	4.59	0.05	0.38
0.44	0.34	0.71	0.32	0.23	0.00	0.00
204.87	159.80	89.66	84.05	20.69	0.00	0.82
14.47	11.99	8.31	7.69	3.86	0.01	0.00
2.05	1.54	0.50	0.48	0.37	0.00	0.00
0.55	0.42	0.16	0.12	0.01	0.00	0.00
9.95	9.28	2.96	3.19	2.18	0.00	0.00

4—36 续表 2

地　区	产品销售收入	产品销售成本	产品销售费用	产品销售税金及附加	产品销售利润
全　国	**6220.46**	**5138.30**	**174.46**	**95.95**	**811.25**
北　京	163.05	139.68	3.66	1.35	18.37
天　津	140.11	119.27	4.85	2.77	13.22
河　北	109.96	91.50	3.83	0.65	13.99
山　西	35.08	27.92	0.82	0.17	6.17
内蒙古	10.21	8.25	0.34	0.03	1.58
辽　宁	283.92	237.35	5.81	3.89	36.87
吉　林	725.49	595.27	13.10	17.73	99.39
黑龙江	114.96	95.11	5.08	1.33	13.44
上　海	884.34	677.72	17.43	16.58	172.61
江　苏	552.62	475.60	17.62	5.03	54.38
浙　江	363.28	303.20	10.23	5.03	44.82
安　徽	154.50	127.92	4.46	2.25	19.88
福　建	135.16	115.91	4.65	1.68	12.83
江　西	116.40	92.97	5.50	1.80	16.13
山　东	324.24	276.84	7.52	2.26	37.62
河　南	108.96	90.46	3.88	0.90	13.73
湖　北	512.43	432.71	14.91	3.89	60.92
湖　南	117.92	94.65	5.60	1.62	16.06
广　东	537.92	444.64	13.69	15.85	63.75
广　西	102.41	87.82	3.58	0.98	10.02
海　南	23.57	19.81	1.25	1.03	1.48
重　庆	367.24	314.26	16.56	7.74	28.68
四　川	123.80	101.46	3.97	0.67	17.31
贵　州	49.69	36.33	1.58	0.17	11.61
云　南	24.09	20.33	0.85	0.09	2.81
西　藏	0.58	0.46	0.01	0.01	0.08
陕　西	122.30	97.05	3.28	0.39	21.59
甘　肃	5.25	4.25	0.16	0.02	0.82
青　海	1.32	1.12	0.04	0.00	0.14
宁　夏	0.21	0.17	0.01	0.00	0.03
新　疆	9.44	8.26	0.21	0.04	0.92

单位:亿元

管理费用	利息支出	营业利润	利润总额	亏损企业亏损总额	本年应交增值税	全部从业人员平均人数（万人）
528.74	**92.20**	**224.89**	**298.41**	**80.96**	**235.70**	**296.22**
19.36	3.12	−2.11	2.71	5.18	4.65	9.50
14.52	0.10	−6.49	−5.98	11.25	4.89	9.53
9.43	2.36	2.99	3.42	2.48	3.92	9.47
4.84	0.65	0.87	1.13	0.21	1.64	4.05
1.27	0.48	−0.15	0.02	0.27	0.29	0.85
25.31	6.42	6.33	9.28	4.81	8.95	18.68
70.47	6.38	33.29	51.54	2.65	37.90	20.60
12.22	1.62	0.35	0.31	2.20	4.46	8.41
93.25	3.66	80.98	91.84	4.63	39.24	17.02
36.53	8.11	13.42	14.96	6.89	19.23	24.18
19.87	3.71	20.15	24.00	1.07	11.70	16.71
9.36	2.90	8.57	9.67	1.54	6.40	6.95
6.17	1.71	5.37	6.01	1.93	3.53	3.35
12.69	3.24	1.15	2.05	0.59	4.54	7.21
22.40	4.90	12.21	15.23	2.56	10.36	17.58
9.35	2.94	2.30	2.85	1.55	3.53	10.39
47.07	11.58	5.00	24.33	4.82	20.90	25.80
12.53	3.21	1.49	1.70	3.82	4.18	8.50
28.36	6.59	30.42	28.33	9.73	17.30	15.79
7.02	0.83	2.73	3.35	0.77	4.06	4.47
1.85	0.07	−0.38	0.04	0.29	0.75	0.67
18.18	5.43	7.77	9.34	3.77	13.91	17.03
15.21	3.17	−0.26	0.79	2.39	3.87	13.28
9.23	2.00	0.53	1.33	1.67	1.44	7.00
2.73	0.76	−0.58	−0.56	0.83	0.89	1.80
0.05	0.00	0.05	0.06	0.01	0.00	0.19
17.22	5.57	−0.42	1.31	2.00	2.68	14.21
1.14	0.41	−0.72	−0.57	0.62	0.17	2.14
0.16	0.06	−0.05	−0.04	0.05	0.04	0.19
0.00	0.02	0.00	0.01	0.00	0.00	0.06
0.95	0.18	0.07	−0.07	0.37	0.28	0.65

4—37 按地区分组的电气机械及器材

地 区	企业单位数（个）	亏损企业	工业总产值（1990年不变价格）	工业总产值（当年价格）	工业销售产值（当年价格）
全 国	**8675**	**1733**	**6088.41**	**5481.07**	**5314.18**
北 京	242	53	116.57	99.21	92.80
天 津	326	89	200.42	157.24	152.82
河 北	288	48	124.84	118.61	114.83
山 西	57	14	19.76	18.58	17.39
内蒙古	23	8	4.36	4.17	3.83
辽 宁	308	95	192.09	152.63	145.78
吉 林	64	19	17.90	15.99	15.34
黑龙江	100	30	40.36	40.09	36.91
上 海	783	129	541.53	474.30	464.57
江 苏	1340	257	757.19	832.01	796.62
浙 江	1405	113	745.62	660.16	637.48
安 徽	172	38	175.38	142.98	142.46
福 建	189	33	136.14	127.33	122.38
江 西	88	31	33.39	31.14	29.84
山 东	430	67	741.20	654.70	645.59
河 南	311	72	120.04	133.61	131.41
湖 北	208	37	116.58	105.94	102.09
湖 南	184	51	55.75	63.76	62.01
广 东	1547	360	1666.46	1386.37	1345.21
广 西	78	34	30.20	27.15	25.68
海 南	12	4	3.58	4.18	4.03
重 庆	83	25	30.98	29.41	28.06
四 川	168	39	75.53	68.83	67.53
贵 州	29	10	19.47	17.43	16.84
云 南	42	17	18.21	16.47	15.65
西 藏	0	0	0.00	0.00	0.00
陕 西	96	32	68.03	59.21	59.03
甘 肃	61	14	19.14	21.46	20.53
青 海	6	1	0.62	0.72	0.64
宁 夏	9	2	2.57	2.68	2.60
新 疆	26	11	14.51	14.69	14.23

制造业工业企业主要经济指标(2001年)

单位:亿元

工业增加值(当年价格)	资产合计	流动资产小计	应收帐款净额	流动资产年平均余额	固定资产原价	生产经营用
1378.44	**5763.78**	**3401.69**	**1080.09**	**3361.69**	**2279.27**	**1964.63**
32.38	172.55	102.00	25.94	104.89	65.71	48.75
27.19	186.56	107.34	28.17	97.99	78.38	57.19
33.36	141.62	81.02	25.12	78.38	58.03	49.53
5.35	34.29	18.69	5.47	18.48	18.25	13.90
1.10	10.57	5.22	2.01	5.71	5.22	4.31
35.92	256.83	145.14	45.64	142.07	134.41	113.41
4.55	34.23	18.71	6.52	18.08	16.45	13.09
10.54	92.84	59.57	20.82	59.67	38.14	30.40
119.26	543.83	315.73	114.50	313.06	219.67	184.12
214.43	749.54	472.98	170.06	460.10	265.31	231.76
156.77	612.77	365.68	137.81	341.09	216.05	197.09
38.80	154.74	93.00	31.04	90.78	60.81	54.53
37.95	136.19	80.31	29.46	78.88	52.22	46.28
7.64	63.48	32.21	8.43	21.99	24.29	22.01
154.15	502.44	291.56	69.90	287.29	170.11	155.42
37.35	207.87	120.97	37.60	112.07	72.44	59.92
29.09	125.90	72.70	21.04	74.41	53.50	37.41
15.57	95.87	52.52	14.54	51.01	49.33	38.44
349.67	1151.19	686.18	197.11	730.91	494.62	442.33
7.59	38.07	20.76	6.48	20.75	18.31	15.70
1.26	5.07	2.90	1.40	2.68	1.83	1.51
5.40	43.17	24.70	8.98	23.65	19.17	17.62
17.35	139.65	76.51	23.13	76.04	51.08	45.51
3.45	28.43	16.55	5.72	15.69	9.12	6.69
3.94	22.60	13.19	3.47	13.00	10.66	9.66
0.00	0.00	0.00	0.00	0.00	0.00	0.00
15.97	137.57	79.80	23.84	78.37	48.86	46.76
6.65	41.32	27.05	9.34	26.68	16.55	12.60
0.27	3.48	0.64	0.21	0.61	0.97	0.88
0.89	5.64	3.54	1.26	3.41	2.40	1.82
4.61	25.47	14.52	5.10	13.94	7.39	6.01

4—37 续表 1

地　区	固定资产小计	累计折旧	本年折旧	固定资产净值	固定资产净值年平均余额
全　国	**1650.44**	**789.67**	**129.11**	**1489.6**	**1475.1**
北　京	46.42	24.86	3.46	40.85	41.76
天　津	58.04	27.2	4.65	51.18	53.69
河　北	49.18	16.48	2.29	41.55	40.6
山　西	12.86	7.13	1.58	11.12	10.92
内蒙古	3.59	1.91	0.13	3.31	3.4
辽　宁	86.59	53.68	6.86	80.73	79.17
吉　林	12.61	4.13	0.61	12.31	11.52
黑龙江	27.38	15.21	1.72	22.93	21.54
上　海	147.36	80.01	12.66	139.66	140.75
江　苏	190.21	87.53	16.64	177.78	175.1
浙　江	171.91	63.89	12.9	152.17	149.55
安　徽	46.45	18.8	2.78	42.01	41.58
福　建	37.03	17.47	3.4	34.74	32.8
江　西	20.03	10.25	1.32	14.04	16.88
山　东	140.86	54.15	10.04	115.96	113.18
河　南	57.04	23.32	2.82	49.12	48.52
湖　北	35.21	23.66	2.4	29.83	33.76
湖　南	34.8	18.06	1.91	31.27	29.64
广　东	335.26	173.98	33.64	320.64	310.22
广　西	13.21	6.34	0.59	11.98	12.28
海　南	1.39	0.53	0.09	1.29	1.11
重　庆	14.51	6.19	0.91	12.98	12.3
四　川	36.45	20.37	2.78	30.72	31.79
贵　州	7.56	3.42	0.46	5.7	6.22
云　南	7.2	4.06	0.45	6.61	6.79
西　藏	0	0	0	0	0
陕　西	35.71	18.47	0.86	30.39	31.33
甘　肃	12.46	5.38	0.59	11.17	11.34
青　海	0.81	0.29	0.16	0.68	0.75
宁　夏	1.78	0.84	0.1	1.57	1.54
新　疆	6.53	2.09	0.3	5.3	5.07

单位:亿元

负债合计	流动负债小计	所有者权益合计	实收资本	国家资本	港澳台资本	外商资本
3452.81	**3007.75**	**2310.89**	**1480.49**	**242.14**	**170.73**	**347.67**
110.56	86.81	61.98	55.17	6.28	2.21	13.22
119.24	99.04	67.33	57.81	11.92	5.41	25.89
86.79	65.55	54.82	30.76	9.48	3.05	1.33
23.51	20.75	10.78	9.46	5.59	0	0
7.32	5.05	3.25	2.12	0.59	0.08	0
172.04	145.14	84.8	72.98	21.11	6.1	27.8
28.62	21.3	5.61	5.28	2.11	0.01	0.46
73.33	58.22	19.51	16.91	4.31	0	1.36
301.63	281.27	242.2	173.5	9.16	13.32	66.64
427.91	388.73	321.63	189.03	16.61	21.15	53.16
341.14	303.02	271.63	166.95	8.33	9.12	15.81
98.51	84.03	56.24	47.59	5.47	3.74	19.98
70.5	65.77	65.7	38.59	7.13	13.95	7.72
41.16	30.36	22.24	12.98	7.91	0.05	0.96
279.27	240.11	223.17	79.83	9.79	3.93	12.17
126.37	108.32	81.5	48.32	19.09	0.08	4.88
73.47	58.1	52.43	39.51	14.21	0.68	5.51
58.28	48	37.59	29.44	13	0.16	3.49
693.73	642.11	457.46	291.91	16.3	84.32	81.21
29.53	23.75	8.54	7.17	3.73	0.11	0.43
2.48	1.54	2.58	1.36	0.51	0	0.18
34.36	27.97	8.82	11.22	3.02	0.26	1.4
80.7	67.78	58.94	36.6	11.6	2.54	3.04
19.47	15.62	8.96	4.8	3.2	0.15	0.02
15.57	11.95	7.02	5.63	2.7	0.08	0
0	0	0	0	0	0	0
83.89	66.38	53.68	33.99	23.44	0.22	0.94
33.99	27.71	7.33	5.65	3.77	0	0.06
1.01	0.93	2.47	0.76	0.55	0	0
4.57	3.93	1.07	0.91	0.42	0	0
13.87	8.52	11.6	4.25	0.83	0	0.02

4—37 续表 2

地　区	产品销售收入	产品销售成本	产品销售费用	产品销售税金及附加	产品销售利润
全　国	**5099.90**	**4167.72**	**318.96**	**19.14**	**593.97**
北　京	95.59	73.23	6.06	0.22	16.08
天　津	146.69	119.27	11.08	0.52	15.82
河　北	111.48	90.47	4.80	0.42	15.79
山　西	15.12	11.61	0.81	0.09	2.60
内蒙古	4.38	3.78	0.15	0.02	0.43
辽　宁	145.73	117.07	5.99	0.29	22.37
吉　林	12.81	10.30	0.48	0.05	1.98
黑龙江	35.98	27.42	1.75	0.19	6.62
上　海	469.07	380.73	24.86	0.57	62.91
江　苏	746.27	606.87	44.96	3.39	91.06
浙　江	608.46	493.69	30.37	3.74	80.65
安　徽	124.03	98.00	12.95	0.60	12.48
福　建	121.76	96.70	6.10	0.35	18.69
江　西	29.36	24.26	1.26	0.10	3.74
山　东	614.36	504.24	48.41	1.91	59.80
河　南	124.05	98.14	9.54	0.54	15.83
湖　北	93.17	75.84	4.24	0.54	12.56
湖　南	56.80	42.14	5.35	0.29	9.03
广　东	1299.42	1092.50	86.34	4.25	116.32
广　西	22.98	18.92	1.11	0.11	2.84
海　南	3.94	2.92	0.49	0.01	0.52
重　庆	26.32	22.59	1.39	0.13	2.22
四　川	68.47	56.92	4.13	0.28	6.96
贵　州	16.48	13.76	0.87	0.06	1.79
云　南	15.85	13.06	0.60	0.06	2.13
西　藏	0.00	0.00	0.00	0.00	0.00
陕　西	56.97	46.24	3.02	0.28	7.43
甘　肃	16.55	12.79	0.80	0.07	2.87
青　海	0.91	0.78	0.06	0.01	0.06
宁　夏	2.47	1.77	0.17	0.01	0.53
新　疆	14.45	11.71	0.83	0.05	1.85

单位:亿元

管理费用	利息支出	营业利润	利润总额	亏损企业亏损总额	本年应交增值税	全部从业人员平均人数(万人)
325.32	**70.79**	**213.41**	**235.32**	**61.54**	**172.82**	**225.55**
10.97	1.15	5.59	7.64	1.54	4.06	4.77
7.20	0.13	6.54	7.33	2.52	4.28	5.98
6.42	2.99	6.87	6.93	1.11	3.74	6.30
2.17	0.62	−0.07	−0.12	0.32	0.83	2.52
0.51	0.09	−0.14	−0.15	0.26	0.16	0.51
14.65	4.49	3.78	4.64	5.03	5.22	10.06
1.45	0.36	0.21	0.04	0.59	0.64	1.40
4.96	1.34	0.84	1.14	1.21	1.93	4.05
36.79	7.25	21.91	31.24	6.07	14.72	14.99
40.62	8.71	45.42	47.04	4.11	30.86	28.17
39.23	8.74	35.70	41.39	2.55	22.30	26.98
6.84	2.39	4.13	4.51	3.11	4.99	4.85
9.30	1.41	7.97	9.93	1.80	3.69	6.19
2.04	1.13	0.67	0.72	0.32	1.04	2.49
31.78	5.43	24.97	27.80	1.48	19.39	16.17
8.71	3.13	4.54	5.42	1.48	4.36	8.24
6.82	1.44	4.50	4.39	0.55	3.55	4.86
5.76	1.36	2.13	2.18	1.06	2.31	5.17
64.60	11.23	39.02	31.15	18.69	35.58	51.19
2.15	0.78	0.08	0.13	0.78	0.95	2.14
0.23	0.01	0.28	0.51	0.01	0.26	0.15
2.33	0.82	−0.87	−0.57	1.59	1.15	2.38
7.40	2.01	−2.06	−0.50	3.39	2.13	5.40
1.51	0.18	0.19	0.27	0.18	0.66	1.50
1.46	0.43	0.36	0.46	0.21	0.58	1.35
0.00	0.00	0.00	0.00	0.00	0.00	0.00
5.75	1.80	0.25	0.49	1.08	2.21	4.39
2.43	0.83	−0.24	−0.08	0.42	0.74	2.36
0.05	0.02	0.01	0.00	0.01	0.02	0.17
0.34	0.13	0.13	0.07	0.02	0.12	0.32
0.86	0.39	0.70	1.32	0.05	0.36	0.49

4—38 按地区分组的电子及通信设备

地　区	企业单位数（个）	亏损企业	工业总产值（1990年不变价格）	工业总产值（当年价格）	工业销售产值（当年价格）
全　国	**4824**	**1230**	**13169.10**	**8990.25**	**8903.77**
北　京	291	65	1316.98	948.24	930.95
天　津	249	87	946.14	667.05	670.51
河　北	70	19	54.64	41.91	40.57
山　西	25	9	8.67	8.25	7.76
内蒙古	11	1	17.26	15.78	15.68
辽　宁	127	46	442.75	252.08	244.76
吉　林	29	8	71.66	26.10	21.92
黑龙江	22	10	43.86	17.09	16.33
上　海	409	81	1696.00	983.67	976.02
江　苏	689	167	1061.56	1070.92	1056.94
浙　江	479	55	514.05	329.00	317.13
安　徽	56	21	105.44	50.66	50.99
福　建	206	52	674.23	460.31	449.25
江　西	36	14	35.85	22.51	21.88
山　东	176	29	580.36	331.83	328.58
河　南	56	20	91.16	50.49	45.64
湖　北	113	20	143.40	132.34	126.96
湖　南	73	24	91.49	53.31	53.70
广　东	1421	417	4540.43	3109.91	3117.70
广　西	39	10	27.56	14.88	13.99
海　南	8	6	1.29	0.85	0.83
重　庆	23	7	30.49	16.29	15.77
四　川	108	25	435.11	233.62	229.07
贵　州	23	16	34.82	11.98	11.18
云　南	7	2	10.71	7.32	6.75
西　藏	0	0	0.00	0.00	0.00
陕　西	65	14	172.47	116.65	116.23
甘　肃	9	3	19.51	16.49	15.99
青　海	2	2	0.02	0.03	0.03
宁　夏	1	0	1.06	0.49	0.51
新　疆	1	0	0.13	0.18	0.13

制造业工业企业主要经济指标(2001 年)

单位:亿元

工业增加值（当年价格）	资产合计	流动资产小计	应收帐款净额	流动资产年平均余额	固定资产原价	生产经营用
2035.03	**8469.67**	**5330.45**	**1859.75**	**5073.21**	**3084.24**	**2628.45**
180.75	813.95	558.46	216.42	569.52	195.40	158.19
172.08	576.23	333.14	161.82	318.42	285.40	249.83
16.86	82.23	35.47	10.16	36.20	50.40	46.38
1.74	17.77	11.44	1.65	11.23	5.80	4.85
5.96	4.77	2.62	0.41	2.89	2.28	2.13
59.04	278.41	166.63	33.79	162.49	118.03	102.28
7.81	65.36	34.92	14.22	33.36	17.22	10.06
3.77	64.19	43.26	25.05	43.58	19.88	5.50
214.08	1050.94	642.60	244.54	653.49	406.48	369.64
253.04	969.72	609.71	235.90	587.07	389.88	324.29
69.35	375.39	255.97	65.97	247.87	95.07	84.48
12.94	41.41	24.51	10.34	24.58	15.34	14.92
105.22	341.35	224.83	83.51	211.80	122.84	112.28
6.04	28.88	16.55	4.19	16.88	14.56	11.56
77.94	261.67	163.68	40.72	152.25	88.41	81.23
15.22	122.26	83.49	17.67	78.56	47.89	46.29
50.92	150.40	109.67	45.27	76.35	34.14	21.92
11.79	99.85	37.32	13.48	38.89	56.02	52.06
655.17	2366.45	1510.92	501.11	1486.82	852.30	703.42
5.01	28.19	15.90	6.21	15.68	8.56	5.43
0.19	2.51	1.29	0.33	1.28	0.96	0.69
2.64	28.03	16.14	7.07	15.79	10.88	8.33
66.55	372.41	247.15	76.01	104.45	109.97	93.50
3.06	38.69	24.27	4.99	21.66	13.59	11.77
1.79	10.43	7.30	1.57	6.65	1.99	1.68
0.00	0.00	0.00	0.00	0.00	0.00	0.00
30.21	227.95	131.40	31.14	127.43	100.72	89.67
5.50	46.85	21.05	5.95	26.91	18.98	14.98
0.02	0.28	0.04	0.01	0.10	0.09	0.00
0.27	2.91	0.59	0.23	0.96	1.13	1.07
0.07	0.15	0.13	0.02	0.08	0.03	0.03

4—38 续表 1

地　区	固定资产小计	累计折旧	本年折旧	固定资产净值	固定资产净值年平均余额
全　国	**2237.37**	**1030.89**	**218.94**	**2053.36**	**1964.10**
北　京	145.14	69.24	11.45	126.16	126.63
天　津	209.88	90.64	25.42	194.76	171.77
河　北	37.45	14.51	3.01	35.89	36.24
山　西	5.69	1.60	0.36	4.19	5.07
内蒙古	1.59	0.73	0.16	1.55	1.78
辽　宁	75.64	47.15	5.94	70.88	67.78
吉　林	16.84	4.05	0.80	13.17	15.18
黑龙江	19.06	6.63	0.18	13.25	13.32
上　海	277.06	149.70	37.36	256.77	252.83
江　苏	274.96	132.07	29.27	257.81	247.16
浙　江	72.46	28.05	6.72	67.02	64.81
安　徽	13.77	4.94	0.78	10.41	9.72
福　建	90.39	34.50	8.13	88.34	85.00
江　西	9.93	5.52	0.55	9.04	8.11
山　东	69.26	29.45	5.53	58.97	54.55
河　南	27.75	22.58	4.34	25.31	27.09
湖　北	22.53	13.73	2.13	20.42	28.78
湖　南	48.56	11.22	2.33	44.80	40.18
广　东	621.21	268.73	60.43	583.57	567.51
广　西	6.09	3.16	0.26	5.40	6.34
海　南	0.56	0.43	0.04	0.52	0.56
重　庆	7.66	4.35	0.50	6.52	6.34
四　川	84.86	36.94	6.49	73.03	47.44
贵　州	10.24	5.14	0.56	8.45	9.02
云　南	1.58	0.63	0.10	1.35	1.31
西　藏	0.00	0.00	0.00	0.00	0.00
陕　西	69.93	39.65	5.41	61.07	55.82
甘　肃	14.97	4.94	0.59	14.04	13.05
青　海	0.12	0.02	0.00	0.06	0.10
宁　夏	2.17	0.54	0.10	0.59	0.61
新　疆	0.01	0.01	0.00	0.01	0.01

单位:亿元

负债合计	流动负债小计	所有者权益合计	实收资本	国家资本	港澳台资本	外商资本
4872.61	**4188.55**	**3596.66**	**1984.41**	**335.25**	**327.85**	**679.72**
439.51	416.24	374.44	175.98	48.30	5.50	45.11
272.22	231.32	304.01	145.74	17.99	9.95	110.56
56.80	40.85	25.43	12.43	7.72	0.49	0.30
14.65	10.53	3.12	2.36	1.16	0.30	0.10
1.87	1.30	2.91	2.20	1.15	0.24	0.06
165.50	143.57	112.92	76.11	15.84	1.64	34.57
29.37	23.96	35.99	16.14	8.60	0.79	1.27
47.06	38.88	17.13	15.65	1.87	0.18	7.60
559.56	480.91	491.38	297.70	32.59	29.42	131.92
642.37	551.59	327.35	244.85	39.18	35.17	116.39
204.15	181.98	171.24	75.81	11.27	6.80	9.47
25.68	19.19	15.73	8.74	4.60	0.56	0.47
217.55	191.31	123.54	69.04	4.92	21.74	28.13
20.71	16.82	8.03	9.98	7.15	0.16	0.37
137.31	115.67	124.36	65.48	18.83	2.38	19.28
74.97	64.30	47.29	19.97	2.28	2.26	0.01
71.33	60.82	79.07	24.72	6.37	2.95	3.49
61.59	49.01	38.25	31.86	4.91	0.29	9.15
1395.06	1210.76	971.39	559.94	38.68	204.30	154.37
19.18	15.91	9.01	5.89	3.58	0.31	0.49
2.93	1.97	−0.41	0.58	0.35	0.09	0.01
18.27	13.24	9.76	10.22	5.24	0.78	1.76
185.44	149.71	186.97	47.10	18.95	0.56	4.22
20.62	16.87	18.07	6.59	1.94	0.04	0.05
4.26	3.48	6.17	2.34	0.41	0.00	0.00
0.00	0.00	0.00	0.00	0.00	0.00	0.00
156.19	119.27	71.76	49.34	27.69	0.92	0.56
25.99	18.67	20.86	7.12	3.61	0.00	0.00
0.33	0.09	−0.05	0.03	0.03	0.00	0.00
2.03	0.28	0.89	0.50	0.00	0.00	0.00
0.10	0.07	0.04	0.02	0.02	0.00	0.00

4—38 续表 2

地　区	产品销售收入	产品销售成本	产品销售费用	产品销售税金及附加	产品销售利润
全　国	**8899.51**	**7713.42**	**334.56**	**12.27**	**838.12**
北　京	1072.46	962.61	45.89	0.85	63.12
天　津	648.49	539.96	26.01	0.52	82.00
河　北	35.89	27.84	1.67	0.18	6.21
山　西	7.47	6.31	0.14	0.02	1.00
内蒙古	15.89	14.91	0.07	0.01	0.90
辽　宁	249.18	217.21	8.85	0.34	22.77
吉　林	22.63	19.08	0.66	0.07	2.81
黑龙江	15.12	12.81	0.39	0.03	1.89
上　海	1004.20	863.18	37.24	1.12	102.67
江　苏	1047.81	937.21	24.97	1.20	84.43
浙　江	321.05	271.02	9.61	1.33	39.09
安　徽	45.27	40.74	1.14	0.11	3.27
福　建	435.70	384.36	17.24	0.38	32.57
江　西	14.06	10.42	0.55	0.04	3.04
山　东	345.60	302.28	15.97	0.63	26.73
河　南	46.76	35.11	2.79	0.17	8.69
湖　北	121.56	88.84	5.42	0.35	26.94
湖　南	51.10	41.37	3.06	0.14	6.53
广　东	3004.57	2633.29	107.25	2.66	261.38
广　西	11.91	9.43	0.39	0.03	2.06
海　南	0.62	0.57	0.01	0.00	0.04
重　庆	15.15	12.33	0.48	0.01	2.33
四　川	232.29	174.75	19.51	1.33	36.70
贵　州	10.71	8.03	0.82	0.06	1.81
云　南	6.68	5.48	0.12	0.01	1.07
西　藏	0.00	0.00	0.00	0.00	0.00
陕　西	103.79	83.47	3.94	0.55	15.84
甘　肃	12.92	10.34	0.37	0.13	2.08
青　海	0.01	0.01	0.00	0.00	0.00
宁　夏	0.52	0.37	0.02	0.00	0.13
新　疆	0.12	0.09	0.01	0.00	0.02

单位：亿元

管理费用	利息支出	营业利润	利润总额	亏损企业亏损总额	本年应交增值税	全部从业人员平均人数（万人）
436.20	**69.69**	**386.08**	**462.15**	**82.39**	**217.94**	**205.00**
39.38	7.00	37.85	54.98	7.83	28.22	9.00
19.91	1.28	72.47	72.50	3.22	22.81	8.78
3.28	1.32	1.89	2.57	0.20	2.29	2.07
0.79	0.11	0.13	0.22	0.12	0.09	0.70
0.29	0.05	0.61	0.68	0.00	0.24	0.24
13.72	2.02	7.30	8.33	1.40	5.90	6.25
2.20	0.40	0.16	0.71	0.64	0.49	1.57
0.91	0.35	0.30	0.31	0.20	0.26	0.71
60.57	8.57	41.86	54.23	24.00	17.02	13.60
46.21	10.72	29.95	44.57	7.26	34.24	24.25
20.35	2.33	17.33	19.94	1.02	9.33	11.73
1.97	0.64	1.00	1.19	0.34	1.42	1.69
13.23	3.03	17.90	18.52	1.49	7.47	10.49
1.79	0.37	0.92	1.15	0.44	0.61	1.57
12.53	3.23	11.47	13.71	1.11	9.61	7.55
3.48	1.48	4.32	4.60	0.56	1.67	2.40
7.68	0.66	18.88	19.94	1.06	4.52	3.39
4.03	1.50	1.45	1.79	0.40	2.39	2.01
154.36	16.45	94.03	124.48	25.97	54.72	77.07
1.27	0.30	0.50	0.69	0.23	0.40	0.90
0.10	0.04	-0.09	-0.15	0.16	0.00	0.09
1.72	0.58	0.09	0.18	0.57	0.38	0.81
14.01	3.14	20.56	11.28	1.74	8.50	9.15
1.48	0.28	0.09	0.30	0.63	0.31	1.32
0.41	0.02	0.67	0.75	0.02	0.21	0.24
0.00	0.00	0.00	0.00	0.00	0.00	0.00
8.93	3.52	4.01	4.14	1.65	4.40	5.76
1.52	0.29	0.37	0.48	0.12	0.34	1.54
0.01	0.00	-0.01	-0.01	0.01	0.00	0.02
0.09	-0.01	0.06	0.06	0.00	0.05	0.08
0.01	0.00	0.01	0.01	0.00	0.01	0.02

4—39 按地区分组的仪器仪表及文化办公机械

地 区	企业单位数（个）	亏损企业	工业总产值（1990年不变价格）	工业总产值（当年价格）	工业销售产值（当年价格）
全 国	**2018**	**519**	**1040.21**	**937.67**	**924.66**
北 京	163	37	43.76	44.18	43.49
天 津	125	50	28.27	25.76	25.22
河 北	43	12	9.57	9.29	8.96
山 西	19	5	2.24	2.01	1.95
内蒙古	1	1	0.02	0.01	0.01
辽 宁	85	27	18.65	17.52	16.74
吉 林	18	5	3.74	3.37	3.35
黑龙江	25	14	7.54	7.43	6.80
上 海	193	30	98.69	98.89	97.62
江 苏	233	42	126.71	137.45	133.68
浙 江	289	30	99.29	88.69	85.55
安 徽	18	5	6.47	5.40	5.14
福 建	82	18	29.61	19.44	18.55
江 西	19	11	7.12	6.14	6.47
山 东	83	13	38.26	38.92	38.08
河 南	57	23	8.29	9.80	10.04
湖 北	90	33	21.05	19.68	18.61
湖 南	35	18	12.24	13.13	13.45
广 东	284	86	411.13	331.30	333.83
广 西	13	4	4.59	2.76	2.55
海 南	3	1	0.55	0.60	0.57
重 庆	40	13	25.64	22.77	21.89
四 川	18	6	8.47	6.63	6.50
贵 州	10	6	2.33	1.82	1.62
云 南	15	6	5.87	4.88	4.68
西 藏	0	0	0.00	0.00	0.00
陕 西	30	13	13.97	13.44	13.32
甘 肃	19	7	1.83	2.18	1.96
青 海	1	0	0.60	0.47	0.44
宁 夏	5	3	3.48	3.43	3.35
新 疆	2	0	0.23	0.27	0.22

制造业工业企业主要经济指标(2001年)

单位:亿元

工业增加值(当年价格)	资产合计	流动资产小计		流动资产年平均余额	固定资产原价	
			应收帐款净额			生产经营用
237.90	**1076.78**	**659.35**	**203.77**	**638.87**	**435.13**	**359.22**
15.08	79.81	52.17	10.91	48.06	24.43	20.39
6.72	42.27	23.85	4.79	22.64	19.41	16.60
3.86	17.02	9.10	2.05	8.75	8.44	5.91
0.64	6.29	3.11	0.78	2.89	3.38	2.79
0.00	0.43	0.26	0.04	0.26	0.08	0.02
5.94	35.14	19.73	6.71	18.75	16.14	11.60
0.76	13.76	4.46	1.45	5.00	8.63	7.74
2.13	19.44	12.07	4.43	12.49	7.82	6.14
26.06	107.86	74.42	21.95	76.14	37.10	29.90
37.72	120.53	80.46	24.43	78.26	49.03	42.08
23.43	89.66	55.25	19.39	55.42	28.21	25.40
2.30	11.28	7.16	1.77	6.97	4.43	3.75
4.79	17.99	11.11	3.32	10.62	6.70	5.48
2.45	16.47	8.42	1.20	9.37	8.13	2.78
10.54	41.08	20.45	4.39	21.73	19.86	15.38
3.39	24.17	13.81	3.47	13.68	10.15	8.64
5.80	35.57	21.90	5.10	17.75	13.20	7.28
3.83	24.45	14.38	4.20	13.64	10.56	9.33
63.20	201.49	132.76	50.60	129.19	86.86	79.56
1.07	6.68	4.54	1.32	4.59	3.76	2.61
0.15	0.52	0.42	0.06	0.42	0.22	0.10
6.85	42.93	24.64	10.42	23.19	19.20	16.53
2.37	22.36	10.04	3.50	7.22	10.78	7.69
0.63	6.00	2.37	0.63	2.19	2.93	2.59
1.59	10.62	5.56	1.46	5.24	4.58	4.11
0.00	0.00	0.00	0.00	0.00	0.00	0.00
4.33	54.64	32.02	10.24	29.84	22.43	19.23
0.66	8.51	5.01	0.92	4.93	3.81	2.46
0.22	1.15	0.71	0.01	0.52	0.46	0.27
1.32	18.40	8.98	4.17	8.98	4.36	2.76
0.10	0.27	0.17	0.06	0.16	0.06	0.06

4—39 续表 1

地　区	固定资产小计	累计折旧	本年折旧	固定资产净值	固定资产净值年平均余额
全　国	**301.27**	**163.62**	**21.14**	**271.51**	**269.38**
北　京	17.54	9.46	1.19	14.97	15.09
天　津	12.59	7.57	0.91	11.83	11.23
河　北	5.73	3.14	0.27	5.31	5.09
山　西	2.59	1.07	0.16	2.31	2.20
内蒙古	0.12	0.03	0.00	0.05	0.05
辽　宁	10.86	6.57	0.49	9.57	9.75
吉　林	7.91	2.27	0.08	6.36	6.74
黑龙江	5.11	3.31	0.01	4.51	4.84
上　海	21.44	16.58	1.91	20.52	20.42
江　苏	33.38	17.10	3.10	31.93	30.71
浙　江	21.65	8.79	1.79	19.42	19.79
安　徽	3.09	1.57	0.16	2.86	2.92
福　建	4.77	2.13	0.49	4.57	4.27
江　西	6.63	2.34	0.12	5.79	5.50
山　东	14.20	7.64	0.61	12.22	12.58
河　南	8.29	3.22	0.34	6.93	6.77
湖　北	9.19	4.75	0.61	8.45	8.29
湖　南	7.49	3.35	0.44	7.21	6.89
广　东	53.66	36.44	5.63	50.41	50.75
广　西	1.91	2.10	0.11	1.67	1.68
海　南	0.10	0.12	0.01	0.10	0.10
重　庆	12.98	7.12	0.90	12.08	11.98
四　川	8.59	3.02	0.48	7.76	7.54
贵　州	1.99	1.02	0.04	1.91	2.05
云　南	2.84	1.82	0.26	2.76	2.53
西　藏	0.00	0.00	0.00	0.00	0.00
陕　西	17.66	8.40	0.82	14.03	14.33
甘　肃	3.06	1.38	0.11	2.43	2.49
青　海	0.44	0.17	0.02	0.29	0.27
宁　夏	5.42	1.13	0.08	3.23	2.49
新　疆	0.03	0.03	0.01	0.03	0.04

单位:亿元

负债合计		所有者权益合计	实收资本			
	流动负债小计			国家资本	港澳台资本	外商资本
648.18	**544.97**	**428.59**	**308.13**	**67.43**	**39.20**	**78.88**
42.10	37.74	37.71	21.48	5.88	3.40	2.91
27.45	21.65	14.82	13.61	5.67	0.80	4.83
10.67	9.05	6.35	3.71	1.62	0.01	0.72
4.81	3.99	1.48	1.75	1.03	0.00	0.00
0.40	0.36	0.03	0.04	0.04	0.00	0.00
24.41	20.72	10.73	11.48	3.72	0.10	3.25
8.70	5.60	5.06	2.33	1.20	0.00	0.04
14.35	12.64	5.09	4.39	3.56	0.01	0.03
61.38	58.02	46.47	35.86	6.13	1.26	14.52
64.86	57.92	55.67	35.30	2.93	2.29	19.83
48.93	43.95	40.73	20.81	1.06	1.52	0.71
6.58	4.57	4.70	3.51	1.58	0.00	0.98
8.73	8.52	9.26	6.88	1.00	2.29	1.42
10.64	8.63	5.83	4.10	3.80	0.00	0.02
27.16	21.21	13.91	9.48	2.93	0.02	2.30
16.38	11.57	7.79	6.88	1.32	0.04	0.02
24.25	19.55	11.33	8.50	3.18	0.08	0.54
16.50	13.95	7.95	8.20	2.54	0.42	0.02
103.60	86.97	97.89	68.76	2.35	26.56	25.38
5.44	4.28	1.24	1.59	0.75	0.00	0.00
0.37	0.37	0.15	0.14	0.01	0.03	0.00
33.90	26.73	9.03	12.20	5.29	0.06	1.01
15.98	12.31	6.38	3.74	1.69	0.00	0.04
6.51	5.32	−0.51	1.44	0.77	0.01	0.05
5.41	4.83	5.21	3.46	0.44	0.11	0.00
0.00	0.00	0.00	0.00	0.00	0.00	0.00
35.48	29.77	19.16	16.57	5.34	0.16	0.24
10.68	5.81	−2.16	0.85	0.71	0.01	0.00
0.92	0.59	0.23	0.18	0.08	0.00	0.00
11.50	8.27	6.90	0.81	0.75	0.00	0.00
0.10	0.10	0.17	0.07	0.04	0.00	0.02

4—39 续表 2

地　　区	产品销售收入	产品销售成本	产品销售费用	产品销售税金及附加	产品销售利润
全　国	**933.23**	**768.09**	**39.26**	**3.11**	**122.73**
北　京	44.74	33.98	4.98	0.14	5.63
天　津	26.33	21.06	1.54	0.26	3.46
河　北	8.28	6.07	0.55	0.05	1.62
山　西	2.74	1.89	0.15	0.06	0.64
内蒙古	0.01	0.01	0.00	0.00	0.00
辽　宁	16.41	12.44	0.70	0.06	3.22
吉　林	3.61	2.41	0.11	0.01	1.08
黑龙江	6.47	4.82	0.29	0.04	1.32
上　海	104.18	81.68	4.75	0.32	17.43
江　苏	131.33	106.50	5.10	0.34	19.40
浙　江	84.56	66.67	4.35	0.55	12.98
安　徽	5.05	3.30	0.25	0.02	1.49
福　建	19.51	15.52	0.78	0.06	3.15
江　西	7.13	5.71	0.37	0.03	1.03
山　东	33.47	26.88	1.60	0.14	4.86
河　南	9.13	6.61	0.52	0.07	1.94
湖　北	19.70	13.70	1.75	0.28	3.96
湖　南	11.46	7.81	0.72	0.05	2.88
广　东	342.10	309.38	7.08	0.35	25.28
广　西	2.41	1.73	0.11	0.02	0.55
海　南	0.58	0.46	0.00	0.00	0.12
重　庆	20.88	15.09	1.40	0.12	4.26
四　川	6.05	4.33	0.52	0.02	1.12
贵　州	1.46	1.13	0.08	0.01	0.24
云　南	4.57	3.83	0.16	0.01	0.58
西　藏	0.00	0.00	0.00	0.00	0.00
陕　西	14.99	11.01	1.08	0.08	2.81
甘　肃	1.68	1.20	0.07	0.01	0.39
青　海	0.34	0.26	0.02	0.00	0.06
宁　夏	3.87	2.48	0.16	0.02	1.21
新　疆	0.22	0.13	0.05	0.00	0.03

单位:亿元

管理费用	利息支出	营业利润	利润总额	亏损企业亏损总额	本年应交增值税	全部从业人员平均人数（万人）
80.38	**9.86**	**38.66**	**48.33**	**10.14**	**26.49**	**55.45**
7.34	0.44	1.64	4.52	0.61	2.06	2.60
2.96	0.03	0.76	0.67	0.50	0.98	2.29
0.86	0.25	0.58	0.77	0.20	0.42	1.02
0.38	0.12	0.16	0.26	0.06	0.11	0.53
0.01	0.00	−0.01	0.00	0.00	0.00	0.03
2.48	0.24	0.63	0.85	0.43	0.65	2.01
0.99	0.08	0.03	0.11	0.10	0.17	0.79
0.99	0.23	0.13	0.00	0.23	0.33	1.01
12.08	0.81	5.84	6.22	1.05	3.22	3.74
10.53	0.53	9.14	9.32	0.53	4.79	5.37
6.87	1.12	5.80	6.51	0.26	3.44	5.38
0.67	0.07	0.76	0.85	0.15	0.34	0.46
1.74	0.13	1.28	1.36	0.25	0.58	1.26
0.95	0.33	−0.18	−0.10	0.31	0.31	1.33
3.06	0.66	1.37	1.51	0.38	1.24	3.19
1.36	0.38	0.28	0.43	0.30	0.47	1.76
2.44	0.45	1.22	1.87	0.38	1.09	1.94
2.29	0.42	0.19	0.73	0.44	0.64	1.00
12.72	0.36	10.02	12.31	1.21	3.24	11.36
0.54	0.09	−0.01	0.02	0.06	0.19	0.50
0.02	0.01	0.09	0.12	0.00	0.03	0.01
3.47	1.23	−0.29	0.03	1.07	1.02	2.06
1.32	0.14	−0.30	−0.17	0.43	0.23	1.07
0.32	0.00	−0.04	−0.02	0.05	0.09	0.76
0.59	0.11	−0.07	0.11	0.07	0.13	0.69
0.00	0.00	0.00	0.00	0.00	0.00	0.00
2.41	1.02	−0.55	0.01	0.63	0.46	1.93
0.33	0.19	−0.13	−0.32	0.34	0.07	0.77
0.03	0.02	0.01	0.01	0.00	0.02	0.09
0.61	0.37	0.28	0.34	0.10	0.15	0.50
0.02	0.00	0.02	0.02	0.00	0.02	0.01

4—40 按地区分组的电力、蒸汽、热水的生产和

地　区	企业单位数（个）	亏损企业	工业总产值（1990年不变价格）	工业总产值（当年价格）	工业销售产值（当年价格）
全　国	**4873**	**1279**	**1975.56**	**5087.70**	**5061.02**
北　京	24	5	26.62	74.55	74.38
天　津	59	19	55.40	73.34	70.22
河　北	228	39	107.32	299.24	299.43
山　西	114	33	69.17	150.39	149.02
内蒙古	142	22	46.30	113.93	111.29
辽　宁	193	51	118.83	261.21	259.49
吉　林	129	30	39.19	93.90	93.91
黑龙江	148	48	55.09	152.41	152.59
上　海	19	2	61.41	193.88	193.78
江　苏	113	23	225.47	402.32	397.83
浙　江	228	55	102.34	304.63	309.25
安　徽	104	50	51.00	130.11	130.43
福　建	255	43	53.77	185.71	184.23
江　西	211	70	24.69	75.95	74.98
山　东	238	27	165.05	422.24	420.05
河　南	248	33	153.71	349.74	348.31
湖　北	176	77	68.02	159.48	154.90
湖　南	228	86	51.10	120.20	120.28
广　东	496	149	164.39	708.84	707.82
广　西	239	75	31.87	78.56	79.33
海　南	59	16	4.42	16.44	16.41
重　庆	62	18	18.55	51.79	51.96
四　川	274	64	66.22	164.28	163.94
贵　州	153	28	49.17	107.50	107.77
云　南	179	40	39.33	101.25	100.11
西　藏	80	19	0.68	2.61	2.34
陕　西	125	44	33.73	83.16	82.27
甘　肃	161	32	46.12	102.55	101.27
青　海	45	16	13.92	31.43	27.25
宁　夏	26	9	14.67	31.78	31.61
新　疆	117	56	18.00	44.27	44.58

供应业工业企业主要经济指标(2001年)

单位:亿元

工业增加值(当年价格)	资产合计	流动资产小计	应收帐款净额	流动资产年平均余额	固定资产原价	生产经营用
2696.30	**20485.27**	**4642.66**	**1372.50**	**4635.02**	**18189.36**	**16253.85**
46.54	453.08	61.29	16.72	73.57	411.47	374.97
36.30	302.01	43.77	9.21	45.05	330.87	300.35
178.25	924.05	149.22	33.26	156.18	981.59	844.93
79.76	707.59	130.44	26.52	139.44	615.69	583.75
55.48	419.45	57.23	16.47	62.37	471.19	427.82
137.44	1294.62	346.96	111.97	353.06	1109.15	1070.26
48.41	325.47	64.37	31.10	70.23	370.77	307.64
44.12	722.51	205.91	104.24	186.02	564.51	508.70
128.00	874.17	178.71	28.25	175.48	808.01	750.37
191.47	1209.09	333.46	52.34	320.59	1067.78	964.42
172.55	1078.09	270.73	69.18	271.38	937.90	910.86
63.38	350.45	66.32	20.77	68.71	380.65	355.50
107.12	742.26	116.56	31.38	112.69	734.51	526.40
32.63	400.97	85.67	57.51	105.87	311.69	273.24
208.35	1386.27	295.25	51.59	303.20	1020.27	934.09
174.51	997.01	232.16	85.86	232.34	891.80	725.74
85.18	804.81	199.51	71.78	155.34	713.83	591.46
71.43	552.20	115.98	62.12	135.23	568.79	514.77
407.92	2421.64	705.18	145.18	677.21	2211.34	2075.56
51.36	518.49	77.14	24.81	81.12	355.36	307.99
10.18	64.37	11.01	4.28	10.51	52.09	47.85
32.76	310.78	92.77	26.43	91.92	260.83	247.13
100.60	1139.60	248.64	52.31	254.90	939.16	862.00
42.07	415.94	104.97	17.86	103.79	324.03	264.98
62.27	440.97	78.55	34.82	84.80	398.35	346.30
0.66	34.03	2.80	0.60	2.98	35.37	33.16
40.60	530.88	103.87	60.23	98.97	440.43	405.81
33.67	396.44	97.80	32.02	100.29	331.31	189.81
18.08	332.74	96.17	71.95	91.21	239.26	215.02
12.82	108.17	23.43	2.96	23.13	110.72	108.56
22.42	227.11	46.81	18.76	47.44	200.60	184.42

4—40 续表 1

地　区	固定资产小计	累计折旧	本年折旧	固定资产净值	固定资产净值年平均余额
全　国	**13966.69**	**5777.96**	**924.44**	**12411.39**	**12141.14**
北　京	339.58	107.82	19.87	303.65	295.26
天　津	238.69	116.56	17.27	214.31	211.39
河　北	748.99	457.55	50.58	524.04	648.47
山　西	476.75	169.82	26.73	445.87	380.24
内蒙古	329.94	159.28	22.82	311.91	325.44
辽　宁	817.49	360.11	52.34	749.04	718.02
吉　林	250.41	147.55	18.01	223.22	201.25
黑龙江	451.13	186.16	26.10	378.36	364.58
上　海	617.12	257.20	45.82	550.81	525.13
江　苏	801.45	321.97	60.63	745.81	742.89
浙　江	706.57	278.87	55.56	659.04	658.18
安　徽	271.50	130.77	16.53	249.88	243.63
福　建	593.40	177.96	35.84	556.55	532.21
江　西	250.22	100.54	15.29	211.15	209.73
山　东	825.26	317.09	61.60	703.18	668.28
河　南	674.05	293.60	48.53	598.21	615.93
湖　北	545.94	226.73	28.20	487.10	440.32
湖　南	400.72	194.80	25.17	373.99	344.18
广　东	1563.58	812.72	125.04	1398.62	1393.59
广　西	289.30	92.57	13.16	262.79	258.37
海　南	42.95	15.12	2.58	36.98	36.33
重　庆	196.34	82.66	12.12	178.17	173.66
四　川	817.78	199.48	36.38	739.68	724.34
贵　州	277.00	94.00	14.54	230.04	207.80
云　南	305.78	123.02	20.15	275.34	244.37
西　藏	30.49	5.97	0.78	29.40	28.66
陕　西	365.90	112.21	34.05	328.23	305.06
甘　肃	268.09	101.18	11.21	230.13	222.24
青　海	224.74	37.46	7.86	201.80	212.54
宁　夏	79.09	41.79	8.57	68.93	69.82
新　疆	166.45	55.40	11.07	145.20	139.22

单位:亿元

负债合计	流动负债小计	所有者权益合计	实收资本	国家资本	港澳台资本	外商资本
12409.00	**4423.10**	**8076.27**	**4487.69**	**2272.04**	**189.44**	**201.48**
295.24	47.50	157.84	113.68	42.70	8.02	0.08
241.15	69.82	60.86	67.48	52.31	0.23	0.00
528.31	191.90	395.74	250.84	160.89	1.95	17.36
500.15	147.40	207.44	164.42	117.72	0.00	8.19
305.58	117.68	113.86	93.94	56.42	1.27	0.00
706.62	290.07	588.00	310.24	145.15	10.56	9.67
263.47	79.01	62.00	58.58	20.06	0.04	0.00
478.20	199.56	244.31	177.74	83.89	0.65	0.59
334.04	154.58	540.14	187.32	35.18	0.00	2.41
590.98	209.14	618.11	310.63	165.15	15.29	17.70
575.69	218.47	502.41	229.49	81.98	6.46	16.69
251.78	59.74	98.67	100.49	52.86	5.85	12.44
521.60	129.72	220.65	144.85	40.92	7.22	44.28
272.17	83.78	128.80	89.15	30.89	1.08	0.00
778.98	296.75	607.28	318.46	166.81	1.80	17.52
637.41	256.26	359.61	194.94	66.71	14.05	10.81
570.34	141.97	234.48	164.49	98.67	2.22	0.74
467.29	116.36	84.91	58.19	32.75	0.00	0.80
1134.35	638.79	1287.29	529.66	250.58	100.25	21.04
278.08	71.79	240.41	99.61	81.46	0.10	14.73
30.20	12.73	34.17	22.63	15.30	0.00	0.00
179.56	84.54	131.21	80.84	55.93	0.00	0.71
862.39	243.60	277.21	201.60	79.50	1.49	0.76
247.44	95.79	168.50	80.40	30.92	0.00	0.00
260.37	82.67	180.60	108.55	83.00	0.10	2.82
2.34	2.00	31.69	27.98	8.53	0.00	0.00
343.63	114.45	187.25	134.37	102.32	10.81	0.00
274.42	97.34	122.02	46.38	24.22	0.00	2.15
239.30	69.28	93.44	54.17	36.88	0.00	0.00
68.60	16.27	39.57	23.50	20.28	0.00	0.00
169.32	84.13	57.80	43.07	32.06	0.00	0.00

4—40 续表 2

地　区	产品销售收入	产品销售成本	产品销售费用	产品销售税金及附加	产品销售利润
全　国	**7712.33**	**6526.90**	**35.37**	**46.80**	**1096.83**
北　京	81.01	68.97	0.08	0.63	11.33
天　津	127.30	113.17	0.35	0.82	12.96
河　北	586.33	518.23	2.63	3.03	62.44
山　西	201.20	166.71	0.28	1.72	32.48
内蒙古	129.24	105.49	1.76	1.28	20.72
辽　宁	484.11	432.02	2.88	1.09	48.14
吉　林	111.33	88.18	1.06	0.92	21.16
黑龙江	285.89	266.55	0.16	1.76	17.42
上　海	324.87	286.08	0.10	1.90	36.79
江　苏	584.88	513.18	0.84	3.20	67.67
浙　江	507.52	458.46	0.75	4.46	43.84
安　徽	154.88	126.38	1.54	1.09	25.87
福　建	200.22	156.86	0.48	1.28	41.71
江　西	108.56	96.28	0.37	0.88	11.02
山　东	741.86	657.25	4.81	3.70	76.10
河　南	441.55	373.85	5.20	2.13	59.40
湖　北	168.16	110.85	0.69	1.71	54.92
湖　南	130.95	91.27	2.56	1.20	35.92
广　东	1294.15	1032.30	3.53	4.32	254.00
广　西	103.39	75.17	0.95	1.00	26.28
海　南	16.59	12.25	0.05	0.03	4.25
重　庆	90.85	78.00	0.45	1.87	10.53
四　川	222.93	180.10	1.28	2.15	39.40
贵　州	112.05	97.59	0.41	0.89	13.15
云　南	106.72	73.13	1.25	0.93	31.36
西　藏	2.08	1.84	0.08	0.04	0.13
陕　西	145.89	126.10	0.10	0.89	13.25
甘　肃	111.86	102.80	0.49	0.78	7.80
青　海	42.25	35.10	0.03	0.35	6.76
宁　夏	44.43	39.93	0.00	0.26	4.23
新　疆	49.29	42.79	0.21	0.49	5.80

单位:亿元

管理费用	利息支出	营业利润	利润总额	亏损企业亏损总额	本年应交增值税	全部从业人员平均人数(万人)
282.81	**370.80**	**486.83**	**529.97**	**103.02**	**568.80**	**229.51**
3.18	3.32	6.22	12.56	0.05	6.43	2.16
3.26	0.22	1.11	2.22	3.30	9.72	2.02
13.37	19.04	33.65	41.73	2.20	36.39	12.89
5.61	15.52	11.83	15.72	5.68	16.43	7.97
4.59	16.10	0.20	−2.98	7.35	12.88	6.91
9.12	25.22	16.56	22.17	5.78	30.99	12.96
3.11	6.58	12.09	8.50	6.35	11.28	6.05
3.57	10.62	4.83	3.56	0.93	16.21	11.23
2.30	8.33	26.48	34.88	0.51	26.68	3.03
18.77	24.37	40.91	37.88	0.73	41.91	9.69
11.02	14.25	14.56	18.79	4.13	35.72	7.51
10.09	5.91	14.59	15.87	3.31	11.77	5.64
12.26	9.99	14.17	18.87	6.50	20.13	7.20
3.98	8.54	−0.56	−0.64	3.63	8.89	7.92
24.05	25.11	32.74	40.16	4.24	46.68	15.47
18.64	22.67	20.71	23.85	1.10	31.05	19.16
12.98	15.05	27.47	30.37	4.98	19.11	11.37
11.28	9.99	14.69	8.56	4.21	15.42	8.55
60.97	37.08	165.20	160.43	14.33	78.96	14.33
9.16	6.01	11.25	11.02	0.43	11.37	6.14
0.97	1.29	2.05	2.35	0.08	1.63	1.31
4.31	6.61	0.02	2.72	0.60	7.51	4.77
11.19	35.30	−5.51	2.73	5.14	20.16	12.40
1.80	6.93	4.90	6.54	0.28	9.29	4.53
7.65	8.18	15.19	8.83	1.45	11.49	6.80
0.22	0.00	−0.04	0.02	0.05	0.32	0.49
5.96	9.84	4.16	4.36	6.45	8.36	6.19
2.94	4.42	0.69	0.81	2.45	9.06	7.40
0.63	7.34	−1.19	−1.19	1.55	4.11	1.54
0.27	2.42	1.62	1.36	0.10	3.75	1.67
5.55	4.54	−3.78	−2.08	5.16	5.11	4.22

4—41 按地区分组的工业企业主要产品产量

地区	原煤 (万吨)	天然原油 (万吨)	天然气 (亿立方米)	铁矿石原矿量 (万吨)	铁矿石成品矿 (万吨)
全　国	**116077.66**	**16395.87**	**303.29**	**21701.47**	**10732.59**
北　京	690.22			1028.51	514.92
天　津		970.29	8.95		
河　北	5865.70	513.22	5.21	5734.91	2567.15
山　西	27614.67		1.58	1080.13	471.20
内蒙古	8162.89	81.55	7.01	946.82	448.14
辽　宁	4468.15	1385.01	14.71	5592.18	2488.70
吉　林	1761.95	388.83	2.05	340.23	160.61
黑龙江	5686.73	5161.13	22.03	22.85	10.46
上　海	0.00	58.93	3.30	281.41	186.59
江　苏	2505.14	157.02	0.23	181.58	115.92
浙　江	121.02		0.05	148.20	49.09
安　徽	5524.98			815.89	398.75
福　建	1063.00			147.82	127.83
江　西	1515.09			58.68	73.14
山　东	10824.96	2668.01	8.50	875.15	586.49
河　南	9170.98	566.57	17.36	186.96	128.67
湖　北	1016.54	77.20	0.76	924.03	563.29
湖　南	3673.35			29.08	4.31
广　东	462.72	1238.11	32.87	717.07	357.26
广　西	613.52	3.25	0.00	69.18	34.49
海　南	1.95	2.96	0.00	367.75	233.16
重　庆	1918.46	0.00	1.45	24.47	18.55
四　川	4371.75	14.68	94.50	1190.36	665.18
贵　州	4898.66		0.68	58.44	22.28
云　南	2394.12		0.09	138.92	111.05
西　藏	2.53				
陕　西	5282.20	918.94	34.40	77.33	36.16
甘　肃	1819.05	53.66	0.37	508.76	256.74
青　海	192.00	206.03	5.87	0.35	10.82
宁　夏	1635.72	4.29	0.08		
新　疆	2819.61	1926.19	41.24	154.41	91.64

4—41 续表 1

地区	硫铁矿(折含S35%)(万吨)	原盐(万吨)	木材(万立方米)	食用植物油(万吨)	机制糖(万吨)
全　国	**883.99**	**3410.51**	**4552.03**	**1383.17**	**653.10**
北　京			7.52	3.51	0.06
天　津	0.00	238.75	0.00	21.68	0.00
河　北	2.63	463.27	47.99	34.33	1.77
山　西	25.88		4.11	11.66	0.74
内蒙古		136.75	301.51	16.96	19.67
辽　宁	50.45	284.62	206.53	59.28	4.04
吉　林			403.53	16.15	3.29
黑龙江			781.27	58.64	29.32
上　海	6.31			13.55	
江　苏	11.77	328.33	26.42	175.43	5.10
浙　江	19.08	33.97	198.79	63.32	1.64
安　徽	119.05	35.24	226.44	42.46	0.11
福　建	2.01	47.38	406.86	14.03	3.77
江　西	116.09	12.18	319.76	22.21	1.64
山　东	32.72	891.78	107.35	286.46	12.86
河　南	11.02	61.16	144.69	109.62	1.30
湖　北	5.76	262.38	86.15	134.34	1.80
湖　南	13.23	68.64	376.93	67.52	8.05
广　东	174.50	46.92	255.33	57.09	83.25
广　西	17.89	5.39	411.70	20.35	274.51
海　南		14.70	27.19	0.53	21.96
重　庆	0.32	48.13		3.09	2.48
四　川	24.52	246.61	13.56	40.52	7.16
贵　州	176.77		17.27	20.76	1.54
云　南	9.07	49.83	152.32	2.96	124.45
西　藏			10.04	0.03	
陕　西	55.50	6.00	8.85	16.58	0.21
甘　肃	9.42	5.39		9.60	0.39
青　海		77.07	2.79	3.45	
宁　夏			0.34	4.85	
新　疆		46.02	6.79	52.21	41.99

4—41 续表 2

地区	方便主食品（万吨）	乳制品（万吨）	罐头（万吨）	饮料酒（万吨）	啤酒（万吨）
全　国	**262.77**	**74.29**	**290.37**	**2803.16**	**2288.93**
北　京	7.38	3.74	0.23	135.75	124.39
天　津	10.65	0.29	0.39	20.71	13.59
河　北	29.33	11.92	24.72	158.57	134.86
山　西	0.52	1.30	2.43	24.13	15.61
内蒙古	0.54	4.75	0.10	49.53	41.24
辽　宁	16.17	0.39	2.99	162.41	144.17
吉　林	1.21	0.15	0.01	93.54	84.79
黑龙江	5.05	20.44	1.03	150.82	142.85
上　海	3.60	1.71	3.70	42.13	36.21
江　苏	12.76	3.32	9.20	130.90	92.54
浙　江	14.54	2.75	47.31	209.17	165.81
安　徽	1.59	1.38	6.63	162.72	124.94
福　建	6.46	0.12	65.17	117.58	116.30
江　西	0.28	0.45	1.89	52.86	42.47
山　东	40.75	11.13	39.74	388.83	298.54
河　南	49.56	0.04	6.50	146.69	119.03
湖　北	11.66	0.17	4.94	121.07	103.57
湖　南	0.05	0.72	8.34	30.68	27.99
广　东	25.46	1.24	10.48	190.57	170.94
广　西	8.78	0.20	10.62	70.11	33.01
海　南	0.40		14.58	6.23	4.62
重　庆	3.10	0.15	2.02	43.02	40.71
四　川	3.22	0.85	3.67	138.34	80.99
贵　州	0.70	0.04	0.18	21.59	10.36
云　南		0.56	0.75	19.79	17.92
西　藏	0.01	0.02		2.91	2.75
陕　西	8.65	4.39	1.04	54.20	51.69
甘　肃	0.16	0.66	0.89	23.71	20.68
青　海		0.01		2.05	0.42
宁　夏		1.11		6.62	5.31
新　疆	0.19	0.29	20.82	25.93	20.63

4—41 续表 3

地区	软饮料（万吨）	卷烟（万箱）	纱（万吨）	布（亿米）	印染布（亿米）
全　国	**1673.68**	**3402.10**	**760.68**	**290.00**	**178.30**
北　京	78.33	20.11	4.49	1.14	0.71
天　津	51.07	16.00	8.46	2.69	0.22
河　北	92.63	117.05	45.99	16.74	6.29
山　西	8.98	24.50	9.51	3.27	0.78
内蒙古	3.25	28.00	2.06	0.41	0.03
辽　宁	56.85	31.00	16.22	5.39	3.47
吉　林	29.00	58.55	5.92	1.09	0.13
黑龙江	12.49	64.14	4.65	1.17	0.00
上　海	155.56	130.83	21.39	3.33	3.41
江　苏	98.78	117.47	155.32	62.87	28.41
浙　江	341.85	105.21	51.93	38.32	81.84
安　徽	13.63	172.60	30.51	6.25	1.48
福　建	46.09	101.33	16.37	10.49	6.16
江　西	5.19	54.57	9.46	2.11	0.79
山　东	52.90	222.13	119.25	43.39	12.45
河　南	30.09	291.56	71.84	13.36	7.18
湖　北	75.01	188.99	66.03	21.07	1.76
湖　南	16.36	244.22	17.37	3.23	1.26
广　东	342.50	185.04	19.56	31.48	18.64
广　西	24.02	81.87	10.15	0.88	0.08
海　南	25.66	11.20	0.00	0.19	0.09
重　庆	31.20	67.70	5.41	6.41	0.37
四　川	45.69	132.90	16.27	6.67	1.61
贵　州	3.18	180.79	1.62	0.47	0.06
云　南	4.65	599.49	1.95	0.49	0.15
西　藏	0.39				
陕　西	20.61	104.28	16.92	8.96	0.83
甘　肃	0.85	36.92	1.73	0.25	
青　海	1.16				
宁　夏	0.08	2.61	0.04		
新　疆	5.63	11.04	30.26	2.54	0.10

4—41 续表 4

地区	帘子布 (吨)	绒线(毛线) (万吨)	丝 (吨)	机制纸及纸板 (万吨)	原油加工量 (万吨)
全　国	**225976.68**	**46.21**	**87323.06**	**3777.07**	**21060.80**
北　京		0.20		10.82	647.75
天　津	149.00	0.70		24.18	704.31
河　北		9.95		225.41	626.09
山　西		0.05	369.03	33.53	
内蒙古		0.03	7.00	14.34	122.57
辽　宁	383.30	0.14	2174.09	65.40	3948.26
吉　林		0.09	1.00	39.64	671.05
黑龙江				65.15	1456.27
上　海	6274.00	0.68	172.56	51.32	1331.35
江　苏	60939.23	15.24	19807.81	337.75	1254.23
浙　江	67768.29	1.79	33905.35	499.79	1121.83
安　徽	5558.00	0.03	2331.93	106.74	288.01
福　建	1300.00	1.00		156.45	347.54
江　西		0.08	373.76	27.01	296.99
山　东	20609.16	5.14	7098.02	561.26	1889.62
河　南	39976.00	1.43	825.80	434.82	557.33
湖　北	6617.00	0.25	2106.00	80.61	563.83
湖　南	7820.00	0.15	2.50	111.33	435.93
广　东	2986.00	7.91	788.10	390.64	1915.19
广　西		0.17	1291.71	82.91	66.32
海　南		0.00	0.00	2.40	16.88
重　庆		0.10	3413.00	19.08	0.00
四　川		0.01	10466.76	104.92	53.22
贵　州		0.01	49.49	13.31	
云　南		0.01	687.41	22.80	
西　藏					
陕　西	5554.00	0.01	1229.14	233.76	688.65
甘　肃	42.70	0.93	11.60	10.46	903.04
青　海		0.02		1.05	63.30
宁　夏				30.85	94.59
新　疆		0.09	211.00	19.34	996.65

4—41续表5

地区	汽油（万吨）	柴油（万吨）	燃料油（万吨）	液化石油气（万吨）	焦炭（万吨）
全　国	**4154.66**	**7485.66**	**1864.39**	**1065.35**	**13130.77**
北　京	146.69	186.74	70.80	39.71	396.36
天　津	131.30	274.00	41.33	47.04	219.30
河　北	134.88	228.46	34.99	29.36	920.55
山　西					4987.72
内蒙古	28.99	45.14	23.43	5.37	445.72
辽　宁	747.33	1304.15	390.50	170.72	801.39
吉　林	160.44	199.92	75.35	27.35	149.07
黑龙江	378.34	609.19	100.65	101.78	148.56
上　海	240.38	448.19	112.50	66.67	739.79
江　苏	172.03	383.83	74.47	101.12	243.31
浙　江	174.52	437.89	74.99	55.51	59.38
安　徽	63.29	129.15	5.67	18.40	349.29
福　建	98.34	161.26	3.75	21.52	45.04
江　西	71.38	111.01	53.78	18.91	184.76
山　东	273.79	564.04	323.72	61.44	361.51
河　南	123.16	209.94	24.94	42.89	424.80
湖　北	130.38	219.31	28.96	40.99	408.43
湖　南	108.65	192.33	29.60	52.08	215.88
广　东	323.81	685.33	171.12	58.67	53.85
广　西	15.02	26.44	4.24	5.50	67.35
海　南			4.10		
重　庆					149.50
四　川	10.61	14.02	3.93	0.55	517.24
贵　州					280.88
云　南					444.02
西　藏					
陕　西	197.33	277.59	66.63	37.72	247.20
甘　肃	166.42	303.78	70.94	17.18	131.21
青　海	21.77	24.96	4.27	6.10	3.09
宁　夏	35.36	41.17	6.25	6.39	25.48
新　疆	200.45	407.82	63.48	32.38	110.09

4—41 续表 6

地区	硫酸(折 100%)(万吨)	浓硝酸(折 100%)(万吨)	盐酸(含量31%以上)(万吨)	氢氧化钠(烧碱)(折 100%)(万吨)	碳酸钠(纯碱)(万吨)
全　国	**2696.32**	**87.97**	**470.57**	**787.96**	**914.37**
北　京	7.97		4.66	10.71	0.00
天　津	11.27		19.54	49.56	75.33
河　北	92.74	3.06	25.13	36.27	103.01
山　西	51.93	0.82	6.98	18.30	0.95
内蒙古	15.92		17.83	17.05	62.59
辽　宁	118.76	2.83	32.61	37.24	76.48
吉　林	4.55	10.12	2.79	7.76	0.11
黑龙江	6.03	0.00	6.26	16.53	
上　海	43.18	4.12	21.51	37.41	5.29
江　苏	259.92	6.25	57.33	108.22	135.41
浙　江	63.03	2.39	24.08	42.86	8.99
安　徽	168.02	14.03	7.30	12.86	7.68
福　建	35.04		12.15	16.51	11.40
江　西	86.72	0.00	5.73	19.02	0.00
山　东	289.68	21.47	59.63	120.64	156.91
河　南	81.97	6.19	30.44	40.66	56.92
湖　北	206.46	4.31	19.84	19.68	66.71
湖　南	141.27		11.51	21.53	12.58
广　东	136.41		23.54	16.52	24.61
广　西	110.96		15.26	16.50	2.66
海　南	0.71				
重　庆	65.79	0.15	3.71	8.98	9.04
四　川	232.40	4.55	29.43	79.81	59.68
贵　州	51.68		2.93	4.50	0.22
云　南	246.49		4.19	3.84	8.53
西　藏					
陕　西	51.55		8.55	8.31	3.21
甘　肃	95.94		7.11	4.13	13.87
青　海	1.94		1.62	1.43	3.80
宁　夏	10.74		2.03	4.27	
新　疆	7.25		6.88	6.86	8.39

4—41 续表 7

地区	合成氨（万吨）	农用氮、磷、钾化学肥料总计（折纯）（万吨）	氮肥（折含 N 100%）（万吨）	磷肥（折合 P2O5 100%）（万吨）	化学农药（万吨）
全　国	**3427.28**	**3383.01**	**2527.37**	**752.56**	**78.72**
北　京	3.61	3.88	3.63	0.25	0.00
天　津	13.97	15.51	14.67	0.84	0.85
河　北	239.37	183.11	152.37	30.10	5.85
山　西	197.14	160.19	142.31	15.41	0.72
内蒙古	47.31	39.57	38.81	0.21	0.20
辽　宁	103.53	98.09	86.60	8.92	2.25
吉　林	14.58	3.13	3.13	0.00	0.57
黑龙江	61.07	45.17	45.07	0.10	0.45
上　海	24.96	14.10	12.98	1.12	2.61
江　苏	187.57	193.68	145.15	48.51	22.42
浙　江	92.29	62.67	52.57	9.88	11.73
安　徽	189.84	172.31	127.16	43.18	2.14
福　建	76.97	57.64	48.68	6.56	1.34
江　西	40.09	49.06	35.12	13.94	1.57
山　东	455.92	420.93	339.66	78.68	7.37
河　南	346.40	283.33	252.22	30.19	2.83
湖　北	181.80	267.12	157.36	106.70	5.34
湖　南	149.23	146.75	119.37	26.34	4.91
广　东	5.98	22.17	2.20	19.97	1.13
广　西	59.23	73.76	43.05	30.36	1.18
海　南	32.39	24.87	24.60	0.27	0.05
重　庆	82.27	78.23	59.94	17.89	0.92
四　川	281.03	294.39	214.55	77.51	1.93
贵　州	64.64	111.32	54.62	54.98	0.03
云　南	137.66	196.19	100.12	95.91	0.10
西　藏					
陕　西	120.80	100.31	86.56	13.62	0.19
甘　肃	48.36	45.40	31.68	13.72	0.02
青　海		79.65		0.22	
宁　夏	80.84	69.62	63.45	6.17	0.02
新　疆	88.43	70.86	69.74	1.01	

4—41续表8

地区	塑料树脂及共聚物（万吨）	合成橡胶（万吨）	合成洗涤剂（万吨）	化学原料药（万吨）	中成药（万吨）
全　国	**1288.71**	**121.98**	**330.42**	**76.22**	**65.59**
北　京	75.55	13.47	6.85	0.44	2.14
天　津	73.58	0.01	5.98	1.17	0.56
河　北	40.44	0.76	4.46	11.67	2.06
山　西	3.17	4.28	15.73	0.15	0.53
内蒙古	5.76	0.00	0.11	4.62	0.26
辽　宁	99.68	1.73	9.19	4.66	0.30
吉　林	36.86	10.63	4.86	1.05	1.50
黑龙江	77.29	4.33	0.10	3.84	1.27
上　海	108.31	13.29	21.91	2.07	1.12
江　苏	199.56	17.24	28.77	13.64	1.07
浙　江	31.84	0.00	37.60	13.98	1.66
安　徽	9.07	0.12	36.82	0.51	13.25
福　建	17.45	4.50	0.07	0.15	0.28
江　西	14.45	0.00	2.61	0.19	2.04
山　东	139.56	18.51	26.17	9.99	1.36
河　南	48.82	0.59	18.65	1.71	2.78
湖　北	32.98	1.51	10.52	1.52	1.98
湖　南	19.81	11.20	9.27	0.16	1.68
广　东	157.66	9.72	27.68	1.54	14.55
广　西	4.19	0.00	5.41	0.21	5.03
海　南	0.00	0.00	0.08	0.00	0.05
重　庆	0.29	1.83	8.48	1.39	2.15
四　川	17.16	0.51	26.11	0.63	4.27
贵　州	0.05	0.03	5.54	0.23	1.66
云　南	1.67		4.92	0.02	0.63
西　藏					0.07
陕　西	2.70	0.07	4.33	0.29	0.41
甘　肃	30.71	5.45	4.80	0.08	0.56
青　海	1.21		0.08		0.07
宁　夏	5.23		1.27	0.23	0.05
新　疆	33.66	2.20	2.05	0.08	0.25

4—41 续表 9

地区	化学纤维（万吨）	轮胎外胎（万条）	塑料制品（万吨）	水泥（万吨）	平板玻璃（万重量箱）
全　国	**841.38**	**13573.00**	**1184.33**	**66103.99**	**20964.12**
北　京	1.26	192.39	12.99	809.00	400.77
天　津	22.97	410.75	14.69	338.99	399.38
河　北	9.17	105.27	49.67	4878.03	2328.27
山　西	2.89	143.20	5.27	1573.01	457.03
内蒙古	0.37	24.58	0.85	698.12	464.34
辽　宁	36.22	621.22	52.83	2101.45	1537.74
吉　林	17.20	67.21	7.99	907.25	296.08
黑龙江	18.93	205.66	9.02	965.56	597.70
上　海	49.67	545.97	41.16	433.69	755.82
江　苏	223.92	1698.87	132.28	5246.93	2224.08
浙　江	221.33	955.47	194.58	4791.03	1004.61
安　徽	11.22	629.15	37.22	2371.52	186.66
福　建	48.44	1009.14	53.62	1762.02	467.30
江　西	7.93	59.79	2.97	1608.31	263.59
山　东	49.23	4767.72	80.39	7287.25	1809.24
河　南	32.58	598.20	55.73	4686.40	2794.60
湖　北	9.08	203.95	29.65	2796.70	678.00
湖　南	6.98	6.18	8.28	2761.89	858.93
广　东	47.82	432.30	319.03	6018.02	571.60
广　西	2.42	85.69	12.29	2140.45	188.98
海　南	3.06	19.05	1.26	312.59	
重　庆	1.63	102.02	4.81	1698.80	149.18
四　川	9.22	125.14	19.69	3162.14	795.08
贵　州	0.16	279.74	3.52	1204.00	4.00
云　南		24.24	8.60	1640.87	293.48
西　藏				49.59	
陕　西	1.67		2.25	1492.91	733.35
甘　肃	2.44		8.65	891.65	473.89
青　海			0.15	176.13	81.35
宁　夏	0.33	181.94	1.01	318.69	64.61
新　疆	3.24	78.16	13.88	981.00	84.46

4—41 续表 10

地区	生铁（万吨）	钢（万吨）	成品钢材（万吨）	普通大型钢材（万吨）	普通中型钢材（万吨）
全 国	**15554.25**	**15163.44**	**16067.61**	**226.17**	**663.09**
北 京	783.59	825.11	727.87	1.37	19.19
天 津	228.74	395.73	451.25	0.46	1.99
河 北	2177.09	1969.65	1871.01	21.46	70.60
山 西	2088.54	606.77	494.43	4.65	0.94
内蒙古	476.06	453.75	388.39	30.43	0.05
辽 宁	1594.39	1660.65	1674.16	9.63	128.13
吉 林	201.78	200.56	193.81	0.01	28.05
黑龙江	82.13	93.64	77.55	0.01	0.04
上 海	1469.73	1874.71	1677.02		7.06
江 苏	454.76	848.22	1877.72	0.06	42.82
浙 江	125.14	182.48	361.58	0.71	8.01
安 徽	594.77	553.96	549.46	61.01	87.29
福 建	180.23	155.27	337.77		25.39
江 西	338.06	399.73	386.19	0.66	14.74
山 东	793.91	722.60	840.95	22.67	70.26
河 南	557.95	534.48	502.86	2.51	32.87
湖 北	840.22	1003.91	915.51	38.63	13.80
湖 南	455.64	442.80	397.17	2.43	73.77
广 东	253.81	356.00	577.05		4.38
广 西	152.07	128.46	140.37		17.01
海 南	0.24	0.16	7.87		
重 庆	180.33	200.86	180.09	6.63	5.38
四 川	600.95	702.76	647.54	22.84	6.39
贵 州	173.49	146.99	138.64		0.04
云 南	337.94	222.02	186.20		
西 藏					
陕 西	72.93	69.44	64.77		
甘 肃	220.96	236.61	228.47		
青 海	0.00	44.29	36.41		
宁 夏	7.06		1.08		
新 疆	111.74	131.83	134.42		4.89

4—41 续表 11

地区	优质型钢材（万吨）	线材（万吨）	薄钢板（万吨）	钢带（万吨）	无缝钢管（万吨）
全　国	**928.62**	**3109.71**	**1922.11**	**1045.90**	**535.68**
北　京	37.73	289.79	0.00	34.26	0.11
天　津	9.96	68.09	12.28	86.15	66.38
河　北	111.77	383.04	82.30	331.91	1.70
山　西	28.46	115.26	140.78	0.25	0.64
内蒙古	42.26	89.36	4.29	48.61	47.17
辽　宁	102.47	143.40	430.47	57.98	40.39
吉　林	17.48	68.93	1.57	0.00	5.52
黑龙江	22.34	4.46	0.00	0.00	0.89
上　海	63.62	91.73	754.54	50.34	80.25
江　苏	163.41	445.76	63.01	121.42	70.83
浙　江	65.48	96.41	16.30	51.48	38.16
安　徽	0.52	151.84	2.78	32.44	2.53
福　建		105.08	14.72	7.58	0.12
江　西	16.45	117.39	0.23	10.11	12.82
山　东	64.49	140.76	0.00	68.06	34.61
河　南	3.19	78.45	15.17	21.82	14.37
湖　北	70.11	113.81	173.27	46.18	20.27
湖　南	12.79	124.77	0.00	34.87	37.74
广　东	3.30	83.12	76.26	15.95	1.90
广　西		4.13	6.19	0.30	1.10
海　南		0.86	7.01		
重　庆	12.71	32.74	3.73	0.20	2.03
四　川	32.29	62.47	111.63	15.54	52.83
贵　州	12.51	63.64	0.00	0.00	0.44
云　南	0.00	69.50	5.58	4.96	0.65
西　藏					
陕　西	0.10	10.28		0.31	
甘　肃		108.62			
青　海	32.56				2.23
宁　夏					
新　疆	2.62	46.02		5.18	

4—41 续表 12

地区	焊接钢管（万吨）	铁合金（万吨）	铜（万吨）	铅（万吨）	锌（万吨）
全　国	**602.44**	**450.82**	**152.33**	**119.54**	**203.76**
北　京	8.42	0.38	0.01		
天　津	83.82	0.00	2.73	0.18	0.00
河　北	177.18	9.67	0.72	0.00	1.05
山　西	2.42	19.57	2.44	0.09	1.84
内蒙古	19.43	13.22	1.47	0.96	2.36
辽　宁	53.36	13.61	7.08	1.71	32.00
吉　林	0.33	18.45			
黑龙江	2.07	0.20			
上　海	8.75	13.08	9.35	0.70	
江　苏	54.38	10.32	10.86	6.48	0.03
浙　江	14.88	11.18	6.35	0.04	1.81
安　徽	1.32		23.54	1.62	0.74
福　建	6.98	4.55		0.04	0.47
江　西	8.45	11.72	22.63	2.30	
山　东	20.19	0.08	4.34	0.04	
河　南	27.67	15.47	4.29	25.80	3.11
湖　北	26.93	6.79	11.75	4.04	0.06
湖　南	1.68	42.48	0.76	28.79	49.79
广　东	20.41	0.00	2.89	7.57	18.75
广　西	3.94	49.38		11.87	30.16
海　南					
重　庆	3.83	8.01	0.42	0.95	
四　川	35.07	46.50		2.00	11.82
贵　州	0.00	76.12		0.45	7.31
云　南	7.72	14.00	18.56	12.96	22.51
西　藏					
陕　西	11.14	2.13	0.02	1.25	5.07
甘　肃	0.08	21.26	11.94	5.62	16.09
青　海		18.31		1.15	1.02
宁　夏		22.93		1.24	
新　疆	1.99	1.41	0.36		

4－41 续表 13

地区	铝 （万吨）	铜加工材 （万吨）	金属切削工具 （万件）	日用精铝制品 （吨）	工业锅炉 （蒸发量吨）
全　国	**357.58**	**185.19**	**148264.69**	**98987.45**	**82772.15**
北　京	0.43	1.11	392.00	0.00	1045.00
天　津	0.08	1.18	1119.42	4597.70	378.00
河　北	4.16	1.96	212.12	2502.00	4085.40
山　西	23.85	1.20	2350.00	18.00	2370.00
内蒙古	14.56	0.00	0.00	107.00	1619.67
辽　宁	10.66	10.43	1665.63	564.00	11191.35
吉　林	7.10		52.17	255.00	2355.00
黑龙江	2.55	0.12	3058.70	22.00	5600.39
上　海	0.09	13.21	8196.67	342.00	2729.20
江　苏	2.13	41.95	111460.89	9743.00	14099.51
浙　江	4.95	55.32	3054.81	28728.83	3107.22
安　徽	1.99	6.04	315.40	49.40	429.00
福　建	3.15	0.44	217.39	1043.00	1270.00
江　西	1.01	4.96	3.50	0.00	886.70
山　东	19.16	6.27	629.85	186.92	15362.79
河　南	68.24	13.28	243.00	16864.70	3681.90
湖　北	16.05	1.11	84.48	1356.70	1398.14
湖　南	4.32	0.92	1372.45	979.00	3616.85
广　东	0.00	20.51	10520.29	29048.29	1467.00
广　西	18.92	0.41		848.91	472.45
海　南					
重　庆	3.96	0.28	265.00	898.00	157.00
四　川	7.45	0.82	1676.27	371.00	
贵　州	28.39	0.00	57.61	804.00	16.90
云　南	15.70	0.91	102.00	29.00	127.00
西　藏					
陕　西	5.80	0.31	1193.87		1502.60
甘　肃	29.48	2.34	21.17		2076.08
青　海	29.51				
宁　夏	15.82				158.00
新　疆	3.25	0.11			1198.00

4—41 续表 14

地区	内燃机 （万千瓦）	金属切削机床 （万台）	大中型拖拉机 （台）	汽车 （万辆）	轿车 （万辆）
全　国	**20531.17**	**25.58**	**38212.00**	**234.17**	**70.36**
北　京	194.00	0.34		15.27	0.47
天　津	373.06	0.07	3678.00	5.89	5.10
河　北	71.35	0.09	66.00	1.29	
山　西	47.33	0.10		0.13	
内蒙古				0.09	
辽　宁	2094.78	2.13	222.00	7.96	
吉　林	2319.00	0.04	65.00	39.08	15.54
黑龙江	708.00	0.15	35.00	13.90	0.00
上　海	528.11	2.23	6147.00	29.00	28.88
江　苏	5301.11	3.89	5617.00	10.85	
浙　江	412.54	8.00	3998.00	2.13	
安　徽	266.63	0.49	188.00	8.90	3.01
福　建	99.46	0.06		3.27	
江　西	13.86	0.31	1515.00	15.93	
山　东	1683.12	3.64	8720.00	1.18	
河　南	419.10	0.17	6052.00	0.93	
湖　北	1852.37	0.21	1152.00	24.19	7.22
湖　南	140.26	0.14		1.96	0.03
广　东	46.39	1.52		5.57	5.11
广　西	1407.58	0.29		13.65	
海　南					
重　庆	1301.63	0.18		23.90	4.31
四　川	572.53	0.32	67.00	4.12	0.00
贵　州	10.17	0.04		0.13	0.13
云　南	604.18	0.59		2.74	
西　藏					
陕　西	5.61	0.38		1.85	0.56
甘　肃		0.04			
青　海		0.03			
宁　夏	59.00	0.13			
新　疆			690.00	0.26	

4—41 续表 15

地区	摩托车（万辆）	自行车（万辆）	发电设备（万千瓦）	变压器（万千伏安）	干电池（折一号电池）（亿只）
全　国	**1041.45**	**2902.26**	**1340.14**	**25136.89**	**155.44**
北　京	0.28	0.00	105.00	106.78	0.00
天　津	50.90	347.37	15.57	63.04	1.32
河　北	17.40	0.65		2531.22	2.98
山　西	0.32			188.85	0.02
内蒙古	0.14			65.19	
辽　宁	0.00	15.17		2531.65	
吉　林	5.23			163.29	
黑龙江			222.70	246.52	0.03
上　海	50.59	548.91	336.20	425.16	11.85
江　苏	118.09	620.00	101.39	4224.97	3.45
浙　江	117.87	383.06	63.95	1159.64	12.44
安　徽	1.83	0.32	0.83	807.93	0.17
福　建	7.49	1.39	14.75	255.82	13.40
江　西	9.14	0.06	14.51	539.79	0.86
山　东	115.11	40.27	103.04	3065.16	16.52
河　南	20.92	19.68	22.94	512.77	4.89
湖　北	8.04		60.37	164.42	2.80
湖　南	11.64		5.62	822.58	0.31
广　东	199.82	911.28	18.72	1607.48	68.11
广　西	1.74	10.90	6.93	313.71	4.71
海　南	16.84			183.71	0.06
重　庆	283.47		11.08	820.69	3.62
四　川	2.69	0.34	220.29	505.25	2.77
贵　州	0.12			285.56	1.35
云　南			10.11	440.99	3.33
西　藏					
陕　西	1.43	2.86		1876.90	
甘　肃	0.35		5.66	118.75	
青　海				6.38	
宁　夏				119.48	
新　疆			0.48	983.21	0.45

4—41 续表 16

地区	家用洗衣机 （万台）	家用电冰箱 （万台）	冷冻箱 （万台）	电风扇 （万台）	房间空气调节器 （万台）
全　国	**1341.61**	**1351.26**	**397.55**	**9616.10**	**2333.64**
北　京	10.02	5.90			21.84
天　津	18.28	3.85			89.50
河　北					0.14
山　西	27.16			0.11	0.00
内蒙古					
辽　宁	11.67	14.66		0.17	38.56
吉　林	4.52				
黑龙江		8.27			
上　海	74.75	43.44		44.77	237.20
江　苏	230.14	157.40	43.12	373.87	239.61
浙　江	232.06	21.05	93.96	1130.46	181.85
安　徽	114.65	187.76		5.53	152.08
福　建				0.39	
江　西		33.84	2.31	26.41	
山　东	314.50	357.52	187.91	103.60	335.47
河　南	6.62	104.44	51.12	0.82	2.06
湖　北	64.21		15.05		113.83
湖　南		47.79		12.83	1.72
广　东	181.72	282.55	2.41	7853.18	848.50
广　西			1.67	40.16	0.16
海　南					
重　庆	21.96			23.20	
四　川	2.84	14.19		0.60	70.54
贵　州		37.21			
云　南					
西　藏					
陕　西	4.39	29.84			0.58
甘　肃	22.12	1.55			
青　海					
宁　夏					
新　疆					

4—41 续表 17

地区	载波通信设备（部）	程控交换机（万线）	数字程控交换机（万线）	电话单机（万部）	传真机（万部）
全　国	**5019.00**	**7223.47**	**6967.65**	**10302.74**	**318.19**
北　京	10.00	1358.97	1358.78	7.89	0.00
天　津		154.26	154.26	32.61	21.01
河　北		60.20	60.20		
山　西				19.50	
内蒙古					
辽　宁		41.52	41.52	2.21	
吉　林		11.57	11.57	3.89	
黑龙江		0.07	0.00	0.00	
上　海		1752.90	1750.70	598.64	22.45
江　苏	1809.00	208.67	135.50	237.60	3.76
浙　江		57.57	26.60	15.73	
安　徽					
福　建		0.32		852.29	15.00
江　西		0.76	0.76	51.96	
山　东	100.00	354.63	354.63	121.53	33.72
河　南		27.41	27.41	2.09	
湖　北				20.66	
湖　南	144.00	0.36	0.32	11.89	
广　东	1841.00	3019.07	2873.42	8245.11	222.21
广　西		0.01	0.01	0.47	0.04
海　南					
重　庆		3.21			
四　川	1115.00			1.22	
贵　州		3.16	3.16	77.05	
云　南					
西　藏					
陕　西		168.81	168.81		
甘　肃				0.40	
青　海					
宁　夏					
新　疆					

4—41 续表 18

地区	移动通信设备万部(信道)	微型电子计算机(万部)	彩色显象管(万只)	彩色电视机(万部)	组合音响(万部)
全　国	**2473.91**	**877.65**	**4580.77**	**4093.70**	**4043.87**
北　京	2359.56	339.69	571.42	0.25	16.90
天　津	0.63	0.58	137.03	51.42	54.05
河　北					
山　西				12.12	
内蒙古		2.11		0.00	
辽　宁	0.02	55.77		377.77	226.00
吉　林		0.32		44.42	
黑龙江		4.36		28.56	
上　海	39.49	47.13	519.23	108.71	40.59
江　苏	52.00	42.65	367.86	318.65	136.08
浙　江	0.01	4.25		17.35	29.25
安　徽		10.96		226.27	
福　建	1.97	88.79	745.70	174.07	
江　西		1.62		30.15	
山　东		39.00		373.73	
河　南	0.20	0.58		101.90	
湖　北	0.04			0.21	
湖　南	0.03		448.65		
广　东	19.55	228.70	1042.78	1593.04	3497.47
广　西		0.72			
海　南					
重　庆	0.18	0.26		33.94	
四　川		4.28		525.49	15.80
贵　州		0.28		23.11	
云　南					
西　藏					
陕　西		5.60	748.10	50.62	
甘　肃	0.21			1.92	27.73
青　海					
宁　夏					
新　疆					

4.—41 续表 19

地区	照相机（万台）	表（万只）	发电量（亿千瓦小时）	火电（亿千瓦小时）	水电（亿千瓦小时）
全　国	**5962.09**	**18431.61**	**14808.02**	**11767.53**	**2774.32**
北　京	61.28	112.11	133.28	130.35	1.64
天　津	152.55	196.62	217.43	217.43	
河　北		36.31	901.63	897.88	3.62
山　西			710.33	691.14	16.73
内蒙古			465.49	456.93	6.19
辽　宁		69.21	662.12	638.68	22.72
吉　林			329.57	270.83	58.13
黑龙江		1.16	438.37	425.41	12.76
上　海	630.13	201.59	574.88	572.86	
江　苏	223.69	37.65	987.47	986.49	0.20
浙　江	8.98	181.93	734.94	614.29	86.40
安　徽	0.00	0.00	398.62	381.22	8.41
福　建	362.56	824.50	501.24	211.70	287.75
江　西	19.80	0.00	216.95	162.22	54.73
山　东		104.45	1104.35	1068.95	0.01
河　南			792.85	753.81	36.13
湖　北		44.86	598.00	322.88	275.12
湖　南			401.84	189.07	212.01
广　东	4502.34	15987.28	1417.65	1075.18	189.74
广　西		633.94	292.31	116.21	176.09
海　南			43.89	28.61	15.15
重　庆	0.08		178.08	136.87	40.70
四　川			633.38	208.77	422.36
贵　州			490.51	268.55	221.96
云　南			359.52	142.99	216.48
西　藏			6.97	0.05	5.90
陕　西			424.22	275.04	149.14
甘　肃	0.68		302.55	184.13	117.97
青　海			141.67	44.98	94.59
宁　夏			150.30	142.71	7.59
新　疆			197.61	151.30	34.10

五 附录

5—1　按行业划分的世界工业生产指数

单位:%

	权数(%)	1998	1999	2000	2001
世界					
工业	100.0	110.0	113.2	121.0	118.5
采掘业	7.4	105.1	103.0	106.7	107.4
煤炭	0.7	99.1	100.4	100.8	103.1
石油、天然气	5.0	104.0	100.8	105.0	105.5
金属矿	0.7	115.4	115.4	121.1	124.1
制造业	82.6	110.7	114.4	123.0	119.8
食品、饮料、烟草	10.3	103.5	104.9	106.9	106.8
纺织	2.4	96.6	94.9	95.2	90.3
服装、皮革、制鞋	2.7	91.6	88.0	85.6	81.0
木制品	1.9	101.8	103.4	104.1	98.8
造纸、出版、印刷及录音介质	7.1	105.0	99.1	108.3	106.6
化学、石油、塑料、橡胶制品	14.0	110.0	113.5	116.9	116.6
非金属矿制品	3.4	102.0	104.5	108.0	105.2
基本金属	4.7	103.1	103.9	109.9	106.8
金属及机械制造	11.7	106.5	106.7	113.2	110.1
办公机械、计算机,收音机电视及其他电子设备	12.7	139.2	158.8	192.9	183.2
运输设备	8.0	113.8	119.2	124.5	123.3
电、煤气、水	10.0	107.4	110.8	114.8	115.7
发达国家					
工业	100.0	110.2	113.0	120.5	117.1
采掘业	4.6	102.3	99.9	102.1	102.1
煤炭	0.6	94.6	93.5	91.5	91.6
石油、天然气	2.7	102.7	99.3	102.8	103.2
金属矿	0.4	104.9	99.4	100.2	97.8
制造业	84.9	111.2	114.4	122.6	118.6
食品、饮料、烟草	9.5	102.7	103.9	105.8	105.3
纺织	1.8	96.0	92.4	90.8	84.9
服装、皮革、制鞋	2.4	89.3	84.9	80.1	75.2

资料来源:联合国数据库。

5—1 续表

单位：%

	权数(%)	1998	1999	2000	2001
木制品	2.0	103.3	105.7	106.4	100.6
造纸、出版、印刷及录音介质	8.1	104.9	98.0	107.3	103.9
化学、石油、塑料、橡胶制品	13.7	108.6	111.7	114.7	114.5
非金属矿制品	3.2	101.1	103.3	106.6	102.8
基本金属	4.7	101.8	101.3	107.5	103.5
金属及机械制造	12.7	108.0	107.4	112.6	108.9
办公机械、计算机，收音机电视及其他电子设备	14.0	140.2	158.2	190.8	180.5
运输设备	8.7	114.4	119.1	122.9	120.9
电、煤气、水	10.5	105.4	108.2	111.6	111.6
发展中国家					
工业	100.0	109.0	114.0	123.0	123.8
采掘业	18.3	107.9	106.0	111.3	112.8
煤炭	1.2	107.6	113.2	118.0	124.7
石油、天然气	14.3	104.9	101.9	106.7	107.2
金属矿	1.7	126.0	131.5	142.2	150.7
制造业	73.7	108.4	114.8	125.0	125.2
食品、饮料、烟草	13.3	105.6	107.9	110.3	111.3
纺织	4.8	97.7	98.6	102.1	98.4
服装、皮革、制鞋	3.6	97.8	96.5	100.4	96.8
木制品	1.5	93.8	90.2	91.3	88.4
造纸、出版、印刷及录音介质	3.2	105.7	110.5	118.5	133.5
化学、石油、塑料、橡胶制品	15.0	115.0	119.9	124.7	124.4
非金属矿制品	4.2	104.7	108.3	112.3	112.4
基本金属	4.7	108.1	114.1	119.5	119.9
金属及机械制造	7.9	97.2	102.1	117.5	117.6
办公机械、计算机，收音机电视及其他电子设备	7.3	131.3	163.5	208.9	204.2
运输设备	5.2	110.0	119.6	134.9	138.8
电、煤气、水	8.0	117.7	124.4	131.5	136.8

5—2 按国别或地区划分的工业生产指数

1995 年＝100

国家（地区）	1997	1998	1999	2000	2001
世界	**108.2**	**109.9**	**113.6**	**120.9**	
中国①	125.2	136.4	148.0	162.7	177.2
中国香港	96.6	90.2	84.7	85.1	
孟加拉国②	110.3	112.5	121.4	131.5	138.9
印度③	113.1	117.8	125.6	132.0	135.5
日本	106.0	99.0	99.9	105.5	97.8
马来西亚	122.8	114.0	124.3	148.0	142.1
韩国	113.6	106.2	131.9	154.0	156.7
蒙古	101.9	106.2	106.7	108.9	121.9
巴基斯坦②	105.7	109.2	109.0	114.4	
新加坡④	108.2	107.7	122.6	141.4	125.1
土耳其	117.2	118.3	112.3	118.4	107.9
南非	104.4	101.7	101.3	104.5	106.5
加拿大	106.2	110.1	116.3	122.7	119.3
墨西哥⑤	120.3	127.8	133.3	141.5	136.4
美国	111.8	117.6	121.9	127.4	122.5
阿根廷④	116.3	118.7	108.8	107.5	
巴西	105.7	103.4	102.9	109.7	111.3
法国	104.7	110.2	112.4	116.3	117.3
德国	104.1	108.5	110.2	117.6	117.6
意大利	102.4	104.3	104.4	107.7	107.0
捷克共和国	106.5	108.2	104.8	110.4	
罗马尼亚	98.7	81.9	77.7	83.2	90.3
英国	102.4	103.3	104.1	106.0	103.6
南斯拉夫	117.2	121.2	91.7	102.2	
澳大利亚②	104.9	108.3	111.8	117.1	119.1
新西兰	104.0	105.1	100.8	104.1	106.8

注：①工业增加值指数。②7 月 1 日开始的 12 个月的平均数。

③4 月 1 日开始的 12 个月的平均数。

④制造业生产指数。⑤包括建筑业。

资料来源：联合国《统计月报》2002 年 4 月。

5—3 世界各国主要工业产品产量

国家(地区)	钢(万吨)		国家(地区)	煤炭(万吨)①	
	1990	2000		1990	2000
世界总计	**77294**	**72143④**	**世界总计**	**470651**	**493020④**
中　　国	6635	12850	中　　国	107988	99800
印　　度	1303	1855④	印　　度	2168	33257
日　　本	11033	10644	印度尼西亚②	733	7682
韩　　国	2312	4657	日　　本②	826	314
南　　非	863	849⑥	韩　　国	1954	415
加 拿 大	2168	1580⑥	马来西亚②		38
墨 西 哥	822	1139	巴基斯坦②	275	314
美　　国	8972	10740⑤	菲 律 宾②	124	136
阿 根 廷	362	415④	摩 洛 哥②		2
巴　　西	2058	2496⑤	南　　非②	17478	22087
委内瑞拉	318	370⑥	加 拿 大	6833	2817
保加利亚	218	235⑥	墨 西 哥②		737
俄 罗 斯		4367⑥	美　　国	93625	97397
奥 地 利	455	572	阿 根 廷②	26	34⑤
捷克共和国		562⑤	巴　　西	460	428⑤
比 利 时	1146	1162	委内瑞拉②	218	659⑤
丹　　麦	61	79④	奥 地 利③		126
芬　　兰	286	409	保加利亚②	3167	2696
法　　国	1920	2100	捷克共和国		6499
德　　国		4402⑤	哈萨克斯坦		7558
匈 牙 利	281	197	法　　国	1280	347
意 大 利	2545	2642	德　　国		20496
荷　　兰	541	566	匈 牙 利③	1758	1384
波　　兰	1362	884⑤	波　　兰	21526	16254
罗马尼亚	622	478	罗马尼亚	3734	2898
西 班 牙	1271	1589	西 班 牙②	3581	1330
瑞　　典	445	523	土 耳 其	4660	6606
土 耳 其	941	1360	俄 罗 斯		25790
英　　国	4616	1399	英　　国②	8930	1399
澳大利亚	668	674	澳大利亚②		30350

资料来源：UN《统计月报》2002 年 3 月、4 月；《工业产品统计年鉴》1998 年；联合国粮农组织数据库。

5—3续表1

国家(地区)	原油(万吨)		国家(地区)	发电量(亿千瓦小时)⑦	
	1990	2000		1990	2000
世界总计	**301120**	**493020④**	**世界总计**	**117088**	**148326④**
中　国	13831	16300	中　国	6212	13556
印　度	3331	3242	印　度⑧	2643	5007
印度尼西亚	7152	6977	日　本	8573	9407
伊　朗	15708	18571	韩　国⑧	1077	2664
伊拉克	10050	12526	缅　甸⑧	25	50
日　本	53	62	巴基斯坦⑧	381	563
哈萨克斯坦		3064	菲律宾	263	452
科威特	5954	11970	泰　国	441	671
马来西亚	3002	3248	南　非	1654	2107
沙特阿拉伯	32038	40432	加拿大	4820	5827
阿联酋	10196	10285	墨西哥	1224	1819
阿尔及利亚	3702	3870	美　国	30117	37999
埃　及	4403	3788⑤	阿根廷①	470	827
利比亚	6716	6851	巴　西	2228	3323⑤
尼日利亚	8634	10022	奥地利	504	618
加拿大	7622	9856	比利时	706	839
墨西哥	13247	16258	保加利亚	421	409
美　国	37103	29492	捷克共和国		736
阿根廷	2478	3934	芬　兰	544	676
巴　西	3161	6162	法　国	4201	5070
哥伦比亚		3433	德　国		5517⑤
委内瑞拉	11201	14471	匈牙利	283	343
法　国	302	148	意大利	2169	2758
德　国		312	荷　兰	719	896
匈牙利	198	78	波　兰	1363	1416
意大利	464	413	罗马尼亚	641	516
荷　兰	353	144	西班牙	1518	2067
挪　威	7967	15863	瑞　典	1464	1419
罗马尼亚	793	604	土耳其	575	1247
土耳其	290	292	俄罗斯		8774
俄罗斯		32300	英　国	3190	3418
英　国	8801	11844	南斯拉夫	825	344
南斯拉夫	356	80	澳大利亚	1551	1885
澳大利亚	2749	2405	新西兰	302	350

5—3 续表 2

国家(地区)	水泥产量(万吨)		国家(地区)	化肥产量(万吨)⑪	
	1990	2000		1990	2000
世界总计	**114125**	**150228④**	**世界总计**	**12475**	**14186**
中　国	20971	59700	中　国	1232	3186
中国香港	180	128	孟加拉国	19	119
孟加拉国⑨	34	110	印　度	302	1468
印　度	4572	10208	印度尼西亚	118	305
印度尼西亚	1478	2749	伊　朗	10	87
以色列	287	592⑥	以色列	92	214
日　本	8444	8028	日　本	185	100
韩　国	3391	5142	哈萨克斯坦		1
马来西亚	588	1145	马来西亚	4	57
缅　甸	42	40	缅　甸	6	7
巴基斯坦⑨	749	911	朝　鲜	68	10
菲律宾	636	1255⑤	韩　国	118	89
新加坡	185		巴基斯坦	64	230
斯里兰卡	58	115⑤	菲律宾	7	22
泰　国	1804	2550	斯里兰卡	1	1
土耳其	2464	3604	越　南	4	23
埃　及	1411	2414	埃　及	51	146
南　非	656	858	尼日利亚	1	9⑤
加拿大	1108	1261	南　非	92	51
墨西哥	2450	3388	加拿大	982	1300
美　国	7094	10766	墨西哥	94	113
阿根廷	361	598	美　国	2338	1647
巴　西	749	3956	阿根廷	3	9
保加利亚	472	221	巴　西	197	262
法　国	2651	424⑤	捷克共和国		33
德　国		3800	法　国	492	162
匈牙利	394	335	德　国	956	432
意大利	4055	3600	意大利	188	54
荷　兰	371	330⑥	荷　兰	195	116
波　兰	1252	1481	波　兰	213	192
罗马尼亚	947	800	罗马尼亚	239	97
西班牙	2809	3000	俄罗斯		1150
俄罗斯		3232	西班牙	215	146
英　国	1474	1253	英　国	180	103
南斯拉夫	796	212	南斯拉夫		10
澳大利亚⑨	707	745	澳大利亚	104	82

5—3 续表 3

国家(地区)	棉布产量(万平方米)		国家(地区)	汽车产量(万辆)	
	1990	2000		1990	2000
中　国(11)	1888000	1392200	**世界总计**	**4835**	**5072**
印　度	1517700	1967040	中　国	51	207
缅　甸(11)	4700		印　度	36	107
日　本	176500	66360	日　本	1349	1019
韩　国	62000	25440	韩　国	132	311
巴基斯坦	29500	46800	加拿大	193	163④
埃　及	60300		墨西哥	82	184
南　非	17500	22440⑤	美　国	978	1211④
美　国	373200		阿根廷	10	35
捷克共和国		27240⑤	巴　西	91	170
波　兰(11)	47400	17520⑤	捷克共和国	24	265④
土耳其(11)	71500	47400	法　国	377	295④
匈牙利	20600	3600	德　国	498	580④
罗马尼亚	53600	1680	意大利	212	169④
俄罗斯		181920	荷　兰	15	27④
奥地利(11)	10800	5640	波　兰	33	59
比利时(12)	39900		罗马尼亚		7
法　国(12)	8	9⑤	西班牙	205	283④
德　国(12)		152	瑞　典	41	
意大利	178000		俄罗斯		115
英　国(11)	19800		英　国	157	181
澳大利亚	3800		澳大利亚	38	38④

5—3 续表 4

国家(地区)	家用电视机产量(万台)		国家(地区)	新闻纸(万吨)	
	1990	2000		1990	2000
世界总计	**12731**	**12934**	**世界总计**	**3020**	**3770④**
中　　国	2685	3936	中　　国(13)	48	145
中国香港	118		孟加拉国	5	1
孟加拉国	14	9⑥	印　　度	31	59
印　　度	132	246	印度尼西亚	16	53⑤
印度尼西亚	67		日　　本	348	342
伊　　朗	60	75⑥	韩　　国	52	182
日　　本	1513	657	土 耳 其	15	13
韩　　国	324	1276	南　　非	36	33⑤
马来西亚	1620	804	加 拿 大	907	922
巴基斯坦	20	11	墨 西 哥	40	58
泰　　国	235		美　　国	600	668
土 耳 其	199	580	阿 根 廷	21	17
埃　　及	33	11⑥	巴　　西	25	27
南　　非	37		智　　利	17	20⑤
突 尼 斯	12	9	奥 地 利	33	39⑤
墨 西 哥	63		芬　　兰	143	139
美　　国	1398	1024	法　　国	42	95⑤
阿 根 廷	31	160⑥	德　　国		164⑤
巴　　西	320	571	意 大 利	23	18⑤
白俄罗斯		47	挪　　威		87⑤
保加利亚	22	—	波　　兰	3	21
捷克共和国		57	罗马尼亚	7	5
法　　国	284		俄 罗 斯		162⑤
德　　国		127	西 班 牙	17	24⑤
意 大 利	231	166	瑞　　典	227	254
波　　兰	75	444	乌 克 兰		1⑤
罗马尼亚	40	13	英　　国	70	107
俄 罗 斯	1054	33	澳大利亚	37	39
西 班 牙	247		新 西 兰	30	38⑤

5—3 续表 5

国家(地区)	家用冰箱(万台)		国家(地区)	天然气(万亿焦耳)	
	1990	2000		1990	2000
世界总计	**5245**	**6598**	**世界总计**	**7477200**	**9854900④**
中　国	463	1279	中　国(14)	153	272
印　度	122	190	印　度	38900	113740
印度尼西亚	20	57⑥	印度尼西亚	234500	321248
日　本	505	485	哈萨克斯坦		39191
韩　国	283	379	马来西亚	50200	176609
马来西亚	21	21	沙特阿拉伯	119500	126408⑤
泰　国	86	163	泰　国	22600	78775
土耳其	99	199	加拿大	411400	692947
阿尔及利亚	39	22	墨西哥	95500	214633
埃　及	25		美　国	1825500	2072233
南　非	35	39⑥	阿根廷	79300	181278
墨西哥	40	199	玻利维亚	10100	13405
美　国	702	1262	巴　西	15100	58104
阿根廷	27	41⑥	奥地利	4500	7140
巴　西	244	303	丹　麦	12200	30857
白俄罗斯		80	法　国	7700	6701
保加利亚	8	6	德　国		71036
丹　麦	28	27	匈牙利	1600	12541
法　国	17		爱尔兰	8800	4564
匈牙利	44	71	意大利	65300	65147
意大利	420	628	荷　兰	254100	214787
波　兰	60	71	挪　威		215262
罗马尼亚	39	37	波　兰	10000	15593
西班牙	129	242	罗马尼亚	95900	45905
瑞　典	58	55	俄罗斯		2277655
俄罗斯		96	乌克兰		61421⑤
英　国	131	110	英　国	190400	453078
乌克兰		39	澳大利亚	79700	115921⑤
澳大利亚	33		新西兰	18000	24433

注:①煤炭产量包括硬煤和褐煤产量。②仅指硬煤产量。③仅指褐煤产量。

④1998 年数据。⑤1999 年数据。⑥1997 年数据。

⑦包括电力企业和自备电厂的发电量。⑧不包括电力企业和自备电厂的发电量。

⑨当年 6 月 30 日为止的一年。⑩包括氮肥、磷肥和钾肥。⑪万米

(12)万吨。(13)联合国统计数据。(14)亿立方米。

主要统计指标解释

国内生产总值 是按市场价格计算的国内生产总值的简称。它是一个国家(地区)所有常住单位在一定时期内生产活动的最终成果。国内生产总值有三种表现形态,即价值形态、收入形态和产品形态。从价值形态看,它是所有常住单位在一定时期内所生产的全部货物和服务价值超过同期投入的全部非固定资产货物和服务价值的差额,即所有常住单位的增加值之和;从收入形态看,它是所有常住单位在一定时期内所创造并分配给常住单位和非常住单位的初次分配收入之和;从产品形态看,它是最终使用的货物和服务减去进口货物和服务。在实际核算中,国内生产总值的三种表现形态表现为三种计算方法,即生产法、收入法和支出法。三种计算方法分别从不同的方面反映国内生产总值及其构成。

国民生产总值 是按市场价格计算的国民生产总值的简称。它是一个国家所有常住单位在一定时期内收入初次分配的最终成果。一国常住单位从事生产活动所创造的增加值在初次分配过程中主要分配给该国的常住单位,但也有一部分以劳动者报酬和财产收入等形式分配给该国的非常住单位,同时,国外生产所创造的增加值也有一部分以劳动者报酬和财产收入等形式分配给该国的常住单位。从而产生了国民生产总值概念,它等于国内生产总值加上来自国外的劳动者报酬和财产收入减去付给国外的劳动者报酬和财产收入。与国内生产总值不同,国内生产总值是一个生产概念,而国民生产总值则是个收入概念。

财政收入 国家财政参与社会产品分配所取得的收入,是实现国家职能的财力保证。财政收入所包括的内容几经变化,目前主要包括:(1)各种税收,包括增值税、营业税、消费税、土地增值税、城市维护建设税、资源税、城市土地使用税、印花税、固定资产投资方向调节税、个人所得税、企业所得税、关税、农牧业税和耕地占用税等。(2)专项收入,包括征收排污费、征收城市水资源费收入,教育费附加收入等。(3)其他收入,包括基本建设贷款归还收入、国家能源交通重点建设基金收入、国家预算调节基金等。(4)国有企业计划亏损补贴,这项为负收入,冲减财政收入。

工业总产值 是以货币表现的工业企业在一定时期内生产的已出售或可供出售工业产品总量,它反映一定时间内工业生产的总规模和总水平。它包括:在本企业内不再进行加工,经检验、包装入库(规定不需包装的产品除外)的成品价值,工业性作业价值,自制半成品、在产品期末期初差额价值。工业总产值采用"工厂法"计算,即以工业企业作为一个整体,按企业工业生产活动的最终成果来计算,企业内部不允许重复计算;不能把企业内部各个车间(分厂)生产的成果相加。

轻重工业总产值的划分也是按"工厂法"计算的,即一个工业企业在正常情况下生产的主要产品的性质属于轻工业,则该企业的全部总产值作为轻工业总产值;一个工业企业在正常情况下生产的主要产品的性质属于重工业,则该企业的全部总产值作为重工业总产值。

工业总产值(原规定) 工业总产值(原规定)的内容包括成品价值、工业性作业价值和自制半成品、在产品期末期初差额价值三部分。

(1)成品价值:是指本企业在报告期内已完成全部生产过程,经检验、包装(规定不需包装的产品除外)入库的产品价值。成品价值包括次品的价值在内。次品是指虽没有完全达到规定的质量标准,但仍可在原定用途上使用并作为工业产品销售的产品。有些部门的产品,国家和主管部门规定不合格不准销售,或只能作为废品和废料出售的,则不能作为次品计算工业总产值。

(2)工业性作业价值:是指本企业在报告期内生产的以生产性劳务形式表现的产品价值。工业性作业只恢复或增加原来产品的使用价值。工业性作业价值按加工费计算工业总产值,即不包括被修理、加工产品的价值,但应包括在工业性作业过程中所耗用的材料和零件的价值。

(3)自制半成品、在产品期末期初差额价值:是指本企业在报告期内已经过一定生产过程,但尚未完成生产过程仍需继续加工的中间产品的价值,即报告期自制半成品、在产品期末余额减去报告期自制半成品、在产品期初余额后的差额价值。生产周期不长(在六个月以内)的企业,期初和期末的自制半成品、在产品价值一般变动不大,可以略而不计。

工业总产值(新规定)　1995 年全国工业普查对工业总产值(原规定)的内容及计算原则和方法做了某些修订,修订后的工业总产值(新规定)包括三项内容:

1. 本年生产成品价值:指企业本年生产,并在报告期内不再进行加工,经检验、包装入库的已经销售和准备销售的全部工业成品(半成品)价值合计,包括企业生产的自制设备及提供给本企业在建工程、其他非工业部门和生活福利部门等单位使用的成品价值。生产成品价值按成品实物量乘以本期产品不含销项税额的实际销售平均单价计算;会计核算中按成本价格转帐的自制设备和自产自用的成品,按成本价格计算生产成品价值。生产成品价值中不包括用订货者来料加工的成品(半成品)价值。

2. 对外加工费收入:指工业企业在报告期内完成的对外承做的工业品加工(包括用订货者来料加工生产)的加工费收入和对外工业品修理作业所收取的加工费收入。对外加工费收入中不包括销项税额,可根据会计制度中"产品销售收入"科目的资料取得。对于以对外加工生产为主,对外加工费收入所占比重较大的企业,如果对外加工费收入出现跨年度支付的情况,为保证总产值生产口径计算的准确性,则应将对外加工费收入按实际情况调整,记录本年应实际收取的对外加工费收入。

3. 自制半成品、在制品期末期初差额:是指按照新的工业总产值的计算方法。应该计入工业总产值中半成品、在制品期末期初差额价值。根据改革后的工业总产值计算方法,本指标的填报原则是:如果会计产品成本核算中不计算半成品、在制品成本,则不需填报该项指标;如果会计产品成本核算中计算半成品、在制品成本,则必须填报该项指标。从而使工业总产值与工业中间投入中的工业中间物质消耗价值口径一致,便于同口径准确地计算"生产法"的工业增加值。

工业增加值　是指工业企业在报告期内以货币表现的工业生产活动的最终成果。

工业增加值有两种计算方法:一是生产法,即工业总产出减去工业中间投入;二是收入法,即从收入的角度出发,根据生产要素在生产过程中应得到的收入份额计算,具体构成项目有固定资产折旧、劳动者报酬、生产税净额、营业盈余,这种方法也称要素分配法。本年鉴中的工业增加值是以生产法计算的。生产法工业增加值的计算方法为:工业增加值=工业总产出 一工业中间投入

(1)工业总产出:是工业企业在一定时期内工业生产活动的总成果。工业总产出包括:成品生产价值,对外加工费收入,自制半成品、在产品期末期初差额价值。

(2)工业中间投入:工业企业在工业生产活动中消耗的外购物质产品和对外支付的服务费用。

服务费用包括支付给物质生产部门(工业、农业、批发零售贸易业、建筑业、运输邮电业)的服务费用和支付给非物质生产部门(如保险、金融、文化教育、科学研究、医疗卫生、行政管理等)的服务费用。

工业中间投入的确定须遵循以下原则:必须从外部购入的,并已计入工业总产出的产品和服务价值;必须是本期投入生产,并一次性消耗掉(包括本期摊销的低值易耗品等)的产品和服务价值。

工业中间投入包括直接材料费用、制造费用中的工业中间投入、管理费用中的工业中间投入、销售费用中的工业中间投入和利息支出五部分。

资产总计 指企业拥有或控制的能以货币计量的经济资源,包括各种财产、债权和其他权利。资产按流动性分为:流动资产、长期投资、固定资产、无形资产、递延资产、和其他资产。该指标根据企业会计"资产负债表"中"资产总计"项目的期末数增列。

流动资产合计 是指可以在一年或者超过一年的一个营业周期内变现 或者耗用的资产,包括现金及各种存款、短期投资、应收及预付货款、存款等。

流动资产平均余额 指企业在报告期内全部流动资产的平均余额。

固定资产原价 是指企业在建造、购置、安装、改建、扩建、技术改造某项固定资产时所支出的全部货币总额。它一般包括买价、包装费、运杂费和安装费等。

固定资产净值 是指固定资产原价减去历年已提折旧额后的净额。计算公式为:

固定资产净值=固定资产原价－累计折旧

固定资产净值年平均余额 是指固定资产净值在报告期内余额的平均数。计算公式为:

固定资产净值年平均余额=1至12月各月月初、月末固定资产净值之和÷24

该指标根据"资产负债表"中"固定资产原价"、"累计折旧"指标的期初、期末数计算填列。

应收账款净额 是指工业企业因销售产品或提供劳务等业务,应向购货单位或个人收取的款项减去坏账损失准备金后的余额。坏帐损失是指企业确实无法收回的应收账款,列入坏账损失处理的应收账款必须按规定程序报批同意,企业只有在下述两种情况下才能确认坏账损失:(1)债务人破产或死亡,依照民事诉讼法清偿后,确实无法收回的应收账款;(2)债务人逾期未履行偿债义务,超过3年仍不能收回的应收账款。该指标根据企业会计"资产负债表"中"应收账款"和"坏账准备"两项的期末数差额填列。

产成品 指工业企业期末已经加工生产并完成全部生产过程,可以对外销售的制成产品。该指标根据企业会计"产产品"科目的期末余额数

流动负债合计 是指将在一年或超过一年的一个营业周期内偿还的债务。流动负债包括短期负债、应付票据、应付帐款、预收帐款、应付工资、应付福利费、应交税金、应付利润、其他应付款、预提费用等。

流动负债具有偿还期限短,在债权人提出要求时即期偿付,或在一年内必须偿还的特点。该指标根据"资产负债表"中"流动负债"项的期末数填列。

长期负债合计 是指偿还期在一年或超过一年的一个营业周期以上的债务,它是除了投资人投入企业的资本以外,企业向债权人筹集、可供企业长期使用的资金,是企业必须以资产或劳务偿还的经济责任,包括长期借款、应付债款、长期应付款、其他长期负债等。与流动负债相比,长期负债具有为数较大、偿还期限较长的特点,且对投资者来说可带来更大的利益。指标根据"资产负债表"中"长期负债合计"项的期末数填列。

所有者权益　指企业投资人对企业净资产的所有权。企业净资产等于企业全部资产减去全部负债后的余额,包括企业投资人对企业的最初投入的实际到位的资产及资本公积金、盈余公积金和未分配利润。所有者权益合计数小于零,表示企业资不抵债。

产品销售收入　指企业在报告期内生产的成品、自制半成品和工业性劳务取得的收入。共包括四部分:产品销售成本、产品销售费用、产品销售税金及附加、产品销售利润。

产品销售成本　指企业在报告期内销售本企业生产的成品、自制半成品和工业性劳务等的实际成本。

产品销售费用　指企业在报告期内在产品销售和提供劳务等主要经营业务过程中所发生的各项费用。包括运输费、装卸费、包装费、保险费、展览费、广告费,以及为销售本企业产品而专设的销售机构的职工工资、福利费、业务费等经常费用。

产品销售税金及附加　指企业在报告期内销售产品、提供的劳务等主要经营业务应负担的城市维护建设税、消费税、资源税和教育费附加等。

产品销售利润　指企业销售产品、提供的劳务等主要经营业务收入扣除其成本、费用、税金的利润。

财务费用　指企业筹集生产经营过程中所需资金而发生的费用。包括利息支出(减去利息收入后的支出)、汇兑损失(减去汇兑收益后的损失)、金融机构手续以及筹集生产经营资金发生的其他费用等。该指标根据会计"损益表"中"财务费用"项的期末数填列。

利息支出　指企业生产经营期间发生的利息净支出(即利息支出减利息收入)。本指标根据会计"损益表"中"利息支出"项目本年累计数填列。

管理费用　指企业行政管理部门为组织和管理生产活动而发生的各种费用。包括公司经费、工会经费、职工教育经费、劳动保险费、待业保险费、董事会费、咨询费、审计费、诉讼费、排污费、税金、土地使用费、土地损失费、技术开发费、技术转让费、无形资产、开办推销费、业务招待费坏帐损失、存货盘亏等。该指标根据会计"损益表"中"管理费用"项的期末数填列。

利润总额　指企业生产经营活动的最终成果,是企业在一定时期内实现的盈亏相抵后的利润总额(亏损以"—"号表示),它等于营业利润加上补贴收入加上投资收益加上营业外净收入再加上以前年度损益调整。

应交增值税　指企业在报告期内应交纳的增值税额。它等于本年销项税额加上出口退税加上进项税额转出数减去本年进项税额。小规模纳税企业直接按全年计税销售额乘以征收率计算取得。

全部从业人员平均人数　从业人员是指在企业工作并取得劳动报酬的全部人员数。包括在岗职工、再就业的离退休人员、民办教师及在企业工作的外方人员和港澳台方人员、兼职人员、借用的外单位人员和第二职业者。不包括离开本单位但仍保留劳动关系的职工。

从业人员平均人数是指报告期内每天拥有的从业人员人数。其计算公式为:

月平均人数＝报告月内每天实有人数之和÷报告月日历日数

季平均人数＝季内各月平均人数之和÷3

年平均人数＝年内各月平均人数之和÷12

工业经济效益综合指数　是衡量工业经济效益各个方面在总体水平的一种特殊相对数,是反映工业经济运行质量的综合指标。它是以每项指标的实际值分别除以该项指标的全国标准值，并乘以其权数，加总后再除以总权数而求得。

工业经济效益综合指数的计算公式为：

$$工业经济效益综合指数=\frac{\Sigma(某项指标报告期数值\div该项指标的全国标准值\times该项指标权数)}{总权数}$$

目前计算工业经济效益综合指数有总资产贡献率、资产负债率、流动资产周转率、成本费用利润率、全员劳动生产率、产品销售率和资本保值增值率等七项指标。

总资产贡献率　反映企业全部资产的获利能力，是企业经营业绩和管理水平的集中体现，是评价和考核企业盈利能力的核心指标。计算公式为：

总资产贡献率=(利润总额+税金总额+利息支出)÷平均资产总额

公式中：税金总额为产品销售税金及附加与应交增值税之和；平均资产总额为期初期末资产之和的算术平均值。

资产负债率　该指标既反映企业经营风险的大小，也反映企业利用债权人提供的资金从事经营活动的能力。计算公式为：

资产负债率=负债总额÷资产总额

资产与负债均为报告期期末数。

流动资产周转率指一定时期内流动资产完成的周转次数，反映投入工业企业流动资金的周转速度。计算公式为：

流动资产周转率=销售收入÷流动资产平均余额

公式中：全部流动资产平均余额为期初和期末的流动资产之和的算术平均值。

成本费用利润率　反映企业投入的生产成本及费用的经济效益，同时也反映企业降低成本所取得的经济效益。计算公式为：

成本费用利润率=利润总额/成本费用总额

公式中：成本费用总额为产品销售成本、销售费用、管理费用、财务费用之和。

全员劳动生产率　该指标反映企业的生产效率和劳动投入的经济效益。计算公式为：

全员劳动生产率(元/人)=工业增加值÷全部职工平均人数

产品销售率　该指标反映工业产品已实现销售的程度，是分析工业产销衔接情况、研究工业产品满足社会需求的指标。计算公式为：

产品销售率=工业销售产值÷工业总产值(现价)

资本保值增值率　该指标反映企业净资产的变动状况，是企业发展能力的集中体现。计算公式为：

资本保值增值率=报告期期末所有者权益÷上年同期期末所有者权益

所有者权益=资产总计-负债总计